教育部教師工作司組織專家審定
高等院校小學教育專業教材

U0825728

古代漢語
Gudai Hanyu

主　編　宋紹年
副主編　陳　薇
編寫者　宋紹年　陳　薇
陳增印　蘇　影
劉興順　楊德忠
曾曉潔

高等教育出版社·北京

内容提要

本書是教育部教師工作司組織專家審定的小學教育專業教材，内容緊扣國家教師教育課程標準和教育部小學教育專業課程方案的要求編寫。

全書以培養實踐型小學教師爲指向。内容分八個單元，每個單元按照古代漢語文選、古代漢語常用詞詞義分析、古代漢語知識三部分闡述。選文緊密結合義務教育課程標準推薦篇目，以先秦兩漢爲主，兼有唐宋，包括神話、寓言，《左傳》，《國語》、《戰國策》，《論語》、《禮記》、《孟子》，先秦諸子散文，西漢至宋代散文，論説文和詩詞八個部分；常用詞詞義分析除總體選定之外，還緊扣選文，並儘量舉選文中相關例句；古代漢語知識部分以專題通論形式，闡述古代漢語詞義、語法等知識。全書注重對古代漢語知識的運用，讓學生在掌握古代漢語基礎知識和理論的前提下，對中國古代漢語有相應的分析和運用能力，能够將知識運用到小學教學中。

本書彙集了衆多來自小學教育專業教學領域從事本學科研究與教學的學者、教師共同編寫，可作爲高等師範院校小學教育專業本、專科教材，也可以作爲小學教師繼續教育和中文專業本、專科教材或教學參考書。

圖书在版编目(CIP)数据

古代漢語／宋紹年主編. -- 北京：高等教育出版社，2012.8(2022.1重印)

ISBN 978-7-04-033494-4

Ⅰ.①古… Ⅱ.①宋… Ⅲ.①古漢語-高等學校-教材 Ⅳ.①H109.2

中國版本圖書館CIP數據核字(2011)第228490號

策劃編輯 肖冬民　責任編輯 肖冬民　封面設計 張　志　版式設計 范曉紅
責任校對 劉春萍　責任印製 高　峰

出版發行 高等教育出版社
社　　址 北京市西城區德外大街4號
郵政編碼 100120
印　　刷 人衛印務(北京)有限公司
開　　本 787mm×960mm 1/16
印　　張 26.75
字　　數 430千字
購書熱綫 010-58581118
諮詢電話 400-810-0598
網　　址 http://www.hep.edu.cn
　　　　 http://www.hep.com.cn
網上訂購 http://www.landraco.com
　　　　 http://www.landraco.com.cn
版　　次 2012年8月第1版
印　　次 2022年1月第11次印刷
定　　價 38.00元

物 料 號 33494-B0

高等院校小學教育專業教材總序

教育部教師工作司

我國已進入全面建設小康社會、加速推進現代化建設的新的歷史階段。在這樣一個歷史階段，教育越來越成爲促進社會全面發展、推動科技迅猛進步，進而不斷增强綜合國力的重要力量，成爲我國從人口大國逐步走向人力資源强國的關鍵因素。我國的教師教育正面臨着前所未有的機遇和挑戰。教師教育的改革發展直接關係到千百萬教師的成長，關係到素質教育的全面推進，關係到一代新人思想道德、創新精神和實踐能力的培養和提高，最終關係到推動科學發展、促進社會和諧、全面建設小康社會奮鬥目標的實現。

培養具有較高學歷的小學教師是全面建設小康社會和適應基礎教育改革與發展的迫切需要，也是我國教師教育改革發展的必然趨勢。爲了適應基礎教育改革與發展的需要，我國對培養較高學歷小學教師工作進行了長時間的積極探索，取得了較大成績，並積累了許多寶貴經驗。《中共中央國務院關於深化教育改革全面推進素質教育的決定》指出：建設高品質的教師隊伍是全面推進素質教育的基本保障。教育部在《關於“十五”期間教師教育改革與發展的意見》中明確指出：“開創教師培養的新格局，提高新師資的學歷層次。”教育部印發的《關於加强專科以上學歷小學教師培養工作的幾點意見》（以下簡稱《意見》）中指出：“教育部將組織制訂專科學歷小學教師的培養目標、規格，完善和改革課程體系和教學内容，制定《師範高等專科三年制小學教育專業教學方案（試行）》，組織編寫小學教育專業教材，加强小學教育專業建設。”

開展小學教師培養工作，課程教材建設是關鍵。當務之急是組織教育科研機構、高等師範大學的專家學者和廣大師專院校的教師聯合編寫出一套高水準、規範化、專爲培養較高學歷小學教師使用的教材。

編寫小學教育專業課程教材，應該遵循以下原則：

一、時代性與前瞻性。教材要面向現代化、面向世界、面向未來，反映當代社會經濟、文化和科技發展的趨勢，貼近國際教育改革和我國基礎教育課程改革的前沿，體現新的教育理念。

二、基礎性與專業性。教材要體現高等專科或本科教育的基礎性，同時要緊密結合當今小學教育課程改革的趨勢和實施素質教育的要求，針對小學教育專業的特徵和小學教師的職業特點，力求構建科學的教材體系，提高小學教師的專業化水準。

三、綜合性與學有專長。教材要根據現代科技發展和基礎教育課程改革綜合化的趨勢，强化綜合素質教育，加强文理滲透，注重科學素養，體現人文精神，加强學科間的相互融合以及資訊技術與各學科的整合；同時，根據小學教育的需要，綜合性教育與單科性教育相結合，使學生文理兼通，學有專長，一專多能。

四、理論與實踐相結合。教材要根據小學教師職前教育的要求，既要科學地安排文化知識課和教育理論課，又要加强實踐環節，注重教育實踐和科學實驗，重視教師職業技能和職業能力的培養。

五、充分體現教材的權威性、專業性、通用性和創新性。教育要以教育部制定的小學教育專業課程方案爲編寫依據，以本、專科通用爲目的，以培養、培訓融通爲特色，在教材體系框架、內容、呈現方式等方面開拓創新，加大改革力度，充分體現以學生爲本的教育理念，使教材從能用、好用上升到教師、學生喜歡用。

高等教育出版社根據以上原則組織編寫了有關教材，這些教材經過專家審定，請有關單位和學校酌情選用。

前言

本教材是專門爲高等師範院校小學教育專業編寫的。根據教育部普通師範院校小學教育專業課程方案關於課程目標、課時等方面的要求，編寫組進行了認真的研究，提出了本教材的編寫方案。“古代漢語”作爲大學本科中文專業的一門重要必修課，目前各高校基本上都安排了一學年（每週 4 學時）的教學量，而小學教育專業根據本專業的特點，爲“古代漢語”安排的學時一般比這要少。小學教育專業的“古代漢語”教材必須具有本專業的特色，編寫組認爲，我們編寫的《古代漢語》不應該衹是面面俱到，同時又在每一個方面都衹是點到爲止，講不深也講不透，這樣的教材對培養學生是不利的。我們認爲，教材必須減“古代漢語”學科中可以減的部分，必須抓住“古代漢語”學科最具基礎性的部分，講深講透，讓學生扎實地掌握“古代漢語”的基礎知識和基本理論，使學生“進可攻，退可守”，具備“攻，可以進一步深造；守，可以把學到的東西靈活運用到自己的教學工作中去”的能力。

本教材的編寫方式，沿用王力先生開創的文選、常用詞、通論（古代漢語知識）三結合的體例。衹是把常用詞分配在每篇文選的後面，目的是突出常用詞與文選的有機聯繫，便於學生在具體語境中掌握常用詞的詞義和用法。常用詞詞義的分析注重突出各意義之間的聯繫，以幫助學生掌握分析古代漢語詞義發展與演變的方法。文選分爲講讀篇目和閱讀篇目，選文注重語言的典範性，註釋力求準確、簡明，避免過細過繁，爲教師的講授留有餘地；閱讀文選不做註釋，以便學生借助工具書進行閱讀，提高運用工具書自學的能力。通論部分系統講述古代漢語的基礎知識和基本理論，注意吸收近年來新的研究成果，在每節通論後都附有練習題，以培養提高學生靈活運用古代漢語基礎知識和基本理論解決具體問題的能力。每節通論的練習題中都安排了沒有加標點的短文讓學生閱讀，以期通過這樣的練習，加强學生古代漢語的語感，提高古文的閱讀能力。因課時有限，本書沒有設立關於古代文化常識的通論，衹是結合某些文選篇目設立了“知識拓展”欄目，簡明扼要地闡述了某些最基本的古代文化常識。

“古代漢語”是一門語言課，也是一門工具課，它的基本目的是培養學生閲讀中國古代文獻的能力。閲讀古文能力的獲得與提高必須通過大量古代典範作品的閲讀實踐，我們要求學生結合文選注釋徹底讀懂本教材的講讀篇目，這是最低限度的要求，最好能够熟練地背誦若干篇，語言的學習是離不開背誦的。如果離開對具體語言材料的熟讀，衹是一味追求古代漢語的所謂規律，那樣衹能掌握一些空洞抽象的概念和術語，根本無法達到提高古文閲讀能力的目的。

在充分閲讀的基礎上，我們還要求學生掌握古代漢語的基礎知識和基本理論，如“古代漢語工具書的使用”、“古代漢語的詞彙”、“漢字基本知識”、“古代漢語的語法”、“古書的注解”、“古書的標點”等。掌握基礎知識和基本理論，可以使我們不僅知其然，而且知其所以然。理論與實際相結合，能够有效地提高學生的古文閲讀能力。

學習古代漢語，最重要的是學習古代漢語的詞彙，這在學界是已經具有高度共識的學習經驗。古代漢語詞彙，特别是常用詞是我們學習的重點。語言是活的，是有生命的，它隨着時代的演進而不斷發生演變，現代漢語就是從古代漢語演變而來的，詞彙的演變較之於語法的演變要大得多，細緻得多，複雜得多，正因爲如此，我們要花大力氣纔能學好古代漢語的詞彙。常用詞的詞義和用法是要一個一個去理解、記憶和掌握的，來不得半點取巧。閲讀古書常犯的一個毛病，是以今律古，即用現代漢語的詞義去理解古文中某個詞的詞義。這樣去理解古文，有時好像也可以通，會使人得到一種似是而實非的滿足，自己的理解可能與古文的原意大相徑庭，完全搞錯了。掌握古代漢語常用詞要從本義入手，搞清楚它的詞義引申綫索，也就是掌握詞義分析的方法，以幫助我們牢固地掌握古代漢語常用詞的詞義和用法。

文選、常用詞和古代漢語通論，三個部分不是各自孤立的，而是一個有機的整體。如果衹是記憶常用詞，而不熟讀具體的作品，那麽就衹能掌握一些古代字義的零散的知識。如果衹是學習古代作品，而不積累常用詞的知識，就衹能講一篇懂一篇，没講的就不懂。有了一定的閲讀量，也積累了一定的常用詞知識，但没有古代漢語基本知識和基本理論作指導，就會使我們對古代漢語缺少理性的認識，就不能做到融會貫通和整體把握，那是一種低效率的學習。衹有三者密切結合，纔能有效地培養和提高閲讀古書的能力，達到本課程的教學目的。

《古代漢語》編寫組

2012-07-30

目 録

第一單元

第二單元

第三單元

第四單元

第五單元

第六單元

第七單元

第八單元

1

第一單元

文選：神話、寓言四則

形　天

《山海經》

【《山海經》介紹】《山海經》是一部最古老的充滿神話與傳説的地理書，約成書於戰國時代，作者不詳。現存最早的版本經西漢劉向、劉歆父子校勘而成。全書共18卷，主要記述古代傳説中的地理、物産、神話、巫術、宗教等，保存了許多遠古的神話與傳説，如夸父逐日、女媧補天、精衛填海、鯀禹治水等。通行的注本有晉朝郭璞的注本，清人郝懿行的《山海經箋疏》等，今人注本有袁珂的《山海經校注》。

【説明】本篇選自《山海經·海外西經》。故事描寫形天與帝争神，至死不屈，因此被後人視爲不屈的英雄。

形天與帝争神①，帝斷其首，葬之常羊之山②。乃以乳爲目③，以臍爲口④，操干戚以舞⑤。

【注釋】

① 形：通“刑”，割斷。　天：這裏指人的頭。“形天”即斷首，是傳説中的神，以特徵命名。　帝：天帝。　争：争奪。　神：這裏指神的威權。

② 常羊之山：常羊山，傳説中西方的一個地方。

③ 乳：乳頭。

④ 臍：肚臍。

⑤ 操：持，拿。　干（gān）：盾牌。　戚：類似斧子的兵器。　舞：揮動。

【常用詞詞義分析】

乳　“乳”的本義是生殖。《説文》：“人及鳥生子曰～。”《史記·扁鵲倉公列傳》：“菑川王美人懷子而不～。”婦女因生子要哺乳，所以“乳”還用來指剛剛生子的、在哺乳期的動物。《荀子·榮辱》：“～彘觸虎，～狗不遠游。”意思是哺乳期間的母豬敢於頂撞老虎，哺乳期間的母狗不遠走，都是爲了保護自己的幼獸。後來由此義又引申出處於吃奶期的、幼小的意思。杜牧《題村舍》詩：“三樹稚桑春未到，扶床～女午啼飢。”“扶床”、“啼飢”的“～女”當然是處於吃奶期的小孩子。

從生殖義引申爲哺乳、餵奶。歸有光《項脊軒志》：“嫗，先大母婢也，～二世。”由此義又表示哺乳的器官乳房。本篇課文：“乃以～爲目。”魏學洢《核舟記》：“袒胸露～。”還表示乳汁。《魏書・王琚傳》：“常飲牛～，色如處子。”

干（gān）“干”的本義爲盾牌。《方言》：“盾，自關而東或謂之瞂，或謂之～，關西謂之盾。”是古代的一種武器。本篇課文：“操～戚以舞。”《禮記・檀弓下》：“能執～戈以衛社稷。”這裏干、戚、戈都是兵器。在古代盾牌本用於承受打擊、衝擊，後來引申出冒犯、觸犯之義。《商君書・定分》：“故吏不敢以非法遇民，民不敢犯法以～法官也。”這裏“犯”、“干”同義。

由冒犯義可引申爲向上衝的意思。杜甫《兵車行》詩：“牽衣頓足攔道哭，哭聲直上～雲霄。”由此義又表示向在上位者獻策以求取官職。《史記・淮陰侯列傳》：“數以策～項羽，羽不用。”由求取義引申爲事不關己却涉足其中，干涉。《後漢書・蔡邕傳》：“今灾眚（shěng）之發……皆婦人～政之所致也。”又引申爲關聯、發生關係。李清照《鳳凰臺上憶吹簫》詞：“新來瘦，非～病酒，不是悲秋。”

由於盾牌可以承受衝擊，因而“干”還引申出岸、水邊之義。《詩經・魏風・伐檀》：“坎坎伐檀兮，置之河之～兮。”

“干”還表示“干支”，即天干十，地支十二，干支相配，六十組一循環，本用來紀日，後也用來紀年。

戚 “戚”本義爲古代兵器，一種大斧。本篇課文：“操干～以舞。”《詩經・大雅・公劉》：“弓矢斯張，干戈～揚。”另外，“戚”可以指親屬。《吕氏春秋・論人》：“何謂六～？父母兄弟妻子。”“戚”還有憂傷的意思。《莊子・大宗師》：“哭泣無涕，中心不～，居喪不哀。”

舞 “舞”字早期的字形像人手執牛尾揮動的樣子，即指舞蹈。《周禮・春官・宗伯》：“凡～，有帗～，有羽～，有皇～，有旄～，有干～，有人～。”由此義引申爲舞動、揮動。《鴻門宴》：“項莊拔劍起～，項伯亦拔劍起～。”本篇課文：“形天～干戚。”

由揮動義還引申爲耍弄文字、權術等。《漢書・汲黯傳》：“好興事，~文法，内懷詐以御主心，外挾賊吏以爲重。”

女媧補天①

《淮南子》

【《淮南子》介紹】《淮南子》是西漢初年淮南王劉安及其門客編撰的一部著作。原名《鴻烈》，劉向校訂後稱《淮南》。據《漢書·藝文志》記載，《淮南》内篇 21 卷，外篇 33 卷。列爲雜家類，現僅存内篇 21 卷。《隋書·經籍志》始稱《淮南子》。全書以道家思想爲主，書中保存了不少古代神話與傳説。《淮南子》主要注本有漢代高誘《淮南鴻烈解》，今注本有劉文典《淮南鴻烈集解》。

【説明】本文選自《淮南子·覽冥訓》。“女媧補天”是古代著名的神話故事。從中我們可以看到遠古時代嚴重的自然灾害和當時的人們積極進取、征服自然的决心和氣魄。

往古之時，四極廢，九州裂②，天不兼覆，地不周載③。火爁焱而不滅，水浩洋而不息④。猛獸食顓民，鷙鳥攫老弱⑤。于是女媧鍊五色石以補蒼天，斷鼇足以立四極⑥，殺黑龍以濟冀州，積蘆灰以止淫水⑦。蒼天補，四極正，淫水涸，冀州平⑧，狡蟲死，顓民生⑨。

【注釋】

① 女媧（wā）：古代神話中化育萬物的女神，傳説她人頭蛇身，用黄土做人，創造了人類。

② 四極：天的盡頭。傳説天的四邊盡頭有四根柱子撑着，“四極”在這裏即指那四根柱子。　廢：壞，這裏指柱子倒塌。　九州：古時人們把中國分爲九州，包括冀州、兖州、青州、徐州、揚州、荆州、豫州、雍州、梁州，這裏泛指大地。　裂：崩裂，這裏指大地塌陷。

③ 兼：同時具備不同方面，廣泛地。　覆：遮蓋。　周：普遍。　載：承受，這裏指承受萬物。

④ 爁焱（lǎnyàn）：火勢燃燒猛烈的樣子。　浩洋：水勢浩蕩的樣子。　息：止息，這裏指洪水消退。

⑤ 顓（zhuān）：純樸善良。　鷙（zhì）：兇猛。　攫（jué）：用爪子抓取。

⑥ 鍊：熔煉。　鼇（áo）：傳説中海裏的大龜。

⑦ 濟：救助。 冀州：古九州中的中原地帶，這裏代指中國。 淫水：洪水。 淫：過度，過分。

⑧ 涸：水乾枯。 平：太平。

⑨ 狡：兇猛。 蟲：古代泛指禽獸。

知識拓展：

中國古代神話

"神話"一詞來自希臘語，指遠古時代人們集體口頭創作的、根據自然現象和社會生活幻想出來的具有藝術意味的解釋和描述。

中國早在遠古時代就產生了許多神話與傳説，包括對自然現象的解釋、對英雄人物的描述、關於異人異物的傳説等。這些神話和傳説反映了中國遠古時代在生産力水平低下的情况下，人們對自然和其自身的幼稚的認識和虚妄的想象，以及爲争取生存、提高生産能力而産生的認識自然、支配自然的積極要求。

中國古代神話散見於歷代經、史、子、集、筆記、類書等古籍中，收録最多的有《山海經》、《淮南子》、《列子》、《穆天子傳》、《楚辭》等。

中國古代神話是中華民族的歷史記載和民族文化的寶庫，對我國後世文學的發展具有深遠影響。

【常用詞詞義分析】

極 "極"的本義爲房屋正中最高處的正梁。《説文》："～，棟也。"《後漢書·蔡茂傳》："茂初在廣漢，夢坐大殿，～上有三穗禾，茂跳取之，得其中穗，輒復失之。"因正梁在最高、正中處，所以用來比喻北極星。《周禮·考工記》："晝參諸日中之景，夜考之～星，以正朝夕。"因正梁在房屋最高處，後泛指最高處。《史記·留侯世家》："今以三寸之舌，爲帝者師，封萬户，位列侯，此布衣之～，於良足矣。"

由此義引申爲極點、盡頭。本篇課文："四～廢，九州裂。"《史記·禮書》："天者，高之～也；地者，下之～也。"作動詞時，表示終了、達到極點。《蝜蝂傳》："～其力不已。"王粲《登樓賦》："平原遠而～目兮。"又由此義泛指達到。《國語·魯語》："齊朝駕則夕～於魯國。"

作形容詞使用時，表示最高的、達到極點的。司馬遷《報任安書》：“是以就～刑而無慍色。”作副詞使用時，表示最高程度、非常。沈括《夢溪筆談·活板》：“～爲神速。”

由於是正梁，又引申爲中正之義。《漢書·兒寬傳》：“惟天子建中和之～，兼總條貫。”由此義引申爲準則、法則。《荀子·禮論》：“禮者，人道之～也。”

“極”還有疲勞的意思。《漢書·王褒傳》：“匈喘膚汗，人～馬倦。”“匈”的意思是胸口。

“極”有假借義。假借爲“亟”，表示急速。《荀子·賦篇》：“出入甚～，莫知其門。”又假借爲“殛”，表示懲罰、誅殺。《莊子·盜跖》：“子之罪大～重。”意思是罪行大，懲罰重。

覆 “覆”的本義爲反過來。《左傳·僖公二十四年》：“沐則心～，心～則圖反。”韋昭注：“沐則低頭，故心反～也。”引申爲翻轉。《漢書·賈誼傳》：“前車～，後車誡。”由翻轉義引申爲遮蔽、覆蓋。本篇課文：“天不兼～，地不周載。”《論衡·吉驗》：“置之冰上，鳥以翼～之。”由翻轉義又引申爲傾覆、滅亡。劉向《列女傳》：“括既行，代廉頗三十餘日，趙兵果敗，括死軍～。”

“覆”還表示審查、審問。《漢書·江都易王劉非傳》：“漢廷使者即復來～我，我決不獨死。”

“覆”還表示答復、回報。《漢書·馮唐傳》：“賞賜決於外，不從中～也。”顏師古注：“～，謂～白之也。”這個意義在上古時多寫作“復”。

載 “載”本指用車船裝運、裝載。《左傳·昭公十二年》：“公～寶以出。”《漢書·高帝紀》：“漢王道逢孝惠、魯元，～行。”由此義引申爲盛放。柳宗元《送薛存義序》：“柳子～肉於俎。”俎是盛食品的器具。又引申爲負擔、承受。《荀子·王制》：“水則～舟，水則覆舟。”本篇課文：“天不兼覆，地不周～。”由裝載義還可引申爲滿、充滿。《詩經·大雅·生民》：“厥聲～路。”

“載”還有乘坐之義。《史記·河渠書》：“陸行～車，水行～舟。”《陌上桑》：“使君謝羅敷，寧可共～不？”由此義引申爲乘坐或裝載的工具。《尚書·益稷》：“予乘四～，隨山刊木。”“四～”，指舟、車、楯、樏四種交通工具。

“載”還有開始之義。《詩經·豳風·七月》：“春日～陽。”

“載”可用作動詞詞頭，加重語氣。《詩經·小雅·菁菁者莪》：

“汎汎①楊舟，～沈～浮。”

“載”又音 zǎi，意爲記載。《論衡・書虛》：“世信虛妄之書，以爲～於竹帛上者，皆聖賢所傳。”又意爲年。《尚書・堯典》：“朕在位七十～。”

滅 “滅”的本義是滅絶。《爾雅・釋詁》：“～，絶也。”《穀梁傳・襄公六年》：“家有既亡，國有既～。”引申爲熄滅。本篇課文：“火爁炎而不～，水浩洋而不息。”

由滅絶義引申爲消除、去掉。《戰國策・趙策》：“～須去眉，自刑以變其容。”由此義引申爲掩蓋。《荀子・臣道》：“闇主妒賢畏能而～其功。”由滅絶義又引申爲消失。杜甫《戲爲六絶句》詩：“爾曹身與名俱～，不廢江河萬古流。”

息 “息”字從心、從自，“自”指鼻子。古人認爲氣息從心裏通過鼻子呼出來，所以“息”的本義是喘氣、呼吸。《説文》：“～，喘也。”《漢書・蘇武傳》：“武氣絶，半日復～。”引申爲嘆氣、嘆息。《列子・湯問》：“北山愚公長～曰：‘汝心之固……’”

由呼吸義引申爲休息。《荀子・榮辱》：“飢而欲食，寒而欲暖，勞而欲～。”由此義引申爲停止、止息。本篇課文：“火爁炎而不滅，水浩洋而不～。”由停止義又引申爲熄滅。《逍遥游》：“日月出矣，而爝火不～。”這個意義後來寫作“熄”。由熄滅義又引申出使……安定的意思。吴均《與朱元思書》：“望峰～心。”

由呼吸義還可引申爲滋長、生長。《孟子・告子上》：“是其日夜之所～，雨露之所潤，非無萌蘖之生焉。”由此引申出繁殖之義。《荀子・大略》：“有國之君不～牛羊，錯質之臣不～雞豚……從士以上皆羞利而不與民爭業。”

由滋長、生長義引申爲子女。《陳情表》：“門衰祚薄，晚有兒～。”

由滋長、生長義又引申爲利息。《史記・孟嘗君列傳》：“歲餘不入，貸錢者多不能與其～，客奉將不給。”

濟 “濟”的基本義是渡過水流。《楚辭・九章・涉江》：“～乎江湖。”《左傳・僖公二十四年》：“～河，圍令狐。”引申爲過河的地方、渡口。王粲《登樓賦》：“川既漾而～深。”

---

① “汎”現寫作“泛”。這裏尊重原文不改。下同。下文還有“氾”字同理。

引申爲成就功業。《後漢書·荀彧傳》："故雖有困敗，而終～大業。"

又引申爲幫助、救助。本篇課文："殺黑龍以～冀州。"《晉書·何攀傳》："惟以周窮～乏爲事。"由此義引申爲增加、有益。《國語·晉語》："若不勝敵，雖～其罪，可也。"

"濟"還有停止的意思。《淮南子·時則訓》："三月春風不～。"

淫 "淫"的本義是浸潤擴散。《説文》："～，侵～隨理也。"徐鍇注："隨其脉理而浸漬也。"《周禮·考工記·匠人》："善防者水～之。"防，指築堤壩。由此義引申爲沉溺。《國語·楚語》："耳不樂逸聲，目不～於色。"

浸潤擴散是因爲水太多，因而引申出過度、無節制之義。本篇課文："積蘆灰以止～水。"《尚書·大禹謨》："罔～於樂。"由此義引申爲邪惡。《左傳·昭公三十一年》："善人勸焉，～人懼焉，是以君子貴之。"

由無節制引申爲惑亂、放縱。《孟子·滕文公下》："富貴不能～，貧賤不能移。"也指不正當的男女關係。《荀子·天論》："内外無别，男女～亂，父子相疑。"

社　　鼠

《晏子春秋》

【《晏子春秋》介紹】晏子（？—前500），名嬰，字平仲，春秋時齊國夷維（今山東高密）人。晏嬰任齊卿五十餘年，歷靈公、莊公、景公三世，以生活節儉、謙恭下士著稱。《晏子春秋》是記載晏嬰言行的一部著作。舊題晏嬰撰，當爲後人編輯而成，成書約在秦統一之後。全書共8卷，包括内篇6卷，外篇2卷，共215章，多爲軼聞傳説和寓言故事，從中可以窺見春秋後期齊國的社會歷史風貌。

【説明】本文選自《晏子春秋·内篇問上》。晏子把國君身邊的小人比喻爲社鼠，不誅除他們便會危害國家；要誅除他們，又因國君的保護而不易做到。因此晏子認爲，要想根除社鼠一樣的小人，國君就不應做小人的庇護者。

景公問於晏子曰："治國何患①？"晏子對曰："患夫社鼠②。"公曰："何謂也③？"對曰："夫社，束木而塗之，鼠因往托焉④。熏之則恐燒其木，灌之則恐敗其塗⑤。此鼠所以不可得殺者，以社故也⑥。夫國亦有焉，人主左右是也⑦。內則蔽善惡於君上，外則賣權重於百姓⑧，不誅之則亂⑨，誅之則爲人主所案據⑩，腹而有之⑪。此亦國之社鼠也！"

【注釋】

① 景公：齊景公，前548—前490在位。姓姜，名杵臼。何患：怕什麽。疑問代詞"何"是動詞"患"的前置賓語。

② 夫（fú）：指示代詞，那。　社鼠：社廟裏的老鼠。

③ 何謂也：説的是什麽意思。疑問代詞"何"是動詞"謂"的前置賓語。

④ 夫（fú）：用於句首，有提示作用。　社：社廟，古代祭祀土神的地方，每二十五家建一社，封土種樹作爲標志。　束：聚集，這裏指並排而立。　塗：泥，這裏作動詞，用泥塗抹。　托：寄托，這裏指寄居。

⑤ 熏：用烟火熏烤。　灌：用水澆注。　敗：毀壞。

⑥ 所以……者：……的原因。以，因爲。

⑦ 人主：國君。　左右：近侍，這裏指國君身邊的小人。

⑧ 蔽：遮蓋。　權重：這裏指權勢。重，同義詞連用，這裏也是權的意思。

⑨ 誅：誅殺，除掉。　亂：擾亂國家。

⑩ 案據：把持，保護。

⑪ 腹：通"覆"，庇護。　有：通"宥"，寬宥，原諒。

【常用詞詞義分析】

治　"治"的基本義爲治理、管理、整理。本篇課文："景公問於晏子曰：'～國何患？'"《孟子·滕文公上》："勞心者～人，勞力者～於人。"《史記·孝武本紀》："其後～裝行，東入海，求其師云。"也泛指處理事情、情況，如醫治、懲處、研究等義。《鹽鐵論·世務》："如人有疾，不～則寢以深。"諸葛亮《出師表》："不效則～臣之罪，以告先帝之靈。"《史記·曹相國世家》："聞膠西有蓋公，善～黄老言，使人厚幣請之。"

由治理義引申出治理得好、社會安定。《荀子·天論》："禹以～，桀以亂，～亂非天也。"這裏"治"與"亂"相對。

還引申爲修建、營造。《聊齋志異·小翠》："遂～别院，使夫婦成禮。"

國　"國"泛指國家。本篇課文："景公問於晏子曰：'治～何患？'"陸游《十一月四日風雨大作》詩："僵卧孤村不自哀，尚思爲～成輪臺。”

“國”字常用來指先秦諸侯以及漢以後侯王的封地、采邑。《孟子·離婁上》：“天下之本在～，～之本在家，家之本在身。”《戰國策·齊策》：“孟嘗君就～於薛。”

“國”字在上古還指首都。《左傳·隱公元年》：“先王之制，大都不過三～之一。”這裏“國”指的是首都。引申爲地域、鄉土。《三國志·蜀書·諸葛亮傳》：“荆州北據漢沔，利盡南海，東連吳會，西通巴蜀，此用武之～。”這裏“國”指地域。

社 “社”字從示、從土，本義指土地神。《説文》：“～，地主也。”《左傳·昭公二十九年》：“后土爲～。”作動詞，爲祭祀土神義。《史記·陳丞相世家》：“里中～，平爲宰，分肉甚均。”里，是古代的一種居民組織。平，人名，即陳平。又指祭祀土神的地方。本篇課文：“夫～，束木而塗之，鼠因往托焉。”《白虎通·社稷》：“封土立～，示有土也。”

“社”在古代還指基層的行政單位或地域單位，二十五家爲一社，六里爲一社。《管子·乘馬》：“方六里，名之曰～。”由此義引申出民間群體、組織的意思。張溥《五人墓碑記》：“吾～之行爲士先者，爲之聲義。”

束 “束”字字形爲在木上加圈，像用繩索把木頭捆起來，即捆綁的意思。《説文》：“～，縛也。”本篇課文：“～木而塗之。”引申爲約束、限制。《莊子·秋水》：“曲士不可以語於道者，～於教也。”又引申爲結、繫之義。《論語·公冶長》：“～帶立於朝。”

“束”還有收藏、擱置之義。蘇軾《李氏山房藏書記》：“～書不觀，游談無根。”還引申爲收拾、整理。《三國志·蜀書·諸葛亮傳》：“去者～裝以待期，妻子鶴望而計日。”

“束”作量詞，表示一把、一捆。《左傳·襄公十九年》：“賄荀偃～錦。”《論語·述而》：“自行～脩以上，吾未嘗無誨焉。”“～錦”，一捆錦帛。“～脩”，捆在一起的十條乾肉。

塗 “塗”的本義爲泥巴。《廣雅》：“～，泥也。”《韓非子·外儲説左上》：“夫嬰兒相與戲也，以塵爲飯，以～爲羹。”

由於古代都爲土路，因而“塗”又引申有道路義。《莊子·徐無鬼》：“七聖皆迷，無所問～。適遇牧馬童子問～焉。”由此義引申爲途徑、方法。《商君書·畫策》：“削國之所以取爵禄者多～。”“削國”，指日漸削弱的國家。這個意義後來寫作“途”。

泥巴可以抹在牆上，則引申爲塗抹、塗飾。本篇課文："束木而～之。"《戰國策·趙策》："乃變姓名，爲刑人，入宫～廁，欲以刺襄子。"由此義引申爲玷污、污染。班固《西都賦》："雷奔電激，草木～地。"由塗抹義又引申爲塗改。《新唐書·百官志》："凡是詔敕有不便者，～竄而奏還。"

"塗"和"涂"字在古代是兩個不同的字，"涂"是水名。到了現代漢語中，"塗"簡化爲"涂"。

蔽 "蔽"在古代的基本義是遮蔽、遮蓋。《説文》："～，～～小草也。"朱駿聲曰："此字本訓蓋覆也。"《史記·項羽本紀》："項伯亦拔劍起舞，常以身翼～沛公。"本篇課文："内則～善惡於君上，外則賣權重於百姓。"引申爲隱藏。柳宗元《三戒》："～林間窺之。"

由遮蓋義引申爲蒙蔽。《史記·屈原賈生列傳》："屈平疾王聽之不聰也，讒諂之～明也。"

"蔽"還有概括之義。《論語·爲政》："《詩》三百，一言以～之，曰'思無邪。'"

權 "權"指秤，秤錘。《漢書·律歷志》："～者，銖、兩、斤、鈞、石也，所以稱物平施，知輕重也。"引申爲稱量、衡量。《孟子·梁惠王上》："～，然後知輕重；度，然後知長短。"由此義引申出均衡義。蘇軾《上神宗皇帝書》："古者建國，使内外相制，輕重相～。"

"權"還引申爲權力、權勢。本篇課文："内則蔽善惡於君上，外則賣～重於百姓。"

又引申爲權宜、靈活變通。《孟子·離婁上》："男女授受不親，禮也；嫂溺援之以手者，～也。"

"權"作副詞，表示姑且、暫且。左思《魏都賦》："～假日以餘榮，比朝華而庵藹。"

誅 "誅"的本義是責問、譴責。《論語·公冶長》："于予與何～?"引申爲討伐。賈誼《治安策》："下無倍畔之心，上無～伐之志。"這裏"誅"、"伐"同義。還引申爲懲罰、處罰。《韓非子·五蠹》："夫離法者罪，而諸先生以文學取；犯禁者～，而群俠以私劍養。"

"誅"還表示殺戮。《史記·項羽本紀》："立～殺曹無傷。"這裏"誅"、"殺"同義。本篇課文："不～之則亂，～之則爲人主所案據。"由此義引申爲鏟除、根除。《楚辭·卜居》："寧～鋤草茅，以力耕乎?”

由責問義還引申爲要求、索取。《左傳·襄公三十一年》:“以敝邑褊小,介於大國,~求無時,是以不敢寧居。”

蝜 蝂 傳

柳宗元

【作者介紹】柳宗元(773—819),字子厚,祖籍河東(今山西永濟),世稱“柳河東”,因官終柳州刺史,又稱“柳柳州”,唐代傑出的文學家和思想家。

柳宗元少有才名,早有大志,後入朝爲官。805 年,積極參與王叔文集團政治革新,任禮部員外郎。不久,王叔文革新失敗,柳宗元被貶爲永州(今湖南永州)司馬。815 年調到更爲偏遠的柳州(今屬廣西)爲刺史,政績卓著,終死在那裏。

柳宗元和韓愈齊名,同爲唐代古文運動的倡導者,是“唐宋八大家”之一。他的詩歌幽峭疏淡,自成一格;散文説理性强,筆鋒犀利;寓言言簡意賅;游記清新秀麗。現存有《柳河東集》65 卷。

【説明】本文是一則寓言,借小蟲蝜蝂言事,諷刺那些聚斂資財、貪得無厭、至死不悟的貪官汚吏。文雖短小,却像一面鏡子,折射出當時社會的現實。

蝜蝂者,善負小蟲也①。行遇物,輒持取,卬其首負之②。背愈重,雖困劇不止也③。其背甚澀,物積因不散,卒躓仆不能起④。人或憐之,爲去其負,苟能行,又持取如故⑤。又好上高,極其力不已,至墜地死⑥。

今世之嗜取者,遇貨不避,以厚其室,不知爲己累也,惟恐其不積⑦。及其怠而躓也,黜棄之,遷徙之,亦以病矣⑧。苟能起,又不艾⑨,日思高其位,大其禄⑩,而貪取滋甚,以近於危墜,觀前之死亡不知戒⑪。雖其形魁然大者也,其名人也,而智則小蟲也⑫,亦足哀夫⑬!

【注釋】

① 蝜蝂(fùbǎn):《爾雅·釋蟲》作“負版”。一種黑色小爬蟲,背部凹凸

不平，有黏性。　負：馱，背東西。

② 輒（zhé）：總是。　卬（áng）：高高舉着。

③ 困：疲憊，勞累。　劇：甚，極。

④ 澀：不光滑。　散（sǎn）：散落。　卒：終於。　躓仆（zhìpū）：跌倒，這裏指被背上的重物壓倒。

⑤ 或：無定代詞，有的。　爲：介詞，替。　去：這裏是除去的意思。負：這裏指背上馱的東西。　苟：如果，一旦。

⑥ 好：喜愛。　極：這裏是用盡的意思。

⑦ 貨：財物。　厚：這裏是使動用法，增厚。　累：累贅，負擔。　積：積存。

⑧ 怠：疲憊。　黜（chù）：罷官。　遷徙：這裏指被降職調往邊遠地區。以：通“已”，已經。　病：困苦不堪。

⑨ 艾（yì）：停止，悔改。

⑩ 日：每天。　高：這裏是使動用法，提高。　大：這裏是使動用法，增大。　禄：俸禄。

⑪ 滋甚：更加厲害。　危墜：從高處墜落而死。　前之死亡：指以前由於極力求官貪財而自取滅亡的人。　戒：警惕。

⑫ 雖：介詞，即使。　形：身軀。　魁然：高大的樣子。　名：名稱。則：連詞，表轉折關係，却。

⑬ 哀：可悲。　夫（fú）：句末語氣詞，表感嘆。

知識拓展：

中國古代寓言

“寓言”一詞出於《莊子·寓言》。這裏“寓”有“寄托”的意思，就是用假托的故事或擬人手法來寄寓深奥的道理。

中國古代寓言多爲民間故事、歷史傳説或是作者的虚構，包括先秦的説理寓言、兩漢的勸戒寓言、魏晉南北朝的嘲諷寓言、唐宋的諷刺寓言和明清的詼諧寓言等，大量保存在先秦諸子散文、歷史著作和歷代文人的創作當中。

中國古代文人在文章中經常運用寓言，或作爲譬喻，把道理講得淺顯易懂；或作爲寄托，形象地表達作者的思想感情；或作爲論證，用來證明論點。

中國古代寓言一般都篇幅短小、結構緊凑，常用比喻、誇張、象徵的手法表達鮮明的思想內容。語言簡潔生動，富於表現力，對中國古代小説的産生和創作有極大的影響。

【常用詞詞義分析】

負 “負”意爲用後背馱載東西，背着。《左傳·成公十年》：“～晉侯出諸廁。”本篇課文：“行遇物，輒持取，卬其首～之。”由此義又表示所背的東西、負擔。《穀梁傳·昭公二十九年》：“昭公出奔，民如釋重～。”本篇課文：“人或憐之，爲去其～。”由背着引申出蒙受、遭受義。《管子·法禁》：“廢上之法制者，必～以耻。”

又引申爲背靠着。《孟子·盡心下》：“有衆逐虎，虎～嵎，莫之敢攖。”由此義引申爲憑仗、依恃、有所依靠。《左傳·襄公十四年》：“昔秦人～恃其衆，貪於土地，逐我諸戎。”

又引申爲背棄、違背。《史記·廉頗藺相如列傳》：“相如度秦王雖齋，决～約不償城。”由此義引申爲辜負、對不起。《史記·廉頗藺相如列傳》：“臣誠恐見欺於王而～趙，故令人持璧歸。”

“負”還有失敗之義。《孫子·謀攻》：“不知彼而知己，一勝一～。”引申爲欠缺、欠債。司馬遷《報任安書》：“僕少～不羈之才。”《漢書·鄧通傳》：“通家尚～責數鉅萬。”這裏“責”是債務的意思。

“負”、“任”、“擔”、“荷”都泛指攜帶物品，衹是方式不同：“負”是用後背背着，“任”是用手抱着，“擔”是用扁擔挑着，“荷”是用肩膀扛着。

持 “持”的本義是拿着、握住。《論語·季氏》：“危而不～，顛而不扶，則將焉用彼相矣？”《戰國策·燕策》：“秦王謂軻曰：‘起，取武陽所～圖。’”本篇課文：“行遇物，輒～取，卬其首負之。”又引申爲攜帶。《史記·滑稽列傳》：“恐大巫祝爲河伯取之，以故多～女遠逃亡。”

由拿着、握住引申爲掌握、控制。《漢書·楚元王傳》：“王莽～政。”《吕氏春秋·察今》：“悖亂不可以～國。”由此義引申爲執行。《漢書·黃霸傳》：“聞霸～法平，召以爲廷尉正。”

由拿着又引申爲保持、保有。《荀子·正名》：“猶引繩墨以～曲直。”《荀子·議兵》：“大寇則至，使之～危城則必畔。”

引申爲支撑。《淮南子·主術訓》：“十圍之木，～千鈞之屋。”由此義引申爲扶持。《荀子·仲尼》：“是何也？則墮之者衆，而～之者寡也。”由支撑義還可引申爲依靠、憑藉。《韓非子·奸劫殺臣》：“乘舟之安，～楫之利，則可以水絶江河之難。”

引申爲對峙，不相上下。《左傳·昭公元年》：“子與子家～之。”

孔穎達疏："弈棋謂不能相害爲～。"《史記·高祖本紀》："楚漢久相～未决，丁壯苦軍旅，老弱罷轉餉。"

仆 "仆"的本義是向前跌倒。《説文》："～，頓也。"朱駿聲曰："前覆曰～，後仰曰偃。"泛指一般的跌倒。《史記·項羽本紀》："衛士～地。"本篇課文："其背甚澀，物積因不散，卒躓～不能起。"又指倒下。王安石《游褒禪山記》："距洞百餘步，有碑～道，其文漫滅。"

"仆"、"僕"（pú）在古代是兩個不同的字。"僕"的意思是奴隸。在現代漢語中，"僕"簡化爲"仆"。

憐 "憐"在古代最常用的意義是愛。《爾雅》："～，愛也。"《戰國策·趙策》："丈夫亦愛～其少子乎？"大約漢代以後，"憐"字纔有了憐憫、同情之義。《説文》："～，哀也。從心，粦聲。"《史記·酈生陸賈列傳》："天子～百姓新勞苦，故且休之。"本篇課文："人或～之，爲去其負。"但在唐以後的詩詞中，"憐"和"愛"交互使用時，"憐"仍表喜愛義。劉長卿《西江雨後》詩："既～滄浪水，復愛滄浪曲。"

去 "去"在古代最常用的意義是離開。《孟子·公孫丑下》："孟子～齊。"引申出離開或放棄某一職位，常與"就"相對。《史記·屈原賈生列傳》："同死生，輕～就。"還引申爲去世。陶淵明《雜詩》："日月還復周，我～不再陽。"又引申爲過去的。白居易《與元微之書》："長兄～夏自徐州至。"

由離開義引申爲除去、去掉。本篇課文："人或憐之，爲～其負。"柳宗元《捕蛇者説》："～死肌，殺三蟲。"

離開就産生距離，因此引申爲相距、距離之義。《孟子·離婁下》："地之相～也千有餘里。"

由離開又引申爲前往、到……去，與"來"相對。《念奴嬌·赤壁懷古》詞："大江東～，浪淘盡，千古風流人物。"李白《與史郎中飲聽黄鶴樓上吹笛》詩："一爲遷客～長沙，西望長安不見家。"

又引申爲失掉、失去之義。《後漢書·梁鴻傳》："鴻乃尋訪燒者，問所～失，悉以豕償之。""所～失"，意思是失去的東西。

"去"還表示動作的趨向。梅堯臣《絶句》詩："上～下來船不定，自飛自語燕争忙。"

"去"有假借義。假借爲"驅"。《左傳·僖公十五年》："千乘三～，三～之餘，獲其雄狐。"又假借爲"弆"，音 jǔ，意爲收藏。

《漢書・蘇武傳》:“武既至海上，廩食不至，掘野鼠~草實而食之。”

“去”和“往”在古代的意義不同。“去”的主要意義爲離開某地，可以帶賓語，與“留”相對;“往”的主要意義爲走向某地，不能帶賓語，與“來”相對。

已 “已”的本義是停止。《詩經・鄭風・風雨》:“雞鳴不~。”毛傳:“~，止也。”本篇課文:“又好上高，極其力不~，至墜地死。”引申爲完成、完畢。《漢書・藝文志》:“每一書~，向輒條其篇目，撮其指意，録而奏之。”

“已”作副詞，表示已經。《莊子・逍遥游》:“子治天下，天下既~治矣。”也表示過分、程度加深，相當於“太”。張溥《五人墓碑記》:“死而湮没不足道者，亦~衆矣。”還表示隨即、不久。《漢書・游俠列傳》:“~爲中郎，後免官。”又有然後之義。歸有光《項脊軒志》:“庭中始爲籬，~爲牆。”

“已”作爲句末語氣詞，用法同“矣”，表陳述語氣。《史記・貨殖列傳》:“夫神農以前，吾不知~。”

“已”常假借爲“以”，表示時間、方位、數量等的界限。《漢書・文帝紀》:“年八十~上，賜米人月一石。”王充《論衡》:“公侯~下，玉石雜糅。”

墜 “墜”的本義是從高處落下。《楚辭・九歌・國殤》:“矢交~兮士争先。”本篇課文:“又好上高，極其力不已，至~地死。”泛指落入、陷入。《吕氏春秋・察今》:“其劍自舟中~於水。”

物品由高處落下一定會毀壞，故引申出毀壞、喪失之義。《國語・楚語》:“自先王莫~其國，當君而亡之，君之過也。”

又引申爲垂掛。《管子・形勢》:“~岸三仞，人之所大難也，而猿猱飲焉。”由此義引申爲垂掛的東西。張昱《宫中詞》詩:“尋出塗香金~子，安排衣綫捻春綿。”

古代漢語知識

古代漢語常用工具書

學習古代漢語的時候，常常會遇到一些疑難詞語、不懂的成語典故或古代制度文化等方面的問題，這就必須借助工具書來解決。

工具書是彙集某方面的基本知識或資料線索，按照特定的方法編排起來，以供檢索或查閱的特定類型的圖書。工具書可以爲我們指引讀書的門徑、提供所需的參考資料、解決遇到的疑難問題，是學習中不可缺少的好幫手。

工具書是用來查考的特殊書籍，因此它的内容精確、概括，編排體例易於檢索。工具書的用途和種類很多，如供查找詞語的字典、詞典，供查找各類知識的百科全書，供查找古代制度、官職、各方面常識的政書、曆表、類書、索引，等等。

一、工具書的排檢方法

要熟練地使用工具書，就要了解它們的性質、内容和用途，熟悉它們的排檢方法。字序法是古代漢語常用工具書中最主要的排檢方法。根據漢字的結構，字序法又分爲形序法和音序法兩類。

（一）形序法

根據字形結構來給漢字排序。包括部首法、筆畫法和四角號碼法。

1. 部首法

這種方法是把所收條目按字的部首歸類編排。取漢字中具有相同偏旁的字歸爲一部，這個共同的偏旁就是部首，同部首的字按筆畫數的多少編排，如江、河、流等均歸“水”部。最早的字典《説文解字》將所收 9 353 字按部首分爲 540 部。其後的字典、詞典的部首都是在此基礎上改造、合併而來的。使用此法時，由於古今字形的變化，部首和字的歸部都不容易確定。

2. 筆畫法

這種方法是把所收條目按字的筆畫多少編排，同筆畫的字則以起筆筆形爲序編排，以一（横）、丨（竪）、丿（撇）、丶（點）、乙（折）爲序。這種方法易學易檢、使用方便，但漢字筆畫數多少不均，筆形、筆順的規定不一，因此，給查找工作帶來一定困難。

3. 四角號碼法

這種方法是把所收條目按規定的漢字號碼順序編排。漢字號碼順序是根據方塊漢字四個角的筆形所規定的數碼順序。具體說，首先把漢字的筆形分爲十種，分別以 0 到 9 十個數碼代表，數碼與筆形的關係可歸納爲四句口訣："橫一垂二三點捺，叉四插五方框六，七角八八九是小，點下有橫變零頭。"然後按左上、右上、左下、右下的順序取漢字四個角筆形號碼組成一組數字，作爲這個漢字的代碼。如"仃"，左上"丿"取 2，右上"一"取 1，左下"丨"筆爲 2，右下"亅"筆爲 2，四個角合起來是 2122。查找時只要根據筆形的位置次序，確定號碼，可以迅速檢索。但漢字取角規則掌握起來較難，衹有經過反復練習，纔能運用自如。

（二）音序法

這種方法是把所收條目按字的讀音順序編排。

最早使用此法的是古代的韻書，按漢字所屬的韻部順序編排，如《廣韻》、《集韻》等。還有按漢字在中古時期所屬的 36 個聲母順序編排的，如《經傳釋詞》、《古書虛字集釋》等。現代曾采用國語注音字母的順序編排，目前最常用的是按漢語拼音字母順序編排，其具體方法是按照漢語拼音字母 A、B、C……X、Y、Z 次序排檢。在 26 個字母中，除 I、U、V 三個字母不做字頭，其他 23 個都可做字頭，分成 23 部，排列時，先以首个字母的 A、B、C 音序排，若首个字母相同再按第 2 個字母的音序排，以此類推，如果兩個字或詞全部字母相同，再按陰平、陽平、上聲、去聲、輕聲的順序排列。這種方法簡便易行，符合國際上工具書的編排規則。但遇到不知其音的字詞時，就無法使用音序法檢索了。

二、查找一般字詞的工具書

解釋漢語中一般性字詞的工具書是字典和詞典。字典側重解釋漢字的結構、讀音、意義及其用法；詞典以解釋詞語爲主，在單字字頭下收集與該字有關的詞語，解釋它們的讀音、意義和用法。我國古代没有字典、詞典的名稱，將解釋字詞的工具書通稱爲"字書"。自清朝的《康熙字典》之後，纔有了"字典"之稱，"詞典"的名稱則出現得更晚。

（一）《說文解字》

簡稱《說文》，作者許慎，字叔重，東漢汝南召陵人（今河南省漯河市召陵區)，是當時有名的古文經學家。許慎在東漢和帝永元十二年（100）開始寫作此書，歷時22年，於安帝建光元年（121）定稿。關於書名，許慎在《説文解字·叙》中是這樣解釋的："倉頡之初作書也，蓋依類象形，故謂之文。其後形聲相益，即謂之字。文者，物象之本；字者，言孳乳而寖多也。"它是我國文字學史上第一部系統地解説字義、分析字形、辨識字音的字典。

全書正文14篇，叙1篇，合計15篇。《説文》全書收字正文共9 353個，重文1 163個。字頭以小篆爲主，兼收古籀大篆、古文形體，對所收漢字逐一解釋它們的意義、結構和讀音，代表了當時文字學研究的最高水平。

《説文》根據字形結構，將有共同形旁的字歸爲一部，共分爲540部，這個共同的形旁即爲每部的首字，稱爲部首。部首的排列次序是"據形繫聯"，就是形體相近的部首編排在一起，如"三、王、玉、玨"連在一起；同部首内的字則以意義相近爲順序，如"禄、褫、禎、祥、祉"都有"祥福"的意思，故連在一起；"禋、祭、祀、祡、禷"都有"祭祀"的意思，故連在一起。這種部首排字法，把衆多的漢字排列成有條理可循的完整體系，"此前古未有之書，許君之所獨創"(段玉裁《説文解字注》)，開創了部首法編排字典的先河。

《説文解字》解釋體例是先列出小篆字頭，如果古文和籀文不同，則在後面列出。字頭之下先解釋字義，然後按"六書"解釋形體構造。注明"象形"或"象某之形"的是象形字，如："又，手也，象形。"注明"指事"者是指事字，如："下，底也，指事。"注明"从某从某"或"从某某"者是會意字，如："元，始也。从一从兀。"注明"从某，某聲"者是形聲字，如："祐，助也。从示右聲。"部分字用"直音法"標注讀音，注明"某讀若某"，就是用同音字來注音，這是最早的注音方法，如："椵，木。可作牀几。从木叚聲。讀若賈。"《説文》確立了"六書"的理論和體系，保存了漢字的篆文資料和古音古訓，對於我們了解字的本義和形體演變，以及閲讀古籍，都具有極爲重要的作用。

由於許慎所見的古文字材料太少，所以《説文》的説解不可避免地有一些錯誤，如"射"在甲骨文裏由"弓、矢、又"組成，表示手持弓矢發射。在小篆中"弓"訛爲"身"，許慎便解作"弓弩發於身而中於遠也，从矢从身"。部首的歸納、各部首的排列次序、部首所轄字的排列順序也不盡科學，查檢起來不够便利。

《説文》傳世的本子，主要是北宋徐鉉等人奉旨校訂的本子，世稱“大徐本”。1963 年中華書局出版了其影印本（見圖 1-1）。雙行小字是徐鉉校訂時增加的注釋和反切注音，書框上的楷體字頭及附録的檢字表是新增的，今天的讀者查檢起來就方便多了。

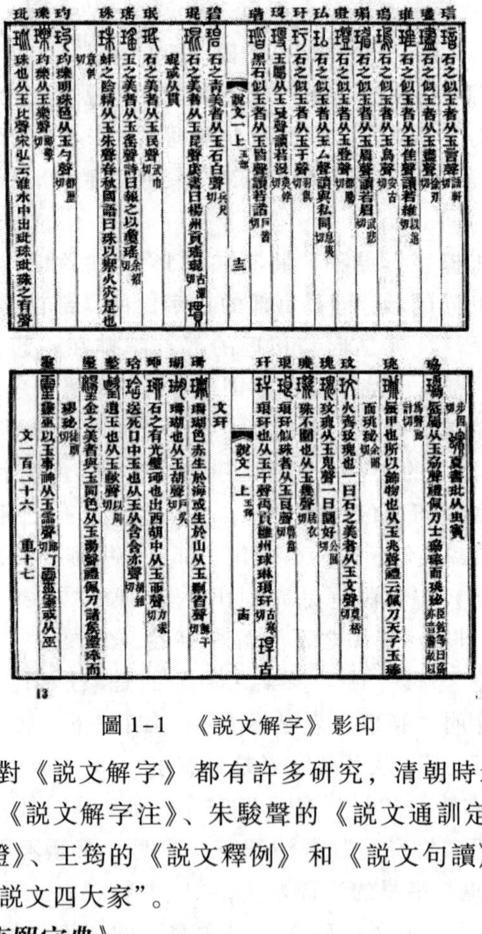

圖 1-1 《説文解字》影印

歷代學者對《説文解字》都有許多研究，清朝時最爲興盛。尤其以段玉裁的《説文解字注》、朱駿聲的《説文通訓定聲》、桂馥的《説文解字義證》、王筠的《説文釋例》和《説文句讀》的成就爲最高，被稱爲“説文四大家”。

（二）《康熙字典》

《康熙字典》是清代張玉書、陳敬廷等奉敕編寫的，成書於康熙五十五年（1716）。是我國第一次用“字典”命名的字書，也是古代收字最多、影響較大的一部字典，對後世字詞工具書的編纂有深刻的影響。

《康熙字典》繼承了明代梅膺祚的《字匯》和張自烈的《正字通》的體例，共收單字 47 035 個，用部首法編排，分爲 214 部，按地支“子丑寅卯辰巳午未申酉戌亥”排列在 12 集中，每集又分上、中、下三卷。同部首中的字皆以筆畫多少爲序。書前列有“凡例”、“總目”、“等韻”、“辨似”，書後附有“補遺”和“備考”。

從這部字典中查字，首先要辨明字的部首，然後在該部中再按筆畫去查找。如查“恭”字，先從部首索引查“心”部，在卯集上，再查“心”部六畫，便在卯集上檢得“恭”字。如：

> 恭【廣韻】九容切【集韻】居容切，𠀤音供。【説文】肅也。【書·洪範】貌曰恭。【禮·曲禮】君子恭敬，撙節退讓以明禮。【疏】在貌爲恭，在心爲敬。貌多心少爲恭，心多貌少爲敬。又【禮·玉藻】手容恭。【注】高且正也。又【論語】温良恭儉讓。【疏】和從不逆謂之恭。又【周語】夙夜恭也。【注】夙夜敬事曰恭。【釋名】恭，拱也，自拱持也。亦言供給事人也。又【書·太甲】接下思恭。【禮·少儀】賓客主恭。【注】以不驕慢爲恭。又奉也。【書·甘誓】今予惟恭行天之罰。【傳】恭，奉也。又【謚法】正德美容，敬順事上曰恭。又州名。梁州地，唐置恭州。又姓。晉恭世子之後，以謚爲姓。又通作共。【詩·大雅】虔共爾位。【注】恭字古與共通。【左傳·僖二十七年】杞不共也。【注】本作恭。亦通作龔。【書·泰誓】恭行天罰。或作龔。又葉區王切，音匡。【道藏歌】太虛感靈會，命我生成章。天神普欣悦，一切稽首恭。本作𢗊。從心。共聲。今作恭。考證：〔【禮·曲禮】君子恭敬，撙節退讓以明禮。【注】在貌爲恭，在心爲敬。〕謹照原書注改疏。〔【論語】温良恭儉讓。【注】和從不逆謂之恭。〕謹照原書注改疏。

《康熙字典》解字體例是先音後義。每個單字下先列出《唐韻》、《廣韻》、《集韻》、《韵會》、《正韵》等韵書的反切，再注直音。反切是用兩個漢字給另一個漢字注音的方法，大約出現在東漢末年，在之後的字書中被普遍采用。其原則是：取反切上字的聲母，取反切下字的韻母和聲調，拼合成被切字的讀音。特別要説明的是，因爲反切是古代（特別是唐宋時期）的注音方法，無論是用來注音的字，還是被注音的字，它們所代表的都是古音，而不是現代音，因而用現代音來拼讀反切，很多情况下是得不出正確讀音的。此外，還用叶音法注音，這是一種不科學的注音方法。注音之後，按本義、引申義、假借義的順序逐一解説該字的意義，每義之下引古書例句爲證。字有別音、別義和古音者，再次列出解釋。如有考辨，則於注末加“按”字標明。重文、别體、俗書、訛字等附於注後，篆體列於書眉。

《康熙字典》最大的特點是收字多，釋義較全，單字的辨形、注音、釋義等方面都較完備、細致，對查找字詞，特别是查找冷僻字有很大的幫助，而且字義一般都有書證，書證又往往是較早的出處。此書雖是字典，但在解釋字義和用法中，往往連帶出一些相關的複音詞，因此在某些方面還可以當詞典使用。但它也有明顯的缺陷，音義羅列甚多，未作科學的歸納，所徵引的書名、篇名和字句錯訛頗多，僅清代學者王引之的《字典考證》，就對此書的錯誤舉出 2 588 條之多。1988 年出版的王力《康熙字典音讀訂誤》，糾正其讀音方面的錯誤 5 900 多條。在使用《康熙字典》時應該參考上述兩書。

（三）《漢語大字典》（第二版）

徐中舒主編，四川、湖北兩省 300 餘名學者十年心血的結晶，由湖北辭書出版社與四川辭書出版社聯合出版。編寫工作始於 1975 年，1984 年完成初稿。1986 年出版第一卷，1990 年出齊，1993 年出版縮印本，2010 年出版了修訂后的第二版。是一部以解釋漢字的形、音、義爲主要任務，目前規模最大、收單字最多、釋義最全的漢語字典。

全書共九卷，收漢語楷書單字 60 370 個，按部首編排，共分 200 個部首，是修改《康熙字典》214 部而成。部首按筆畫多少編排，同部的字也按筆畫多少編排，同筆畫的部首、部内字按起筆筆形編排。每卷前附有本卷部首檢字表，最後一卷附有總檢字表。2010 年第二版新增加了漢語拼音音序檢字和《難檢字表》，並重新編制了《筆畫檢字表》。

該字典的解釋體例是：以楷書爲標準字頭，每個楷字下面收列能反映其形體演變的甲骨文、金文、大篆、古文、小篆、隸書字形；接着引用《説文》的解釋；之後是注音，注音時，用拼音字母標注現代音，用《廣韻》等韻書的反切標注中古的聲、韻、調，以近人考訂的三十韻部標注上古音的韻部；然後按本義、引申義、假借義的順序分項解釋該字的古今意義和用法，既解釋字的常用意義，也收入字的冷僻意義，並徵引古書例證，做到源流兼及、古今並重，在一定程度上反映出字義的發展演變。

該書的最大特點是：收字衆多，解釋全面。凡古今書籍中出現過的字，不管正體、别體、俗體、簡體，一概收入；凡古代字書中標注過的上古、中古、現代音，都有説明；釋義詳盡，義項齊備，例證豐富；比較全面地反映出漢字形、音、義及其歷史發展。

（四）《古漢語常用字字典》（第四版）

《古漢語常用字字典》是爲了幫助初學古代漢語的人掌握文言常用字的常用義而編寫的，原編者是北京大學中文系王力等人，後由北京大學中文系蔣紹愚等人修改增訂，是一部通俗實用的工具書。1979年由商務印書館出版，出版後受到廣泛的歡迎。隨着時代的發展，該書不斷進行增訂和完善，至2005年，出版了修訂後的第四版，有簡體字和繁體字兩種版本。共收古漢語常用單字6 400多個，字頭下收複音詞3 000多條，全書按漢語拼音字母的順序排列漢字，使用漢語拼音注音，白話文解釋。充分滿足了中等以上文化程度讀者的需要。

這本字典釋文簡明扼要，語言精練通俗。釋義衹收文言文中重要的、常用的義項，注意到字義的歷史發展。釋義順序是先本義後引申義，而後假借義、比喻義。例句和釋義對應，有的例句中適當地加注音釋義或串講，典型性强、明白易懂。另外，除解釋本字的意義外，還對一些同義詞進行辨析，注意到一些字在意義和用法上的不同，如圖1-2中對“卒”字的解釋，這是本字典的一個特色。

菹足卒崒族镞诅阻组俎 zū—zǔ 521

音。)⊗进献。王充《论衡·逢遇》:“以夏进鑪,以冬～扇。”⊗呈现,使见。《战国策·秦策一》:“愿大王少留意,臣请～其效。”● 向君王进言或上书。《史记·孝文本纪》:“书～天子,天子怜悲其意。”⊗奏章。《后汉书·赵充国传》:“作～未上,会得进兵玺书。”(会:碰上。进兵玺书:皇帝命令进兵的诏书。)● 奏乐。屈原《离骚》:“～九歌而舞韶兮。”(韶:古代乐名。)

ZU

菹(葅) zū ● 酸菜,腌菜。王充《论衡·福虚》:“楚惠王食寒～而得蛭。”(蛭:蚂蟥。)● 肉酱。《礼记·少仪》:“麋鹿为～。”⊗古代的一种酷刑,把人剁成肉酱。《韩非子·存韩》:“臣斯愿得一见,前进道愚计,退就～戮。”(斯:李斯。道:说。)● jù(沮)。多水草的沼泽地带。《孟子·滕文公下》:“驱蛇龙而放之～。”● 枯草。《管子·轻重甲》:“请君伐～薪。”(薪:柴。)

足 zú ● 脚。《韩非子·外储说左上》:“手～胼(pián)胝(zhī),面目黧(lí)黑,劳有功者也。”(胼胝:厚茧。黧:黑色。)⊗器物的脚。《三国志·蜀书·诸葛亮传》:“如此则荆、吴之势强,鼎～之形成矣。”● 足够,充足。《老子》:“损有余而补不～。”曹操《置屯田令》:“夫定国之术,在于强兵～食。”⊗补足。《列子·杨朱》:“以昼～夜。”● 够得上,值得。《荀子·劝学》:“百发失一,不～谓善射。”陶潜《桃花源记》:“不～为外人道也。”

卒 zú ● 步兵。《孙膑兵法·篡卒》:“兵之胜在于篡～。”(兵:军队。篡:选用。)⊗古代军队编制,一百人为卒。《韩非子·显学》:“猛将必发于～伍。”(发:产生。伍:古代军队编制。五人为伍。)● 死。《左传·僖公十六年》:“公子季友～。”(季友:人名。)● 终,完毕,结束。《论语·子张》:“有始有～者,其惟圣人乎!”《史记·匈奴列传》:“语～而单于大怒。”⊗副词。终于。《史记·李斯列传》:“～成帝业。”● cù(促)。通“猝”。突然,仓猝。《后汉书·仲长统传》:“军旅～发。”【辨】兵,卒,士。上古时这三个字意义各不相同。兵一般指武器,可以泛指军队;卒是步兵,士是战斗时在战车上的战士。【辨】崩,薨,卒,死,没。见15页“崩”字。

崒(崪) zú ● 高耸而险峻。柳宗元《邕州柳中丞作马退山茅亭记》:“是山～然起于莽苍之中。”(是:此。莽苍:原野。)⊗高。宋玉《高唐赋》:“其上独有云气,～兮直上。”[崒兀]高耸险峻。杜甫《自京赴奉先县咏怀五百字》:“群冰从西下,极目高～～。”● cuì。通“萃”。聚集。贾谊《鹏鸟赋》:“异物来～,私怪其故。”

族 zú ● 家族,同姓的亲属。《史记·吴起传》:“废公～疏远者。”(公族:国君的家族。)⊛姓。《吕氏春秋·异宝》:“问其名～,则不肯告。”⊗类。《淮南子·俶真》:“万物百～。”● 种族。《后汉书·东夷传赞》:“厥区九～。”● 灭族。古代一种刑罚,一人有罪,灭三族或九族。《史记·秦始皇本纪》:“以古非今者～。”(非:非难。)● 聚结。《庄子·在宥》:“云气不待～而雨。”

镞 zú 箭头。贾谊《过秦论上》:“秦无亡矢遗～之费,而天下诸侯已困矣。”(无亡矢遗镞之费:不费一箭。矢:箭。)

诅 zǔ ● 诅咒。《晏子春秋·内篇谏上》:“百姓之咎怨诽谤,～君于上帝者多矣。”● 盟誓。《左传·宣公二年》:“初,骊姬之乱,～无畜群公子。”(无:不。畜:养。)《后汉书·西羌传》:“乃解仇～盟。”

阻 zǔ ● 险要的地方。《史记·孙膑传》:“马陵道狭,而旁多～隘,可伏兵。”⊗路难走。蔡琰《悲愤诗》:“迥(jiǒng)路险且～。”(迥:远。)● 倚仗。《左传·隐公四年》:“夫州吁～兵而安忍。”(州吁:人名。安忍:安于做残忍的事。)《汉书·高帝纪下》:“带河～山,县隔千里。”(县:悬。远。)● 阻碍,阻挠,阻止。柳宗元《非国语·卜》:“反以～大事。”杜甫《秋尽》诗:“剑门犹～北人来。”今有熟语“通行无阻”。● 忧患。《尚书·舜典》:“黎民～饥。”

组 zǔ ● 丝带。《韩非子·外储说右上》:“使其妻织～。”⊛印绶。《汉书·高帝纪》:“秦王子婴素车白马,系颈以～,封皇帝玺符节,降枳道旁。”[组练]指精兵。辛弃疾《水调歌头·舟次扬州》:“汉家～～十万。”● 编织。《诗经·鄘风·干旄》:“素丝～之。”

俎 zǔ ● 祭祀时盛牛羊等祭品的礼器。《左传·隐公五年》:“鸟兽之肉不登于～……则公不射。”(登:指放上。公:国

Z

圖1-2 《古漢語常用字字典》影印

此書雖然規模較小，却能解决初學古代漢語的人所遇到的絶大部分語詞方面的問題，具有一定的學術水平。

（五）《辭源》（修訂本）（2009 年版）

本書始編於 1908 年，由陸爾奎等編寫，商務印書館 1915 年出版，1931 年出版續編。《辭源》收單字萬餘條、詞語十萬條左右，内容包括社會科學和自然科學，是一部大型綜合性辭書。自 1958 年起，國家組織人力對《辭源》進行全面修訂，至 1983 年分四册出齊。修訂本《辭源》删去舊《辭源》中的現代自然科學、社會科學和應用技術的詞語，收録了自我國公元前至公元後 1840 年間各類古籍中常見的單字 12 890 個，複音詞語 84 130 條，包括一般詞語、常用詞語、成語、典故，兼收各種術語、人名、地名、書名、文物、典章制度等詞語，成爲一部以收録古漢語詞彙爲主要内容的大型古代漢語專用詞典。2009 年出版了全兩册修訂版重排本（見圖 1–3）。

圖 1–3　修訂本《辭源》影印

修訂本《辭源》仍然沿用了《康熙字典》的編排體例，用部首法編排，分爲214部，按地支“子丑寅卯辰巳午未申酉戌亥”排列在十二集中，每集又分上、中、下三卷。同部首中的字皆按筆畫多少爲序，單字下複音詞按字數從少到多排列，同字數的複音詞再按第二字的筆畫多少排列。全書采用繁體字排印，白話文解釋。在單字下先用漢語拼音和注音字母注音，之後標出《廣韻》的反切，指出其中古的聲調、韻、聲母。《廣韻》不收的字，采用《集韻》或其他韻書、字書的反切。然後釋義，釋義簡明確切，並注意説明語詞來源及其發展演變。單字之後列出以該單字爲字頭的複音詞或詞組，然後分别進行詮釋。各項釋義皆有書證，有的更附有圖表，以利理解。注意語詞的來源和語詞在使用過程中的發展演變。所引書證，標明作者、書名、篇名和卷次。書後附有“四角號碼索引”與“漢語拼音索引”，使用十分方便。

（六）《辭海》（1999年版）

《辭海》原由舒新城、沈頤、徐元誥、張相等編撰，中華書局1936年出版。該書的性質、收字詞的數量和編排體例與舊《辭源》大致相同。從1958年起，國家組織人力對舊《辭海》進行修訂。由上海辭書出版社於1979年出版，後每十年修訂一次。1989年版有三卷本、縮印本、增補本，1999年版和2009年版各有彩圖本和縮印本，成爲一部以字帶詞，兼有字典、語文詞典和百科詞典功能的大型綜合性工具書。

1999年版《辭海》在内容和形式上都有大量增訂，新增彩圖本，配置一萬六千餘幅圖片，版式也有革新，分爲四卷，另加附録、索引一卷。同時，出版普及本三卷，並在此基礎上出版縮印本。本書共收單字字頭17 523個，附繁體字和異體字6 129個。字頭及其下所列詞目，包括普通詞語和百科詞語，共計105 400餘條。條目包括了古今中外的成語、典故、人物、著作、歷史事件、地名、團體組織、各學科名詞術語等社會科學和自然科學的常見用語，注重反映科學技術方面的新學説、新成果及其重大發展，對文史哲和其他各科目的解釋，也注重了形式的變化和時代的發展。

《辭海》按部首用簡體字編排，按簡體字歸納出部首250個，確定部首的原則是依字形定部首。同部首的字按筆畫多少爲序。1999年版《辭海》同時另出版了按簡體字頭的漢語拼音次序排列的版本，以方便讀者查閲。同音字按筆畫排列，筆畫少的在前，筆畫多的在後。筆畫相同的，按起筆筆形橫、竪、撇、點、折的次序排列。詞目隸屬於首字讀音之下。同一字頭下所列詞目不止一條的，按第二字的漢語拼音次序排列；第二字讀音相同的，按筆畫次序排列；第二字相同的，按第三字排列，排列次序同第二字，以下類推。書前有《漢語拼音音節表》，書後有"筆畫索引"、"四角號碼索引"等。

《辭海》的詞條由字頭、注音、釋義、書證等組成。字頭采用《現代漢語通用字表》所規定的簡化漢字，用漢語拼音注音，釋義通俗簡明，側重解釋字詞的古今常用義項，注意引用書證。

《辭海》把一字的古今義集在一起，把古今的複音詞按筆畫混排，模糊了古今字詞及詞義的界線，單從學習古代漢語而言，不如《辭源》好用。

（七）《漢語大詞典》

羅竹風主編，中國漢語大詞典編輯委員會、漢語大詞典編纂處編纂，漢語大詞典出版社出版。全書正文 12 卷，共收單字 2.27 萬，複音詞 37.5 萬，約 5 000 萬字，並配有插圖 2 000 餘幅。編纂工作開始於 1975 年，1986 年 11 月出版第一卷，至 1993 年 11 月全書出齊，1994 年又出版《附録、索引》一卷。這是祇收漢語一般詞彙的專業性詞典，收詞原則是古今兼收，源流並重，是學習漢語的重要工具書。

《漢語大詞典》的編排體例與《漢語大字典》一樣，正文按部首編排單字，共立 200 個部首，是在《康熙字典》214 個部首的基礎上改進而成的。同部首的字按筆畫多少編排，同筆畫的字又按起筆筆形編排。單字以繁體字立目，簡化字括注於後。單字下用漢語拼音標注現代音，再注《廣韻》、《集韻》的反切，標明中古調類、韻部和聲母。字有多音或代表多詞的，分列字頭，分別注音釋義。單字下列出該字打頭的複音詞或詞組，也用繁體字立目，排列順序是先按字數，再按筆畫。詞後分項釋義；不管是單字還是複音詞，既釋古義，也釋今義，釋義後引用古今例證。

該書的最大特色是廣泛收列古今漢語中的語詞、熟語、成語、典故和較常見的百科詞語，集古今漢語詞彙之大成。義項分列精當齊全，釋義扼要，並輔以豐富的書證。每個義項一般精選 3 ~ 4 條書證，涉及古今各種典籍，全面反映了漢語詞彙的發展演變。

三、查找虛詞和特殊詞語的工具書

虛詞是漢語重要的語法手段，尤其是古代漢語的虛詞，用法比較複雜，因此人們編纂了專供查找虛詞的專門性的詞典。

（一）《經傳釋詞》

清王引之著，成書與1819年。是專門研究古代漢語虛詞用法的詞典。收虛詞160個，都是先秦兩漢典籍中的虛詞，按上古漢語三十六个聲母的順序排列，分爲十卷。中華書局有排印本。

該書所釋虛詞，分項列舉出其不同的用法，解説詳細，引證廣博，常從語法結構的角度研究虛詞詞義，有不少超越前人的獨到見解。

（二）《詞詮》

近人楊樹達著，1928年出版。也是一部古漢語虛詞詞典。古人稱虛詞爲“詞”，此書是對“詞”進行詮釋的，故名《詞詮》。全書收各類虛詞572個，分爲十卷，按當時通行的國語注音字母順序编排，書前有按注音字母編排的目録和按部首編排的目録。1965年中華書局再版時編成漢語拼音索引，附於書後。

書中每一詞條下先指明詞性，然後説解意義，最後列舉大量例句。例句都標出書名、篇名。作者不僅根據虛詞的不同用法分項列舉，而且還指出其意義演化的軌迹。全書條理清楚，自成體系。

（三）《古代漢語虛詞詞典》

中國社會科學院語言研究所古代漢語研究室編著，1999年由商務印書館出版，是目前規模最大、成就最高的古代漢語虛詞詞典。共收古代漢語單音虛詞762條，複合虛詞491條，慣用詞組289條，固定格式313條，共計1 855條。條目按漢語拼音字母順序排列，單字下收含有該字的複音詞和固定詞組等。所收的詞類有副詞、介詞、連詞、助詞、語氣詞、感嘆詞、助動詞、代詞、不定數詞等。

該書的特點是：第一，對每個虛詞説明其出現、使用和失用的情况；第二，對所解釋的虛詞、慣用詞組、固定格式都從語法結構、句法功能、語義特點等方面進行分析與描寫，並進行古今對比；既反映出虛詞的用法和意義，又反映虛詞的歷史變化（見圖1–4）。

173 更

结，后必难图。(《资治通鉴·唐纪·武德四年》)

(8) 勤者升，惰者黜，于是更相勉励。(《元史·王恩诚传》)

更 gèng

《说文》："更，改也。"本义为"更改"、"改变"。它的虚词义是由其实词义引申而来的。"更"今分平、去两个读音。《说文》段注："今人分别平、去二音，非古也。"今读去声的"更"，都用为虚词。可用作副词。在先秦文献中，《尚书》、《诗经》都未见"更（gèng）"的用例，在《左传》、《墨子》、《韩非子》等著作中，虽已出现，但较少见。汉代以后则普通使用。到唐宋时期又有所发展，出现了一些新的用法。读作平声的，详"更 geng"条。

副词

一、用在动词谓语前，表示谓语所抱是重现的动作行为。可译为"再次"、"重新"等。

(1) 虞不腊矣，在此行也，晋不更举矣。(《左传·僖公五年》)

(2) 人主藏是言，不更听群臣；群臣畏是言，不敢议事。(《韩非子·南面》)

(3) 伤寒发汗已解，半日许复烦，脉浮数者，可更发汗，宜用桂枝汤。(《伤寒论·辨太阳濡脉证并治中》)

(4) 故汴水之战数千，后还到扬州更募，亦复不过三千人。(《曹操集·让县自明本志令》)

(5) 先所论者，本不经心，及更考究，果如君言。(《北史·高允传》)

(6) 安都挺身奋击，流血凝肘，矛折，易之更人。(《资治通鉴·宋纪·文帝元嘉二十七年》)

(7) 还家可通烧第一符，如人行十里；不活，更烧其次；若又不活，更烧第三符。(《广异记·赵州参军妻》)

(8) 辛卯复战，友谅复大败，於是敛舟自守，不敢更战。(《明史·太祖本纪》)

二、用在动词谓语前，表示事态的接续、递进。可译为"又"、"还"等。

(1) 当魏齐辱我于厕中，公不止，罪二也。更醉而溺我，公其何忍乎！罪三矣。(《史记·范雎蔡泽列传》)

(2) 夜阑更秉烛，相对如梦寐。(《杜工部集·羌村三前》)

(3) 师曰："三千里外且喜得勿交涉。"又问："更有什摩言句？"(《祖堂集·药山和尚》)

(4) 其国人危髻金冠，缨络被体，故谓之菩萨蛮。当时倡优，遂制菩萨蛮曲，文士亦往往声其词。更女王国贡龙油绫，鱼油锦，文彩多异，人水不濡，云有龙油鱼油也。优者更作女王国曲。(《杜阳杂编·女商国》)

(5) 更数日，生遂诀别东去。(《唐宋传奇选·霍小玉传》)

(6) 秦王不知此，更筑怀清台。(《临川先生文集·兼并》)

(7) 天明，三娘子具盘食，果实烧饼数收于盘中，迄更取他物。(《河东记·板桥三娘子》)

三、用在动词、形容词谓语前，表示情态、状态程度上的累加、累进。可译为"更加"、"越发"等。

(1) 修士不能以货赂事人，特其精洁而更不能以枉法为治。(《韩非子·孤愤》)

(2) 求蓬莱安期生莫能得，而海上燕、齐怪迂之方士多相效，更言神事矣。(《史记·孝武本纪》)

(3) 吾尝为鲍叔谋事，而更穷困。(《史记·管晏列传》)

(4) 已知仙客意相亲，更觉良工心独苦。(《杜工部集·题李尊师松树障子歌》)

(5) 曹公、豺虎也，挟天子以征四方，动以朝廷为辞，今日拒之，事更不顺。(《资治通鉴·汉纪·献帝建安十三年》)

圖 1-4 《古代漢語虛詞詞典》影印

四、《詩詞曲語辭匯釋》

近人張相著，1953 年由中華書局出版。是一部研究詩詞曲中特殊詞語的專門詞典。全書共分六卷，所收單詞和詞組 537 個，附録 600 多條，都是唐宋元明間流行於詩詞曲中的特殊詞語。每條的排列順序是先詩后詞再曲，一般是解釋單詞或詞組的意義，有時還由意義的解釋推及詞源或語源的探討及語法的分析。這部書能幫助閱讀詩詞曲的人瞭解這些特殊詞語的意義和用法。書末附筆畫索引，方便檢索。

思考與練習

一、簡要説明下列工具書的作者、成書年代和主要性質

1. 《説文解字》

2. 《康熙字典》

3. 《古漢語常用字字典》

4. 《漢語大字典》和《漢語大詞典》

5. 《辭源》和《辭海》

6. 《古代漢語虛詞詞典》

7. 《詩詞曲語辭匯釋》

二、填空

1. 我國第一部按部首編排的字書是東漢____________編著的《____________》，宋代________等校定。共收________個單字；重文字________個。分爲_______个部首。清代研究《説文解字》的成就主要有________《________》、________《________》、________《________》和________的《____________》、《____________》。

2. 我國目前收字最多的字典是《____________》，收詞最多的詞典是《____________》。

3. 專門解釋唐宋元明人詩詞曲中特殊語辭的辭書是近人____________的《____________》。

4. 古漢語常用工具書的檢字法主要有____________、音序檢字法、____________和四角號碼檢字法。

三、查閲下列各字在《康熙字典》（或《辭源》修訂本）中所屬的部首

裁 壯 敗 毒 游 理 蹇 雖 旌 窘 罪 悶 需 頗 佳 方

四、查閲《古漢語常用字字典》，辨析下列各組同義詞的意義

1. 征 伐 襲 侵

2. 哭 泣 號 啼

3. 憐 愛

五、查閲《辭源》或《辭海》，解釋下文中加點的詞在文中的意義

1. 初，鄭武公娶于申，曰武姜，生莊公及共叔段。莊公寤生，驚姜氏，故名曰寤生，遂惡之。愛共叔段，欲立之。亟請於武公，公弗許。及莊公即位，爲之請制，公曰："制，巖邑也，虢叔死焉。佗邑唯命。"請京，使居之，謂之京城大叔。(《左傳・隱公元年》)

2. 夜縋而出。見秦伯，曰："秦、晉圍鄭，鄭既知亡矣。若亡鄭而有益於君，敢以煩執事。越國以鄙遠，君知其難也。焉用亡鄭以陪鄰？鄰之厚，君之薄也。若捨鄭以爲東道主，行李之往來，共其乏困，君亦無所害。且君嘗爲晉君賜矣，許君焦、瑕，朝濟而夕設版焉，君之所知也。夫晉何厭之有？既東封鄭，又欲肆其西封，若不闕秦，將焉取之？闕秦以利晉，唯君圖之。"(《左傳・僖公三十年》)

六、查閱《漢語大詞典》，說明下列成語的出處和意義

管窺蠡測　不刊之論　亡羊補牢　唇亡齒寒　沆瀣一氣

白駒過隙　明日黄花　信口雌黄　任重道遠　分崩離析

暴虎馮河　舉一反三

七、標點下列短文，並譯成現代漢語

1. 景公使圉人養所愛馬暴死公怒令人操刀解養馬者是時晏子侍前左右執刀而進晏子止而問於公曰堯舜支解人從何軀始公矍然曰從寡人始遂不支解公曰以屬獄晏子曰此不知其罪而死臣爲君數之使知其罪然後致之獄公曰可晏子數之曰爾罪有三公使汝養馬而殺之當死罪一也又殺公之所最愛馬當死罪二也使公以一馬之故而殺人百姓聞之必怨吾君諸侯聞之必輕吾國汝殺公馬使怨積於百姓兵弱於鄰國汝當死罪三也今以屬獄公喟然嘆曰夫子釋之夫子釋之勿傷吾仁也（《晏子春秋・内篇諫上》）

2. 王藍田性急嘗食雞子以箸刺之不得便大怒舉以擲地雞子於地圓轉未止仍下地以屐齒碾之又不得瞋甚復於地取内口中齧破即吐之王右軍聞而大笑曰使安期有此性猶當無一豪可論况藍田耶（《世説新語・忿狷》）

2

第二單元

文選：《左傳》

鄭伯克段於鄢[①]

【《左傳》介紹】《左傳》原名《左氏春秋》，據説是春秋晚期魯國史官左丘明所作，但肯定經過後人的增益。它本是一部獨立的著作，到了晉代，杜預把它分年、分條附在《春秋》各相關部分的後面。

《左傳》是我國第一部叙事詳細的編年體史書。記事起於魯隱公元年（前722），實際記事到魯悼公十四年（前453），它比較詳細地記載了春秋時代各諸侯國之間的關係和内部鬥争，内容涉及政治、經濟、軍事、文化和重要自然現象，比較真實地反映了當時的社會現實，具有重要的歷史文獻價值。

《左傳》在文學和語言上都有很大的成就。它善於用簡潔精練的語言記述紛繁複雜的歷史事件，尤其擅長描寫戰争；善於運用各種手段展現人物性格的豐富性和複雜性，表現人物性格的發展變化；善於運用委婉迂徐的文筆表達應答、諫説和外交辭令，對後世散文和史書編撰産生很大的影響。

通行的注本有《十三經注疏》中的《春秋左傳正義》（晉杜預注，唐孔穎達疏）和今人楊伯峻的《春秋左傳注》。

【説明】春秋時期，不僅各諸侯國之間的摩擦和侵吞愈演愈烈，諸侯國内部貴族之間的争權奪勢也日益加劇。本文記載了春秋初年鄭國公室内部母子兄弟之間爾虞我詐、互相傾軋的權力之争。經過作者冷静客觀的描述，姜氏的褊狹乖戾，共叔段的貪得無厭，尤其是莊公的陰狠虚僞，無不躍然於紙上。

本文選自《左傳·隱公元年》，題目是後加的。

初，鄭武公娶于申，曰武姜[②]。生莊公及共叔段[③]。莊公寤生[④]，驚姜氏，故名曰寤生，遂惡之。愛共叔段，欲立之。亟請於武公，公弗許[⑤]。

【注釋】

① 鄭伯：指鄭莊公。在公、侯、伯、子、男五等爵位中鄭屬伯爵。　段：

莊公之弟。 鄢：地名，在今河南鄢陵縣境內。

② 初：當初。這是追述往事的習慣用詞。 鄭武公：姓姬，名掘突，鄭桓公的兒子，"武"是其謚號，"公"是諸侯的通稱。 申：國名，姜姓。

③ 共（gōng）叔段：莊公的弟弟，名段。古代以伯、仲、叔、季表兄弟間的排行。段小，故稱叔段；叔段失敗後奔共，故稱共叔段。共，國名，在今河南輝縣。

④ 寤生：逆生，胎兒出生時脚先出來。寤，通"啎"，逆，倒着。

⑤ 亟（qì）：屢次。

及莊公即位，爲之請制①。公曰："制，巖邑也，虢叔死焉②。佗邑唯命③。"請京，使居之，謂之京城大叔④。祭仲曰⑤："都城過百雉，國之害也⑥。先王之制，大都不過參國之一⑦，中五之一，小九之一。今京不度，非制也，君將不堪⑧。"公曰："姜氏欲之，焉辟害⑨？"對曰："姜氏何厭之有⑩！不如早爲之所，無使滋蔓⑪。蔓，難圖也⑫。蔓草猶不可除，况君之寵弟乎⑬？"公曰："多行不義，必自斃，子姑待之⑭！"

【注釋】

① 即位：天子或諸侯就職。 制：地名，又名虎牢，在今河南滎陽市汜（sì）水西。原屬東虢（guó）國，東虢被鄭武公所滅，制就成了鄭地。

② 巖：險要。 虢叔：東虢國君。 死焉：死在那裏。 焉，兼詞，于是。

③ 佗：同"他"，别的，另外的。 唯命："唯命是聽"的省略。

④ 京：地名，在今河南滎陽市東南。 大（tài）：後來寫作"太"。

⑤ 祭（zhài）仲：鄭大夫，字足，祭是其封邑，仲是其排行。

⑥ 都：卿大夫或王侯子弟的封邑叫"都"。 城：城牆。 雉：量詞，古代長三丈高一丈的面積爲一雉。

⑦ 參國之一：國都的三分之一。參，三分。周制，侯伯之國，國都城牆爲三百雉。

⑧ 不度：不合法度。 非制：不是先王的制度。 堪：經受得住。

⑨ 焉：疑問代詞，哪里，怎麽。 辟：躲避，這個意義後來寫作"避"。

⑩ 何厭之有：即"有何厭"。厭，通"猒（饜）"，滿足。

⑪ 爲之所：給他安排個地方。之，指共叔段。所，處所。 無：通"毋"，不要。 滋蔓：滋長蔓延。

⑫ 圖：圖謀，這裏指設法對付。

⑬ 猶：尚且，還。　寵：地位尊貴。

⑭ 自斃：自己摔跟頭。斃，仆倒，倒。　姑：副詞，姑且。

既而大叔命西鄙北鄙貳於己[①]。公子吕曰[②]："國不堪貳，君將若之何[③]？欲與大叔，臣請事之；若弗與，則請除之。無生民心[④]。"公曰："無庸，將自及[⑤]。"

大叔又收貳以爲己邑，至於廩延[⑥]。子封曰："可矣！厚將得衆[⑦]。"公曰："不義不暱，厚將崩[⑧]。"

【注釋】

① 既而：不久。　鄙：邊邑。　貳於己：即讓原屬鄭莊公的西北邊邑也同時臣屬於自己。貳，兩屬。

② 公子吕：鄭國大夫，字子封。

③ 若……何：固定格式，對……怎麽辦。

④ 無生民心：不要使老百姓産生二心。生，動詞的使動用法，使……産生。

⑤ 無庸：不用。庸，用。　自及：自己趕上（灾禍），即自取滅亡。及，追上，趕上。

⑥ 廩延：鄭地名，在今河南延津縣北。

⑦ 厚：此指領土擴大。　得衆：得到百姓的擁護。

⑧ 不義不暱：多做不義的事，别人就不會親近他。暱，同"昵"，親近。一説"不義"指對國君不義，"不暱"指對兄長不親。　崩：這裏指崩潰、垮台。

大叔完聚，繕甲兵，具卒乘，將襲鄭[①]。夫人將啓之[②]。公聞其期，曰："可矣！"命子封帥車二百乘以伐京[③]。京叛大叔段。段入于鄢。公伐諸鄢[④]。五月辛丑，大叔出奔共[⑤]。

…………

【注釋】

① 完：修葺（城牆）。　聚：聚集（百姓）。　繕：修繕，整治。　甲兵：泛指武器。甲，鎧甲。兵，兵器。　具卒乘：準備好步兵和戰車。具，準備。卒，步兵。乘（shèng），戰車。　襲：偷襲。

② 夫人：指武姜。　啓之：爲共叔段開門。

③ 帥：通"率"，率領。

④ 諸："之於"的合音字。

⑤ 辛丑：古人以干支紀日，五月辛丑，即隱公元年五月二十三日。 出奔：逃到國外避難。

遂置姜氏於城潁，而誓之曰①："不及黄泉，無相見也②。"既而悔之③。

【注釋】

① 置：放置，安頓。這裏有放逐的意味。 城潁：鄭邑名，在今河南臨潁縣西北。 誓之：對她發誓。

② 黄泉：地下的泉水，這裏指墓穴。

③ 之：指代安置姜氏於城潁並發誓的事。

潁考叔爲潁谷封人①，聞之，有獻於公。公賜之食。食舍肉②。公問之，對曰："小人有母，皆嘗小人之食矣，未嘗君之羹③。請以遺之④。"公曰："爾有母遺，繄我獨無⑤！"潁考叔曰："敢問何謂也⑥？"公語之故，且告之悔⑦。對曰："君何患焉⑧？若闕地及泉，隧而相見，其誰曰不然⑨？"公從之。公入而賦："大隧之中，其樂也融融⑩。"姜出而賦："大隧之外，其樂也洩洩。"遂爲母子如初。

【注釋】

① 潁考叔：鄭國大夫。 潁谷：鄭國邊邑，在今河南登封市西南。 封人：管理疆界的官員。封，疆界。

② 舍：後來寫作"捨"，這裏指放着不吃。

③ 嘗：品嘗，這裏是"吃"的意思。 羹：帶汁的肉食。

④ 遺（wèi）：送給。這裏指留給。

⑤ 繄（yī）：句首語氣詞，略同"衹有"。

⑥ 敢：表敬副詞，冒昧地，大膽地。

⑦ 語：告訴。

⑧ 何患：賓語前置，擔心什麼。 焉：於此，在這件事上。

⑨ 闕：通"掘"，挖掘。 隧：用作動詞，挖隧道。 其：語氣詞，加强反問。 然：指示代詞，這樣。

⑩ 其：指示代詞，那。 也：句中語氣詞，表示停頓。 融融：和睦快樂的樣子。下文"洩洩"（yìyì）義同。

君子曰：潁考叔，純孝也[①]。愛其母，施及莊公[②]。詩曰："孝子不匱，永錫爾類[③]。"其是之謂乎[④]？

【注釋】

① 君子曰：《左傳》作者用來發表評論的方式。 純：大。

② 施（yì）：延續，擴展。

③ 見《詩經·大雅·既醉》。意思是，孝子的孝心没有窮盡，永遠把它給予你的同類。匱：盡。 錫：通"賜"，給予。

④ 其：語氣副詞，大概。是之謂：賓語前置，即"謂是"，説的就是這種情况吧。

知識拓展：

古代的姓氏

上古貴族有姓有氏。姓是一種族號，用來"别婚姻"（上古同姓不婚）；氏是姓的分支，用來"明貴賤"。所以女子稱姓，男子稱氏。待嫁的女子如果要加以區别，可在姓前冠以孟（伯）、仲、叔、季，表示排行，如"孟姜"、"叔姬"等。出嫁以後，可在姓前冠以所自出的國名或氏，如齊姜、國姜。嫁給别的國君，可在姓前冠以配偶受封的國名，如秦姬。嫁給别國的卿大夫，可在姓前冠以配偶的氏或邑名，如趙姬。死後，可以在姓前冠以配偶或本人的謚號，如武姜。至於貴族男子，或以受封的國名爲氏，如鄭捷（鄭文公）；或以受封的邑名爲氏，如屈完；或以所在的地名爲氏，如東門襄仲；或以官名爲氏，如卜偃；或以祖先的字或謚號爲氏，如孔丘（宋公孫嘉之後，嘉字孔父）。戰國以後，人多以氏爲姓，姓氏合一，到了漢代，則通謂之姓。

【常用詞詞義分析】

城 本義是都邑四周用作防禦的牆垣，即城牆。本篇課文："都～過百雉，國之害也。"又用作動詞，指築城。《詩經·小雅·出車》："～彼朔方。"朔方，古地名。由城牆引申爲城鎮、城市。《史記·廉頗藺相如列傳》："秦王以十五～請易寡人之璧，可予不？"

"城"與"郭"常連用，泛指城。並稱時，"城"指内城，"郭"指外城。

邑 本指古代的一種行政區域，指無宗廟的城市及周圍地域。

《左傳·莊公二十八年》："凡邑有宗廟先君之主曰都，無曰邑。"本篇課文："制，巖～也。"也指國都。《詩經·商頌·殷武》："商～翼翼。"翼翼，整齊的樣子。引申指國。《説文》："～，國也。"《左傳·成公二年》："君惠徼福於敝～之社稷。""敝～"是對自己國家的謙稱。

後來指上古人口聚居之處，不在大小或人口多少。《論語·公冶長》："十室之～。"又："千室之～。"再引申爲一般的城鎮。《史記·廉頗藺相如列傳》："臣觀大王無意償趙王城～，故臣復取璧。"後來又指縣。柳宗元《封建論》："秦有天下，裂都會而爲之郡～。"

又指采邑，分封給人的一塊地方。《史記·李將軍列傳》："然廣不得爵～。"

都　"都"的本義是有先君宗廟的城邑。《説文》："～，有先君之舊宗廟曰～。"春秋時代，諸侯貴族的宗廟所在地叫"國"，諸侯子弟或卿大夫的宗廟所在地叫"都"，一般的城邑叫"邑"。本篇課文："大～不過參國之一。"句中"都"表示卿大夫的采邑，"國"就是諸侯的都城。引申指大城市。《吕氏春秋·貴因》："舜一徙成邑，再徙成～，三徙成國。"從這裏可以看出：國比都大，都比邑大。引申爲國都。《三國志·吴書·吴主傳》："秋九月，權遷～建業。"用作動詞，表示建都。揚雄《解嘲》："～於洛陽。"

也指古代行政區劃，歷代建制不一。《周禮·地官·小司徒》："四縣爲～。"《管子·度地》："州十爲～。"

行政區劃是人所匯聚之處，故引申爲匯聚、聚集。《水經注·文水》："水澤所聚謂之～。"由聚集又引申爲總共。曹丕《與吴質書》："頃撰其遺文，～爲一集。"

再引申爲完全，演變爲現代漢語中的副詞。李白《留别龔處士》詩："～無人世喧。"

另有嫻雅、美好的意義。《詩經·鄭風·有女同車》："洵美且～。"

辟　"辟"的本義是法度、法律，音bì。《説文》："～，法也。"《詩經·小雅·雨無正》："～言不信。"意思是法度之言，而不聽信。引申爲治理。《尚書·金縢》："我之弗～，我無以告我先王。"又特指治罪、違法之後的懲戒。《左傳·襄公二十五年》："先王之命，唯罪所在，各致其～。""辟"也指罪行。《國語·周語》："土不備墾，～在司寇。"

引申爲制定並執行法的君主，包括天子和諸侯。《尚書·洪範》："惟～作福，惟～作威。" 意思是只有國君纔能專行賞罰，纔能總攬大權。又指上對下的徵召。《三國志·魏書·華佗傳》："太尉黄琬～，皆不就。"

又引申爲躲開、避免。如本篇："姜氏欲之，焉～害？" 這個意義後來寫作"避"。

還引申爲得寵。《論語·季氏》："友便～，友善柔，友便佞，損矣。" 便辟，善於迎合人意而得寵的小人。便，讀 pián。善柔，善於阿諛奉承。便佞，善以言辭取媚於人。這個意義後來寫作"嬖"。

又音 pì，意爲偏僻。《史記·范雎蔡澤列傳》："夫秦國～遠。" 引申爲邪僻。《孟子·梁惠王上》："放～邪侈，無不爲已。" 這個意義後來寫作"僻"。又表開闢義。《孟子·梁惠王上》："欲～土地，朝秦楚。" 這個意義後來寫作"闢"。

"辟" 有假借義。假借爲"躄"，意爲腿瘸。《荀子·正論》："王梁造父者，天下之善馭者也，不能以～馬毀輿致遠。" 又假借爲"譬"，音 pì，意爲打比方。《荀子·王霸》："～之是猶立直木而求其景之枉也。"

厭 "厭" 的本字爲"猒"（yàn），像一隻狗張着嘴吃肉，本義是吃飽。後來棄本字不用，而借用表示"壓"義的"厭"字來表示"吃飽"的意思（"壓"的意義則由"厭"另加"土"來表示）。《韓非子·解老》："服文采，帶利劍，～飲食。" 引申爲滿足。本篇課文："姜氏何～之有？" 這個意義後來寫作"饜"。

由滿足引申爲合乎心意義。《國語·周語》："克～帝心。"

由吃飽引申爲嫌棄、厭惡。《論語·憲問》："人不～其言。"

又音 yā，意思是壓，壓住。《漢書·五行志》："地震隴西，～四百餘家。" 引申爲壓制、壓抑。《漢書·翼奉傳》："東～諸侯之權。" 由此義引申爲鎮壓。《左傳·昭公二十六年》："將以～衆。" 特指用迷信的方法鎮壓妖孽。《史記·高祖本紀》："秦始皇常曰'東南有天子氣'，于是因東游以～之。" 由壓住又引申爲堵塞。《荀子·修身》："～其源，開其瀆，江河可竭。" 這些意義可寫作"壓"。

鄙 "鄙" 本指周代的行政區劃。《周禮·地官·遂人》："五家爲鄰，五鄰爲里，四里爲酇，五酇爲～，五鄙爲縣。" 引申爲邊疆，邊遠的地方。本篇課文："既而大叔命西～北～貳於己。" 又引申爲郊野。《史記·李將軍列傳》："余睹李將軍，悛悛如～人。" 悛悛，忠厚小心的樣子。~人，郊野之人，鄉下人。

引申爲鄙陋、淺陋。《左傳·莊公十年》："肉食者~。"《孟子·萬章下》："~夫寬，薄夫敦。"又引申爲鄙視、看不起。《左傳·昭公十六年》："我皆有禮，夫猶~我。"又引申爲貪鄙、鄙俗。《五蠹》："今之争奪，非~也，財寡也。"也可作自謙之辭。王勃《滕王閣序》："敢竭~誠。"

崩 "崩"的本義是山陵垮塌。《左傳·成公五年》："山~川竭。"用於抽象的意義，表示崩潰、敗壞。本篇課文："不義不暱，厚將~。"《論語·陽貨》："三年不爲樂，樂必~。"又喻指死亡，特指天子死。《左傳·隱公三年》："平王~。"後來周室式微，諸侯死也可用"崩"。如《戰國策·趙策》："一旦山陵~，長安君何以自托於趙？"

"崩"、"薨"、"卒"、"死"、"没"都表示死亡。《禮記·曲禮》："天子死曰崩，諸侯曰薨，大夫曰卒，士曰不禄，庶人曰死。""没"後來寫作"歿"，意爲去世。這幾个字反映出古代社會裏嚴格的等級制度。

襲 "襲"本指衣物的全套，所以有一套、一副的意思。《漢書·昭帝紀》："賜衣被一~。"引申为穿，多为衣上加衣。《禮記·内則》："寒不敢~。"司馬相如《上林賦》："~朝服。"引申爲重疊。《楚辭·九章·懷沙》："重仁~義兮。"引申爲重複。《左傳·哀公十年》："事不再令，卜不~吉。"

又引申爲合併。《荀子·不苟》："天地比，齊秦~。"也引申爲因襲、沿用。《後漢書·宦者傳論》："漢興，仍~秦制。"又引申爲繼承、承受封爵或職位。《史記·秦始皇本紀》："太子胡亥~位。"

又表示掩襲，乘人不備而進攻。本篇課文："繕甲兵，具卒乘，將~鄭。"《史記·淮陰侯列傳》："能千里而~我。"引申爲觸及。《楚辭·九歌·少司命》："芳菲菲兮~予。"王逸注："~，及也。"

伐 "伐"的本義是砍殺。卜辭中有伐祭，即砍頭祭天。引申爲砍伐（樹木）。《詩經·魏風·伐檀》："坎坎~檀兮，置之河之干兮。"引申爲敲擊。《詩經·小雅·采芑》："~鼓淵淵。"引申爲討伐、進攻。進攻的一方會宣示理由，大張旗鼓，以示公開和正義。《左傳·莊公二十九年》："凡師有鐘鼓曰~，無曰侵，輕曰襲。"本篇課文："命子封帥車二百乘以~京。"因爲共叔段要造反，莊公便覺得理直氣壯，故而"伐"之。

因爲古代建立功勞往往是同討伐、進攻相聯繫的，因而又引申爲功勞。《左傳・莊公二十八年》："且旌君～。"又引申爲自我誇耀。《論語・公冶長》："願無～善，無施勞。"《史記・淮陰侯列傳》："不～己功。"

公孫無知之亂

【説明】本文記述了春秋時期齊國發生的一場政治動亂，以及齊桓公獲取政權的過程。齊襄公言而無信，行爲乖張，引發内亂，自取滅亡。公子小白和公子糾爲了奪取政權而手足相殘，互不容情。文末記叙了鮑叔牙智薦管仲的經過，爲後來齊桓公稱霸諸侯埋下了伏筆。

本文選自《左傳・莊公八年》和《左傳・莊公九年》，題目是後加的。

齊侯使連稱、管至父戍葵丘，瓜時而往，曰："及瓜而代①。"期戍，公問不至；請代，弗許；故謀作亂②。僖公之母弟曰夷仲年，生公孫無知，有寵於僖公，衣服禮秩如適，襄公絀之③。二人因之以作亂④。連稱有從妹在公宫，無寵⑤。使間公，曰："捷，吾以女爲夫人⑥。"

【注釋】

① 齊侯：指齊襄公，姜姓。 連稱、管至父：都是齊國大夫。 戍：守。 葵丘：齊邑名，在今山東臨淄附近。 瓜時：瓜熟季節。 及瓜而代：到明年瓜熟季節派人替换。

② 期（qī）：一周年。 問：命令，這裏指齊侯替换防務的命令。 請代：請齊侯派人替换。

③ 母弟：既同父又同母的胞弟。 夷仲年：夷是其字，仲是排行，年是名。 公孫無知：齊襄公之堂弟，名無知。春秋時諸侯的庶子叫公子，公子之子叫公孫。 衣服禮秩：貴族享受的待遇級别。衣，衣冠禮服。服，服飾。禮秩，禮遇級别。 適（dí）：後來寫作"嫡"，正妻所生長子。 絀：通"黜"，貶低，即降低他的禮遇。

④ 二人：連稱和管至父。 因之：投靠他。因，凭藉、依靠。之，指公孫無知。

⑤ 從妹：堂妹。 在公宫：在諸侯國君的宫裏，表示作國君的妾。

⑥ 間（jiàn）：伺其間隙探聽消息。 夫人：諸侯正妻。

冬十二月，齊侯游於姑棼，遂田於貝丘①。見大豕，從者曰："公子彭生也②。"公怒，曰："彭生敢見③！"射之。豕人立而啼④。公懼，隊於車，傷足，喪屨⑤。反，誅屨於徒人費⑥。弗得，鞭之，見血。走出，遇賊於門，劫而束之⑦。費曰："我奚御哉⑧！"袒而示之背，信之⑨。費請先入。伏公而出，鬥，死於門中⑩。石之紛如死於階下⑪。遂入，殺孟陽於床⑫，曰："非君也，不類。"見公之足於户下，遂弑之，而立無知⑬。

【注釋】

① 冬十二月：此爲周曆，相當於夏曆十月。　游：出行，游樂。　姑棼（fén）：地名，在今山東博興縣附近。　田：打獵。　貝丘：古山名，在今博興縣南。

② 豕：豬，這裏指野豬。　公子彭生：齊國大夫。魯桓公十八年（前694），魯桓公攜夫人文姜與齊襄公相會。文姜是襄公之妹，出嫁前即與襄公私通，這次又重續舊情。事情敗露，襄公派公子彭生殺死魯桓公，然後又殺彭生以平魯憤。這次打獵，從者便説眼前的大豬就是彭生的冤魂所化。

③ 敢：竟敢。　見（xiàn）：出現。這個意義後來寫作"現"。

④ 人立：像人一樣站立。　啼：號叫。

⑤ 隊：墜落，后來寫作"墜"。　喪屨（jù）：丢了鞋子。

⑥ 反：返回。此義後來寫作"返"。　誅屨：讓他找鞋。誅，責求。　徒人：當爲"侍人"，形近而誤。侍人即寺人，即後世的宦官。　費：侍人之名。

⑦ 賊：犯上作亂的人，指公孫無知的黨徒。　劫：脅迫，不讓走。　束：捆縛。

⑧ 奚：疑問代詞，怎麼，哪里。　御：通"禦"，抵禦。

⑨ 袒：脱下衣服。這是爲了顯示背上的鞭痕，表示自己對襄公懷有私怨。示之：給他們看。

⑩ 先入：指先入宫内作内應。　伏公：把襄公掩藏起來。伏，藏。　鬥：指費與叛亂者打鬥。

⑪ 石之紛如：襄公的小臣。　階下：指堂前的臺階下。由"門中"而"階下"，可見叛軍即將入室。

⑫ 孟陽：襄公小臣，冒充襄公居於床上，所以被殺。

⑬ 户：側室的門。　弑：臣殺君叫弑。

初，襄公立，無常①。鮑叔牙曰："君使民慢，亂將作矣[②]。”奉公子小白出奔莒[③]。亂作，管夷吾、召忽奉公子糾來奔[④]。

【注釋】

① 無常：指言行多變，政令無信。

② 鮑叔牙：齊國大夫，公子小白的師傅。 君使民慢：國君役使臣民的態度輕慢。慢，輕忽傲慢。 作：興起。

③ 奉：侍奉。 公子小白：齊僖公庶子，後繼位爲齊桓公。 莒（jǔ）：嬴姓小國，其地在今山東莒縣。

④ 管夷吾：齊國大夫，公子糾的師傅。後來成爲齊桓公的卿相，輔佐桓公成爲春秋霸主。後世稱爲管仲或管子。 召（shào）忽：齊國大夫，也是公子糾的師傅。 公子糾：齊僖公庶子，小白之兄。 來奔：來投奔魯國。因《左傳》是魯國史官所作，故稱“來”。

初，公孫無知虐於雍廩[①]。九年春，雍廩殺無知。夏，公伐齊，納子糾[②]。桓公自莒先入[③]。秋，師及齊師戰於乾時，我師敗績[④]。公喪戎路，傳乘而歸[⑤]。秦子、梁子以公旗辟於下道，是以皆止[⑥]。

【注釋】

① 雍廩：齊地名。下文“雍廩”指當地的人。 虐：虐待，殘害。

② 公：指魯莊公。 納子糾：送子糾入齊當國君。納，使入。

③ 桓公：公子小白，即後來的齊桓公。

④ 師：軍隊。前一“師”及後文“我師”均指魯軍。 及：連詞，與。乾（gān）時：齊地名，在今山東桓臺縣附近。這裏已接近齊都臨淄。 敗績：軍隊崩潰。

⑤ 戎路：兵車。路，古代的一種大車，後來寫作“輅”。 傳乘：改乘其他的車。傳，等於説“轉”，改换。

⑥ 秦子、梁子：莊公的御者和戎右。 以公旗辟於下道：打着莊公的旗幟躲在下道上。這是爲了誘騙齊軍，掩護莊公逃跑。辟，躲避。這個意義後來寫作“避”。下道，古代大道叫上道，此處當爲小道。 止：住，走不脱，指被俘。

鮑叔帥師來言曰：“子糾，親也，請君討之；管、召，讎也，請受而甘心焉[①]。”乃殺子糾於生竇[②]。召忽死之[③]。

管仲請囚，鮑叔受之，及堂阜而稅之④。歸而以告，曰："管夷吾治於高傒，使相可也⑤。"公從之⑥。

【注釋】

① 討：這裏是殺的意思。 讎：仇敵。管仲爲了阻止公子小白回國繼位，曾箭射小白，所以稱爲"讎也"。這是鮑叔爲了讓魯國放管仲回齊而施放的煙幕。

② 生竇：魯地名，在今山東菏澤市北。

③ 死之：爲之而死，指自殺。

④ 堂阜：齊地名，位於齊魯交界處，在今山東蒙陰縣西北。 稅：通"脱"，解脱，釋放。

⑤ 治於高傒：比高傒更具治國才能。高傒，齊卿。 相：輔佐。

⑥ 公：齊桓公。

【常用詞詞義分析】

問 "問"的本義是詢問。《左傳·隱公元年》："敢～何謂也？"引申爲追究、責問。《左傳·僖公四年》："昭王南征而不復，寡人是～。"由責問引申爲審訊。《詩經·魯頌·泮水》："淑～如皋陶。"淑～，善於審訊案件。皋陶（yáo），舜的法官。

又引申爲干預。柳宗元《童區寄傳》："恣所爲不～。"恣，放任。

引申爲問候、慰問。《論語·雍也》："伯牛有疾，子～之。"《國語·越語上》："于是葬死者，～傷者。"

由問候又引申爲饋贈。《詩經·鄭風·女曰雞鳴》："雜佩以～之。"進而引申爲贈品。《國語·晉語》："然戰而擅捨國君，而受其～。"

由問候又引申爲音訊。《晉書·陸機傳》："既而羈寓京師，久無家～。"由音訊引申爲告訴。《戰國策·齊策》："或以～孟嘗君。"由告訴引申爲命令。本篇課文："期戍，公～不至。"

間 "間"本作"閒"，本義是縫隙。《莊子·養生主》："彼節者有～，而刀刃者無厚。"枚乘《上書諫吴王》："其出不出，～不容髮。"引申爲中間，表示處所或時間。《論語·先進》："攝乎大國之～。"《國語·晉語》："吾子一食之～而三嘆，何也？"這個意義後來寫作"間"。

兩件事情之間的間隙也叫間。《漢書·鄒陽傳》："乘～而請。"

顔師古注："間謂空隙無事之時。" 由此引申爲閒暇。《莊子·在宥》："～居三月。" 這個意義後來寫作 "閑"。由此又引申爲安静。《楚辭·招魂》："侍君之～些。" 王逸注："閒，静也。" 又引申爲風度嫻雅。《漢書·司馬相如傳》："相如時從車騎，雍容～雅。" 這個意義後來寫作 "嫻"。

由縫隙、間隙引申爲關係上的嫌隙、隔閡。《左傳·昭公十三年》："諸侯有～矣。" 對方産生隔閡矛盾，自己就有機可乘，所以又引申爲空子、機會。《史記·吕太后本紀》："太后欲殺之，不得～。" 又引申爲造成别人之間的嫌隙，即離間、挑撥。《史記·項羽本紀》："乃用陳平計～項王。" 又引申爲間諜、偵探。《孫子兵法·虚實》："無形則深～不能窺，知者不能謀。" 再引申爲暗中窺伺對方的弱點或空子，乘隙探听消息。本篇課文："連稱有從妹在公宫，無寵，使～公。"

從縫隙的意義引申爲 "介入其中"。《左傳·莊公十年》："肉食者謀之，又何～焉。" 又引申爲間隔、交替。《戰國策·齊策》："時時而～進。" 因爲縫隙、間隙的距離都是十分短近的，所以又引申爲抄近路、抄小路。《史記·項羽本紀》："沛公已去，～至軍中。" 又引申爲暗暗地、偷偷地。《戰國策·趙策》："魏王使客將軍辛垣衍～入邯鄲。"《史記·淮陰侯列傳》："韓信使人～視。"

這個字的各種意義讀音不同。意爲中間或用作量詞時讀 jiān，意爲閒暇、安静、嫻雅的時候讀 xián，其餘讀 jiàn。

田 "田" 的本義是打獵。本篇課文："齊侯游於姑棼，遂～於貝丘。"《孟子·梁惠王下》："今王～獵於此。" 這個意義後來寫作 "畋"。又指農田。《孟子·梁惠王上》："百畝之～，勿奪其時。"《韓非子·五蠹》："宋人有耕者，～中有株。" 引申爲耕種。《史記·高祖本紀》："皆令人得～之。" 這個意義後來也寫作 "畋"。

慢 倨傲輕慢。本篇課文："君使民～，亂將作矣。"《史記·淮陰侯列傳》："王素～無禮，今拜大將如呼小兒耳。" 引申爲怠慢、懈怠。《孟子·梁惠王下》："是上～而殘下也。"《淮南子·修務訓》："偷～懈惰。" 諸葛亮《出師表》："若無興德之言，則責攸之、禕、允之～，以彰其咎。" 又引申爲做事不及時。《公羊傳·隱公三年》："不及時而日，渴葬也；不及時而不日，～葬也。" 意思是，未按期安葬但標明日期的，是急促的葬禮；未按期安葬，也未標明日期的，是拖拖拉拉的葬禮。

又引申爲慢走。《詩經·鄭風·大叔于田》：“叔馬～忌。”叔，共叔段。忌，句末語氣詞。意思是，太叔的馬慢慢地走着。由此義引申爲緩慢。白居易《琵琶行》詩：“轻攏～撚抹復挑。”但這一意義上古多用“緩”，唐代以後用“慢”的纔多起來。

隊　“隊”的本義是墜落。《説文》：“～，從高隊（墜）也。”本篇課文：“公懼，～於車。”這個意義後來寫作“墜”。引申爲失去。《國語·楚語》：“自先王莫～其國。”

又指軍隊的編制單位。《淮南子·道應訓》：“知伯圍襄子於晉陽，襄子疏～而擊之。”高誘注：“～，軍二百人爲一隊。”引申爲隊列。《左傳·襄公二十三年》：“齊侯遂伐晉，取朝歌。爲二～，入孟門，登大行。”大行，太行山。假借爲“隧”，意爲通道。《穆天子傳》：“天子獵于鈃山之西阿，於是得絶鈃山之～。”郭璞注：“～，謂谷中險阻道也。音遂。”

齊晉鞌之戰

【説明】公元前589年，齊國爲了争霸中原，首先向晉的同盟國魯、衛進攻，魯、衛戰敗，向晉國求救。晉國爲了捍衛自己的霸主地位，藉口魯、衛與晉國同姓，與齊在鞌地開戰。《左傳》記述這場戰争的文字較長，本文截選部分段落。

《左傳》擅長對戰争進行描寫，往往通過多側面的細節描寫來展現戰争成敗的原因。本文始寫齊侯輕敵，繼寫晉軍郤克、張侯等人互相勸勉，頑强堅持，終於扭轉戰局，反敗爲勝。

本文選自《左傳·成公二年》，題目是後加的。

癸酉，師陳於鞌①。邴夏御齊侯，逢丑父爲右②。晉解張御郤克，鄭丘緩爲右③。齊侯曰：“余姑翦滅此而朝食④！”不介馬而馳之⑤。郤克傷於矢，流血及屨，未絶鼓音⑥，曰：“余病矣⑦！”張侯曰：“自始合，而矢貫余手及肘，余折以御，左輪朱殷，豈敢言病⑧？吾子忍之⑨！”緩曰：“自始合，苟有險，余必下推車，子豈識之⑩？然子病矣！”張侯曰：“師之耳目，在吾旗鼓，進退從之⑪。此車一人殿之，可以集事⑫。若之何其以病敗君之大事也⑬？擐甲執兵，固即死也⑭。病未及死，吾子勉之⑮！”左並轡，右援枹而鼓⑯。馬逸不能止，師從之⑰。齊師敗績。逐之，三周華不注⑱。

【注釋】

① 癸酉：成公二年（前 589）六月十七日。 師：指齊、晉兩國的軍隊。 陳：擺開陣勢。這個意義後來寫作“陣”。 窜：同“鞍”，齊地名，在今山東濟南附近。

② 邴夏：齊國大夫。 御齊侯：爲齊侯駕車。齊侯，指齊頃公，名無野，桓公之孫。 逢（páng）丑父（fǔ）：齊國大夫。 右：車右，又叫驂乘。

③ 解（xiè）張：解氏，名侯，字張，故又稱張侯。晉國大夫。 郤（xì）克：晉國大夫，謚號獻子，此戰中是晉軍主帥。 鄭丘緩：晉國大夫，鄭丘氏，名緩。

④ 翦滅：翦除，消滅。翦，同“剪”。 此：指晉軍。 朝食：吃早飯。

⑤ 不介馬：不給馬披上甲。介，甲，這裏用作動詞，披上鎧甲。 馳之：驅馬進擊。之，指晉軍。

⑥ 傷於矢：被箭射傷。 絶：中斷。

⑦ 病：這裏指傷勢很重。

⑧ 自始合：從一開始交戰。 貫：貫穿。 朱殷（yān）：深紅色。殷，紅中帶黑的顔色。

⑨ 吾子：尊稱，比“子”更親近。

⑩ 苟：如果。 險：地勢凹凸難行。 識：知道，了解。

⑪ 這句話的意思是，軍隊的耳朵聽着我們的鼓聲，眼睛看着我們的旗子。即全軍的進退都聽從它。

⑫ 殿：鎮守。 集事：成事。

⑬ 若之何：哪能，怎麽能。 其：語氣副詞，加强反問。

⑭ 擐（huàn）：穿。 固：本來。 即：接近。

⑮ 勉：努力。 之：指指揮戰鬥。

⑯ 左並轡（pèi）：把韁繩並握在左手。轡，韁繩。 援枹（fú）：拿過鼓槌。援，引，拿過來。枹，鼓槌。 鼓：擊鼓。

⑰ 逸：狂奔。

⑱ 三周：繞了三圈。周，動詞，繞圈。 華不注：山名，在今濟南市東北。

韓厥夢子輿謂己曰①：“旦辟左右②。”故中御而從齊侯③。邴夏曰：“射其御者，君子也。”公曰：“謂之君子而射之，非禮也。”射其左，越於車下④；射其右，斃於車中⑤。綦毋張喪車⑥，從韓厥，曰：“請寓乘⑦。”從左右，皆肘之，使立於後[8]。韓厥俛定其右[9]。

【注釋】

① 韓厥：晉國大夫，在這次戰役中任司馬（掌祭祀和賞罰）。 子輿：韓厥已故的父親。

② 旦：早晨。 辟：避開。這個意義後來寫作“避”。 左右：兵車的左右兩側。這兩句是插叙頭天夜裏的事。

③ 中御：居中駕車。這是爲了避開左右。 從：追趕。

④ 越：墜落。

⑤ 斃：仆倒。

⑥ 綦毋張：晉國大夫，綦毋氏，名張。 喪：失去。

⑦ 請寓乘（shèng）：請允許我搭乘你的車。寓，寄居，這裏指搭乘。

⑧ 肘：用作動詞，用肘撞。這是爲了讓他避開左右，以免受害。

⑨ 俛：同“俯”，低下身子。 定其右：把倒在車中的車右安放妥當。定，放穩當。

逢丑父與公易位[1]。將及華泉，驂絓於木而止[2]。丑父寢於轏中[3]，蛇出於其下，以肱擊之[4]，傷而匿之，故不能推車而及[5]。韓厥執縶馬前[6]，再拜稽首[7]，奉觴加璧以進[8]，曰：“寡君使群臣爲魯、衛請[9]，曰：‘無令輿師陷入君地[10]。’下臣不幸，屬當戎行，無所逃隱，且懼奔辟而忝兩君[11]。臣辱戎士，敢告不敏，攝官承乏[12]。”丑父使公下，如華泉取飲[13]。鄭周父御佐車，宛茷爲右，載齊侯以免[14]。韓厥獻丑父，郤獻子將戮之。呼曰：“自今無有代其君任患者，有一於此，將爲戮乎[15]？”郤子曰：“人不難以死免其君，我戮之不祥[16]。赦之，以勸事君者[17]。”乃免之。

【注釋】

① 易位：换位。爲了讓敵人誤以爲自己是齊侯，丑父趁韓厥“俛定其右”的時候，與齊侯交换了位置。

② 華泉：泉名，在華不注山下。絓：絆住，鈎住。

③ 轏（zhàn）：一種簡易的輕便車。

④ 肱（gōng）：胳膊從肘到肩的部分。

⑤ 匿：隱瞞。從“丑父寢於轏中”到“傷而匿之”，是作者補叙頭天夜裏的事。 及：追上，指被韓厥追上。

⑥ 縶（zhí）：絆馬索。這句與下兩句都是寫韓厥對齊侯行的是臣僕之禮。

⑦ 再拜稽（qǐ）首：拜兩拜，然後拱手至地，頭伏在雙手前的地上並稍作停留。稽首禮是古人最恭敬的禮節。

⑧ 奉：兩手捧着。 觴：酒器。 璧：一種中間有圓孔的玉器，多作裝飾品。 進：進獻。

⑨ 寡君：古代在别國人面前對本國國君的謙稱。

⑩ 輿師：軍隊。輿，戰車。 陷入：深入。

⑪ 屬（zhǔ）：恰巧，正好。 當：正對着，指遇上。 戎行（háng）：兵車行列，指齊軍。 奔辟：逃跑躲避。 忝（tiǎn）：辱。

⑫ 辱：使……受辱。 敢：表敬副詞，冒昧地。 不敏：謙辭，等於説“不才”。敏，聰明。 攝官：代理官職。 承乏：指在人才缺乏的情況下擔任官職。

⑬ 如：到……去。 飲：指喝的水。

⑭ 鄭周父：齊國大夫。 佐車：副車。 宛茷（fèi）：齊國大夫。 免：這裏是指脱身。

⑮ 自今：從古至今。 任患：承擔患難。 爲戮：被殺。

⑯ 難：意動用法，以……爲難，把……看成難事。 免：使動用法，使……免除禍患。 祥：吉利。

⑰ 勸：勉勵，鼓勵。

知識拓展：

古代的車馬

古代馬車的車廂叫輿，兩旁的木板可以倚靠身體，叫輢（yǐ），前部的横木可以倚扶，叫式（軾）。車輪的邊框叫輞（wǎng），車輪中心穿軸的圓木叫轂（gǔ）。車輻的一端接輞，一端接轂。車軸露出轂外的部分叫軎（wèi），又叫軑。上面插的銷子叫轄，不讓車輪外脱。牲口兩旁的兩根直木叫轅，適用於大車；夾在當中的單根曲木或直木叫輈（zhōu），適用於小車。轅和輈前端的横木叫衡，與衡相連的銷子叫輗（ní），用於小車的叫軏（yuè）。上端與衡相連，下面夾貼馬脖子的人字木叫軛（è）。駕車的馬如果是三匹或四匹，兩旁的叫驂，中間的叫服。古人乘車，尊者在左，御者在中，右邊的叫驂乘，也叫車右。如是軍隊主帥的車，主帥居中親自掌旗鼓，御者在左，右邊保護主帥並負責推車的叫車右或戎右。一般兵車御者居中，左邊甲士持弓，右邊甲士持矛。

【常用詞詞義分析】

病 “病”的本義是病情加重。《説文》：“～，疾加也。”《論語·子罕》：“子疾～。”又泛指病。《戰國策·趙策》：“老臣～足。”也指戰争中受了傷，傷勢很重。本篇課文：“余～矣。”引申爲疲勞、困苦。《孟子·公孫丑上》：“今日～矣，予助苗長矣。”柳宗元《捕蛇者説》：“向吾不爲斯役，則久已～矣。”引申爲毛病、弊端。《史記·平津侯主父列傳》：“然今日庭詰弘，誠中弘之～。”弘，指公孫弘。又引申爲困難、不利。《史記·商君列傳》：“利則西侵秦，～則東收地。”再引申爲擔憂、擔心。《論語·衛靈公》：“君子～無能焉，不～人之不己知也。”

“病”和“疾”都指生病，但“疾”指一般生病，“病”多指病情加重，重病。

兵 本指武器。本篇課文：“擐甲執～。”《孟子·梁惠王上》：“～刃既接。”引申爲拿兵器的人，士兵。《左傳·隱公四年》：“諸侯之師，敗鄭徒～。”徒兵，指步卒。進而引申爲武裝力量、軍隊。《戰國策·趙策》：“必以長安君爲質，～乃出。”又引申爲軍事行動、戰争。《禮記·禮運·大同》：“故謀用是作，而～由此起。”

即 “即”的本義是走近去吃東西。《説文》：“～，就食也。”《儀禮·公食禮》：“賓坐席末，取粱～稻。”泛指走近、靠近。《詩經·衛風·氓》：“來～我謀。”“～位”，特指登上天子或諸侯的位置。《左傳·隱公元年》：“及莊公～位，爲之請制。”本篇課文：“擐甲執兵，固～死也。”由此義抽象而成“就在（當前的時間或地點）”的意思。《史記·項羽本紀》：“項王～日因留沛公與飲。”

由“就在”的意義再虚化爲副詞，意爲就、便。《史記·陳涉世家》：“且壯士不死～已，死～舉大名耳。”又用於判斷句，表肯定語氣，相当於“就是”、“便是”。《史記·項羽本紀》：“梁父～楚將項燕。”又表示立即、馬上，後一個動作緊承前一個動作。《史記·項羽本紀》：“項伯～入見沛公。”

還作連詞使用，用於讓步句，意爲即使、即便。《聊齋志異·促織》：“～捕得三兩頭，又劣弱不中於款。”用於假設句，意爲假使、如果。《戰國策·趙策》：“～有所取者，是商賈之人也。”

斃 《説文》作“獘”，解爲“頓仆也”，即仆倒。先秦文獻中的“斃”大都解爲“仆倒”。本篇課文：“射其右，～於車中。”漢朝以後，“獘”字由“仆倒”引申爲“死”，“斃”爲後起字。先秦文獻中的“斃”疑是後人竄改。“斃”字用於抽象意義，表示失敗或垮掉。《左傳・隱公元年》：“多行不義，必自～。”

及 “及”的本義是追趕上。本篇課文：“故不能推車而～。”引申爲達到（某一地點、時間或程度）。本篇課文：“將～華泉。”又引申爲涉及、連及、牽扯。《論語・衛靈公》：“群居終日，言不～義。”《漢書・蘇武傳》：“事如此，此必～我。”

引申爲趁着。《左傳・僖公二十二年》：“彼衆我寡，～其未既濟也，請擊之。”

引申爲趕上，比得上。《左傳・隱公元年》：“無庸，將自～。”《戰國策・齊策》：“君美甚，徐公何能～君也？”

由“連及”義虛化爲介詞，意爲跟、同。《左傳・僖公四年》：“屈完～諸侯盟。”《詩經・豳風・七月》：“女心傷悲，殆～公子同歸。”又引申爲連詞，和。《左傳・隱公元年》：“生莊公～共叔段。”

勸 “勸”的本義是勸勉、鼓勵。《説文》：“～，勉也。”本篇課文：“赦之，以～事君者。”又表示受到鼓勵。《國語・越語》：“國人皆～。”在上古，“勸”字總用於鼓勵，而不用於勸阻。到漢代，有了“勸説”義。《史記・商君列傳》：“～秦王顯岩穴之士。”

*宫之奇諫假道

【説明】本文記叙的是晉國假道滅虢，虞國國君寄希望於宗族關係和神靈保佑，宫之奇廓清利害，但國君仍舊執迷不悟，最終導致滅國的歷史事實，表現了宫之奇犀利的政治眼光和樸素的民本思想。

本文選自《左傳・僖公五年》，題目是後加的。

晉侯復假道於虞以伐虢。宫之奇諫曰：“虢，虞之表也。虢亡，虞必從之。晉不可啓，寇不可翫。一之謂甚，其可再乎？諺所謂‘輔車相依，脣亡齒寒’者，其虞虢之謂也。”

公曰：“晉，吾宗也，豈害我哉？”對曰：“大伯虞仲，大王之昭也。大伯不從，是以不嗣。虢仲虢叔，王季之穆也；爲文王卿士，勳在王室，藏於盟府。將虢是滅，何愛於虞？且虞能親於桓莊乎，其愛之也？桓莊之族何罪，而以爲戮？不惟偪乎？親以寵偪，猶尚害之，况以國乎？”

公曰：“吾享祀豐絜，神必據我。”對曰：“臣聞之：鬼神非人實親，惟德是依。故周書曰：‘皇天無親，惟德是輔。’又曰：‘黍稷非馨，明德惟馨。’又曰：‘民不易物，惟德繄物。’如是，則非德民不和，神不享矣。神所馮依，將在德矣。若晉取虞，而明德以薦馨香，神其吐之乎？”

弗聽，許晉使。宮之奇以其族行。曰：“虞不臘矣。在此行也，晉不更舉矣。”

冬，十二月丙子朔，晉滅虢，虢公醜奔京師。師還，館于虞。遂襲虞，滅之。

*祁奚薦賢

【説明】本文表現了祁奚不避親仇、唯善是舉的坦蕩品格。本文選自《左傳·襄公三年》，題目是後加的。

祁奚請老。晉侯問嗣焉，稱解狐——其仇也。將立之而卒。又問焉。對曰：“午也可。”于是羊舌職死矣。晉侯曰：“孰可以代之？”對曰：“赤也可。”于是使祁午爲中軍尉，羊舌赤佐之。

君子謂祁奚于是能舉善矣。稱其仇，不爲諂；立其子，不爲比；舉其偏，不爲黨。《商書》曰“無偏無黨，王道蕩蕩”，其祁奚之謂矣。解狐得舉，祁午得位，伯華得官：建一官而三物成，能舉善也。夫唯善，故能舉其類。詩云：“惟其有之，是以似之。”祁奚有焉。

古代漢語知識

1. 古今漢語詞義的異同

語言是社會的産物，隨着社會的發展演進，作爲語言基本要素的詞彙也在不斷地發展變化。新詞的産生，舊詞的消亡，詞義的變化，尤其是後者，特别需要引起我們的注意。以今律古，以今解古，都容易對古代典籍中的詞義産生誤讀。

一、古今漢語詞義比較

古漢語的詞義與現代漢語的詞義相比較，大致有三種情况：一種是古今詞義相沿，一種是古今詞義迥異，一種是古今詞義微殊。

（一）古今詞義相沿

日　月　牛　馬　舟　車

大　小　輕　重　遠　近

哀　樂　生　死　耕　織

上面所舉詞例，第一組是名詞，第二組是形容詞，第三組是動詞，都屬於漢語中的基本詞彙。漢語詞義雖在不斷地變化演進，但這些基本詞彙却一脉相沿，保證了漢語的傳承性和穩定性。

《説文》："日，實也，太陽之精不虧。""月，闕也，太陰之精。"我們現在認識到"日"、"月"都是一種天體，認識到它們的體積、質量、與地球的距離及相互關係等，現代的詞典對"日"、"月"的解釋要比古人科學得多。但這僅僅是概念内涵的改變。一般來説，内涵的改變標志着人們對事物本質屬性的認識不斷深入，這不在我們所討論的詞義變化範圍内。人們在交談的時候，衹要談的不是特别專業（如天體物理、航天氣象等）的問題，又不至於把"日"、"月"的對象弄錯，就應當説他們掌握了"日"、"月"的詞義。從這個角度説，"日"、"月"的詞義没有改變。至於"舟"、"車"，無論從形制上還是種類上，從古到今都發生了很大的變化。但這種變化衹是"舟"、"車"概念内涵的變化，而不是詞義的變化。詞義指的是一個詞和其他詞在同一个語義場中的對立關係。"舟"、"車"的概念内涵雖然發生了變化，但它們在交通工具這一語義場中的對立關係始終没變，所以我们認爲它們的詞義没有變化。至於輔車相依的"車"，當牙床骨講，它是一個字表示的又一個詞。就像耳朵的"耳"和表示

“而已”的“耳”一樣，衹不過讀音相同，寫法相同，是同音同形詞。我們討論詞義的發展變化，既不能以字爲單位，也不能以詞爲單位，而要以詞的每一個意義也就是“義位”爲單位。

義位是詞下面的一級語義單位，是指多義詞的每個意義。義素是對詞的義位進行結構分析之後得出的最小的語義成分。它是義位在與同類對象的比較中所顯現出來的相同點和不同點。比如“舟”、“車”，它們共存在“交通工具”這個語義範圍（語義場）中，我們對它們進行比較：

舟：[水上移動] + [交通工具]

車：[陸上移動] + [交通工具]

“舟”、“車”在“交通工具”這個層面上屬於同級關係，它們的區別在於，一個在水上移動，一個在陸上移動。其中“交通工具”表示義位指稱的對象，我們稱爲指稱義素或中心義素，“水上移動”和“陸上移動”表示同一語義場内詞與詞之間的區別，我們稱作區别性義素或限定性義素。其語義結構式可以表示爲：

義位：[區别性義素] + [指稱義素]

再比如《説文》中同處“洗滌”語義範圍的“沐”、“浴”、“洗”、“澡”、“沬”（huì）：

沐：[洗] + [髮]

浴：[洗] + [身]

洗：[洗] + [脚]

澡：[洗] + [手]

沬：[洗] + [臉]

它們都是動詞，所以“洗”纔是它們的指稱義素，動作涉及的不同對象，屬於它們的區别性義素。這兩種義素的位置可以前後互换。

（二）古今詞義迥異

造成古今詞義迥異的現象主要有兩個原因：義位的減少和詞義範圍的變化。後者稍後討論，先説義位的減少。比如“藝”，原來有兩個義位：（1）種植。《詩經·唐風·鴇羽》：“不能藝黍稷。”（2）才能、技能、本領。《尚書·金縢》：“能多材多藝。”第一個義位在現代漢語中消失了，我們會覺得“不能藝黍稷”中的“藝”令人費解。再如“慢”，古代有兩個義位：（1）倨傲。《史記·淮陰侯列傳》：“王素慢，無禮，今拜大將，如呼小兒耳，此乃信所以去也。”

(2) 慢走，引申爲緩慢。因爲現在“緩慢”義大行，所以對“慢走”不難理解。而“倨傲”衹作爲詞素存在於“傲慢”等詞中，人們對它就陌生多了。

(三) 古今詞義微殊

比如“睡”，古代意思是坐着打瞌睡。《史記·商君列傳》：“孝公時時睡，弗聽。”“覺”（jiào），古代意思是睡醒。《莊子·齊物論》：“覺而後知其夢也。”如果以今解古，肯定會出現理解上的偏差。碰上“睡”、“覺”連用，如白居易《長恨歌》詩“雲髻半偏新睡覺”，本來是睡覺剛剛醒來的意思，一不小心就容易誤解。

再以“稍”字爲例。《史記·項羽本紀》：“項羽乃疑范增與漢有私，稍奪之權。”《史記·秦始皇本紀》：“自繆公以來，稍蠶食諸侯。”兩例中的“稍”字，均是“漸漸”的意思。如果按其今義解作稍微，那就錯了。“稍”作漸漸解，一直延續到唐宋。

又以“訪”字爲例。《左傳·僖公三十二年》：“穆公訪諸蹇叔。”這裏的“訪”是咨詢的意思。“訪諸蹇叔”就是“訪之於蹇叔”，“訪”的直接賓語是“之”所代表的“事”，不是“人”。把它理解爲“拜訪”，雖然勉强講得通，但意義就不準確了。

所以，我們閱讀古書，主要的困難不在於詞義的迥異，而在於詞義的微殊。變化大了，容易引起我們的警覺，查查工具書就可以了。詞義微殊，則容易導致我們忽視古今詞義的差别，結果造成誤解。

二、古今詞義的區别

古今詞義的區别，一般認爲有三個方面：範圍、輕重的變化和感情色彩的差異。

(一) 詞義範圍的變化

詞義範圍的變化是就詞新舊義位的比較而言的。詞的每一個意義都有一定的範圍，都是一個類别的概括。例如，“生物、動物、飛禽”，“生物”的意義類别顯然大於“動物”，“動物”的意義類别又顯然大於“飛禽”。我們認爲，這組詞中，第一個詞的意義是上位義，下面依次是上一個詞的下位義。

詞義範圍的變化包括詞義的擴大、縮小和轉移。

1. 擴大

詞義的擴大指的是意義由下位義變成上位義，其區别性義素擴展了。例如：

其中，“嘴”是上位義，它包括鳥、獸、人的嘴。鳥嘴、獸嘴、人嘴是下位義。古代漢語中，“嘴”專指鳥嘴，如潘岳《射雉賦》：“當咮（zhòu）值胸，裂膝破觜。”觜，通嘴。李善注：“觜，喙也。”現在泛指鳥、獸、人的嘴，由下位義變成了上位義。“嘴”的義素應是：

嘴（古）：[鳥] + [進食器官]

嘴（今）：[鳥] + [獸] + [人] + [進食器官]

“進食器官”屬於指稱義素，“鳥”、“獸”、“人”屬於區別性義素。很明顯，“嘴”（今）的區別性義素擴展了。又例如：

匠 《説文》：“匠，木工也。”本指木工。《莊子·徐無鬼》：“匠石運斤成風。”後泛指各種門類的工匠。王充《論衡·量知》：“能斫削柱梁謂之木匠，能穿鑿穴坎謂之土匠。”今有鐵匠、瓦匠、鞋匠、篾匠、畫匠、花匠等。

醒 《説文》：“醒，醉解也。”專指酒醒。《楚辭·漁父》：“舉世皆濁我獨清，衆人皆醉我獨醒。”後來擴大爲酒醒、睡醒、醒悟。王充《論衡·佚文》：“陸賈説以漢德，懼以帝威，心覺醒悟，蹶然起坐。”

響 《玉篇》：“響，應聲也。”即回聲。《左傳·昭公十二年》：“吾子，楚國之望也，今與王言如響，國其若之何？”“與王言若響”，與國君談話像回聲一樣，指國君説話，他就隨聲附和，毫無主見。賈誼《過秦論》：“天下雲集響應，贏糧而景從。”後來擴大到一切聲音。

皮 先秦時期指帶毛的獸皮。如《左傳·僖公十四年》：“皮之不存，毛將安傅？”後來，去毛的獸皮、竹木之皮和人的皮膚統稱爲“皮”。

2. 縮小

其特徵是意義由上位義變爲下位義，區別性義素縮小。比如：

禽 本指狩獵的對象。《孟子·滕文公下》：“終日而不獲一禽。”引申爲鳥獸的總名。《周禮·天官·庖人》中的“六禽”，有人認爲指“羔”（小羊）、“豚”（小豬）、“犢”、“麛”（小鹿）、“雉”和“雁”。《三國志·魏書·華佗傳》中提到的“五禽之戲”，一曰虎，二曰鹿，三曰熊，四曰猿，五曰鳥。上述“六禽”、“五禽”中既有獸，又有鳥。後來，“禽”專指鳥類。所以《爾雅·釋鳥》說：“二足而羽謂之禽，四足而毛謂之獸。”我們拿“禽”的古今義素作一個比較：

禽（古）：［四足而毛］+［二足而羽］+［動物］

禽（今）：［二足而羽］+［動物］

“禽”（今）的區別性義素減少了，由上位義變爲下位義。又例如：

蟲 《說文》：“有足謂之蟲，無足謂之豸。”有足的動物很多，所以“蟲”的指稱範圍很廣。《大戴禮記·曾子天圓》：“毛蟲之精者曰麟，羽蟲之精者曰鳳，介蟲之精者曰龜，鱗蟲之精者曰龍，倮蟲（無羽毛鱗甲的動物）之精者曰聖人。”後來，“蟲”專指昆蟲，意義範圍大爲縮小。

臭 先秦典籍中，“臭”泛指一般氣味。《廣韻·宥韻》：“臭，凡氣之總名。”《周易·繫辭上》：“同心之言，其臭如蘭。”《詩經·大雅·文王》：“上天之載，無聲無臭。”說到難聞的氣味，前面往往加“惡”字。《韓非子·五蠹》：“腥臊惡臭而傷害腹胃。”《禮記·大學》：“如惡惡臭，如好好色。”後來詞義縮小，專指穢氣。

瓦 陶器的總稱。《說文》：“瓦，土器已燒之總名。”《楚辭·卜居》：“黃鐘毀棄，瓦釜雷鳴。”“瓦釜”，就是陶鍋。《詩經·小雅·斯干》：“乃生女子……載弄之瓦。”這裏的“瓦”指陶制的紡錘。後來特指蓋房用的瓦。

3. 轉移

詞義的轉移指詞的語義場發生了移動或同一語義場的兩個區別性義素發生了轉換。比如“兵”，本義是兵器，和“甲”、“乘”等作戰用的器械裝備同在一個語義場中；現在指士兵，和“工”、“農”、“學”、“商”等行業的人同在一個語義場中。再看它們的義素比較：

兵（古）：［作戰的］+［器械］

兵（今）：［作戰的］+［人］

“兵”（古）和“兵”（今）的區別性義素没有改變，指稱義素發生了變化。又例如：

臉 最初指面頰，並經常指婦女目下頰上搽胭脂的地方。晏殊《破陣子》詞：“疑怪昨宵春夢好，元是今朝鬭草贏，笑從雙臉生。”因爲是兩頰，所以稱雙臉。現在指整個面部。“面”和“頰”既不是一個語義場中的上下位關係，也不是邏輯上的屬種關係，而是整體和部分的關係。古代的“臉”和“額”、“顔”、“題”、“頷”等並列在一個語義場中，現在的“臉”則和“胸”、“腹”、“背”、“肢”等並列在另一個語義場中。

湯 《説文》：“湯，熱水也。”《孟子·告子上》：“冬日則飲湯，夏日則飲水。”枚乘《七發》：“小飯大歠，如湯沃雪。”後來指以汁水爲主的副食品，如雞蛋湯、牛肉湯之類。由飲用水到食品，意義範圍發生了改變。

信 “信”在中古有一義項：信使，也就是送信的人。《世説新語·雅量》：“謝公與人圍棋，俄而謝玄淮上信至，看書竟，默然無言。”後來引申爲書信。信使指人，書信指物，指稱義素發生了範圍上的改變。

詞義轉移之後，有的舊義就不再用了。如“信”不再指人了。有的舊義衹作爲詞素義出現。如“短兵相接”的“兵”、“固若金湯”的“湯”等。

還有一部分詞，語義場没有改變，其區别性義素既没有擴大也没有縮小，衹是發生了轉换。例如：

走 古代是“跑”的意思。《釋名·釋姿容》：“徐行曰步，疾行曰趨，疾趨曰走。”《韓非子·五蠹》：“兔走觸株，折頸而死。”現在指徐行。

紅 古代指淺紅。《論語·鄉黨》：“紅紫不以爲褻服。”後來指大紅。白居易《憶江南》：“日出江花紅勝火。”

涕 古代指眼泪。《周易·下經》：“齎咨涕洟。”孔穎達疏：“自目出曰涕，自鼻出曰洟。”後來指鼻涕。王褒《僮約》：“目泪下，鼻涕長一尺。”

我們看它們的義素分析：

走（古）：[雙脚疾速] + [運動]
走（今）：[雙脚緩慢] + [運動]
紅（古）：[淺紅] + [顔色]
紅（今）：[大紅] + [顔色]
涕（古）：[自目] + [津液]
涕（今）：[自鼻] + [津液]

其中，指稱義素没有改變，區别性義素的變化發生在同一個語義場内，但畢竟不同於詞義的擴大和縮小，我們姑且把它們也歸到

“轉移”這一類。

（二）詞義輕重的變化

詞義的輕重一般是就動作行爲的程度和所造成後果的程度而言的。就是同一個詞，不同的義位，輕重程度有的也不一樣。詞義的這種輕重程度，古今是有變化的。

1. 詞義加重

比如：

誅　《説文》：“誅，討也。”指責備、譴責。《論語·公冶長》：“于予與何誅？”成語有“口誅筆伐”。引申爲懲罰、殺戮。《荀子·正論》：“誅紂，斷其首。”由言語的譴責轉化爲刑罰的制裁，詞義加重了許多。

恨　本指感到遺憾。《史記·魏其武安侯列傳》：“恨相知晚也。”諸葛亮《出師表》：“未嘗不嘆息痛恨於桓靈也。”今天當“仇恨”講，詞義加重了。

2. 詞義減輕

比如：

購　上古是懸賞徵求的意思。《史記·項羽本紀》：“吾聞漢購我頭千金，邑萬户。”中古以後變爲高價收買的意思。《舊唐書·褚遂良傳》：“太宗嘗出御府金帛購求王羲之書迹。”後來指一般的買，詞義減輕了。

訴　《説文》：“訴，告也。”常指傾訴内心的苦悶。《後漢書·明帝紀》：“百姓愁怨，無可告訴。”司馬遷《報任安書》：“深幽囹圄之中，誰可告愬者！”愬，同“訴”。後來指把某種情況或想法説給别人聽。

（三）感情色彩的差異

有些詞的詞義表明説話人的態度，附加上人的主觀感情色彩，這也是詞義的組成部分。一些詞的這種情感色彩古今也有變化。例如：

爪牙　古代指武將、猛士、得力助手，是個褒義詞。《國語·越語》：“然謀臣與爪牙之士，不可不養而擇也。”《史記·酷吏列傳》：“擇郡中豪敢任吏十餘人，以爲爪牙。”《漢書·李廣傳》：“將軍者，國之爪牙也。”現在指壞人的幫兇，成了貶義詞。

媚　《説文》：“媚，説（悦）也。”謂愛戴、喜愛。《詩經·大雅·下武》：“媚兹一人。”鄭箋：“媚，愛。”後來引申爲巴結、逢迎，帶有貶義色彩。

乖 悖謬，不協調，含有貶義。《左傳·昭公三十年》："楚執政衆而乖。"《韓非子·亡徵》："内外乖者，可亡也。"後世引申爲乖巧，成了褒義詞。

瑞 本義是玉制的信物。玄應《一切經音義》引《倉頡篇》："瑞，應也。"這是一個中性詞，包括吉凶兩方面的徵兆。《論衡·指瑞》："傳舍人不吉之瑞矣。"杜預《春秋左氏傳序》："麟鳳五靈，王者之嘉瑞也。"後來主要指吉兆，成了褒義詞。

祥 預兆，包括凶兆和吉兆，是中性詞。《左傳·僖公十六年》："是何祥也，吉凶焉在?"王充《論衡·異虚》："善祥出，國必興；惡祥見，朝必亡。"《列子·説符》："孔子曰：'吉～也。'"引申爲吉兆，再引申爲福、善，成了褒義詞。

謗 先秦指公開議論他人的過失，是中性詞。《左傳·襄公十四年》："士傳言，庶人謗。"《國語·周語》："厲王虐，國人謗王。"漢代逐漸演變爲無中生有，惡意中傷，成爲貶義詞。《史記·屈原賈生列傳》："信而見疑，忠而被謗。"

2. 詞的本義、引申義與假借義

古代漢語中的詞大部分是多義的。這些衆多的義項，往往具有各種各樣的聯繫。找出它們之間的聯繫，理清它們之間的關係，分清詞的本義和引申義，辨别字的假借義，對於正確地理解詞義，順利地閱讀古籍，繼承祖國的文化遺産，具有重要的意義。

一、詞的本義

詞的本義，應該是這個詞的原始意義。但是，在漫長的人類進化過程中，衹有在語言發展到相當成熟且物質條件具備的時候，纔會産生文字這種記録語言的符號。在文字産生之前，作爲語言中能够自由運用的最小符號單位，每個詞的原始意義是什麽，已經無從得知。我們憑藉大量的文字資料考證出每個詞最早的，並由此派生出相關義項的意義，就是我們通常説的詞的本義。

正因爲詞的本義是借助文字資料考證出來的，古漢語又是以單音詞爲主的，一個詞往往由一個字來表示，字的本義與詞的本義多有重合，所以傳統訓詁學都把注意力集中到文字上面。字義和詞義混爲一談，所謂"本義"，往往就是字的本義。那麽，字的本義和詞的本義是一回事嗎?

字的本義是字形上呈現出來的意義。比如“牧”字，《說文》解爲“養牛人也”。從字形上看，“牧”的本義似乎是牧牛。但甲骨文中，左邊的“牛”旁或作“羊”。古書中，“牧”的對象也不止於“牛”。賈誼《過秦論》：“胡人不敢南下而牧馬。”《史記·平津侯主父列傳》：“丞相公孫弘者……家貧，牧豕海上。”《漢書·蘇武傳》：“杖漢節牧羊。”可見，“牧”這個詞的本義應該是“放養牲畜”，它與字的本義不太一致。

再如“貫”字，它有多種義項：

(1) 穿錢的繩子；

(2) 穿起來的一千文錢爲一貫；

(3) 穿連，貫穿；

(4) 射中，穿過；

(5) 學習，熟習；

(6) 習慣（後來纔寫作“慣”的）；

(7) 習慣的辦法；

(8) 條理；

(9) 世代居住的地方。

《說文》：“貫，錢貝之貫。”從字形上看，似乎“穿錢的繩子”應是詞的本義。但是，貨幣是人類社會發展到一定時期的產物，總不至於先有了貨幣纔有了“穿連”這個動作吧？我們把上述義項進行比較，它們的關係應當是：

穿連，貫穿→射中，穿過→學習，熟習→習慣→世代居住的地方
↓　　　　　　　　　　　　　　　　　　↓
穿錢的繩子→千錢爲一貫→條理　　　　　習慣的辦法

《說文》裏另有一個“毌”字，釋爲“穿物持之也”。段玉裁：“古貫穿用此字。”“穿錢的繩子”衹不過是“貫穿”這個詞義系列中的一環，它衹是爲此而造的“貫”字的本義，而不是“貫穿”這個詞義系列的開端。又例如：

權　《說文》：“權，黄華木。”先秦文獻中，並無“權”表示黄華木的具體用例。相反，“權”的假借義“秤錘”系列（稱量、權衡、權力、權變等）却大爲流行。我們把黄華木當做“權”這個字的本義，把秤錘當做“權”這個詞的本義。

可見，字的本義和詞的本義固然有重合的時候，但並非全都一致。相比而言，詞的本義概括性要更强一些。如果一個字是爲詞的引

申義而造的，那麼這個字的本義當然不是這個詞的本義。如果一個詞借用不相干的字形來表示，那麼這個詞的本義和借字的本義也不會一致。

儘管如此，漢字是以象形爲基礎的表意體系的語素文字，字形結構與詞義有着密切的關係。所以，分析字形、探求古人的造字意圖，仍不失爲推測詞的本義的重要途徑。例如：

齊 甲骨文作三個麥穗狀，表示平齊。《説文》："齊，禾麥吐穗上平。"本義是平整、齊整。《莊子・馬蹄》："飢之渴之，馳之驟之，整之齊之。"

益 像器皿中的水要溢出來的樣子。《説文》："益，器滿也。"《吕氏春秋・察今》："澭水暴益。"即澭水突然上漲，河裏變得滿滿當當。

兼 一隻手同時拿着兩根禾，本義爲同時做兩件事或同時擁有多方面的事物。《孟子・告子上》："二者不可得兼，捨生而取義者也。"

戒 像雙手持戈，表示戒備。《周易・下經》："君子以除戎器，戒不虞。"

防 《説文》："防，堤也。"從阜，方聲。阜，土山。堤壩高出地面，形似土山，故"防"字從阜。《吕氏春秋・慎小》："巨防容螻而漂邑殺人。"

題 《説文》："題，額也。"從頁，是聲。頁，讀 xié，指的是人頭，故從頁的字都與頭面有關。司馬相如《上林賦》："赤首圜題。"

借助字形探求字的本義的時候，應當注意：第一，文字從隸書以後發生了巨大的變化，許多文字從字形上已經看不出它要表示的意義。所以，所依據的字形應是篆書及以前的古文字形體。第二，注重語言事實，不要囿於字形。如"牢"，從字形看，似乎是養牛的圈。但是從文獻資料來看，"牢"既有表牛圈的，也有表羊圈的，還有表豬圈的。《戰國策・楚策》："見兔而顧犬，未爲晚也；亡羊而補牢，未爲遲也。"《詩經・大雅・公劉》："執豕於牢，酌之用匏。"可見"牛、羊、豬"的"圈"都叫"牢"。因此，"牢"這個詞的本義應當是關養牲畜的欄圈。

考察詞的本義，除了分析字形之外，也可以從字音入手，通過同源詞的研究來確定本義，還可以歸納出一個詞在文獻中的衆多義項，經過分析比較，找出其意義的本源。

二、詞的引申義

在語言的發展過程中，由詞的本義派生出來的意義叫做引申義。例如：

習 《説文》："習，數飛也。"本義是鳥兒反復練習飛翔。《禮記·月令》："鷹乃學習。"引申爲複習、練習。《論語·學而》："傳不習乎？"又引申爲熟悉、通曉。《戰國策·齊策》："誰習計會，能爲文收責於薛者乎？"又引申爲習慣。《論語·陽貨》："性相近也，習相遠也。"複習、練習是由本義直接産生的，叫做直接引申義；其他的引申義是由上一個引申義遞相産生的，叫做間接引申義。

刊 本義是砍、削。引申爲刻、雕刻。《晉書·孫綽傳》："必須綽爲碑文，然後刊石焉。"另引申爲删改、修訂。《晉書·齊王攸傳》："就人借書，必手刊其誤，然後反之。"雕刻、删改都是從本義引申而來的，所以都是直接引申義。

（一）引申義和本義之間的關係

引申義既然是由本義派生出來的，那它們和本義之間一定存在着某種聯繫。這種聯繫是多種多樣的，我們姑且介紹以下三種：

1. 相似

引申義和本義所指稱的事物有相似之處，通過類比形成引申。例如：

斗 本義爲酌酒器，勺形，長柄。《詩經·大雅·行葦》："酌以大斗，以祈黄耇。"黄耇，長壽。"斗"引申爲北斗星。《詩經·大雅·大東》："維北有斗，不可以挹酒漿。"引申義所指與本義形狀相似。

牢 本義爲關養牲畜的欄圈。《戰國策·楚策》："亡羊而補牢，未爲遲也。"引申爲監獄。司馬遷《報任安書》："故士有畫地爲牢，勢不可入。"引申義所指與本義功能相似。

質 本義爲以財物抵押。《説文》："質，以物相贅。"《南史·甄法崇傳》："（甄彬）嘗以一束苧就州長沙寺庫質錢。"引申爲以人作抵押爲保證。《戰國策·趙策》："必以長安君爲質，兵乃出。"引申義所指與本義行爲方式相似。

道 本義是道路。《左傳·僖公二年》："晉侯復假道於虞以伐虢。"引申爲達到某種目的的途徑。《論語·里仁》："富與貴，是人之所欲也；不以其道得之，不處也。"處，居，占有。引申義所指與本義特點相似。

2. 相關

引申義與本義所指稱的對象彼此關涉，通過聯想形成引申。例如：

兵 本義爲兵器。《左傳・隱公元年》："繕甲兵，具卒乘。"引申爲拿兵器的人，即士卒，軍隊。《戰國策・西周策》："所以進兵者，欲王令楚割東國以與齊也。"武器與士卒，彼此關涉十分密切。

城 本義指在城邑周圍修建的防禦用的圍牆。《左傳・隱公元年》："都城過百雉，國之害也。"引申指城牆所圍繞的地方，城鎮。《左傳・僖公四年》："以此攻城，何城不克？"

闕 本指宫殿門外兩邊供瞭望用的樓臺。《左傳・莊公二十一年》："鄭伯享王于闕西辟，備樂。"享，宴請。西辟，西邊。"闕"引申指宫殿。《漢書・朱買臣傳》："詣闕上書，書久不報。"江淹《詣建平王上書》："升降承明之闕，出入金華之殿。"

3. 相因

引申義與本義之間具有因果關係，通過推論形成引申。例如：

信 《説文》："信，誠也。"本義是言語真實。《老子》八十一章："信言不美，美言不信。"經常説實話，别人就會相信他，故引申爲相信。《論語・公冶長》："始吾於人也，聽其言而信其行。"

愛 喜愛，親愛。《左傳・隱公元年》："愛共叔段，欲立之。"因爲愛，所以捨不得，故引申爲捨不得、吝嗇。《孟子・梁惠王上》："吾何愛一牛？"

昏 《説文》："昏，日冥也。"本義是黄昏。《詩經・陳風・東門之楊》："昏以爲期，明星煌煌。"由於古代男女結親在黄昏時舉行儀式，故引申爲結婚（這個意義後來寫作"婚"）。《詩經・邶風・谷風》："宴爾新昏，如兄如弟。"

（二）詞義引申的方式

詞義引申的方式，一般認爲有三種。

1. 連鎖式

沿着一個意義方向遞相逐層延伸的引申方式叫連鎖式引申，也叫串聯式引申。

如"兵"字的義項關係如下：

兵器→士兵→軍隊→戰争→兵法

我們對"兵"的五個意義作一下義素分析：

兵器：[用來作戰的] + [器械]

士兵：[手持器械] + [作戰的] + [人]

軍隊：[有組織的] + [作戰的] + [人]

戰爭：[有組織的] + [人] + [大規模的] + [作戰行爲]

兵法：[作戰行爲的] + [策略]

這種義素分析的方式，顯示出義項之間的序列關係，便於追溯義源。從中可以看出：第一，引申方向是一致的；第二，第一個引申義由本義派生而來，第二個引申義由第一個引申義派生而來，意義之間前後相承；第三，既然是遞相派生而來，所以各引申義在引申鏈條上與本義間的距離不等；第四，相鄰的兩個義項都有共同的義素相聯繫，不相鄰的義項有可能失去共同的義素。

2. 輻射式

以詞的一個意義（往往是本義）爲中心，向不同的方向進行的引申，叫做輻射式引申。例如：

節 《説文》："節，竹約也。"本義是竹節。左思《吴都賦》："竹則苞筍（冬筍）抽節。"以"枝幹隆起處"爲核心，引申出木節義。《周易·説卦》："其於木也，爲堅多節。"引申出動物的關節義。《莊子·養生主》："彼節者有間，而刀刃者無厚。"以"節把枝幹分爲若干段"爲核心，引申出節氣、時節義。《列子·湯問》："寒暑易節，始一反焉。"引申出節奏義。《楚辭·九歌·東君》："展詩兮會舞，應律兮合節。"以"節對枝幹形成某種約束"爲核心，引申出禮節、法度義。《論語·微子》："長幼之節，不可廢也。"引申出節操、氣節義。文天祥《正氣歌》："時窮節乃見。"引申出節制、節約義。《周易·上經》："君子以慎言語，節飲食。"引申出符節義。《漢書·蘇武傳》："杖漢節牧羊。"

以上意義圖示如下：

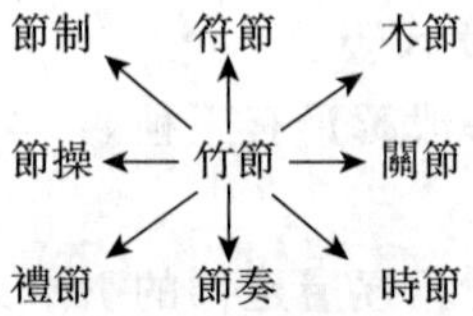

這些引申義都是由本義直接引申而來的，都在某些角度和本義産生意義聯繫。

引 《説文》："引，開弓也。"本義是開弓。《孟子·盡心上》："引而不發，躍如也。"開弓要拉長弓與弦之間的距離，引申爲延長、伸長。《爾雅·釋訓》："子子、孫孫，引無極也。"開弓要引導箭的方向，又引申爲引導、帶領。《史記·魏公子列傳》："公子引侯生坐上坐。"開弓須向後拉弓弦，又引申爲後退、退却。《戰國策·趙策》："秦軍引而去。"開弓要拉扯弓弦，又引申爲牽挽。《周易·繫辭下》："服牛乘馬，引重致遠，以利天下。"其意義圖示如下：

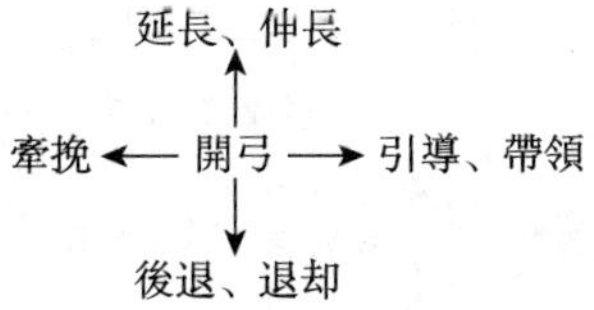

由上述圖示可以看出：第一，各個引申義的引申方向不一樣；第二，各個引申義都由本義派生而來，彼此之間没有引申關係；第三，各個引申義同本義是等距離的。

3. 綜合式

連鎖式和輻射式混合使用的引申方式叫綜合式引申。例如：

問 《説文》："問，訊也。"本義是詢問。《左傳·隱公元年》："敢問何謂也?"由詢問引申出問候。《論語·雍也》："伯牛有疾，子問之。"由問候引申出探訪。《周禮·春官·大宗伯》："時聘曰問。"由問候引申出饋贈。《左傳·成公十六年》："楚子使工尹襄問之以弓。"孔穎達疏："遺人以物謂之問。"再引申爲贈品。《國語·晉語》："然戰而擅捨國君，而受其問。"由詢問引申爲追究、責問。《左傳·僖公四年》："昭王南征而不復，寡人是問。"由追究引申出審問。《詩經·魯頌·泮水》："淑問如臯陶，在泮獻囚。"孔穎達疏："有善問獄如臯陶者，使之在泮宫之内獻其所執之囚。"由詢問引申爲音訊。《晉書·陸機傳》："既而羈寓京師，久無家問。"由音訊引申爲告訴。《戰國策·齊策》："或以問孟嘗君。"由告訴引申爲命令。《左傳·莊公八年》："期戍，公問不至。"其意義關係如下：

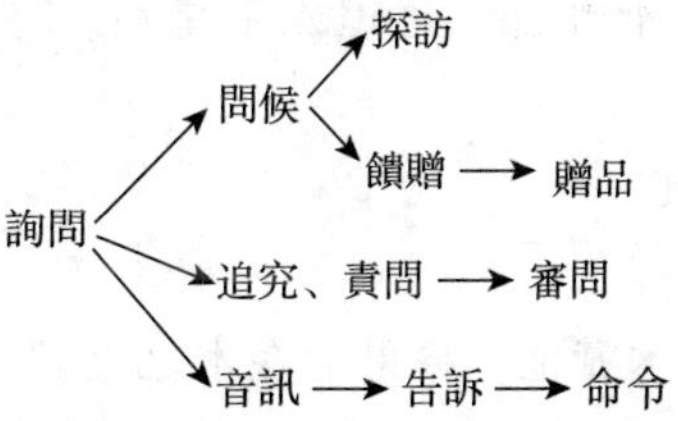

狂 本義是狗發瘋。《晉書·五行志》："旱歲，犬多狂死。"引申指人失去常態，癲狂。《吴越春秋》卷三："子胥之吴，乃被髮佯狂，跣足塗面，行乞於市。”由人的癲狂引申爲一般性的失常。《黄帝内經·素問》：“芳草發狂。”由人的癲狂引申爲放蕩，不受拘束。《論語·子路》：“不及中行而與之，必也狂狷乎！狂者進取，狷者有所不爲也。”再由一般性的失常引申爲氣勢猛烈，超出常度。韓愈《進學解》：“迴狂瀾於既倒。”由癲狂引申爲驕恣任性。《左傳·文公十二年》：“（趙穿）好勇而狂。”其語義關係如下：

狗發瘋 ⟶ 人的癲狂 ⟶ 一般性的失常 ⟶ 氣勢猛烈超常
人的癲狂 ⟶ 放蕩，不受拘束
人的癲狂 ⟶ 驕恣任性

（三）詞義引申的規律

總括詞義引申的情況，具有明顯的兩條規律：由個别到一般，由具體到抽象。

1. 由個别到一般

例如：

布 本義是麻織品。《孟子·滕文公上》：“布帛長短同，則賈相若。”後來成了用棉、麻、化纖等織成的紡織品的統稱。

達 本義是道路暢通。《爾雅·釋宫》：“一達謂之道。”“四達謂之衢。”引申爲一般的暢通。《荀子·君道》：“公道達而私門塞矣，公義明而私事息矣。”

好 本義是貌美，特指女子的美。《戰國策·趙策》：“鬼侯有子而好。”引申指一般的美好。《詩經·鄭風·緇衣》：“緇衣之好兮。”

理 本義是治玉。《戰國策·秦策》：“鄭人謂玉未理者璞。”引申爲一般的治理。如理水、理絲、理政等。

零 本義是雨落。《詩經·豳風·東山》：“零雨其濛。”引申爲一般的落下。《古詩十九首·迢迢牽牛星》：“終日不成章，泣涕零如雨。”

2. 由具體到抽象

例如：

果 《説文》：“木實也，象果形在木之上。”本義是植物的果實。《韓非子·五蠹》：“民食果蓏蜯蛤，腥臊惡臭而傷害腹胃，民多疾病。”引申爲行動的結果。《論語·子路》：“言必信，行必果。”

典 本義是簡册、書籍。《尚書·多士》：“惟殷先人有册有典。”

引申爲過去的典章故事，文物制度。《左傳·昭公十五年》："數典而忘其祖。"再引申爲抽象的法則、準則。《文心雕龍·情采》："《孝經》垂典，喪言不文。"

絶 本義是把絲弄斷。引申爲其他東西的斷絶。《史記·滑稽列傳》："淳於髡仰天大笑，冠纓索絶。"再引申爲抽象的斷絶。《戰國策·秦策》："必絶其謀。"

三、文字的假借義

借用一個意義無關但音同或音近的字來表達另一個意義，叫文字的假借。漢語是一種表義細密準確的語言，它需要龐大的詞彙系統加以支撑，更需要足够多的文字形式加以記録。按理説，每個詞都應該擁有自己相應的文字形體，但是在古代漢語中，詞多字少的矛盾非常突出，因此，就出現了借形記義的現象。比如"西"字，本義是鳥在巢上（這個意思，後來寫作"栖"），我們借來表示與"東"相對的方位。像這種借用音同或音近的字形來表達的，同本義没有關聯的意義，就是文字的假借義。有時候，一個意義本來有自己的字形，有人却拿一個不相干的音同音近字來表達這個意義，這個意義也是假借義。在一詞多義的情况下，許多詞義都是由本義孳乳派生出來的，它們之間都有相聯繫的義素；而假借義却和這個詞的本義、引申義没有關係。閲讀古書的時候，如果碰見了假借義，而我們却執著於字形，望文生訓，往往不得其解。如《史記·淮陰侯列傳》："今韓信兵號數萬，其實不過數千。能千里而襲我，亦已罷極。"不明白"罷"字通"疲"，句子就無法理解。正如王引之所説："學者改本字讀之，則怡然理順；依借字讀之，則以文害辭。"（《經義述聞》卷三十二）因此，假借字分爲兩種：本無其字的假借、本有其字的假借。

（一）本無其字的假借

指本來没有正字，衹能借用一個音同或音近的字來表達詞義。例如：

其 本義是簸箕。假借爲人稱代詞和指示代詞。《左傳·成公二年》："韓厥俛定其右。"又："射其御者，君子也。"又假借爲語氣詞。《左傳·僖公二年》："一之謂甚，其可再乎？"假借爲連詞。《荀子·勸學》："蘭槐之根是爲芷，其漸之滫，君子不近，庶人不服。"又假借爲助詞。馬中錫《中山狼傳》："夫羊，一童子可制之，如是其馴也，尚以多歧而亡。"

難 《説文》：“難，鳥也。”假借爲困難。《左傳·隐公元年》：“蔓，難圖也。”

女 《説文》：“女，婦人也。”多指未嫁的女子。《詩經·邶風·静女》：“静女其姝，俟我於城隅。”假借爲第二人稱代詞。《左傳·僖公四年》：“五侯九伯，女實征之，以夾輔周室。”後來又借用汝水的“汝”來表達這個意思。

之 《説文》：“之，出也。”引申爲“往……去”。《吕氏春秋·察傳》：“子夏之晉。”《戰國策·趙策》：“齊閔王將之魯。”假借爲人稱代詞和指示代詞。《左傳·隱公元年》：“愛共叔段，欲立之。”《莊子·逍遥游》：“之二蟲又何知？”又假借爲助詞。《左傳·隱公元年》：“小人有母，皆嘗小人之食矣，未嘗君之羹。”

與 《説文》：“與，黨與也。”《荀子·强國》：“今已有數萬之衆者也，陶誕比周以争與。”陶誕，誹謗誇誕。“陶”通“謡”，譭謗的意思。比周，結夥營私。“與”引申爲交好、親附。《左傳·僖公三十年》：“失其所與，不知。”假借爲連詞和語氣詞。《論語·公冶長》：“夫子之言性與天道，不可得而聞也。”又：“于予與何誅。”

叔 《説文》：“叔，拾也。”《詩經·豳風·七月》：“九月叔苴。”假借爲年少的。古代兄弟按伯（或孟）、仲、叔、季的次序排列，“叔”和“季”都指年少的。《左傳·隐公元年》：“生莊公及共叔段。”“段”是莊公之弟，故冠以“叔”字，表示年少。又指叔父，即年齡小於父親的父輩。李密《陳情表》：“既無叔伯，終鮮兄弟。”後世“叔”的本義消失，衹用假借義。

來 本義是小麥。《詩經·周頌·思文》：“貽我來牟。”牟：大麥。假借爲來去、往來的“來”。《戰國策·齊策》：“來何疾也？”

亦 《説文》：“亦，人之臂亦也。”是“腋”的古字。借作副詞，相當於現代漢語的“也”字。《史記·項羽本紀》：“項莊拔劍起舞，項伯亦拔劍起舞。”

假借的過程中，出現了以下幾種情況：第一，假借義與本義並行而且共用同一字形，如“女”（汝）、“之”。第二，假借義與本義共用同一字形，但本義罕見於文獻。如當黄華木講的“權”字，當鳥講的“難”字。第三，後來爲假借義另造了新字。如語氣詞“與”，後來另造了“歟”字。第四，後來爲本義另造了新字。如“其”，後來另造了“箕”字；“來”，後來另造了“麥”字；“亦”，另造了“腋”字。

（二）本有其字的假借

就是本來就有正字，却借用一個音同或音近的字來表達詞義。例如：

剥 《説文》：“剥，裂也。”本義是割裂。《左傳・昭公十二年》：“君王命剥圭以爲鏚柲。”杜預注：“破圭玉以飾斧柄。”假借爲“攴”（pō），意即輕輕地敲打。《詩經・豳風・七月》：“八月剥棗，十月穫稻。”

矢 本義是箭。《左傳・成公二年》：“自始合，而矢貫余手及肘。”假借爲“誓”。《詩經・鄘風・柏舟》：“之死矢靡它。”

歸 本義是女子出嫁。《詩經・周南・桃夭》：“之子于歸，宜其室家。”假借爲“饋”。《詩經・邶風・静女》：“自牧歸荑，洵美且異。”

錯 《説文》：“錯，金塗也。”本義是用金塗飾，鑲嵌。張衡《四愁詩》：“美人贈我金錯刀。”“金錯刀”就是一種嵌金的佩刀。假借爲“措”，意爲安放、放置。屈原《離騷》：“固時俗之工巧兮，偭規矩而改錯。”

信 《説文》：“信，誠也。”假借爲“伸”。《周易・繫辭下》：“尺蠖之屈，以求信也。”同一個詞，《周易・繫辭上》作“引而伸之”。

本有其字的假借，或是古人一時的筆誤，或是出於社會心理，或是因爲個人喜好，其有無積極意義暫且不論，但是作爲一種文化現象，給讀者正確理解詞義造成了一定的困難，却是不争的事實。

（三）如何辨别假借義

假借的根本原則是音同或音近，我們在堅持這個原則的前提下，可以從以下幾個方面去辨别假借義：

首先，設法找到本義，與之無關的則是假借義。比如“奚”，本義是奴隸，名詞。《周禮・天官・宗伯》：“奚四人。”那麽，《孟子・滕文公上》中“奚冠”的“奚”，是疑問代詞，相當於“什麽”，與奴隸無關，可判爲假借義。再如“離”，《説文》：“離黄，倉庚也。”即黄鸝、黄鶯。《詩經・豳風・七月》：“春日載陽，有鳴倉庚。”毛傳：“倉庚，離黄也。”陸德明《經典釋文》：“離，本又作‘鴛’、作‘鸝’。”“離”的本義少見於典籍，其假借義“離别”大行於世。而屈原《離騷》的“離”却當“遭逢”講，就是“罹”。這個意義無論和“離黄”還是和“離别”，都没有什麽關係，它是“離”的另一個假借義。

其次，利用古人的訓詁成果。古代注釋家在注解古書時，對於通假現象往往特別指明。他們常用的方法或術語有：

（1）以本字爲訓釋詞，直接説明一個字的假借義。《詩經・鄘風・柏舟》："之死矢靡它。"毛傳："矢，誓也。"《詩經・周南・汝墳》："未見君子，惄如調飢。"毛亨傳："調，朝也。"

（2）用"讀爲、讀曰"説明本字和借字的關係。"讀爲、讀曰"後面是本字，前面是假借字。《莊子・逍遥游》："而御六氣之辯。"郭慶藩注："辯讀爲變。"《漢書・李廣傳》："不識曰：'李將軍極簡易，然虜卒犯之，無以禁。'"顔師古注："卒，讀曰猝。"

（3）用"讀若、讀如"表示通假現象。這兩個術語一般用來注音，有時也用來説明假借字。"讀若、讀如"後面是本字。《楚辭・九歌・國殤》："霾兩輪兮縶四馬。"洪興祖注："霾，讀若埋。"《禮記・中庸》："治國其如示諸掌乎？"鄭玄注："示讀如置諸河之干之置。"

（4）明確指出假借關係。《周禮・考工記》："寬緩以荼。"鄭玄注："荼，古文舒，假借字。"

（5）也用"讀、音"，作用與"讀爲、讀曰"相同。《淮南子・主術訓》："器械不苦而職事不嫚。"高誘注："苦讀盬。嫚讀緩慢之慢。"即"苦"、"嫚"分别爲"盬"、"慢"的假借字。"盬"是不堅牢的意思，"慢"是緩的意思。《漢書・息夫躬傳》："京師雖有武蠭精兵，未有能窺左足而先應者也。"蘇林注："窺，音跬。"意謂"跬"爲正字，"窺"爲借字。"跬"是"半步"的意思。"窺左足"，就是舉足之勞。

（6）用"聲同"來標明假借字。《左傳・文公十七年》："鹿死不擇音。"杜預注："音，所休蔭之處。古字聲同，皆相假借。"《詩經・豳風・東山》："烝在栗薪。"鄭玄箋："古者聲栗裂同也。"説明"栗"不僅要讀"裂"音，而且有裂的意思。

（7）猶。《禮記・檀弓上》："吾離群而索居，亦已久矣。"鄭玄注："索猶散也。"即"索"是"散"的借字。"索居"即散處、獨居。《儀禮・士冠禮》："永受胡福。"鄭玄注："胡猶遐也。""遐"爲本字，"胡"爲借字。

（8）用"通用"説明通假關係。《詩經・大雅・板》："天之牖民，如壎如篪。"孔穎達疏："牖與誘古字通用。"這是説"牖"字是

“誘”的通假字。《莊子·逍遥游》：“故夫知效一官，行比一鄉，德合一君，而征一國者，其自視也亦若此矣。”郭慶藩注：“而字當讀爲能，能而古聲近通用也。”

(9)“當做、當爲”也常用來標明通假現象。《戰國策·秦策》：“面目犂黑，狀有歸色。”注：“歸當作愧。愧，慚也。音相近，故作歸耳。”《禮記·緇衣》：“資冬祈寒。”鄭玄注：“資當爲至，齊魯之語，聲之誤也。”

再次，利用異文。如上例的“面目犂黑”，《韓非子·外儲説左上》：“（晉）文公反國……手足胼胝，面目黧黑者後之。”“犂”又作“犁”，農具。“黧”，色黑而黄。與“黑”搭配表示面目的顔色，顯然“黧”爲正字，“犂”爲借字。郝懿行《爾雅義疏》：“《詩》‘外禦其務’，《左氏僖二十四年傳》及《周語》並作‘外禦其侮’。是務借爲侮。”

最后，利用古書材料作旁證。例如《漢書·食貨志》：“又顓川澤之利，管山林之饒。”顔師古注：“顓與專同。”“顓”、“專”通假，我們還可以列出許多例證：《史記·陳涉世家》：“客愚無知，顓妄言，輕威。”《漢書·諸侯王表》：“因母后之權，假尹、周之稱，顓作威福。”《漢書·地理志》：“沛楚之失，急疾顓己。”顔注：“顓與專同。急疾顓己，言性褊狹而自用。”《漢書·高后紀》：“上將軍（吕）禄、相國（吕）産顓兵秉政。”“顓兵”就是專擅兵權。《漢書·爰盎傳》：“諸吕用事，大臣顓制。”（《史記·袁盎列傳》作“專制”。）衆多的旁證説明，借“顓”作“專”，當專一、專擅講，在當時絶非偶然，就班固而言，甚至已經成爲習慣。

總之，判定一個詞義是否爲假借義，一定要有堅實的例證，要講得合情合理。《詩經·秦風·終南》“終南何有？有紀有堂”中的“紀”和“堂”，長期以來不易解釋得合情合理。王引之研究了整部《詩經》，發現了一個規律：凡説山有某物都是指草木，凡首章言草木者，以下各章均言草木。本詩首章“終南何有？有條有梅”的“條”和“梅”既是樹木，二章“有紀有堂”的“紀”和“堂”也該是樹木，“紀”當作“杞”，“堂”當作“棠”。爲了證明這個推斷的正確，王氏又列舉了其他書籍中借“紀”作“杞”、借“堂”作“棠”的大量實例，並説明，有人所引韓詩就作“有杞有棠”（見王引之《經義述聞》第五卷）。有推理，有旁證，有主證，結論令人信服。

思考與練習

一、古今詞義在範圍上的變化主要有哪幾種？舉例説明。

二、什麼是詞的本義？因形索義應該注意哪些問題？

三、什麼是詞的引申義？它和本義的關係主要有哪幾種？

四、詞義引申的方式和規律有哪些？

五、什麼是字的假借義？如何辨别字的假借義？

六、解釋下列成語中加點的字

金城湯池　懲惡勸善　走馬觀花　餘勇可賈　家徒四壁

五穀豐登　感激涕零　相機行事　毫髮不爽　口誅筆伐

拂袖而去　不虞之譽　不刊之論　無聲無臭　久假不歸

七、解釋下面句中加點的詞，説明其在句中用的是本義、引申義還是假借義

1. 姜氏何厭之有？(《左傳·隱公元年》)

2. 大都不過參國之一。(同上)

3. 若闕地及泉，隧而相見，其誰曰不然？(同上)

4. 不介馬而馳之。(《左傳·成公二年》)

5. 期戍，公問不至。(《左傳·莊公八年》)

6. 反,誅屨於徒人費。(同上)

7. 管仲請囚，鮑叔受之，及堂阜而税之。(同上)

8. 鬼侯有子而好。(《戰國策·趙策》)

9. 信嘗過樊將軍噲。(《史記·淮陰侯列傳》)

10. 人性有畏其景而惡其跡者。(枚乘《上書諫吴王》)

八、標點並翻譯下面語段

趙人患鼠乞貓於中山中山人予之貓善捕鼠及雞月餘鼠盡而雞亦盡其子患之告其父曰盍去諸其父曰是非若所知也吾之患在鼠不在乎無雞夫有鼠則竊吾食毀吾衣穿吾垣墉毀傷吾器用吾將飢寒焉不病於無雞乎無雞者弗食雞則已耳去飢寒猶遠若之何而去夫貓也（《郁離子·捕鼠》）

3

第三單元

文選：《國語》、《戰國策》

邵公諫厲王弭謗

《國語》

【《國語》介紹】《國語》是我國最早的一部國別史。書中分別記載了周、魯、齊、晉、鄭、楚、吳、越八國的史實。上起周穆王征犬戎，下至三晉滅智伯，歷時五百餘年（約前976—前453）。《國語》所載八國史料詳略頗爲懸殊。全書21卷，《晉語》有9卷之多，幾近全書之半。《國語》文辭深厚渾樸，主要記載歷史人物的諷諫和對話，語言古樸簡潔，議論、對話旁徵博引，巧譬善喻。

關於《國語》的作者，司馬遷在《報任安書》中說："左丘失明，厥有國語。"但左丘爲何人，說法不一。至於《國語》一書究竟是否爲左氏所作，那就更成問題了。

現存《國語》注本，以三國時吳國韋昭的注本爲最早，1978年上海古籍出版社出版了這個注本的校點本。清人董增齡的《國語正義》收集了漢唐以來《國語》的各種注釋。以上兩種注本均可參閱。

【說明】周厲王暴虐無道，不准民衆批評指責。邵公爲此向他懇切規諫。本文就是記載邵公對厲王暴政的諫言的。整個諫言說理層層推進，有忠告，有警言，有理由，有辦法，富於邏輯性。用水來比喻人民，形象貼切，表現了某種程度的民本思想。但周厲王拒絕一切正確的批評，最終被國人放逐。

本篇選自《國語·周語》，題目是編者所加。

厲王虐，國人謗王①。邵公告曰②："民不堪命矣③！"王怒，得衛巫，使監謗者④。以告，則殺之⑤。國人莫敢言，道路以目⑥。

【注釋】

① 厲王：周天子，名胡，前878—前842年在位。 國人：住在國都内的人，這些人一般是自由民，有參與議論國事的權利。 謗，公開議論，批評。

② 邵（shào）公：即召穆公，名虎，周王的卿士。因封於召（今陝西岐山西南），故稱召公。

③ 百姓受不了您的支使命令了。堪：承受得住。

④ 衛巫：衛地（今河南淇縣一帶）的巫師。巫，以侍奉鬼神、替人祈禱爲職業的人。　監：監視。

⑤ 以告：以之告。把謗者報告給厲王。

⑥ 道路以目：在路上相遇，用目光示意。指敢怒而不敢言。

王喜，告邵公曰："吾能弭謗矣，乃不敢言①。"邵公曰："是障之也②。防民之口，甚於防川③。川壅而潰，傷人必多，民亦如之④。是故爲川者决之使導，爲民者宣之使言⑤。故天子聽政，使公卿至於列士獻詩，瞽獻曲，史獻書⑥，師箴，瞍賦，矇誦⑦，百工諫，庶人傳語⑧，近臣盡規，親戚補察⑨，瞽、史教誨，耆、艾修之⑩，而後王斟酌焉，是以事行而不悖⑪。民之有口，猶土之有山川也，財用于是乎出；猶其有原隰衍沃也，衣食于是乎生⑫。口之宣言也，善敗于是乎興。行善而備敗，其所以阜財用、衣食者也⑬。夫民慮之於心而宣之以口，成而行之，胡可壅也⑭？若壅其口，其與能幾何⑮？"

王不聽，于是國人莫敢出言。三年，乃流王於彘⑯。

【注釋】

① 弭（mǐ），止，息。　乃：副詞，就。

② 這是指堵塞百姓的口。是：近指代詞，這，指"弭謗"的做法。　障：本義爲防水堤。作動詞用，意爲堵塞、阻擋。

③ 防民之口：堵塞百姓的口，指限制言論。防，本義爲堤壩，引申爲堵塞。防川：在河道上築堤堵截水流。川，河流。

④ 壅：堵塞。　潰：堤壩决口。

⑤ 爲：治理。　决：排除壅塞，引導水流。　導：疏通。　宣：引導，開放。

⑥ 公卿至於列士獻詩：周王室官職分爲公、卿、大夫、士。公卿是朝廷的高級官員。士是下層官員。獻詩，獻呈民歌，讓天子瞭解民意。　瞽（gǔ）：眼睛看不見的盲藝人，這裏指樂官。古代樂官都由盲人擔任。　獻曲：獻呈民間樂曲。　史：史官。　獻書：獻呈史書。

⑦ 師：少師，次於太師的樂官。　箴（zhēn）：一種用於規誡的韻文，這裏指獻上箴文。　瞍（sǒu）：眼中没有瞳仁的盲人。　賦：朗讀。　矇：盲人，指有瞳仁而看不見的人。

⑧ 百工：各種手藝人。 庶人：平民，百姓。 傳語：指通過官吏將自己的意見傳達到朝廷。

⑨ 近臣：君之左右，如宦官、御者、驂乘等。 盡規：盡心規勸。 親戚：指父母兄弟等。 補察：彌補過失，糾察是非。

⑩ 瞽、史教誨：樂官、史官（用樂曲、典籍）教導天子。 耆（qí）：六十歲的老人。 艾（ài）：五十歲的老人。這裏指元老重臣。 修：整治。這裏指進一步勸導。

⑪ 事：政事。 行：暢行。 悖：違背。

⑫ 原：寬而平的土地。 隰（xí）：低而濕的土地。 衍：低而平的土地。 沃：有河流灌溉的土地。

⑬ 善敗：國家政事的好壞、治亂。 興：興起，這裏指體現、表現。 行：推行。 備：防範。 阜：增多。

⑭ 成：考慮成熟。 行：施行。這裏指説出來。 之：指考慮的內容。 胡：疑問代詞，怎，怎麼。

⑮ 其與能幾何：那些擁護你的人還能有幾個呢。其，指示代詞，那些。與，參與。這裏指親附的人。

⑯ 流：放逐。 彘（zhì）：地名，在今山東霍縣。

【常用詞詞義分析】

諫 “諫”的本義是用言語規勸君父或尊長改正過失。本篇課文：“百工～，庶人傳語。”《周禮·地官·保氏》：“保氏掌～王惡，而養國子以道。”鄭玄注：“～者，以禮義正之。”《論語·里仁》：“侍父母幾～。”幾，不顯露，暗地裏。

引申爲糾正、更正。《論語·八佾》：“成事不説，遂事不～，既往不咎。”陶淵明《歸去來兮辭》：“悟已往之不～，知來者之可追。”

謗 “謗”的本義是在背後公開地議論或批評某人的短處。本篇課文：“厲王虐，國人～王。”由此義引申爲毀謗，《史記·屈原賈生列傳》：“信而見疑，忠而被～。”

在先秦漢語裏，“謗”不指無中生有、惡意攻擊，與今義不同。“誹”和“譏”也是指批評別人，但不是公開議論。“誹”是背地裏議論、嘀咕。“譏”是指用婉轉的言語諷刺。

導 “導”的本義是引導。《北史·西域傳》：“發使～路。”引申爲引路的人。《史記·大宛列傳》：“烏孫發～譯送騫還。”烏孫，西域國名。譯，這裏指翻譯。

引申爲開導、啓發。《墨子·非儒下》：“其學不可以～衆。”《論語·學而》："～之以政。"

又引申爲疏通。《尚書·禹貢》："～河積石。"本篇課文："爲川者决之使～。"

聽 "聽"的本義是以口發聲而用耳朵聽取聲音。《説文》："～，聆也。"《荀子·勸學》："耳不能兩～而聰。"引申爲聽從、聽信。本篇課文："王不～，于是國人莫敢出言。"

引申爲聽取、治理，即聽取各方意見並作出裁决。故君王治理政事叫"聽政"。本篇課文："故天子～政，使公卿至於列士獻詩。"成語有"垂簾～政"。

又引申爲聽憑、任憑。《莊子·徐無鬼》："匠石運斤成風，～而斫之。"今有成語"聽其自然"。

古代漢語裏，"聽"有一個近義詞"聞"，"聞"是聽見、聽到的意思。

盡 "盡"的本義爲器皿空虚。《説文》："～，器中空也。"引申爲竭盡，用力完成。本篇課文："近臣～規，親戚補察。"《孟子·梁惠王上》："寡人之於國也，～心焉耳矣。"引申爲到達極點。《吕氏春秋·明理》："五帝三王之於樂～之矣"

"盡"作副詞，意爲全部、皆。《孟子·滕文公上》："～棄其學而學焉。"《論語·八佾》："子謂韶～美矣，又～善也。"

皇 "皇"的本義是土山、丘陵。《詩經·小雅·吉日》："升彼大～，從其群醜。"

引申爲肥大。《詩經·小雅·車弓》："田車既好，四牡孔～。"孔，這裏是"很"的意思。由此義引申爲繁盛、旺盛、豐富。本篇課文："行善而備敗，其所以～財用、衣食者也。"

"丘"、"山"、"陵"、"皇"、"阿"，均指土山，因大小不同而名稱不同。土高叫丘，土高有石叫山，土高無石叫皇，大皇叫陵，大陵叫阿。

趙威后問齊使

《戰國策》

【《戰國策》介紹】戰國時期兩百多年的時間内，各諸侯國之間在政治、經濟、軍事、外交等各個領域展開了錯綜複雜的鬥爭。與此同時，各諸侯國内部也不斷進行着爭權奪勢的鬥爭。在這種形勢下，一批一批游説之士應運而生，他們從不同諸侯國或不同政治集團的利益出發，紛紛發表自己的主張和策略，《戰國策》主要就是這些游説之士的言行録。

《戰國策》是一部歷史文獻，爲我們研究戰國時代的社會生活提供了資料。同時，它也是一部著名的散文集。它的文章語言生動，人物刻畫逼真，善於用寓言、故事來説明抽象的道理。

大概從戰國末年開始，這些游説之士的言論就被編爲各種不同名稱的册子，在社會上流傳，到了西漢末年纔由劉向編定爲《戰國策》。全書按國編排，分爲東周、西周、秦、楚、齊、趙、魏、韓、燕、宋、衛、中山十二國，共33篇，東漢高誘曾爲它作注，到宋代已有缺佚，今本是由北宋曾鞏補修而成的。1973年在長沙馬王堆三號漢墓中出土了類似《戰國策》的帛書，定名爲《戰國策縱横家書》，不僅可以補今本《戰國策》之不足，在校勘上也有很大的價值。

【説明】本文記叙了趙威后接見齊國使者的一次談話。文章緊扣一個“問”字，主要寫趙威后的七次提問，表現了趙威后政治上的遠見卓識，體現了我國古代的民本思想。

本篇選自《戰國策·齊策》，題目是編者所加。

齊王使使者問趙威后，書未發，威后問使者曰①：“歲亦無恙耶②？民亦無恙耶？王亦無恙耶？”使者不説，曰：“臣奉使使威后，今不問王而先問歲與民，豈先賤而後尊貴者乎③？”威后曰：“不然④。苟無歲，何以有民？苟無民，何以有君⑤？故有問，捨本而問末者耶⑥？”

【注釋】

① 齊王：襄王子，名建。前283—前265年在位。　問：聘問，是當時諸侯之間的一種禮節。　趙威后：趙惠文王的妻子，趙孝成王的母親。時惠文王卒，孝成王立，由威后執政。　書：指齊王給趙威后的信。　發：啓封。

② 歲：收成。　恙：憂患，灾害。　耶：表疑問的語氣詞。

③ 説：高興。這個意義後來寫作“悦”。　使：第一個“使”是名詞，使命；第二個“使”是動詞，出使。“使威后”，出使到威后這裏來。　“先”、“後”：用如動詞，使動用法。　賤：指民衆。

④ 不然：不是這樣。

⑤ 苟：介詞，假如。 何以：靠什麽。

⑥ 本：這裏指歲與民。 末：這裏指君。

乃進而問之曰："齊有處士曰鍾離子，無恙耶[①]？是其爲人也，有糧者亦食，無糧者亦食[②]；有衣者亦衣，無衣者亦衣[③]。是助王養其民也，何以至今不業也[④]？葉陽子無恙乎[⑤]？是其爲人，哀鰥寡，卹孤獨，振困窮，補不足[⑥]。是助王息其民者也，何以至今不業也[⑦]？北宫之女嬰兒子無恙耶[⑧]？徹其環瑱，至老不嫁，以養父母[⑨]。是皆率民而出於孝情者也，胡爲至今不朝也[⑩]？此二士弗業，一女不朝，何以王齊國、子萬民乎[⑪]？於陵子仲尚存乎[⑫]？是其爲人也，上不臣於王，下不治其家，中不索交諸侯[⑬]。此率民而出於無用者，何爲至今不殺乎[⑭]？"

【注釋】

① 處士：有才能而隱居不出來做官的人。 鍾離：複姓。

② 是：指示代詞，指鍾離子。 食（sì）：給食物吃。下句的"食"同。

③ 第一個"衣"（yī）是名詞，衣服；第二個"衣"（yì）用如動詞，給衣服穿。下句的兩個"衣"字同。

④ 是：指以上的行爲。 何以：因爲什麽。 不業：不使他成就功業（意思是不用他）。業，用如動詞。

⑤ 葉（舊音 shè）陽子：齊國處士。 葉陽，複姓。

⑥ 哀：憐憫。 鰥（guān）：年老無妻。 寡：寡婦。 卹（xù）：體恤。孤：年少無父。 獨：年老無子。 振：救濟。 不足：指缺少衣食。

⑦ 息：動詞，繁殖。鰥寡孤獨困窮的人得到救濟，不至於死亡，就是使民繁殖。

⑧ 北宫：複姓。 嬰兒子：姓北宫的女子的名字。

⑨ 徹：拿掉。 環：指耳環。 瑱（tiàn）：用玉或石做的耳飾。

⑩ 率：領導。 孝情：孝心。 胡爲：爲什麽。"胡"是疑問代詞。 不朝：不上朝。古代婦女有封號的纔能上朝，所以這裏的"不朝"實際上是指不加封號。

⑪ 王齊國：爲齊國之王。王（wàng），動詞，稱王，統治。 子萬民：把人民當成自己的子女。子，用如動詞。

⑫ 於（wū）陵：齊邑名，在今山東長山縣。 子仲：齊國隱士。

⑬ 不臣於王：不向王稱臣，就是不作官。臣，用如動詞，稱臣。 索：求。

⑭ 無用：没有作用，即同統治者不合作。

【常用詞詞義分析】

發 “發”的本義是把箭發射出去。《史記·孫子吴起列傳》：“齊軍萬弩俱～。”引申爲量詞。《漢書·匈奴傳》：“弓一張，矢四～。”

引申爲出發、派遣、派出。《莊子·秋水》：“夫鵷鶵～於南海，而飛於北海。”《史記·淮陰侯列傳》：“～使使燕。”

引申爲産生、興起。《詩經·大雅·生民》：“實～實秀。”《韓非子·顯學》：“猛將比～於卒伍。”卒伍，是古代軍隊的基層組織。由詞義引申爲疾病發作。《後漢書·華陀傳》：“此病後三期當～。”

引申爲顯現、顯露。《左傳·昭公元年》：“～爲五色。”《素問·四氣調神大論》：“惡氣不～。”由此義引申出表達、發布。《尚書·冏命》：“～號施令，罔有不臧。”

又引申爲打開、啓封。本篇課文：“齊王使使者問趙威后，書未～。”又特指開花。庾肩吾《摘梅花》詩：“窗梅朝始～。”

還引申爲發放，與“收”相對。《韓非子·外儲説右下》：“～五苑之蓏蔬棗栗足以活民。”蓏，音 luǒ，瓜。

進 “進”的本義是向前移動，與“退”相對。《論語·雍也》：“非敢後也，馬不～也。”引申爲抽象義“進一步”。本篇課文：“乃～而問之曰：‘齊有處士曰鍾離子，無恙耶？’”又引申爲到朝廷作官。《孟子·公孫丑上》：“治則～，亂則退，伯夷也。”又指使……到朝廷裏來，任用。《孟子·梁惠王下》：“國君～賢。”司馬遷《報任安書》：“今少卿乃教以推賢～士。”

引申爲進獻、奉上。《戰國策·齊策》：“令初下，群臣～諫，門庭若市。”

又引申爲向在上者推薦。

“進”和“入”在古代不是同義詞。與“進”相對的是“退”，與“入”相對的是“出”。現代漢語中所謂“～去”、“～來”，古代漢語中衹説“入”，不説“進”。例如，“入門”，在古代不能説成“～門”。

窮 “窮”的本義是阻塞，與“通”相對。《莊子·雜篇》：“夫處～閭厄巷。”“～閭（lǚ）”，閉塞不通的胡同。引申爲走投無路。《吕氏春秋·慎人》：“孔子～於陳蔡之間，七日不嘗食。”

引申指仕途不得志，與“達”相對。《孟子·盡心上》：“~則獨善其身，達則兼善天下。”王勃《滕王閣序》：“~且益堅，不墜青雲之志。”

不得志又進而引申爲財物匱乏、生活困難。本篇課文：“是其爲人，哀鰥寡，卹孤獨，振困~，補不足。”

不通就是到了盡頭，因而又引申爲極點、窮盡。《逍遥游》：“若夫乘天地之正，而御六氣之辯，以游無~者，彼且惡乎待哉!”陶淵明《桃花源記》：“欲~其林。”

古漢語中，“貧”與“窮”意義有所區别。“貧”指缺少衣食錢財；“窮”指不得志，無出路。當“困窮”連用時，多指生活困難。

江乙對荆宣王

《戰國策》

【説明】昭奚恤是楚國傑出的將領，多謀善斷，爲楚相。江乙，一作“江一”，魏國的間諜，善言辭，當時從魏國來到楚國作官，總是想辦法説昭奚恤的壞話，但是又要説得不露痕迹，所以他選擇了寓言。雖然老虎、狐狸、楚宣王、昭奚恤四個事物本身没有什麽可比性，但是狐狸借助虎威這件事的事理和性質，却與昭奚恤借助楚宣王造勢有着異曲同工之妙。這個寓言一箭雙雕，一方面拍了楚王的馬屁，可得楚王的歡心；另一方面，可以讓昭奚恤遭到猜忌，束縛他的手脚。江乙邪惡的本意人們已經忘却，但精彩的“狐假虎威”寓言却廣爲流傳。

本篇選自《戰國策·楚策》，題目是後加的。

荆宣王問群臣曰①：“吾聞北方之畏昭奚恤也，果誠何如②？”群臣莫對③。江乙對曰：“虎求百獸而食之，得狐④。狐曰：‘子無敢食我也⑤！天帝使我長百獸，今子食我，是逆天帝命也⑥。子以我爲不信，吾爲子先行，子隨我後，觀百獸之見我而敢不走乎⑦？’虎以爲然，故遂與之行，獸見之皆走⑧。虎不知獸畏己而走也，以爲畏狐也。今王之地方五千里，帶甲百萬，而專屬之昭奚恤⑨。故北方之畏奚恤也，其實畏王之甲兵也——猶百獸之畏虎也⑩。”

【注釋】

① 荊宣王：即楚宣王，楚又稱荊。

② 北方：指中原各諸侯國。 昭奚恤（xù）：楚國貴族，當時的名將。之：助詞，構成助詞結構，作動詞“聞”的賓語。 果誠：果、誠都是副詞，表示“確實”。 何如：怎麼樣。

③ 莫：否定性無定代詞，相當於現代漢語中的“没有誰”或“没有人”。

④ 求：尋找。

⑤ 無敢：不敢。

⑥ 長（zhǎng）：首領。用如動詞，作首領。

⑦ 不信：指説謊。信，言語真實。 走：逃跑。

⑧ 以爲然：“以（之）爲然”，認爲它説得有道理。

⑨ 地：地方。 方：方圓。 帶甲：披鎧甲，這裏指披鎧甲的戰士。 專：專一，單獨。 屬（zhǔ）：委托。 之：指百萬軍隊。

⑩ 其實：這件事（指北方之畏昭奚恤）的實情。“北方之畏昭奚恤”是本句的主語，“其實畏王之甲兵”是主謂謂語，“其實”作小主語。“畏王之甲兵”爲謂語。

【常用詞詞義分析】

對 古代多指回答在上者的提問。《左傳·隱公元年》：“公問之。~曰：‘小人有母，皆嘗小人之食矣，未嘗君之羹。’”本篇課文：“群臣莫~。江乙~曰：‘虎求百獸而食之，得狐。’”有時“對”並不是真回答問題，只是在上的説了，在下的接着説，也叫“對”。《左傳·隱公元年》：“公語之故，且告之悔。~曰：‘君何患焉？’”

“對”作介詞，相當於“朝着”、“向着”。《樂府詩集·木蘭詩》：“當窗理雲鬢，對鏡帖花黄。”《雨霖鈴》：“~長亭晚，驟雨初歇。”

引申爲敵對、對立。《三國志·蜀書·諸葛亮傳》：“而所與~敵，或值人傑。”由此義引申爲對手、敌人。《三國志·吴書·陸遜傳》：“劉備天下知名，曹操所憚，今在境界，此强~也。”

又引申爲對付。《韓非子·初見秦》：“夫一人奮死可以~十，十可以~百。”

表示配偶。《後漢書·梁鴻傳》：“擇~不嫁，至年三十。”

也指對偶、對仗，一種修辭方式。《文心雕龍·麗辭》：“言~爲易，事~爲難。”

帝 古代宗教或神話中的天神，整個宇宙的主宰者。《形天》："形天與～争神。"本篇課文："天～使我長百獸，今子食我，是逆天～命也。"引申指人間最高統治者，皇帝。《戰國策・趙策》："秦所以急圍趙者，前與齊湣王争强爲～。"

命 "命"的本義是命令。《左傳・隱公元年》："～子封帥車二百乘以伐京。"本篇課文："天帝～我長百獸，今子食我，是逆天帝命也。"引申指發出的命令。《國語・周語》："民不堪～矣。"

古人認爲世間萬物都由天帝創造，尤其是朝代的更替和帝位的繼承等都出於上帝的命令，因此引申爲命運。《史記・李將軍列傳》："豈吾相不當侯邪？且固～也？"古人認爲，人的壽命也由天意决定，所以又引申出性命、生命等義。李密《陳情表》："母孫二人更相爲～。"

由"命令"又引申爲取名。《商君书・境内》："公爵自二级以上至不更，～曰卒。"不更，秦時爵位名。

在命令的意義上，"命"和"令"是同義詞。"令"還有"使"、"讓"的意思，是"命"所沒有的。

行 "行"的本義是道路。《詩經・豳風・七月》："遵彼微～。"微行，小路。《詩經・周南・卷耳》："置彼周～。"周行，大路。"行"引申爲行列、成行的事物。《史記・項羽本紀》："項王泣數～下。"又專指軍隊編制，二十五人爲一行。後以行伍泛指軍隊。司馬遷《報任安書》："外之又不能備～伍。"又引申爲輩分、排行。《漢書・蘇武傳》："漢天子，我丈人～也。"以上引申義讀 háng。

用作動詞，引申爲走路，音 xíng。《論語・述而》："三人～，必有我師焉。"由此義引申爲離開。不留在原來的地方了。本篇課文："子以我爲不信，吾爲子先～。"

又引申爲運動、運行。《荀子・天論》："天～有常。"又引申爲實施、實行。《論語・微子》："道之不～，已知之矣。"又引申爲品行，舊讀去聲 xìng，以示區别。《論語・公冶長》："聽其言而觀其～。"《逍遥游》："～必一鄉。"

用作副詞，即將。曹丕《與吴質書》："歲月易得，别來～復四年。"

走 "走"的本義是跑。《釋名・釋容姿》："徐行曰步，疾行曰趨，疾趨曰～。"本篇課文："獸見之皆～。"引申爲逃跑。《孟子・梁惠王上》："棄甲曳兵而～。"又引申爲奔向某地。晁錯《論貴粟疏》:"趨利如水～下，四方亡擇也。"

"行"、"走"、"奔"、"跑"在古代的意義有區别。古代所謂"行"，現在叫做"走"；古代的"走"是現代的"跑"。古代"走"和"奔"是同義詞，但"奔"往往是因急事而奔赴，有被迫奔跑之意；"走"往往是主動的，可疾可徐。因此，"奔"往往比"走"更含急迫義。"跑"是後起字，先用爲"獸足刨地"之義，唐以後纔用作奔跑義。

*句踐滅吴

《國語》

【説明】春秋末年，吴越争霸，勢不兩立。句踐三年，吴打敗越。越王句踐委曲求和，卑事夫差，忍辱負重，準備復國。句踐深刻反省自己的過錯，禮賢下士，團結國内各種力量，鼓勵人口繁殖，明耻教戰，上下一心。經過20年的準備，終於在句踐二十四年（前473）滅掉吴國。吴王夫差由於親小人，遠賢臣，驕傲輕敵，剛愎自用，並且在戰略决策上根本失誤，終於導致國破身亡。本文記叙了吴越興亡的歷史，富有深刻的意義。

本文選自《國語·越語》，題目是後加的。

越王句踐棲於會稽之上，乃號令於三軍曰："凡我父兄昆弟及國子姓，有能助寡人謀而退吴者，吾與之共知越國之政。"大夫種進對曰："臣聞之，賈人夏則資皮，冬則資絺，旱則資舟，水則資車，以待乏也。夫雖無四方之憂，然謀臣與爪牙之士，不可不養而擇也。譬如蓑笠，時雨既至必求之。今君王既棲於會稽之上，然後乃求謀臣，無乃後乎?"句踐曰："苟得聞子大夫之言，何後之有?"執其手而與之謀。

遂使之行成於吴。曰："寡君句踐乏無所使，使其下臣種，不敢徹聲聞於天王，私於下執事曰：'寡君之師徒不足以辱君矣，願以金玉、子女賂君之辱，請句踐女女於王，大夫女女於大夫，士女女於士。越國之寶器畢從，寡君帥越國之衆，以從君之師徒，唯君左右之。若以越國之罪爲不可赦也，將焚宗廟，係妻孥，沈金玉於江，有帶甲五千人，將以致死，乃必有偶。是以帶甲萬人事君也，無乃卽傷君王之所愛乎：與其殺是人也，寧其得此國也，其孰利乎？'"

夫差將欲聽，與之成。子胥諫曰："不可。夫吴之與越也，仇讎敵戰之國也。三江環之，民無所移，有吴則無越，有越則無吴，將不可改于是矣。員聞之：'陸人居陸，水人居水。'夫上黨之國，我攻而勝之，吾不能居其地，不能乘其車。夫越國，吾攻而勝之，吾能居其地，吾能乘其舟。此其利也，不可失也已，君必滅之。失此利也，雖悔之，必無及已。"越人飾美女八人，納之太宰嚭，曰："子苟赦越國之罪，又有美於此者將進之。"太宰嚭諫曰："嚭聞古之伐國者，服之而已。今已服矣，又何求焉！"夫差與之成而去之。

句踐説於國人曰："寡人不知其力之不足也，而又與大國執仇，以暴露百姓之骨於中原，此則寡人之罪也。寡人請更。"于是葬死者，問傷者，養生者，吊有憂，賀有喜，送往者，迎來者，去民之所惡，補民之不足。然後卑事夫差，宦士三百人於吴，其身親爲夫差前馬。

句踐之地，南至於句無，北至於御兒，東至於鄞，西至於姑蔑，廣運百里。乃致其父兄昆弟而誓之曰："寡人聞古之賢君，四方之民歸之，若水之歸下也。今寡人不能，將帥二三子夫婦以蕃。"令壯者無取老婦，令老者無取壯妻。女子十七不嫁，其父母有罪；丈夫二十不取，其父母有罪。將免者以告，公令醫守之。生丈夫，二壺酒，一犬；生女子，二壺酒，一豚。生三人，公與之母；生二人，公與之餼。當室者死，三年釋其政；支子死，三月釋其政。必哭泣葬埋之，如其子。令孤子、寡婦、疾疹、貧病者，納宦其子。其達士，絜其居，美其服，飽其食，而摩厲之於義。四方之士來者，必廟禮之。句踐載稻與脂於舟以行，國之孺子之游者，無不餔也，無不歠也，必問其名。非其身之所種則不食，非其夫人之所織則不衣，十年不收於國，民俱有三年之食。

國之父兄請曰：“昔者夫差耻吾君於諸侯之國，今越國亦節矣，請報之。”句踐辭曰：“昔者之戰也，非二三子之罪也，寡人之罪也。如寡人者，安與知耻？請姑無庸戰。”父兄又請曰：“越四封之内，親吾君也，猶父母也。子而思報父母之仇，臣而思報君之仇，其有敢不盡力者乎？請復戰。”句踐既許之，乃致其衆而誓之曰：“寡人聞古之賢君，不患其衆之不足也，而患其志行之少耻也。今夫差衣水犀之甲者億有三千，不患其志行之少耻也，而患其衆之不足也。今寡人將助天滅之。吾不欲匹夫之勇也，欲其旅進旅退也。進則思賞，退則思刑，如此則有常賞。進不用命，退則無耻，如此則有常刑。”果行，國人皆勸。父勉其子，兄勉其弟，婦勉其夫。曰：“孰是君也，而可無死乎？”是故敗吴於囿，又敗之於没，又郊敗之。

夫差行成，曰：“寡人之師徒，不足以辱君矣。請以金玉、子女賂君之辱。”句踐對曰：“昔天以越予吴，而吴不受命；今天以吴予越，越可以無聽天之命，而聽君之令乎！吾請達王甬、句東，吾與君爲二君乎！”夫差對曰：“寡人禮先壹飯矣，君若不忘周室，而爲弊邑宸宇，亦寡人之願也。君若曰：‘吾將殘汝社稷，滅汝宗廟。’寡人請死，余何面目以視於天下乎！越君其次也。”遂滅吴。

* 魯仲連義不帝秦

《戰國策》

【説明】公元前 258 年，秦軍包圍了趙國都城邯鄲，趙王向魏國求救。魏國君臣懾於秦國威力，暗中派使者勸趙王尊秦王爲帝，屈膝稱臣，以解邯鄲之圍。魯仲連挺身而出，針對魏國使者畏秦尊秦的精神狀態，曉之以大義，動之以利害，終於説服了魏國使者，並且增强了趙國抗秦的決心和信心。最後，在魏無忌的救援下，秦軍退却，邯鄲保衛戰取得了勝利。

本文通過魯仲連與辛垣衍關於“抗秦”與“帝秦”的辯論和魯仲連不居功受賞的描寫，生動地表現了魯仲連反强暴、反投降的正義立場和遠見卓識，以及“功成不受爵”的高尚品質。

本篇選自《戰國策·趙策》，題目是後加的。

秦圍趙之邯鄲。魏安釐王使將軍晉鄙救趙，畏秦，止於蕩陰，不進。

魏王使客將軍辛垣衍間入邯鄲，因平原君謂趙王曰："秦所以急圍趙者，前與齊湣王爭强爲帝，已而復歸帝，以齊故；今齊湣王已益弱，方今唯秦雄天下，此非必貪邯鄲，其意欲求爲帝。趙誠發使尊秦昭王爲帝，秦必喜，罷兵去。"平原君猶豫未有所决。

此時魯仲連適游趙，會秦圍趙，聞魏將欲令趙尊秦爲帝，乃見平原君曰："事將奈何矣？"平原君曰："勝也何敢言事？百萬之衆折於外，今又内圍邯鄲而不去。魏王使客將軍辛垣衍令趙帝秦，今其人在是。勝也何敢言事？"魯連曰："始吾以君爲天下之賢公子也，吾乃今然後知君非天下之賢公子也。梁客辛垣衍安在？吾請爲君責而歸之！"平原君曰："勝請爲紹介而見之於先生。"

平原君遂見辛垣衍曰："東國有魯連先生，其人在此，勝請爲紹介而見之於將軍。"辛垣衍曰："吾聞魯連先生，齊國之高士也。衍，人臣也，使事有職，吾不願見魯連先生也。"平原君曰："勝已泄之矣。"辛垣衍許諾。

魯連見辛垣衍而無言。辛垣衍曰："吾視居此圍城之中者，皆有求於平原君者也；今吾視先生之玉貌，非有求於平原君者，曷爲久居此圍城之中而不去也？"魯連曰："世以鮑焦無從容而死者，皆非也。今衆人不知，則爲一身。彼秦者，棄禮義而上首功之國也，權使其士，虜使其民；彼則肆然而爲帝，過而遂正於天下，則連有赴東海而死耳，吾不忍爲之民也！所爲見將軍者，欲以助趙也。"辛垣衍曰："先生助之奈何？"魯連曰："吾將使梁及燕助之，齊楚則固助之矣。"辛垣衍曰："燕，則吾請以從矣；若乃梁，則吾乃梁人也，先生惡能使梁助之耶？"魯連曰："梁未睹秦稱帝之害故也。使梁睹秦稱帝之害，則必助趙矣。"辛垣衍曰：

“秦稱帝之害將奈何?”魯仲連曰:“昔齊威王嘗爲仁義矣,率天下諸侯而朝周。周貧且微,諸侯莫朝,而齊獨朝之。居歲餘,周烈王崩,諸侯皆吊,齊後往。周怒,赴於齊曰:‘天崩地坼,天子下席,東藩之臣田嬰齊後至,則斮之!’威王勃然怒曰:“叱嗟!而母,婢也!卒爲天下笑。故生則朝周,死則叱之,誠不忍其求也。彼天子固然,其無足怪。”

辛垣衍曰:“先生獨未見夫僕乎?十人而從一人者,寧力不勝、智不若耶?畏之也。”魯仲連曰:“然梁之比於秦,若僕耶?”辛垣衍曰:“然。”魯仲連曰:“然則吾將使秦王烹醢梁王!”辛垣衍怏然不悦,曰:“噫!亦太甚矣,先生之言也!先生又惡能使秦王烹醢梁王?”魯仲連曰:“固也!待吾言之:昔者鬼侯、鄂侯、文王,紂之三公也。鬼侯有子而好,故入之於紂。紂以爲惡,醢鬼侯。鄂侯争之急,辨之疾,故脯鄂侯。文王聞之,喟然而嘆,故拘之於牖里之庫百日,而欲令之死。——曷爲與人俱稱帝王,卒就脯醢之地也?

“齊閔王將之魯,夷維子執策而從,謂魯人曰:‘子將何以待吾君?’魯人曰:‘吾將以十太牢待子之君。’夷維子曰:‘子安取禮而來待吾君?彼吾君者,天子也。天子巡狩,諸侯辟舍,納筦鍵,攝衽抱几,視膳於堂下;天子已食,退而聽朝也。’魯人投其籥,不果納,不得入於魯。將之薛,假塗於鄒。當是時,鄒君死,閔王欲入吊。夷維子謂鄒之孤曰:‘天子吊,主人必將倍殯柩,設北面於南方,然後天子南面吊也。’鄒之群臣曰:‘必若此,吾將伏劍而死。’故不敢入於鄒。鄒魯之臣,生則不得事養,死則不得飯含,然且欲行天子之禮於鄒魯之臣,不果納。今秦萬乘之國,梁亦萬乘之國,俱據萬乘之國,交有稱王之名。睹其一戰而勝,欲從而帝之,是使三晉之大臣,不如鄒、魯之僕妾也。

“且秦無已而帝,則且變易諸侯之大臣,彼將奪其所謂不肖而予其所謂賢,奪其所憎而與其所愛。彼又將使其子女讒妾爲諸侯妃姬,處梁之宫,梁王安得晏然而已乎?而將軍又何以得故寵乎？”

于是，辛垣衍起，再拜謝曰：“始以先生爲庸人，吾乃今日而知先生爲天下之士也！吾請去，不敢復言帝秦！”

秦將聞之，爲却軍五十里。適會魏公子無忌奪晉鄙軍以救趙擊秦，秦軍引而去。

于是，平原君欲封魯仲連，魯仲連辭讓者三，終不肯受。平原君乃置酒，酒酣，起，前，以千金爲魯連壽。魯連笑曰：“所貴於天下之士者，爲人排患、釋難、解紛亂而無所取也。即有所取者，是商賈之人也，仲連不忍爲也。”遂辭平原君而去，終身不復見。

古代漢語知識

1. 漢字的結構與演變

文字是記録語言的書寫符號系統。漢字有着近四千年的發展歷史，保存了漢民族語言和文化傳統。漢字記録漢語的一個顯著特點是，字形結構與它所記録的詞義之間有着密切的關係，漢字的表意性是它區别於世界其他文字的重要特點。

一、漢字的形體結構

關於漢字的形體結構，傳統文字學有“六書”的説法。“六書”的名稱最早見於《周禮》。到了漢代，隨着古文經學的興起，學者們把“六書”解釋爲造字的六種基本條例，形成了一套分析漢字結構的完整的理論。其中，漢代學者許慎的論述最爲詳盡。許慎在《説文解字·叙》中説：“周禮八歲入小學，保氏教國子，先以六書。一曰指事。指事者，視而可識，察而見意，上下是也。二曰象形。象形者，畫成其物，隨體詰詘，日月是也。三曰形聲。形聲者，以事爲名，取譬相成，江河是也。四曰會意。會意者，比類合誼，以見指撝，武信是也。五曰轉注。轉注者，建類一首，同意相受，考老是也。六曰假借。假借者，本無其字，依聲托事，令長是也。”

許慎在《説文解字·叙》裏對六書的解釋成爲一千多年來“六書”説的依據。前人大多認爲，“六書”就是六種造字方法。應該指出，這是不太科學的説法。六書只是戰國以後的人根據漢字的形體結構和使用情况，加以分析歸納出來的漢字類型。實際上漢字的形體結構衹有象形、指事、會意、形聲四種。假借衹是一種用字的方法。語言中有些詞，没有專門爲它造字，而借用一個同音字來表示。至於轉注，文字學家對它的解釋最紛繁，很難作出定論。我們衹要瞭解它與漢字形體結構無關就行了。“六書”説基本反映了漢字産生、發展的一般規律，揭示了漢字的基本特點和性質，從而成爲最早的關於漢字結構的系統理論，對我國傳統文字學的發展有着重大貢獻。

（一）象形字

象形字是從早期的圖畫文字脱胎出來的。跟圖畫比較起來，它衹勾勒出事物大體的輪廓或某些特徵。

許慎説：“象形者，畫成其物，隨體詰詘，日月是也。”意思是，字形畫成它所代表的實物的形狀，隨着物體的形狀使其筆畫曲折。比如“日”、“月”，甲骨文作、，一看就知道是日、月之形。

象形字分爲獨體象形、合體象形、托體象形。

山、牛，甲骨文作、，無論取象物體的整體，還是局部，總是突出物體的特徵，讓人一眼就能看出所象爲何物。有人把這種簡單明了的象形字稱爲純象形或獨體象形字。

有一些象形字較爲複雜，所象之物不能用簡單幾筆就能突出其特徵而讓人一目了然，還需要把與之所象之物密切關聯的另一物體也連帶“畫”出來纔好識别。比如：

（眉）如果衹畫一個眉毛，不畫眼睛，就容易誤認爲是别的東西，衹有把目字加上，纔容易讓人明白是目上之眉毛。

（石）如果没有山崖起襯托，人們就難以看出下面所象是石。

（向）如果衹畫一個方塊，就容易認爲是人之口或别的什麽窟窿，衹有把宀字加上，纔容易讓人明白這是指房屋牆上的窗户。

這樣的象形字，通常稱爲合體象形。

有少數象形字所標稱的並非所象的具體實物，而是這種實物所具有的某種性質或狀態。例如：

高，甲骨文作，本象臺觀之形，由於上古建築中，最高的莫過於臺觀了，所以這個字所表示的不是臺觀，而是臺觀所具有的性質或狀態，以便用臺觀之高，泛指一切事物之高。

大，甲骨文作，本象大人正立之形。由於大人與襁褓中的小孩兒相比，具有“大”的性質和狀態，所以這個字所要表示的不是“大的人”而是“人的大”，再用爲凡大之稱。

這種象形字所記録的詞，其本義往往是事物所有的某種性質或狀態，這樣的象形字，就是托體象形了。

象形字既然要象實物之形，那麽，語言中那些無形可象的詞就不能用這種符號來表示。這種局限使象形的造字方法遠遠落後於漢字發展的實際需要。因此，在全部漢字中，象形字的數量是比較少的。

（二）指事字

許慎説：“指事者，視而可識，察而見意，上下是也。”“視而可識”，是説看到字的抽象符號可以識别字的組成情況；“察而見意”，是説通過審察字的組成情況可以看出它所表示的“事”的意義。可見，指事是用抽象符號表示語言中無形可象的事物，指事字就是用一些抽象符號造的字。例如：（刃）“視而可識”似刀，但仔細觀察又比刀字多了一畫，這多的一畫即是標識性的指事符號，指明這個新造字所表示的意思不是整把刀，而是刀的利刃。

（本）　木下的一畫爲指事符號，指明這個字的本義爲樹木之根。與“本”相對的（末）指樹梢。

（寸）是右手的象形，下面一畫是指事符號，指明這個字的本義爲腕關節下方的寸口。

指事字所表示的多是比較具體的事物，這是由它以象形爲基礎決定的。不過有時所指稱的事物也比較抽象，比如許慎所舉的“上”、“下”二字。“上”、“下”在甲骨文中寫作、，長橫或曲綫表示基綫，把空間分爲上下兩個部分，其短橫指位置，在基綫上面是“上”字，在基綫下面是“下”字。構成這兩個字的長橫、短橫或曲綫純屬抽象的符號，分開來看都不表示實際意義；而當它們組成一個整體時，却代表了語言中“上”、“下”這兩個詞。

用抽象的符號造字，比起象形來有更大的局限，因爲絕大多數意義比較抽象的詞，都不能用這種方法造字。指事字數量是極少的。除“上”、“下”外，還有（一）、（二）、（三）、（四）這四個數目字，也是指事字。

以上所説的象形字和指事字，都是構形單一的獨體字，前人稱之爲“文”，前人又把兩個或兩個以上的獨體字組合而成的合體字稱之爲“字”。許慎在《説文解字·敘》中説：“倉頡之初作書，蓋依類象形，故謂之文，其後形聲相益，謂之字。字者，言孳乳而浸多也。”字是文的孳乳，文如何孳乳成字？就是下面要講的會意和形聲兩種造字方法。

（三）會意字

1. 會意字的含義

许慎説：“會意者，比類合誼，以見指撝，武信是也。”意思是通過排列兩個或兩個以上的字組成新字。從結構上看，它是兩個或兩個以上的字的組合；從意義上看，它是兩個或兩個以上的字的意義的會合。這就是説，把幾個相關的字放在一起，組成一個新的意義。會意造字法衝破了象形、指事的局限，擴大了造字的範圍。因而會意字的數量要多於象形字、指事字。

2. 會意字的分類

（1）同形會意，例如：

（並）　二人並排站立。

（友）　二手相疊，爲友善相助之義。

（森）　樹木衆多。

（磊）　衆多的石頭。

（焱）　火盛。

（2）非同形會意，例如：

（丞）　甲骨文爲雙手向上救人之形，爲拯的初文。

（爲）　甲骨文爲用手牽象勞作之形。殷代黄河流域多象，《吕氏春秋·古樂》："商人服象，爲虐於東夷。"

（及）　甲骨文爲從後用手抓前人之形，表追及義。

（取）　甲骨文爲用手持耳形。古獵獸或獲俘，割其左耳以報功。

（出）　甲骨文爲足，爲穴洞口。古人穴居，足趾朝外，人從穴居走出之義。

（即）　甲骨文爲人就食形。食器簋，人跪坐，表示就食之義，引申爲走向、接近。

（既）　甲骨文爲人食畢掉頭欲去形，引申爲已、畢之義。

（3）主體與器官會意，即合體的兩個組成部分，一個代表動作的主體，一個代表發出動作的器官。這些字主要表示人或動物的動作，例如：

（見）　表示行動的主體，表示發出動作的器官，表示看的意思。《説文》："見，視也。"

（望）　甲骨文爲人舉目遠望，或立於土上眺望之形。《説文》誤把竪目改爲臣字，將人立土上合爲。

（臭）　甲骨文爲鼻之初文，犬善嗅，故突出其鼻，以此表示嗅義。

（鳴）　甲骨文從鳥從口，表示鳴叫。

在形聲的造字方法廣泛使用之前，會意是一種最能産的造字方法。祇是在有表音成分的形聲造字法普遍使用之後，會意的造字方法纔退居次要的地位。後世新造的會意字，諸如“大火爲赤”、“不正爲歪”、“小土爲塵”、“少力爲劣”、“不好爲孬”等，采用偏旁連讀成語的方法，與早期會意字有别，在上古文字中極爲少見。

（四）形聲字

1. 形聲字的定義

許慎説：“形聲者，以事爲名，取譬相成，江河是也。”所謂“以事爲名”，即依事類而選定某字的表意成分；所謂“取譬相成”，就是根據口語取一個讀音相同或相近的文或字來作新造字的標聲部分。這樣主義和標聲的兩部分相輔相成而構成的新字就是形聲字。爲了便於分析形聲字，人們把主義的部分稱爲義符或形符，把標聲的部分稱爲聲符或音符。

形聲字是最能産的造字形式。甲骨文已有一定數量的形聲字，這説明甲骨文已經是成熟的漢字體系了。

2. 形聲字的構成

（1）形旁表意作用。極少數形聲字的形旁直接表示該形聲字的意義。例如“船”，從舟，鉛省聲，“舟”與“船”同義。同類的例子如“狗”、“頭”、“爸”、“爹”等。絶大多數形聲字的形旁，祇能表示該形聲字本義的意義範疇，而不能標明形聲字的具體含義。由於用爲形旁的文（或字）祇表示事物的類屬，因而它在形聲字中祇是高度概括的類名，並不能表示這個形聲字的具體字義。例如項、題、顔、顛等字，均以“頁”爲形旁，“頁”在這裏祇表明這些字所表示的事物都是“頁”（人頭）的類屬，均與人頭有關，並不具體表示脖子、前額、臉面、頭頂的意思。

（2）聲旁的表意作用。傳統文字學所説的“形聲兼會意”（或稱會意兼形聲）字，表音的偏旁全都有意義。如：

伍　古代軍隊編制，五人爲“伍”，從人五，五亦聲。

什　古代軍隊編制，十人爲“什”，從人十，十亦聲。

驂　同駕一車的三匹馬。從馬參，參亦聲。

駟　同駕一車的四匹馬。從馬四，四亦聲。

仲　排行在中間的。從人中，中亦聲。

忘　不記得，從記憶中消失。從心亡，亡亦聲。

娶　取來女子成親。從取女，取亦聲。

珥　玉石做的耳飾。從玉耳，耳亦聲。

誹　用言語非難人。從言非，非亦聲。

詔　用言語詔告人。從言召，召亦聲。

婢　地位卑下的女子。從女卑，卑亦聲。

至於一般形聲字的聲旁能否表意的問題，歷來有争論。我們認爲，籠統地説聲旁表意或不表意，都有片面性，應該對具體的字進行具體分析。

(3) 形旁和聲旁的位置。從隸楷開始，表意字組成成分的位置就基本固定了。就形聲字的整體情況來説，大概有如下幾種類型：

左形右聲，如：濟　極　諫　踵　饑　躬

右形左聲，如：雅　顧　視　效　鳩

上形下聲，如：空　界　苟　景　節

下形上聲，如：驚　暫　貢　響　黨

外形内聲，如：國　園　圃　團　間

内形外聲：如：問　聞　斎

形在一角：如：穎　穀　疆　佞　賴

聲在一角，如：徒　旗　聽

形在上下，聲在中，如：裹　衷　歲　衺

聲在上下，形在中，如：哀

形在左右，聲在中，如：衢　棶

聲在左右，形在中，如：仇　隨

從小篆到隸書，形聲字的偏旁基本固定了，有些字變换偏旁位置就會造成不同的字，音義都不相同，如：“含”與“吟”，“裹”與“裡”，“怠”與“怡”。但仍有些字，偏旁位置不固定，改變位置音義不變，如：“慚”與“慙”，“鵝”與“鵞”，“和”與“咊”，現在後邊的字作爲異體字被淘汰了。

(4) 省形與省聲。爲了字體匀稱和書寫便捷，把用作形聲字的形旁或聲旁減省去一部分筆畫，這就是文字學上所説的省形和省聲。

省形的字很少，如：

考　從老省，丂聲。

亭　從高省，丁聲。

屨　從履省，婁聲。

屐　從履省，支聲。

省聲的字比省形的字要多些，如：

島　從山，鳥省聲。

產　從生，彥省聲。

夜　從夕，亦省聲。

省形和省聲在漢字發展過程中確實存在，瞭解這種情況對研究字形與字義的關係頗爲有益。

二、漢字的字體演變

漢字的字體演變大約有三個階段，一是從殷商甲骨文、商周金文變爲小篆，二是從小篆變爲隸書，三是從隸書變爲楷書。

（一）甲骨文

甲骨文是目前我們能見到的、記録大量上古漢語的、比較早期的漢字體系。甲骨文又稱卜辭、殷墟文字，主要是商代契刻在龜甲和獸骨上的文字。甲骨文是在 1899 年被偶然發現的。在龜甲和牛骨上刻寫的文字內容主要是商代人們的占卜記録。（如圖 2–1）。

圖 2–1　《甲骨文合集》06057

甲骨文已經是成熟的文字體系。它的主要特點有：從結構上看，甲骨文象形程度比較高，接近圖畫文字，例如：

雨　水　泉　火　女　首　目　鼻　犬　木　刀　戈　角

從形體上看，甲骨文絶大多數的字寫法不固定，獨體字往往可以正寫、反寫、側寫、倒寫，筆畫多少不統一。例如“卜”字可以寫作“”，又可以寫作“”，這與卜辭行款有關。構成合體字偏旁可以

不同，例如“牢”字，有、、等形，象牲圈，其中或爲牛，或爲羊，或爲馬。這樣就造成了衆多的異體字，例如“貞”有、、、、等不同的字形。

據統計，目前發現的甲骨片已經達到十六萬片，發現單字四千餘個，已經認識的達到一千個左右，不認識的多是人名、地名、族名等專名。

（二）金文

金文又稱青銅器銘文、鐘鼎文、鐘鼎款識，是鑄或刻在青銅器上的文字。在青銅器上鑄文始於商代中期，盛於兩周，延續至秦漢。金文作爲獨具風格的字體，主要指鼎盛時期的西周金文，内容多爲有關祀典、賜命、征伐、約契等的記録（如圖2-2，見馬承源《商周青銅器銘文選》，文物出版社1987年）

圖2-2 《利簋》銘文拓片

與甲骨文比較，西周金文具有如下特點：

第一，象形程度很高，比如：（步，子且辛尊）（正，卣）。尤其是金文中有很多族名，象形程度極高，比如：（象，象且辛鼎），（豕，庚豕父乙觶）

第二，從筆勢上看，由於金文是範鑄，多保存肥厚的筆法，甚至是充實的團塊，而甲骨文是刀刻，一般將圓形改爲方形，團塊衹勾勒輪廓。比如：

金文：日 丁 子

甲骨文：

第三，與甲骨文一樣，形體不規範，同一個字有多個形體。比如：金文“魚”字有、、、、、、、、、、、、、、、、、、等形，後演變爲、、、、等。

第四，與甲骨文相比，金文書寫款式比較規整，或正或反、或斜或倒的情況比起甲骨文來少得多了。

(三) 秦系文字

目前發現的秦國文字，有石鼓文和詛楚文等石刻文字。唐初在今陝西鳳翔發現十個石碣，因石碣似鼓，又稱石鼓。每個石鼓上刻着六七十個字的銘文，銘文主要是歌頌田獵宮囿的四言詩，從筆法和形體上看與西周金文有明顯的繼承關係。詛楚文，是秦王詛咒楚王而祈求天神保佑的文字，刻於石上，宋代發現了三塊，原本和拓本早已失傳，祇有後來的摹刻本。

秦系文字最重要的是小篆。“小篆”與“大篆”相對而言，籠統地説爲“篆書”。名稱始見於《説文解字》。秦始皇兼併天下以後，丞相李斯建議中央政府對文化制度制定一套統一的標準加以規範，其中文字方面的規範工作就是廢除六國文字中跟秦文字不一樣的寫法。爲了推行標準文字，秦中央政府頒布了三份帶有範本性質的文獻，即李斯所作的《倉頡篇》，中車府令趙高所作的《爰厲篇》，太史胡毋敬所作的《博學篇》。書寫這些文件的標準字樣都以秦國通行的“史籀大篆”爲基礎，其中有的略微做了一些“省改”。這種標準文字就是“小篆”。

秦代典型的篆書主要見於秦始皇東巡所立的頌功刻石，是當時各種書體中最嚴謹規範的一種。秦漢篆書直接從周秦金文正體傳承下來，跟秦漢時代的其他字體相比較，小篆的特點是綫條均勻，運筆圓轉，結構嚴謹，作風端莊。小篆在《説文解字》中保存最多，有9 353個，雖有訛錯，但仍是了解小篆的最寶貴資料，也是解讀甲骨文、金文的不可或缺的橋梁。

(四) 隸書

隸書一般分爲古隸和漢隸。古隸是指早期的隸書，漢隸則是指漢代逐漸成熟的隸書。隸書在戰國末期秦國篆書的基礎上產生。戰國後期文字應用越來越多，而小篆的筆勢圓轉，費力費時，人們書寫時，爲求快，多有草率急就之處，久而久之形成所謂的草篆，實際就是一種新的字體——隸書。秦始皇統一六國以後，秦隸尚未停止使用。大約西漢武帝、昭帝之後，逐漸形成了波挑的筆勢，字形逐漸從略呈長方形變成略扁方形。隸書從古隸演變成漢隸或今隸。

小篆發展到隸書，漢字形體結構的變化主要表現在以下幾個方面：

1. 解散篆體，改曲爲直

把古文字“隨體詰詘”的綫條分解或改造成平直的筆畫，以便於書寫。例如：隸書改篆書的爲日；改篆文的爲女。

2. 省併

把篆文兩筆併爲一筆，或是把兩個以上的偏旁合併。例如：—大　—無

3. 省略

直截了當地省去篆文形體的一部分。例如：—雷　—香

4. 偏旁變形

在篆文裏，一個字作偏旁或獨立成字在寫法上没有區别。在隸書里，獨立成字和用作偏旁寫法明顯不同。例如："人"用作左旁時作"亻"，犬字用作左旁時作"犭"，"邑"字用作右旁作"阝"，阜字用作左邊形旁也作"阝"等。偏旁寫法隨所處的位置而不同，例如："心"字旁位置在左作"忄"，在下作"心"，或作"㣺"。

5. 偏旁混同

隸書爲求簡便，把某些生僻或筆畫較多的偏旁改成形狀相近，筆畫較少，比較常見的偏旁。如在左的月肉旁和"朕"、"服"等字的"舟"旁，以及"青"字的"丹"旁，都跟"月"旁混同起來。

篆書演變爲隸書，是漢字發展史上最大也是最重要的變化。這種變化叫隸變。隸變的結果是使漢字從古文字階段進入了今文字階段。隸書打破了以象形爲基礎的構造方式，符號性大大加强。隸變是古今文字的分水嶺。

（五）楷書

楷書又稱正書或真書。"楷"爲法式、楷模之義。楷書在漢隸草體的基礎上形成，并受了草書的影響。一般認爲三國時代的鍾繇爲楷書創製者。楷書大約形成於東漢後期，魏晉時與今隸並行，南北朝以後，取代今隸成爲通行的標準字體。楷書拋棄了今隸的波勢挑法，筆畫横平竪直，不再有波勢，收筆也不再上挑，而一般以頓筆收筆。左撇不再有較粗的收筆，而是采用了草書的細尖。右捺也去掉了今隸上挑的筆法，但仍保留有捺角。從字勢來看，今隸較爲舒展，而楷書較爲集中；今隸略呈扁平，而楷書稍顯竪長。楷書克服了隸書的難寫，吸收了草書的便捷，工整而易於辨識，因此自南北朝至今，楷書一直是正規場合的標準字體。

三、漢字的使用與發展

漢字在漫長的發展過程中，形體和結構發生了巨大的變化；與此

同時，漢字在長期的使用過程中也出現了一些歷史現象。分述如下：

（一）*假借*

假借是文字記録語言時與詞彙發生關係的一種現象。假借的兩個詞意義上毫無關係，衹是由於語音上的聯繫而借用一個詞的文字形式來表示另一個詞的意義。離開具體的語言，就無所謂假借。本字與假借字相對，最初爲某詞造的、字義與詞義相一致的字叫本字。根據本字的有無，假借可以分爲兩類，一類是本無其字的假借，一類是本有其字的假借。這一點在本書第二章有相關闡述。

1. 本無其字的假借

起初没有爲語言中的某個詞造字，它的意義借用另一個同音詞的文字形式表示。這種現象叫本無其字的假借。有以下三種情況：

第一，某個語詞没有文字形式，從一開始就借用另一個同音詞的文字形式來表示自己的意義。例如："我"本義是一種鋸類的工具和武器，借來表示第一人稱代詞。"而"本義爲鬍鬚，借來表示没有實在意義的連詞。"我"、"而"被借以後，久而久之，衹用來表示假借義，而不再表示本義。有的字被借用以後，除表示假借義外，仍表示本義，例如"耳"、"之"。

第二，某個字被借給另一個詞使用后，這個字就有了假借義，後來另爲這個假借義造了個新字。例如：爲"辟"的假借義"躲避"、"開闢"、"邪僻"等意義分别新造了"避"、"闢"、"僻"。

第三，某個詞被借爲另一個詞使用后，這個字就有了假借義，再爲這個字的本義造個新字。例如："莫"假借爲無定代詞後，再爲"莫"的本義造"暮"字；"求"假借爲動詞"要求"之後，再爲"求"的本義造"裘"字。

2. 本有其字的假借

一般稱爲通假。是人們不寫表示這個詞的意義的本字，而寫一個意義毫無關係的同音字來表示這個詞的意義。這分爲兩種情況：

第一，臨時借用一個同音字表示本字的意義，以後仍然用本字，不用假借字。例如："剥"借爲"攴"，"麋"借爲"眉"。這種臨時的借用，大概類似於現代人寫别字。

第二，假借字代替本字，本字廢而不用。例如："耑"本義爲開端。"端"本義爲端正。後來借"端"字代替"耑"表示"開端"的意義，本字"耑"廢而不用了。

假借不同於引申，引申是一個詞詞義的發展，是歷時的、縱向的；而假借是兩個詞之間文字的借用，是文字的位置移動，是共時的，平面的。

（二）分化

分化是漢字發展中的一種重要現象。一個字的職務過多，兼有多種意義，無疑會影響人們的交際。爲了交際人們就要想辦法分散這個字的職務。分散的主要辦法就是造分別字。字形的分化分兩種情況：一種是由於假借使字義過多，引起字形的分化；一種是由於引申使字義過多，引起字形的分化。

假借使字義過多，都發生在没有本字的假借階段。造分別字的具體情況如下：

1. 加形旁爲字的假借義造分別字

例如：栗——慄。“栗”本義樹名，假借爲“戰栗”的意義，後爲假借義造分別字“慄”。

2. 加形旁爲字的本義造分別字

例如：其——箕。“其”本義簸箕，甲骨文作“”，象簸箕形。假借爲表示推測的語氣詞，如“今日其雨”。又假借爲代詞、連詞等。後來爲本義造分別字“箕”。

3. 一個字借爲他用，爲這個假借義造一個與原字形無關的分別字

例如：“鮮”本義是一種魚名，假借爲“少”，後來爲此假借義造“尟”字。

4. 一個字借爲他用，另借一個字表示它的本義

例如：前——剪。“前”本義是剪斷，後假借爲前進義，另借“翦”表示“前”的本義，後來“翦”被“剪”取代。

5. 一個字借爲他用，既爲假借義造字，又爲本義造字

例如：“采”字本義是采摘，甲骨文作“”，象用手采摘樹上的果子或樹葉之形，假借爲彩色的意義。後來加形旁爲本義造分別字“採”，又加形旁爲假借字造分別字“彩”字。

除了假借的情況以外，一個字字義引申過多，也要分化。這分兩種情況：

第一，一個字産生引申義以後，爲它的原義造一個分別字。例如：“禽”字原義“捕獲鳥獸”，動詞。引申爲名詞，泛指鳥獸，後爲“擒獲”義造分別字“擒”。

第二，一個字産生引申義以後，爲這個引申義造一個分别字。例如："竟"原義爲樂曲終了，引申爲國境、邊境，後爲引申義加形旁造"境"字。"解"原義是分解動物肢體，引申爲鬆懈，後爲引申義加形旁造"懈"字。

以上兩種情況，分别字構成方式多是以原有字形爲聲旁，再加形旁構成。另外也有以原有字形爲形旁，再加聲旁構成的，例如："食"本有吃的意義，由此引申出給人畜吃的意義，後爲這個引申義造"飼"字。也有用更换形旁的方式構成分别字的情況，例如："赴"原義是奔向，引申爲奔告喪事，後爲引申義造了"訃"字。也有先用加形旁的方式，後用更换形旁的方式連續製造分别字的情況，例如："康"本義爲米糠，後來連續造分别字"穅"和"糠"。

因假借而産生的分别字與因引申而産生的分别字，同原有字形之間的關係稱爲古今字。古今字的産生是文字分化的結果。

（三）簡化

簡化是漢字形體由繁到簡的變化，是漢字發展的總趨勢，歷代都有簡體字産生。很多字書都收録了一些簡體字。簡體字一般都産生於民間，流傳於民間，官府視爲俗字，不予承認。《康熙字典》里的簡體字就是作爲俗字或誤字出現的。民國時期，政府曾公布一批簡化字，但不久又撤銷了。全面整理、製定、推行簡化字是在20世紀五六十年代。1956年1月國務院公布了《漢字簡化方案》，後來在實施中不斷完善，現已成爲國家標準用字。

簡化方式有多种：

（1）采用古字，例如：无——無　云——雲　气——氣

（2）采用同音字，例如：后——後　谷——穀　姜——薑

（3）采用草書楷化字，例如：书——書　东——東　车——車

（4）采用新造字，例如：丛——叢　灭——滅　动——動

（5）采用筆畫少的偏旁代替筆畫多的偏旁，例如：灯——燈　阳——陽　粮——糧

（6）用符號代替，例如：汉——漢　戏——戲　劝——勸　凤——鳳

（7）采用舊有簡化字，例如：蚕——蠶　办——辦　尘——塵　灶——竈

（8）采用繁體字的一部分，例如：乡——鄉　声——聲　飞——飛

字體簡化便於書寫，但要有一定限度。文字是全民書面交際的工具，必須保持高度穩定，否則就會帶來麻煩和混亂。在文字簡化的同時，也出現過繁化的現象。上述分化的情況就是一種繁化。

（四）異體

文字在應用過程中，由於各種原因産生了不少異體字。所謂異體字，即所有意義都相同，在任何情況下都可以互换的字。異體字不同於古今字，古今字是着眼於歷時的文字産生的先後，異體字則着眼於共時的字體差異。各個時代都有異體字的存在，從篆書以來，漢字在兩千多年的漫長時期中，由於時間和地域的關係，人們爲同一個詞造出兩個或更多的字來代表它，因而形成了一大批形體結構相差很大的異體字。

異體字的構成方式有多種情況：

（1）會意字與形聲字的分别：例如：泪——淚　鼻——膻

（2）意符不同，例如：杯——盃　雞——鷄

（3）聲符不同，例如：綫——線　煙——烟

（4）意符聲符都不同，例如：剩——賸　腿——骽

（5）變换部件的位置，例如：裹——裡　羣——群

異體字的存在不便於人們交際，應該整理統一，秦始皇的“書同文”政策而産生的小篆，就是對六國文字異形的一次規模全面的整理和統一，以後各個朝代都不同程度地做過統一文字的工作。1955年公布的《第一批異體字整理表》整理810組異體字，淘汰1 053個異體字。1986年和1988年兩次又恢復26個字，這樣整理異體字爲796組，淘汰異體字爲1 027個。這次整理，對規範現代漢語用字起了很好的作用。

2. 古代漢語的判斷句

掌握古代漢語的句子類型可以增强古代漢語的語感，提高閱讀古書的能力。從句子的表達功能（謂語同主語的關係）角度分類，古代漢語的句子可以分爲判斷句、描寫句和叙述句三類，其中判斷句是古漢語中比較特殊的一類。本節主要討論古代漢語判斷句的特點、基本形式及其表達功能。

一、判斷句的定義及特點

判斷句是根據謂語同主語之間的表達關係給句子分類而得出的一

種句類。判斷句的謂語一般是對主語表達的人或事物進行分類，判斷主語表達的人或事物屬於哪一類人或事物，或不屬於哪一類人或物。現代漢語裏，判斷句一般要用判斷詞“是”作述語，例如“我是教師”。不用判斷動詞“是”的判斷句也存在，例如“魯迅，紹興人”，但是不用判斷動詞的判斷句出現頻率很低。在古代漢語裏，判斷句一般不用判斷動詞作述語，而是基本上用名詞性成分作謂語，用判斷句式本身來表達判斷，並且多用句末語氣詞“也”來協助表達判斷。例如：

“制，巖邑也。”（《左傳・隱公元年》）又如：“南冥者，天池也。”（《莊子・逍遥游》）

現代漢語判斷動詞“是”是從先秦指示代詞“是”發展而來的。戰國末期已發現判斷動詞“是”的少數用例，大約在魏晉南北朝時期，從口語到書面語判斷詞“是”纔得到普遍運用。

二、古代漢語判斷句的基本形式

古代漢語判斷句的基本形式有七種，分述如下。

（一）主語+謂語+也

例如：

① 虢，虞之表也。（《左傳・僖公二年》）

② 夫物之不齊，物之情也。（《孟子・滕文公上》）

這是古代漢語中最常見的形式之一，謂語都是名詞性成分。例①的謂語是名詞性偏正結構；例②“物之情”指“物的本性”，也是名詞性成分。句末語氣詞“也”加强判斷語氣。

（二）主語+者+謂語+也

例如：

① 夫積貯者，天下之大命也。（賈誼《論積貯疏》）

② 修身者，智之符也。（司馬遷《報任安書》）

③ 父母者，人之本也。（《史記・屈原賈生列傳》）

這也是古代漢語中最常見的形式之一，不僅用了句末語氣詞“也”，而且還在主語後用了指示代詞“者”複指主語，起提示主語、加强語氣的作用。這種句式的判斷意味更强一些。以上各例謂語也都是名詞性成分。

（三）主語+者+謂語

例如：

① 兵者，不祥之器。（《老子》三十一章）

② 天下者，高祖天下。（《史記·魏其武安侯列傳》）

（四）主語+謂語

例如：

① 荀卿，趙人。（《史記·荀卿列傳》）

② 劉備，天下梟雄。（《資治通鑒》卷六十五）

“主語+者+謂語”和“主語+謂語”兩種形式在古文裏的出現頻率不高，由於不用句末語氣詞“也”，後者甚至連起提示主語作用的代詞“者”都不用，所以判斷意味較弱。

（五）主語+副詞+謂語+（也）

例如：

① 身非木石，獨與法吏爲伍。（司馬遷《報任安書》）

② 此誠危急存亡之秋也。（諸葛亮《出師表》）

③ 今欲以先王之政，治當事之民，皆守株之類也。（《韓非子·五蠹》）

④ 臏亦孫武之後世子孫也。（《史記·孫子吳起列傳》）

⑤ 此則岳陽樓之大觀也。（范仲淹《岳陽樓記》）

以上各例，由副詞修飾的名詞性成分充任判斷句謂語，這是古代漢語特有的現象，在現代漢語裏副詞一般是不修飾名詞性成分的。

（六）主語+爲+賓語

例如：

① 知之爲知之，不知爲不知，是知也。（《論語·爲政》）

② 大道之行也，天下爲公。（《禮記·禮運》）

以上兩例都是動詞“爲”帶賓語充任判斷句的謂語，古代漢語裏的“爲”是個意義廣泛的動詞，常常出現在叙述句裏。如：

③ 如今人方爲刀俎，我爲魚肉，何辭爲？（《史記·項羽本紀》）

④ 四體不勤，五穀不分，孰爲夫子？（《論語·微子》）

例③“爲”的意思是“像”，例④“爲”的意思是“算得上”。以上兩例“爲”都不是判斷動詞。“爲”用作判斷動詞的用例很少，古代漢語中的判斷句基本上是不用判斷動詞的。

（七）主語+是+賓語

例如：

① 此必是豫讓也。（《史記·刺客列傳》）

② 問今是何世。(陶淵明《桃花源記》)

以上各例主語都是代詞或單個名詞，無需用代詞複指，“是”都是判斷動詞，與現代漢語的用法一樣。

判斷動詞“是”來源於指示代詞“是”，指示代詞“是”常常用來複指前文，例如：

③ 今子食我，是逆天帝命也。(《戰國策·楚策》)

④ 子比而同之，是亂天下也。(《孟子·滕文公上》)

⑤ 是故謀閉而不興，盜竊亂賊而不作，故外户而不閉，是謂大同。(《禮記·禮運》)

以上三例“是”都是複指前文內容，作判斷句的主語。判斷動詞“是”正是從指示代詞“是”這一用法發展來的，它經歷了秦漢時代的起源和發展，到魏晉南北朝時已經成爲口語中不可缺少的成分。魏晉以後，凡口語程度較高的作品判斷動詞“是”的出現頻率就高，而仿古的文言作品仍然很少用判斷動詞“是”，這種情況一直延續到白話文興起的時代。

古代漢語裏還有一個形容詞“是”，意思是對的、正確的，例如《史記·魏其武安侯列傳》：“魏其言是也。”意思是“魏其的話對”。形容詞“是”也有意動用法，《史記·魏其武安侯列傳》：“主爵都尉汲黯是魏其。”意思是“汲黯認爲魏其正確”。形容詞“是”和判斷動詞“是”没有源流關係。

三、古代漢語判斷句的表達功能

古代漢語判斷句的主語和謂語在句法上構成判斷關係，但在語義表達方面並不那麼單一。古代漢語判斷句基本表達功能有五種，分述如下：

(一) 表示類屬關係

即主語表達的人或事物屬於謂語所表達的人或事物的同類。例如：

① 張騫，漢中人也。(《漢書·張騫傳》)

② 成安君，儒者也。(《史記·淮陰侯列傳》)

(二) 表示等同關係

即主語表達的人或事物就是謂語所表達的人或事物。例如：

① 子所慎，齋、戰、疾。(《論語·述而》)

② 夫擊甕叩缶，彈箏搏髀而歌呼嗚嗚快耳者，真秦之聲也。

（李斯《諫逐客書》）

③ 梁父即楚將項燕。（《史記·項羽本紀》）

以上兩種判斷句不僅在句法上，而且在邏輯上都構成判斷。有一些判斷句衹在句法上構成判斷，而主語和謂語在邏輯關係上或語義關係上比較複雜。

（三）表示比喻

即主語表達的人或事物在某些方面就像謂語表達的人或事物一樣。例如：

① 君子之德，風；小人之德，草。（《論語·顏淵》）

② 曹公，豺虎也。（《資治通鑒》卷六十五）

③ 君者，舟也；庶人者，水也。（《荀子·王制》）

（四）表示强調

即主語和謂語之間存在某種複雜的語義關係，説話人把複雜的表達内容用判斷句的形式表達出來，以求達到强烈確認的表達效果。例如：

① 夫戰，勇氣也。（《左傳·莊公十年》）

② 百乘，顯使也。（《戰國策·齊策》）

③ 潁考叔，純孝也。（《左傳·隱公元年》）

以上三例主語和謂語的語義關係是判斷，但在邏輯上則不是判斷。例①的意思是“戰爭需要勇氣”，例②的意思是“拥有百辆車的使節是声势顯赫的使節”。例③的意思是“潁考叔孝心純厚”。用判斷句的形式表達使主語和謂語之間的關係得到充分的强調。

（五）表示原因

謂語表示造成某種結果的原因。例如：

①《詩》三百篇，大抵聖賢發憤之所爲作也。（司馬遷《報任安書》）

② 輕辭天子，非高也，勢薄也；重争土槖，非下也，權重也。（《韓非子·五蠹》）

③ 屈平之作《離騷》，蓋自怨生也。（《史記·屈原賈生列傳》）

表示原因的判斷句一般都由謂詞性成分充任謂語，這一點不同於其他判斷句。即主語和謂語在語義關係上表示判斷，而在邏輯上則構成因果關係。

思考與練習

一、什麼是六書？"六書"一語最早見於哪種典籍？

二、漢字形體演變經歷了哪些階段、哪些字體？

三、隸變對漢字形體産生了哪些影響？

四、許慎在《説文解字·叙》中是怎樣解釋"六書"的？

五、什麼是判斷句？古代漢語的判斷句有哪些形式？

六、舉例説明古今漢語判斷句的不同

七、分析下列漢字的結構

臣 目 家 衣 爲

涉 子 末 亦 走

本 行 虎 豆 女

謗 阜 修 取 兵

八、解釋下列各句加點的詞

1. 國人莫敢言，道路以目。(《國語·周語》)

2. 是故爲川者決之使導，爲民者宣之使言。(《國語·周語》)

3. 是其爲人也，有糧者亦食，無糧者亦食；有衣者亦衣，無衣者亦衣。(《戰國策·齊策》)

4. 虎不知獸畏己而走也，以爲畏狐也。(《戰國策·楚策》)

5. 子以我爲不信，吾爲子先行，子隨我後，觀百獸之見我而敢不走乎？(《戰國策·楚策》)

6. 今王之地方五千里，帶甲百萬，而專屬之昭奚恤。(《戰國策·楚策》)

7. 故北方之畏奚恤也，其實畏王之甲兵也。(《戰國策·楚策》)

8. 上不臣於王。(《戰國策·齊策》)

9. 豈先賤而後尊貴者乎。(《戰國策·齊策》)

10. 方今唯秦雄天下。(《戰國策·趙策》)

九、翻譯下列句子

1. 民之有口，猶土之有山川也，財用於是乎出；猶其有原隰衍沃也，衣食於是乎生。(《國語·周語》)

2. 是其爲人，哀鰥寡，卹孤獨，振困窮，補不足。(《戰國策·齊策》)

3. 臣奉使使威后，今不問王而先問歲與民，豈先賤而後尊貴者乎？（《戰國策・齊策》）

4. 天帝使我長百獸，今子食我，是逆天帝命也。（《戰國策・楚策》）

5. 虎以爲然，故遂與之行，獸見之皆走。（《戰國策・楚策》）

6. 吾聞北方之畏昭奚恤也，果誠何如？（《戰國策・楚策》）

7. 何以王齊國、子萬民乎？（《戰國策・齊策》）

8. 亦太甚矣，先生之言也。（《戰國策・趙策》）

9. 曷爲久居此城中而不去也。（《戰國策・趙策》）

10. 何以至今不業也？（《戰國策・齊策》）

十、給下面語段加上標點符號，並把它譯成現代漢語

1. 平公射鴳不死使豎襄搏之失公怒拘將殺之叔向聞之夕君告之叔向曰君必殺之昔吾先君唐叔射兕於徒林殪以爲大甲以封於晉今君嗣吾先君唐叔射鴳不死搏之不得是揚吾君之恥者也君必速殺之勿令遠聞君忸怩乃趣赦之（《國語・晉語》）

2. 趙且伐燕蘇代爲燕謂惠王曰今者臣來過易水蚌方出曝而鷸啄其肉蚌合而箝其喙鷸曰今日不雨明日不雨即有死蚌蚌亦謂鷸曰今日不出明日不出即有死鷸兩者不肯相捨漁者得而並禽之今趙且伐燕燕趙久相支以敝大衆臣恐强秦之爲漁夫也願王熟計之也惠王曰善乃止（《戰國策・燕策》）

4

第四單元

文選：《論語》、《禮記》、《孟子》

《論語》六章

【《論語》介紹】孔子（前551—前479），名丘，字仲尼，春秋時期魯國人。他出身於没落的貴族世家，曾短期在魯國做官，後周游列國，推行他的政治主張，但未被采納。晚年返回魯國，主要致力於教育工作和整理古代文獻活動，爲我國古代教育的發展和古代文化的流傳弘揚作出了巨大的貢獻。

《論語》是孔子門人及其再傳弟子輯成的語録體散文。書中輯録了孔子及其弟子的言行，成書於戰國初期。據《漢書·藝文志》，《論語》有《魯論》、《齊論》和《古論》之分。《古論》出自孔子壁中，用古文寫成，西漢孔安國曾爲之作注，已失傳。西漢末年，安昌侯張禹先學習了《魯論》，又講習《齊論》，于是以《魯論》爲主，兼采《齊論》，號爲《張侯論》，也就是我們今天所見到的《論語》。唐文宗時，《論語》被列入經書。宋朱熹把《論語》和《大學》、《中庸》、《孟子》合稱爲“四書”，並爲之作了集注，《論語》遂成爲官定的讀本。

《論語》共20篇，内容涉及政治思想、倫理觀念、品德修養及教育原則等方面，是研究儒學和我國古代思想文化的重要文獻資料。《論語》的語言深刻平實，含蓄雋永，許多詞句都已成爲人們耳熟能詳的格言成語，對後代文學語言影響很大。

《論語》通行的注本有《論語注疏》（魏何晏集解，宋邢昺疏）、宋朱熹《論語集注》、清劉寶楠《論語正義》等。今人楊伯峻的《論語譯注》亦可參考。

吾日三省吾身

【説明】本章選自《論語·學而》，表現了孔門弟子在進德修身方面對自己嚴格要求的態度。

曾子曰①：“吾日三省吾身②：爲人謀而不忠乎③？與朋友交而不信乎④？傳不習乎⑤？”

【注釋】

① 曾子：名參（shēn），字子輿，孔子的學生。

② 日：名詞作狀語，每天。 三省（xǐng）：多次省察。三，表示多次。

③ 謀：謀劃，考慮。這裏指考慮事情。 忠：忠誠，這裏有盡心的意思。

④ 信：誠實。

⑤ 傳（chuán）：傳授，這裏指老師傳授的知識。 習：復習，温習。

君子食無求飽

【説明】本章選自《論語·學而》，表達了孔子對“好學”的看法：不求生活安逸，不誇誇其談，只强調做事勤勉，訪賢問道，正定是非，完善自己。

子曰：“君子食無求飽①，居無求安，敏於事而慎於言②，就有道而正焉③，可謂好學也已。”

【注釋】

① 無：通“毋”，不要。

② 敏於事：在做事上勤勉。 慎於言：在説話上謹慎。

③ 就：接近，靠近。 正焉：糾正自己。焉，代詞，指自己。

宰予晝寢

【説明】本章選自《論語·公冶長》，表現了孔子對弟子的嚴格要求，記述了孔子觀察人物的方法。

宰予晝寢①。子曰：“朽木不可雕也，糞土之牆不可杇也②。於予與何誅③！”子曰：“始吾於人也，聽其言而信其行；今吾於人也，聽其言而觀其行。於予與改是④。”

【注釋】

① 宰予：字子我，孔子的學生。 晝寢：白天睡覺。

② 杇（wū）：抹牆的工具，這裏指粉刷。

③ 與（yú）：句中語氣詞。末句“與”同。 何誅：責備什麽呢（意即不值得責備）。誅，責備，譴責。

④ 改是：改變了這種看人的方式。是，近指代詞，代指前文的看人方式。

顏淵季路侍

【説明】本章選自《論語·公冶長》，表現了孔子師生三個人的不同志向。子路豪爽，顏淵謙遜，孔子高遠，三個人個性非常鮮明。

顏淵、季路侍①。子曰："盍各言爾志②？"子路曰："願車馬衣輕裘，與朋友共，敝之而無憾③。"顏淵曰："願無伐善，無施勞④。"子路曰："願聞子之志。"子曰："老者安之，朋友信之，少者懷之⑤。"

【注釋】

① 顏淵：名回，字子淵，孔子的弟子。　季路：姓仲，名由，字子路，孔子的弟子。　侍：卑者陪伴在尊者身旁。

② 盍（hé）："何不"的合音字，即"爲什麼不"。

③ 輕：衍文（據阮元《論語注疏校勘記》）。　共：共同享用。　敝：破，損壞。這裏是使動用法。　憾：遺憾。

④ 伐：誇耀。　施：表白，顯示。　勞：功勞。

⑤ 安、信、懷：均爲使動用法。懷，孔安國注："歸也。"即歸依。

聞斯行諸

【説明】本章選自《論語·先進》，表現了孔子因材施教的教育原則。

子路問："聞斯行諸①？"子曰："有父兄在，如之何其聞斯行之②？"冉有問③："聞斯行諸？"子曰："聞斯行之。"公西華曰④："由也問'聞斯行諸'，子曰'有父兄在'；求也問'聞斯行諸'，子曰'聞斯行之'。赤也惑，敢問。"子曰："求也退，故進之⑤；由也兼人，故退之⑥。"

【注釋】

① 聞：聽見，這裏指聽見該做的事。　斯：就，馬上。　行：踐行，實行。諸：兼詞，之乎。

② 如之何：如何。

③ 冉有：名求，字子有。孔子的弟子。

④ 公西華：複姓公西，名赤，字子華。孔子的弟子。

⑤ 退：指遇事畏縮不前。 進之：使之進，鼓勵他勇於進取。進，動詞使動用法，使……進。

⑥ 兼人：勝人，指子路争强好勝。 退之：使之退，讓他冷静慎重。退，動詞使動用法，使……退。

子路、曾皙、冉有、公西華侍坐

【説明】本章選自《論語·先進》，記載了孔子同四位弟子的一次談話，表現了每個人的志趣和性格，從中可以看出孔子的教育目的和教學方法。

子路、曾皙、冉有、公西華侍坐①。

子曰："以吾一日長乎爾，毋吾以也②。居則曰：'不吾知也③。'如或知爾，則何以哉④？"

子路率爾而對曰⑤："千乘之國，攝乎大國之間，加之以師旅，因之以饑饉⑥。由也爲之，比及三年，可使有勇，且知方也⑦。"

夫子哂之⑧。"求，爾何如？"對曰："方六七十，如五六十⑨，求也爲之，比及三年，可使足民⑩。如其禮樂，以俟君子⑪。""赤，爾何如？"對曰："非曰能之，願學焉⑫。宗廟之事，如會同，端章甫，願爲小相焉⑬。""點，爾何如？"鼓瑟希，鏗爾，舍瑟而作⑭。對曰："異乎三子者之撰⑮。"子曰："何傷乎？亦各言其志也⑯！"

曰："莫春者，春服既成⑰，冠者五六人，童子六七人⑱，浴乎沂，風乎舞雩，詠而歸⑲。"

夫子喟然嘆曰："吾與點也⑳。"

【注釋】

① 曾皙：名點，曾參的父親。四人均爲孔子的學生。

② 以：介詞，因爲。 一日：一兩天。 長乎爾：比你們年長。 毋吾以：以，動詞，任用。在否定句中，代詞賓語"吾"前置，即"毋以吾"。意思是：因爲我比你們年長一些，（人家）不用我了。

③ 居：平時。 不吾知：在否定句中，代詞賓語"吾"前置，現代語序爲

"不知吾"，即（爲政者）不了解我們。

④ 或：有人。 何以：怎麽辦。

⑤ 率爾：輕率、不加思索的樣子。爾，詞尾。

⑥ 乘（shèng）：兵車。春秋時期，萬乘爲大國，千乘爲中等國家，百乘爲小國。 攝：夾在兩者之間。 加：這裏指把某種行爲施加到别人身上。之，指千乘之國。 師旅：這裏指來侵犯的軍隊。 因之：接着。 饑饉：泛指荒年。《爾雅·釋天》："穀不熟爲饑，蔬不熟爲饉。"

⑦ 比（bì）及：等到。 方：道理。

⑧ 哂（shěn）：笑。這裏有略帶不以爲然的意思。

⑨ 方：方圓。 如：或者。

⑩ 足民：使民富足。足，動詞使動用法，使……富足。

⑪ 如：至於。 其：代詞，那個。 俟（sì）：等待。

⑫ 焉：兼詞，相當於"於是"，即在這些方面。

⑬ 宗廟之事：指諸侯祭祀祖先的事。 會同：古代諸侯會盟和朝見天子。會，諸侯不定期朝見天子，後來兩君相見也叫會。同，衆諸侯一起定期朝見天子。 端：玄端，整幅布做的禮服。 章甫：一種禮帽。"端"和"章甫"都是名詞用作動詞，即穿着禮服，戴着禮帽。 相：在祭祀或會盟時主持贊禮和司儀的人。主持贊禮的又分大相和小相，卿大夫主持贊禮，稱爲大相，士主持贊禮，稱爲小相。公西華表示願意做一名小相，是謙辭。

⑭ 希：稀疏。指鼓瑟的頻率逐漸慢下來。 鏗爾：等於説鏗然。鏗，象聲詞。 舍：捨棄，後來寫作"捨"。這裏指放下。 作：站起來。

⑮ 撰：才具，才幹。

⑯ 傷：妨礙。 亦：衹不過。

⑰ 莫（mù）：莫，晚，後來写作"暮"。暮春即晚春。 春服：春天的衣服。 既成：已經做好，這裏有"穿到身上"的意思。

⑱ 冠（guàn）者：成年人。古代男子到了二十歲要行冠禮，表示已經到了成年，所以用"冠者"表示成年人。 童子：未冠的少年。

⑲ 沂（yí）：水名，在今山東曲阜市南。 風：名詞用作動詞，吹風，乘凉。 舞雩（yú）：古時求雨的壇，在今曲阜東南。雩，本爲求雨的祭壇，因求雨時伴以舞蹈，故稱舞雩。 詠：唱歌。

⑳ 喟（kuì）然：長嘆的樣子。 與（yù）：贊成。

三子者出，曾晳後。曾晳曰："夫三子者之言何如①？"

子曰："亦各言其志也已矣！"

曰："夫子何哂由也？"

曰："爲國以禮，其言不讓，是故哂之②。"

“唯求則非邦也與③?”

“安見方六七十如五六十而非邦也者④?”

“唯赤則非邦也與?”

“宗廟會同，非諸侯而何⑤？赤也爲之小，孰能爲之大⑥?”

【注釋】

① 夫（fú）：指示代詞，那。 何如：怎麼樣。

② 爲：動詞，治理。 讓：禮讓，謙遜。

③ 這句大意是，（子路談的固然是治理國家的大事，）難道冉有説的就不是治國大事嗎？ 唯：句首語氣詞，幫助判斷。 邦：國家。

④ 安見：怎見得。

⑤ 非諸侯而何：不是諸侯的事是什麽。

⑥ 爲之小、爲之大：都是雙賓語。之指諸侯，小、大分别指小相、大相。本章末段的對話很生動，雙方都按照自己的思路思考，没有交集，所以始終没有談攏。

【常用詞詞義分析】

信 “信”的本義是言語真實，不虛僞。《老子》八十一章：“～言不美，美言不～。”引申爲對人真誠，讲信用。本篇課文：“與朋友交而不～乎?”司馬遷《報任安書》：“上之不能納忠效～。”《孟子·滕文公上》：“長幼有叙，朋友有～。”《禮記·禮運》：“選賢與能，講～修睦。”由守信用引申爲盟約。《左傳·襄公元年》：“以繼好結～。”用作動詞，意爲訂立盟約。《左傳·襄公十八年》：“～於城下而還。”

又引申爲確鑿可信、的確、果真。《孟子·公孫丑上》：“～能行此五者，則鄰國之民仰之若父母矣。”韓愈《祭十二郎文》：“～也，吾兄之盛德而夭其嗣乎?”

由言語真實引申爲相信，認爲可靠。本篇課文：“始吾於人也，聽其言而～其行。”

又引申指取信於人的憑據、信物。《史記·外戚世家》：“用爲符～，上書自陳。”由信物引申爲送信的人。《世説新語·雅量》：“謝公與人圍棋，俄而謝玄淮上～至，看書竟，默然無言。”

由信使又引申有資訊、消息義。揚雄《太玄經》卷三：“陽氣極於上，陰～萌於下。”杜甫《得廣州張判官叔卿書使還以詩代意》:“忽得炎州～，遥從月峽傳。”由此義又引申爲書信。元稹《書樂天紙》詩:“半封京～半題詩。”

還引申爲隨意、放任。白居易《琵琶行》詩:“低眉～手續續彈，説盡心中無限事。”

“信”假借爲“伸”，意爲伸展，與“屈”相對。《周易・繫辭下》:“屈～相感而利生焉。”

習 “習”的本義是鳥反復頻繁地飛。《説文》:“～，數（shuò）飛也。”《禮記・月令》:“鷹乃學～。”引申爲反復練習、鑽研。本篇課文:“傳不～乎?”由練習引申爲學習。《韓非子・五蠹》:“莫如修仁義而習文學。”由動作引申爲結果，即熟習、通曉。《戰國策・齊策》:“誰～計會?”又引申爲形成習慣。《論語・陽貨》:“性相近也，～相遠也。”又用爲動詞，意爲習慣於。《三國志・吴書・周瑜傳》:“不～水土，必生疾病。”

虚化爲副詞，常常，經常。柳宗元《三戒》:“自是日抱就犬，～示之，使勿動。”

饑 （飢）“饑”的本義是五穀不成熟，荒年。本篇課文:“因之以～饉。”《韓非子・五蠹》:“故～歲之春，幼弟不饟。”

上古漢語中“飢”、“饑”有明顯的區别。一是讀音不同，飢屬脂部，饑屬微部；二是意義不同，飢是飢餓，饑是饑荒。如《詩經・小雅・采薇》“載飢載渴”，其中的“飢”就不能寫成“饑”。中古二者讀音相同，纔混而不分。

饉 “饉”的本義是菜蔬無收。《爾雅・釋天》:“穀不熟爲饑，蔬不熟爲～。”饑饉連用，表示荒年。《國語・魯語上》:“國有饑～，卿出告糴，古之制也。”本篇課文:“因之以饑饉”。

莫 “莫”的本義是日落的時候。《説文》:“～，日且冥也。”引申爲晚。《詩經・齊風・東方未明》:“不夙則～。”夙，早。本篇課文:“～春者，春服既成。”莫春，季春，也就是晚春。引申爲一年將盡。《詩經・小雅・采薇》:“歲亦～止。”止，語氣詞。以上意義後來寫作“暮”。

“莫”有假借義。

1. 假借爲無定代詞，没有誰，没有什麽。《國語・周語上》:“國人～敢言，道路以目。”2. 假借爲否定副詞，不，不要。《詩經・小雅・小旻》:“人知其一，～知其他。”3. 假借爲“瘼”，病，疾苦。

《詩經·大雅·皇矣》："監視四方，求民之～。"

大　同

《禮記》

【《禮記》介紹】《禮記》是一部資料彙編性質的書，是孔門後學和漢代學者所記。漢代戴德輯録的稱爲《大戴禮記》，原有 85 篇，現存 39 篇；戴聖輯録的稱爲《小戴禮記》，共 49 篇，即今本《禮記》。

《禮記》的内容頗爲龐雜，有的闡釋《儀禮》，有的考證禮儀制度或某項政令，有的則是談論有關禮制的理論，也有專門記述孔子及七十二弟子言論雜事的，是研究先秦時期禮儀制度和儒家思想的重要典籍。

《禮記》最通行的注本是《禮記注疏》（東漢鄭玄注，唐孔穎達疏），較通行的注本還有元代陳澔的《禮記集説》和清代朱彬的《禮記訓纂》、孫希旦的《禮記集解》。

【説明】本文選自《禮記·禮運》，題目是後加的。這裏通過孔子參加祭禮之後的感慨，表現了對遠古原始社會生活狀况的追慕和嚮往。文中提到的"大同"境界，對後世的許多思想家、政治家都曾産生過影響。

昔者仲尼與於蜡賓，事畢，出游於觀之上，喟然而嘆①。仲尼之嘆，蓋嘆魯也②。言偃在側曰："君子何嘆③？"孔子曰："大道之行也，與三代之英，丘未之逮也，而有志焉④。

【注釋】

① 與（yù）：參加。　蜡（zhà）：古代國君年終祭祀叫蜡。　賓：陪祭者。　觀（guàn）：宗廟門外兩旁的高臺建築，也叫"闕"。

② 蓋：句首語氣詞，表測度，相當於"大概"。

③ 言偃：姓言名偃，字子游，孔子的弟子。　君子：指孔子。

④ 大道：指原始社會的那些準則。　行：實行。　三代：指夏、商、周。　英：傑出的人物，指禹、湯、文、武。　逮（dài）：趕上。　之：代詞，指"大道之行與三代之英"的時代，是"逮"的賓語。　焉：兼詞，於此。

“大道之行也，天下爲公①。選賢與能，講信脩睦②。故人不獨親其親，不獨子其子③，使老有所終，壯有所用，幼有所長，矜寡孤獨廢疾者皆有所養④，男有分，女有歸⑤。貨惡其棄於地也，不必藏於己⑥；力惡其不出於身也，不必爲己⑦。是故謀閉而不興，盜竊亂賊而不作，故外户而不閉⑧，是謂大同⑨。

【注釋】

① 天下爲公：天下成爲衆人的。

② 與：通“舉”（依王引之説），推舉。 能：有才能的人。 講信：講求信用。 脩睦：增進和睦。脩，通“修”，使某種事物在原來的基礎上變得更好。

③ 親其親：以其親爲親。 子其子：以其子爲子。第一個“親”和第一個“子”都是名詞的意動用法，意爲“把……當做雙親”，“把……當做子女”。

④ 有所終：意思是有養老的地方。 有所用：有發揮才能的地方。 有所長（zhǎng）：有成長的條件或環境。 有所養：有供養之物。 矜：通“鰥”（guān），老而無妻的人。 寡：失去丈夫的婦女。 孤：失去父親的孩子。 獨：老而無子的人。 廢：殘疾的人。 疾：生病的人。

⑤ 分（fèn）：職分，職務。 歸：出嫁，這裏指夫家。

⑥ 貨：財物。 惡：不喜歡。 棄：扔。

⑦ 身：自身。

⑧ 謀：指奸詐之心。 閉：閉塞。 興：興起，出現。 亂：造反。 賊：害人。 作：興起，發生。 外户：從外面把門扇合上（指不用鎖門）。外，這裏用如動詞，從外面關上。 閉：用門閂插門。

⑨ 大同：高度的和平。同，和，平。這是當時知識分子的社會理想。

“今大道既隱，天下爲家①。各親其親，各子其子，貨力爲己②；大人世及以爲禮，域郭溝池以爲固，禮義以爲紀③：以正君臣，以篤父子，以睦兄弟，以和夫婦，以設制度，以立田里，以賢勇知，以功爲己④。故謀用是作，而兵由此起⑤。禹湯文武成王周公，由此其選也⑥。此六君子者，未有不謹於禮者也⑦。以著其義，以考其信，著有過，刑仁講讓，示民有常⑧。如有不由此者，在埶者去，衆以爲殃⑨。是謂小康⑩。”

【注釋】

① 既隱：已經消逝。 天下爲家：天下成爲私家的。

② 貨力爲己：對待財物和出力都是爲了自己。

③ 大人：指天子諸侯。 世：父子相傳。 及：兄弟相傳。“世及”作介詞“以”的前置賓語。下兩句同此。 溝池：指護城河。 固：指賴以防守的設施及工事。 紀：綱紀，準則。

④ 以正君臣：用禮來規範君臣的關係。以，介詞，後面省略賓語“之”(指“禮”)，下七句同。“正”、“篤”、“睦”、“和”，均爲使動用法，“使……正常”，“使……純厚”，“使……和睦”，“使……和諧”。 設、立：同義對舉，都是設立、建立的意思。 田里：指土地户籍制度。里，閭里，住處。 賢勇知：把有勇有謀的當做賢人。賢，形容詞意動用法，認爲……爲賢明。 知(zhì)：智慧，後來寫作“智”。 以功爲己：立功做事，只是爲了自己，不爲他人（依孔穎達説）。

⑤ 用：介詞，由。 是：和下句“此”字都是代詞，代上文“今大道既隱……以功爲己”所叙述的情況。 兵：指戰亂。

⑥ 由此其選也：因此成了被選拔出來的傑出人物。選，選拔出來的人物，即傑出人物。

⑦ 此六君子者：指上文的禹、湯、文、武、成王、周公。 謹：这裏是嚴格遵守的意思。

⑧ 著：顯露，形容詞使動用法，“使……顯著”。下一個“著”同。 其：代下面“示民有常”中的“民”。 考：成全。 著有過：“以著其有過”的省略。 刑仁講讓：把合乎仁的行爲定爲法則，提倡禮讓。刑，本爲名詞，意爲法則，這裏是意動用法，認爲……是規範。講，提倡。讓，不争。 示民有常：“以示民有常”的省略。用（禮）向人民表示行爲要有規範。常，規則，規範。

⑨ 由：依照，遵循。 此：代指禮。 在埶者：在位的人。埶，勢力，權力，後來寫作“勢”。這裏指職位。 殃：禍害。

⑩ 小康：小安，即不及大同，是和“大同”相對而言的局面。

【常用詞詞義分析】

親 “親”本指父母。本篇課文：“故人不獨親其～。”詞義範圍擴大，引申爲親屬、親人。《論語·泰伯》：“君子篤于～，則民興於仁。”

引申爲親近、親愛。司馬遷《報任安書》：“以求～媚於主上。”由此義引申爲親密。《韓非子·愛臣》：“愛臣太～，必危其身。”由親近又引申爲親自。《左傳·僖公六年》：“武王～釋其縛，受其璧而祓之。”祓，音 fú。祓之，爲之舉行除灾祈福的祭祀。

歸 “歸”的本義是女子出嫁。《説文》：“～，女嫁也。”《詩經·周南·桃夭》：“之子於～，宜其室家。”之子，這位女子。本篇課文：“男有分，女有～。”古人認爲女子出嫁是有了歸宿，所以又引申爲回家、返回。《論語·先進》：“風乎舞雩，詠而～。”用作動詞，意爲讓他回去。《史記·廉頗藺相如列傳》：“畢禮而～之。”進而引申爲歸還。《孟子·盡心上》：“久假而不～。”假，這裏是借的意思。又引申爲歸附、歸屬。《管子·霸形》：“而民～之如流水。”《論語·子張》：“天下之惡皆～焉。”還引申爲歸宿、結局。《周易·繫辭下》：“天下同～而殊塗。”

“歸”有假借義。

1. 假借爲“饋”，贈送。《論語·陽貨》：“～孔子豚。”2. 假借爲“愧”，慚愧。《戰國策·秦策》：“形容枯槁，面目犂黑，狀有～色。”

池 本指池塘。《莊子·逍遥游》：“南冥者，天～也。”《孟子·梁惠王上》：“數罟不入洿～。”園林中人工挖掘的也叫“池”。《韓非子·難勢》：“桀紂爲高臺深～以盡民力。”引申爲護城河。《左傳·僖公四年》：“楚國方城以爲城，漢水以爲～。”本篇課文：“城郭溝～以爲固。”

藏 “藏”本指保藏穀物。《荀子·王制》：“春耕，夏耘，秋收，冬～。”引申爲收藏。本篇課文：“貨惡其棄於地，不必～於己。”又引申爲隱藏。《禮記·檀弓上》：“～也者，欲人之弗得見也。”司馬遷《報任安書》：“甯得自引深～於岩穴邪？”

又音 zàng，特指儲藏錢財寶物的地方。《左傳·僖公二十四年》：“晉侯之豎頭須，守～者也。”又指大自然的儲藏。《禮記·中庸》：“草木生之，禽獸居之，寶～興焉。”

又指人體的内臟。《漢書·藝文志》：“五～六府。”五藏，心、肝、脾、肺、腎。六府，膽、胃、膀胱、三焦、大腸、小腸。這個意義的“藏府”後來寫作“臟腑”。

篤 本指忠厚。《論語·泰伯》：“君子～于親，則民興於仁。”

引申爲堅定、堅固。《左傳·昭公十三年》：“亡十九年，守志彌～。”柳宗元《答韋中立論師道書》：“僕道不～。”用作狀語，意爲堅定地。《禮記·中庸》：“明辨之，～行之。”又表示程度加深，非常。《晉書·温嶠傳》：“實憑仁公～愛。”又特指病重。李密《陳情表》：“臣欲奉詔奔馳，則劉病日～。”

貨 “貨”的本義是財物、物資。《尚書·洪範》：“政，一曰食，二曰～。”孔穎達疏：“貨者，金玉布帛之總名。”本篇課文：“～惡其棄於地也，不必藏於己。”司馬遷《報任安書》：“家貧，～賂不足以自贖。”引申指一般貨物。《周易·繫辭下》：“聚天下之～，交易而退。”引申爲賄賂、收買。《孟子·公孫丑下》：“無處而饋之，是～之也。焉有君子而可以～取乎？”引申爲出賣。柳宗元《鈷鉧潭西小丘記》：“唐氏之棄地，～而不售。”

寡人之於國也

《孟子》

【《孟子》介紹】《孟子》是記録戰國時期思想家孟子言行的一部書，也是儒家的重要經典之一。《孟子》共七篇，各篇分上下，由孟子及其弟子編撰而成，大約成書於戰國中期。

孟子（約前372—前289），名軻，字子輿，戰國時期鄒（今山東鄒城市）人。相傳曾受業於孔子的孫子子思的學生，是繼孔子之後儒家學派最重要的代表人物。孟子生活在諸侯混戰最激烈的時代，曾游説諸侯，但不被重用，晚年退居講學。政治上，他力主仁政，反對“霸道”，提出了“民爲貴，社稷次之，君爲輕”的民本主張。哲學上，孟子提倡“性善論”，主張存心養性，以達到改造客觀世界的目的。

漢代以後，孟子的思想開始受到重視，北宋《孟子》始列入“經”部。朱熹將之編入“四書”，並爲之作《集注》，該書更成爲士大夫必讀的經典。《孟子》的文章長於辯論，善用比喻，氣勢磅礴，辭鋒犀利，對後世影響很大。

《孟子》通行的注本有《孟子注疏》（東漢趙岐注，宋孫奭疏）、宋代朱熹的《孟子集注》、清代焦循的《孟子正義》。今人楊伯峻的《孟子譯注》通俗易懂，可資參考。

【説明】本文選自《孟子·梁惠王上》，題目是後加的。作者用“五十步笑百步”爲喻，解除梁惠王“民不加多”之惑，並指出，只有不干擾生産，不涸澤而漁，關心民生，加强教育，勇於擔當，纔能産生凝聚力，使人口繁盛，國家富强。

梁惠王曰①：“寡人之於國也，盡心焉耳矣②：河内凶，則移其民於河東，移其粟於河内；河東凶亦然③。察鄰國之政，無如寡人之用心者④。鄰國之民不加少，寡人之民不加多，何也⑤？”

【注釋】

① 梁惠王：即魏惠王，名罃（yīng），謚惠。他於周顯王七年（前362）把國都由安邑（今山西運城市）遷到大梁（今河南開封市），故魏國又稱梁國，魏王又稱梁王。

② 寡人：諸侯對自己的謙稱。　盡心焉耳矣：够盡心的啦。焉耳矣，語氣詞連用。

③ 河内：指三門峽以東、黄河北岸魏地。　凶：荒年。　河東：指渭河口以北、黄河東岸的魏地。

④ 察：觀察。

⑤ 加：更。

孟子對曰：“王好戰，請以戰喻①。填然鼓之，兵刃既接②，棄甲曳兵而走，或百步而後止，或五十步而後止③。以五十步笑百步，則何如？”

曰：“不可，直不百步耳，是亦走也④。”

【注釋】

① 請：表敬副詞，請允許我。

② 填然：咚咚地。填，象聲詞，形容鼓聲。然，詞尾。　鼓：名詞用作動詞，擊鼓。　兵刃既接：兵器已經互相接觸，指雙方已經交鋒。

③ 曳（yè）：拉，拖。　走：跑，指奔逃。　或：有的人。

④ 直：衹是，不過。　是：指示代詞，這，指“五十步而後止”。

曰：“王如知此，則無望民之多於鄰國也①。不違農時，穀不可勝食也②。數罟不入洿池，魚鱉不可勝食也③。斧斤以時入山林，材木不可勝用也④。穀與魚鱉不可勝食，材木不可勝用，是使民養生喪死無憾也⑤。養生喪死無憾，王道之始也⑥。

“五畝之宅，樹之以桑，五十者可以衣帛矣⑦。雞豚狗彘之畜，無失其時，七十者可以食肉矣⑧。百畝之田，勿奪其時，數口之家可以無飢矣[⑨]。謹庠序之教，申之以孝悌之義，頒白者不負戴于道路矣[⑩]。七十者衣帛食肉，黎民不飢不寒[⑪]，然而不王者，未之有也[⑫]。

“狗彘食人食而不知檢，塗有餓莩而不知發[⑬]，人死，則曰：‘非我也，歲也[⑭]。’是何異於刺人而殺之，曰‘非我也，兵也’？王無罪歲，斯天下之民至焉[⑮]。”

【注釋】

① 無：通“毋”，不要。

② 違：違背，違反，此指耽誤。 勝（舊音 shēng）食：吃完。勝，盡。

③ 數（cù）：密。 罟（gǔ）：網。古代規定，網眼在四寸以下的屬於密網，不許下池捕魚。 洿（wū）池：池塘。

④ 斧斤：同義詞連用，斧子。 以時：按一定的時節。

⑤ 養生：供養活着的人。 喪死：爲死者辦喪事。 憾：遺憾。

⑥ 王道：孟子理想中的政治局面，與“霸道”相對。其核心是以“仁義”治理天下。

⑦ 五畝：合現在一畝二分多。一對夫婦受五畝宅地，是儒家的理想。 樹：種植。 衣（yì）：用如動詞，穿。 帛：絲織品。

⑧ 豚（tún）：小豬。 彘（zhì）：大豬。 畜（xù）：養，飼養。 時：指繁殖季節。

⑨ 奪：這裏的意思是錯過。 時：農時。

⑩ 謹：謹慎，這裏指認真從事。 庠（xiáng）序：學校。一説里有序，鄉有庠。一説殷代叫序，周代叫庠。 申：反復進行。 悌（tì）：敬愛兄長。義：道理。 頒白：指鬚髮花白。頒，通“斑”。 負：背。 戴：頂在頭上。

⑪ 黎民：老百姓。

⑫ 然：如此，這樣。 而：却。 王（wàng）：名詞用作動詞，稱王。未之有：否定句中代詞賓語前置，即“未有之”。

⑬ 檢：通“斂”，約束，限制。 塗：道路，後來寫作“途”。 餓莩（piǎo）：餓死的人。 發：打開，指開倉放糧。

⑭ 歲：年成，這裏指收成不好。

⑮ 無：通“毋”，不要。 罪：怪罪，歸罪於。 斯：這樣。

【常用詞詞義分析】

斤 “斤”的本義是斧子一類的工具，橫刃，似錛。《莊子·徐無鬼》：“匠石運～成風。”“斧斤”連用，泛指斧類砍木工具。本篇課文："斧～以時入山林。"

假借爲重量單位。《戰國策·齊策》："孟嘗君予車五十乘，金五百～。"

樹 "樹"的本義是栽種、種植。《廣雅·釋地》："種也。"《方言》："植之也。"本篇課文："五畝之宅，～之以桑。"《孟子·滕文公上》："后稷教民稼穡，～藝五穀。"引申爲豎立、建立、設置。《三國志·魏書·武帝紀》："連車～柵。"《尚書·泰誓下》："～德務滋，除惡務本。"《莊子·逍遥游》："雖然，猶有未～也。"又喻爲培養。《管子·權修》："終身之計，莫如～人。"

用作名詞，樹木。《史記·孫子吳起列傳》："龐涓死於此～之下。"這種用法先秦少有，漢代以後纔逐漸多起來。

衣 "衣"的本義是上衣。《詩經·邶風·緑衣》："緑兮～兮，緑～黄裳。"裳，讀 cháng，下衣。詞義擴大，泛指衣服。《詩經·豳風·七月》："無～無褐，何以卒歲。"褐，粗毛編織的衣服。卒，完。《戰國策·齊策》："朝服～冠。"引申爲動詞，穿衣。本篇課文："七十者～帛食肉。"《孟子·滕文公上》："許子～褐。"又引申爲包紮。柳宗元《段太尉逸事狀》："即自取水洗去血，裂裳～瘡。"

子欲子之王之善與

《孟子》

【説明】本文選自《孟子·滕文公下》，題目是後加的。文章用"一傅衆咻"的比喻，説明了環境對人的影響。

孟子謂戴不勝曰[①]："子欲子之王之善與？我明告子。有楚大夫於此[②]，欲其子之齊語也，則使齊人傅諸，使楚人傅諸[③]？"

曰："使齊人傅之。"

曰："一齊人傅之，衆楚人咻之[④]，雖日撻而求其齊也，不可得矣[⑤]；引而置之莊、嶽之間數年，雖日撻而求其楚，亦不可得矣[⑥]。子謂薛居州，善士也，使之居於王所[⑦]。在於王所者，長幼卑尊皆薛居州也，王誰與爲不善[⑧]？在王所者，長幼卑尊皆非薛居州也，王誰與爲善？一薛居州，獨如宋王何[⑨]？"

【注釋】

① 戴不勝：宋國大臣，姓戴，名不勝。

② 於此：這裏表示假設或比方。

③ 齊語：説齊國話。 傅：教導。 諸：兼詞，之乎。

④ 咻（xiū）：吵，喧擾。指用楚音影響他。

⑤ 雖：即使。 撻（tà）：用鞭子或棍子打。 齊：這裏指説齊國話。下文的“楚”，指説楚國話。

⑥ 置之莊、嶽之間：把他放到齊國的街巷裏。莊、嶽，顧炎武《日知録》：“莊是街名，嶽是里名。”

⑦ 薛居州：宋國之善士。 王所：齊王所在的地方，即王宫。

⑧ 誰與：與誰，介詞賓語前置。

⑨ 獨：將（用王引之説）。

【常用詞詞義分析】

語 “語”的本義是説話、談論。《論語·鄉黨》：“食不～，寢不言。”引申爲告訴，舊讀 yù。《左傳·隐公元年》：“公～之故，且告之悔。”用作名詞，指説的話，言論。《左傳·襄公三十一年》：“仲尼聞是～也。”本篇課文：“欲其子之齊～也。”也指諺語、俗語。《穀梁傳·僖公二年》：“～曰：‘唇亡則齒寒。’”

傅 “傅”本指教導輔佐帝王或帝王之子的人。《史記·商君列傳》：“刑其～公子虔。”公子虔，人名，秦孝公太子的師傅。作動詞，意爲教導輔佐帝王或帝王之子。《莊子·人間世》：“顔闔將～衛靈公太子。”也泛指教導。本篇課文：“則使齊人～諸？使楚人～諸？”

“傅”有假借義。1. 假借爲“附”，意爲附着。《左傳·僖公十四年》：“皮之不存，毛將焉～？”引申爲靠近、接觸。《孫臏兵法·十問》：“或～而佯北，而示之懼。”2. 假借爲“敷”，意爲分布、涂抹。《荀子·成相》：“禹～土，平天下。”《世説新語·容止》：“何平叔美姿儀，面至白，魏明帝疑其～粉。”

*教學相長

《禮記》

【説明】《學記》是一篇古代的教育論文，主要記載了我國古代的教育理論和教學原則、教學方法。本文用簡練的語言闡明了教與學並重和教與學共進的教學原理。

本文選自《禮記·學記》，題目爲後人所加。

雖有嘉肴，弗食不知其旨也。雖有至道，弗學不知其善也。是故學然後知不足，教然後知困。知不足，然後能自反也；知困，然後能自强也。故曰：教學相長也。

*許　行

《孟子》

【説明】本文選自《孟子·滕文公上》，題目是後加的。文章記録了孟子和許行的門徒陳相之間的一場辯論。許行主張人人勞動，事必躬親，除非萬不得已纔進行交易。他的觀點一方面反映了下層人民對不勞而獲的不平等現象的强烈不滿；另一方面又否定了社會分工的合理性，違背了社會發展規律。孟子抓住他的弱點進行批駁，論述了社會分工的必要性。需要注意的是，孟子把“勞心”與“勞力”的社會分工看做是統治與被統治的必然分界，這個觀點是錯誤的。

有爲神農之言者許行，自楚之滕，踵門而告文公曰：“遠方之人，聞君行仁政，願受一廛而爲氓。”文公與之處。其徒數十人，皆衣褐，捆屨織席以爲食。

陳良之徒陳相，與其弟辛，負耒耜而自宋之滕，曰：“聞君行聖人之政，是亦聖人也，願爲聖人氓。”

陳相見許行而大悦，盡棄其學而學焉。

陳相見孟子，道許行之言曰：“滕君，則誠賢君也；雖然，未聞道也。賢者與民並耕而食，饔飧而治；今也，滕有倉廩府庫，則是厲民而以自養也，惡得賢！”

孟子曰：“許子必種粟而後食乎？”曰：“然。”“許子必織布然後衣乎？”曰：“否，許子衣褐。”“許子冠乎？”曰：“冠。”曰：“奚冠？”曰：“冠素。”曰：“自織之與？”曰：“否，以粟易之。”曰：“許子奚爲不自織？”曰：“害於耕。”曰：“許子以釜甑爨、以鐵耕乎？”曰：“然。”“自爲之與？”曰：“否，以粟易之。”

“以粟易械器者，不爲厲陶冶；陶冶亦以其械器易粟者，豈爲厲農夫哉？且許子何不爲陶冶，舍皆取諸其宮中而用之？何爲紛紛然與百工交易？何許子之不憚煩？”

曰：“百工之事，固不可耕且爲也。”“然則治天下獨可耕且爲與？有大人之事，有小人之事。且一人之身而百工之所爲備，如必自爲而後用之，是率天下而路也。故曰：或勞心，或勞力。勞心者治人，勞力者治於人；治於人者食人，治人者食於人：天下之通義也。

“當堯之時，天下猶未平。洪水橫流，泛濫於天下。草木暢茂，禽獸繁殖，五穀不登，禽獸偪人。獸蹄鳥迹之道，交於中國。堯獨憂之，舉舜而敷治焉。舜使益掌火，益烈山澤而焚之，禽獸逃匿。禹疏九河，瀹濟漯，而注諸海；決汝漢，排淮泗，而注之江；然後中國可得而食也。當是時也，禹八年於外，三過其門而不入，雖欲耕，得乎？

“后稷教民稼穡，樹藝五穀，五穀熟而民人育。人之有道也，飽食、暖衣、逸居而無教，則近於禽獸。聖人有憂之，使契爲司徒，教以人倫：父子有親，君臣有義，夫婦有別，長幼有叙，朋友有信。放勳曰：‘勞之來之，匡之直之，輔之翼之，使自得之，又從而振德之。’聖人之憂民如此，而暇耕乎？

“堯以不得舜爲己憂，舜以不得禹、皋陶爲己憂。夫以百畝之不易爲己憂者，農夫也。分人以財謂之惠，教人以善謂之忠，爲天下得人者謂之仁。是故以天下與人易，爲天下得人難。孔子曰：‘大哉，堯之爲君！惟天爲大，惟堯則之，蕩蕩乎，民無能名焉！君哉，舜也！巍巍乎，有天下而不與焉！’堯舜之治天下，豈無所用其心哉？亦不用於耕耳！

“吾聞用夏變夷者，未聞變於夷者也。陳良，楚産也，悦周公、仲尼之道，北學於中國；北方之學者，未能或之先也。彼所謂豪傑之士也。子之兄弟，事之數十年，師死而遂倍之。昔者，孔子没，三年之外，門人治任將歸，入揖於子貢，相嚮而哭，皆失聲，然後歸。子貢反，築室於場，獨居三年，然後歸。他日，子夏、子張、子游，以有若似聖人，欲以所事孔子事之，强曾子。曾子曰：‘不可。江漢以濯之，秋陽以暴之，皜皜乎不可尚已！’今也，南蠻鴃舌之人，非先王之道；子倍子之師而學之，亦異于曾子矣。吾聞‘出於幽谷，遷於喬木’者，未聞下喬木而入於幽谷者。魯頌曰：‘戎狄是膺，荆舒是懲。’周公方且膺之，子是之學，亦爲不善變矣。

“從許子之道，則市賈不貳，國中無僞；雖使五尺之童適市，莫之或欺。布帛長短同，則賈相若；麻縷絲絮輕重同，則賈相若；五穀多寡同，則賈相若；屨大小同，則賈相若。”

曰：“夫物之不齊，物之情也：或相倍蓰，或相什百，或相千萬。子比而同之，是亂天下也。巨屨小屨同賈，人豈爲之哉？從許子之道，相率而爲僞者也，惡能治國家！”

古代漢語知識

1. 古代漢語被動意義的表達方式

被動句是叙述句的一種，是和主動句相對而言的，如果主語是謂語動詞所表示的行爲動作的施事者，該句就是主動句；如果主語是謂語動詞所表示的行爲動作的受事者，該句就是被動句。在實際運用中，古代漢語的被動關係有兩種形式：一種是不借助形式標志，單純在意義上表示被動的被動句，一種是借助形式標志表示被動的被動句。下面分别叙述。

一、不借助形式標志的被動句

這種句子從形式上看，與主動句並無二致。判斷它是否表示被動，主要從句子的主謂關係上着眼。如果主語是謂語動詞所表示的行爲動作的受事者而不是施事者，那它就是被動句。例如：

① 故不能推車而及。(《左傳·成公二年》)

② 昔者龍逢斬，比干剖。(《莊子·胠篋》)

③ 今嬰子逐，盼子必用。(《戰國策·齊策》)

④ 柳下惠爲士師，三黜。(《論語·微子》)

⑤ 犯禁者誅，而群俠以私劍養。(《韓非子·五蠹》)

⑥ 宋師敗績，華元虜。(《吕氏春秋·察微》)

⑦ 廣武君策不用。(《史記·淮陰侯列傳》)

例①逢丑父手臂受傷不能推車，所以被韓厥趕上了。“及”，被趕上。例②“斬”，被斬首，“剖”，被剖心。例③“逐”，被罷相，“用”，受到重用。例④“三黜”，多次被黜免。例⑤“誅”，受到懲罰，“養”，被人庇養。例⑥“虜”，被俘虜。例⑦“不用”，没有被采納。

以上各例，受事者在前，動詞在後，二者是主謂關係。在這種句式中，謂語的中心動詞一定是及物動詞，不借助其他表被動的詞語，動詞自身直接表示被動，這在古今漢語都很常見。還有一種句式，動詞在前，受事者在後，二者是一種動賓關係，但其動詞除表示被動意義外還要兼作使動。例如：

⑧ 孤違蹇叔，以辱二三子，孤之罪也。(《左傳·僖公三十三年》)

⑨ 是夭子蠻，殺御叔，弑靈侯，戮夏南，出孔、儀，喪陳國，何不祥如是！（《左傳·成公二年》）

⑩ 將不勝其忿而蟻附之，殺士三分之一而城不拔者，此攻之災也。（《孫子兵法·謀攻》）

例⑧"辱二三子"是"使二三子被辱"。例⑨"夭子蠻"、"出孔、儀"是"使子蠻早死"、"使孔寧、儀行父出亡"的意思，"夭"、"出"，不及物動詞用作使動。"殺御叔"、"弑靈侯"、"戮夏南"則是"使御叔被殺"、"使靈侯被弑"、"使夏南被戮"的意思。例⑩"殺士"是"使士被殺"的意思。

上述例中的"辱"、"殺"、"弑"、"戮"等動詞，既是使動用法，又是意念上的被動。

古代漢語裏，前面帶有助動詞"可"、"足"、"能"或形容詞"難"、"易"的動詞，往往表示被動意義。例如：

⑪ 蔓草猶不可除，況君之寵弟乎？（《左傳·隱公元年》）

⑫ 晉不可啓，寇不可翫。（《左傳·僖公二年》）

⑬ 中軍下軍爭舟，舟中之指可掬也。（《左傳·宣公十二年》）

⑭ 鍥而不捨，金石可鏤。（《荀子·勸學》）

⑮ 其餘不足觀也已。（《論語·泰伯》）

⑯ 管仲、晏子猶不足爲與？（《孟子·公孫丑上》）

⑰ 且越言乃三代之事，何足法也？（《史記·秦始皇本紀》）

⑱ 吾老矣，不能用也。（《論語·微子》）

⑲ 君子易事而難說也……小人難事而易說也。（《論語·子路》）

上述例中加點的動詞都表示被動的意義。但是也有例外，例如：

⑳ 魚不可脱於淵。（《莊子·胠篋》）

㉑（甘）茂誠賢者也，然而不可相秦。（《戰國策·楚策》）

㉒ 君即百歲後，誰可代君者？（《史記·蕭相國世家》）

㉓ 今以吾之衆，投鞭於江，足斷其流。（《資治通鑒》卷一百〇四）

㉔ 我實不能禦楚，又不能庇鄭，鄭何罪？（《左傳·襄公十年》）

㉕ 仁能守之。（《論語·衛靈公》）

㉖ 寡人已知將軍能用兵矣。（《史記·孫子吳起列傳》）

㉗ 雞刀難以屠牛。(《論衡·程材》)

㉘ 赦罰，則奸臣易爲非。(《韓非子·主道》)

上述各例中，動詞均不表示被動。鑒於此，我們不能把“可”、“足”之類的詞當做辨識這類被動句的標識。那麽，如何辨別不帶形式標志的被動句呢？

第一，謂語動詞如果是“人”發出的動作，而主語却不是“人”，那麽這個句子就是一個被動句。如“金石可鏤”的“鏤”是人發出的動作，而主語“金石”却不是人，衹能是受事而不能是施事。第二，謂語是及物動詞，前面主語可能是動作發出者，但謂語動詞後没有賓語，那這個句子有可能是被動句。如“龍逢斬，比干剖”，“斬”和“剖”都是及物動詞，在這個具體的語境中，又無法補出賓語，那麽“龍逢”、“比干”衹能是謂語動詞的受事者。第三，在主動賓完備的句子裏，如果賓語所表達的事物屬於主語所表達的事物自身的一部分，動詞所表示的動作行爲又是對主語不利的，句子一般也衹表達被動意義。例如鄒陽《獄中上梁王書》：“范睢拉脅折齒於魏。”拉（là）脅：折斷肋骨。“脅”、“齒”是主語“范睢”的一部分，“拉”、“折”這種毒打的動作顯然對“范睢”不利，范睢不可能自己毒打自己，所以這個句子衹能是表示被動意義的。這三項標準雖不能涵蓋所有意念上的被動，但却可以幫助我們識别絶大部分不借助形式標志的被動句。

二、借助形式標志的被動句

在上古漢語中，不帶形式標志的被動句占多數。隨着某些漢字的虚化，以及表意細密準確的需要，逐漸趨向借助形式標志來表達被動的意思。這種句子不仅在意義上是被動的，而且在形式上也有明顯的標記。從其常用的形式標志來看，大致可以分爲以下五種。

（一）“及物動詞+于（於）+施事者”

例如：

① 郤克傷於矢。(《左傳·成公二年》)

② 故内惑於鄭袖，外欺於張儀。(《史記·屈原賈生列傳》)

③ 勞心者治人，勞力者治於人。(《孟子·滕文公上》)

④宛恃秦而輕晉，秦饑而宛亡。鄭恃魏而輕韓，魏攻蔡而鄭亡。邾、莒亡於齊，陳、蔡亡於楚。(《戰國策·西周策》)

例④“宛亡”是説“宛亡於晉”，“鄭亡”是説“鄭亡於韓”，没有用“於”字引進行爲動作的施事者，“亡”字照樣可以表示被動的意義。這説明，一個句子是不是表達被動的意義，並不取决於有没有“於”字作標志，也不取决於施事是否出現，而是取决於特定環境中的主謂關係。但是，拿“宛亡”、“鄭亡”與“郲、莒亡於齊，陳、蔡亡於楚”相比，畢竟後者表意更明確。因此，“於”字對於顯化、强化句子的被動意義，起到了一定的作用。而例③，主動句與被動句对比，則“於”字必不可少，就更突顯了其語法作用的重要。從意念上的被動，發展到用“於”字引出施事者，表明古代漢語被動句向前發展了一步。

介詞“乎”在引進施事者的語法功能上，與“於”相同。例如：

⑤ 萬嘗與莊公戰，獲乎莊公。(《公羊傳·莊公十二年》)

⑥ 故聽言不參則權分乎奸，智力不用則君窮乎臣。(《韓非子·八經》)

例⑤“獲乎莊公”，被莊公俘獲。例⑥“聽言不參”，指人主聽人言而不加參驗。“權分乎奸”，權力被奸人瓜分。“君窮乎臣”，國君被臣下困窘。

“於”、“乎”後面的賓語不能省略，“於”、“乎”同施事者構成的介賓結構總是放在動詞後面作補語。

（二）“爲+施事者+及物動詞”

例如：

① 止，將爲三軍獲。(《左傳·襄公十八年》)

② 喪事不敢不勉，不爲酒困。(《論語·子罕》)

③ 卒爲天下笑。(《戰國策·趙策》)

④ 多多益善，何爲爲我禽？(《史記·淮陰侯列傳》)

以上各例，用介詞“爲”引出行爲動作的施事者。如果去掉“爲”字，就變成了“三軍獲”、“酒困”、“天下笑”、“我禽”，全句由被動變爲主動，意思完全相反了。可見，“爲”字决定了句子的被動性質，不像“於”字那樣，衹起顯化、强化的作用。

介詞“爲”字後面的施事者有時可以不出現，“爲”緊貼動詞，仍爲被動句式。例如：

⑤ 自今無有代其君任患者，有一於此，將爲戮乎？(《左傳·成公二年》)

⑥ 力不若牛，走不若馬，而牛馬爲用，何也？(《荀子·王制》)

⑦ 誠令成安君聽足下計，若信者亦已爲禽矣。(《史記·淮陰侯列傳》)

例⑤“爲戮”，被殺戮；例⑥“爲用”，被使用；例⑦“爲禽”，被擒獲。這三例中“爲”字後的施事者没有出現，句子的被動性質不變。

（三）“見+及物動詞”

例如：

① 隨之見伐，不量力也。(《左傳·僖公二十年》)

② 愛人者必見愛也，而惡人者必見惡也。(《墨子·兼愛》)

③ 盆成括見殺。(《孟子·盡心下》)

④ 厚者爲戮，薄者見疑。(《韓非子·説難》)

⑤ 秦城恐不可得，徒見欺。(《史記·廉頗藺相如列傳》)

例①“見伐”，就是被伐；例②“見愛”，就是被愛；“見惡”，就是被厭惡；例③“見殺”，就是被殺；例④“見疑”，就是被懷疑；例⑤“見欺”，就是被欺騙。“見”字和“於”、“爲”不同，“於”和“爲”作爲介詞，可以引進行爲動作的施事者，構成介詞結構，作句子的補語或狀語。“見”字不能引進行爲動作的施事者，不能帶賓語，它衹是以助動詞的身份直接修飾核心動詞。

“見”字句如果需要表明施事者，便與介詞“於”或“爲”結合，構成“見+及物動詞+於+施事”或“爲+施事+見+及物動詞”的較爲完整的被動格式。例如：

⑥ 吾長見笑於大方之家。(《莊子·秋水》)

⑦ 故子胥見説於闔閭，而惡乎夫差。(《吕氏春秋·不苟》)

⑧ 臣誠恐見欺於王而負趙。(《史記·廉頗藺相如列傳》)

⑨ 烈士爲天下見善矣。(《莊子·至樂》)

有時，“見+及物動詞”不是表示被動，而是表示主動意義。例如：

⑩ 凡論事者，違實不引效驗，則雖甘義繁説，衆不見信。(王充《論衡·知實》)

⑪ 蘭芝初還時，府吏見丁寧。(《古詩爲焦仲卿妻作》)

⑫ 生孩六月，慈父見背。(李密《陳情表》)

這三例的“見”字都不表示被動意義，雖仍算是助動詞，但是具有某種稱代作用，指代動詞的賓語。“見信”，相信你；“見丁寧”，叮嚀我；“見背”，離棄我。

（四）“爲+施事者+所+及物動詞”

例如：

① 申徒狄諫而不聽，負石自投於河，爲魚鱉所食。（《莊子·盜跖》）

② 世子申生爲驪姬所譖。（《禮記·檀弓》）

③ 楚遂削弱，爲秦所輕。（《戰國策·秦策》）

④ 高祖擊布時，爲流矢所中。（《史記·高祖本紀》）

⑤ 嬴聞如姬父爲人所殺。（《史記·魏公子列傳》）

⑥ 終爲之所禽矣。（《史記·淮陰侯列傳》）

這種被動句式，最早出現在戰國末期，在漢代以後出現的頻率逐漸增加。其中，介詞“爲”引進行爲動作的施事者，“所”字没有表示謂詞性成分指稱化的作用，它僅僅表明其後的動詞具有被動意義，與“道之所存，師之所存也”（韓愈《師説》）中的“所”的作用明顯不同。

有時候，“爲”後的施事成分不出現，形成“爲所+及物動詞”的形式。例如：

⑦ 不者，若屬皆且爲所虜。（《史記·項羽本紀》）

⑧ 嵩將詣州訟理，爲所殺。（韓愈《張中丞傳後叙》）

“爲+施事者+所+及物動詞”這種格式後來産生了兩種變體，一是“爲+施事者+之所+及物動詞”，一是“爲+施事者+所見+及物動詞”。例如：

⑨ 有制人者，有爲人之所制者。（《管子·樞言》）

⑩ 習俗既異，言語不通，數爲小吏黠人所見侵奪。（班彪《復護羌校尉疏》）

“之所”、“所見”的作用同“所”，都用來標明其後動詞的被動性質。這兩種句式常見於漢魏六朝的文獻中，唐代以後消失了。前一種句式也有例外，例如：

⑪ 臣聞吴王悔之甚。願王孰慮之！無爲吴王之所悔。（《史記·淮南衡山列傳》）

⑫ 爲人之所慕，行人之所高，此嚴父之所以教子，而忠臣之所以事君也。（《淮南子·人間訓》）

例⑪“爲”是動詞“做”，“吴王之所悔”，吴王後悔的事，名詞性結構，作“爲”的賓語。“所”是個助詞，稱代動詞“悔”的對象。例⑫語法關係同上。

（五）“被+（施事者）+及物動詞”

先秦時期，“被”字原本是個名詞，意爲“被子”，後來引申爲施加、施及、披蓋、覆蓋、遭受、蒙受等義，是個及物動詞。例如：

① 光被四表。（《尚書·堯典》）

② 若有人兮山之阿，被薜荔兮帶女蘿。（《楚辭·九歌·山鬼》）

③ 而民不被其澤。（《孟子·離婁上》）

④ 被以不慈之僞名。（《楚辭·哀郢》）

到了戰國末期，“被”字的賓語可以是動詞性成分了。例如：

⑤ 國一日被攻，雖欲事秦，不可得也。（《戰國策·齊策》）

⑥ 今兄弟被侵，必攻者，廉也；知友被辱，隨仇者，貞也。（《韓非子·五蠹》）

例⑤“被攻”，仍可以理解爲遭受攻擊；例⑥“被侵”、“被辱”，也可以理解爲遭受侵犯、受到侮辱。“被”字的動詞性仍在。到了漢代，“被”字句日益普遍，“被”字演變爲表示被動的助動詞。例如：

⑦ 信而見疑，忠而被謗，能無怨乎？（《史記·屈原賈生列傳》）

⑧ 雖萬被戮，豈有悔哉？（司馬遷《報任安書》）

⑨ 天下既定，後信以罪廢爲淮陰侯，謀反被誅。（《漢書·蒯通傳》）

⑩ 昌既被徵，高后使使召趙王。（《漢書·周昌傳》）

例⑦中“見”與“被”對舉，更證明“被”字的作用是表明其後及物動詞的被動意義。這個時期，“被”字雖然已成爲被動的標記，但還不能直接引出施事者。如果施事者要出現，需要借助“於”字。例如：

⑪ 以萬乘之國被圍於趙。（《史記·魯仲連鄒陽列傳》）

這和“見”字須借助“於”字引出施事的情況一模一樣。所以，“被”字的詞性與“見”字一樣，是個助動詞。到了漢末時，出現了由“被”字引進施事者的句式，“被”字就完全演變爲介詞了。例如：

⑫ 吾被皇太后徵，未知所爲。（《三國志·魏書·高貴鄉公傳》）

⑬ 禰衡被魏武謫爲鼓吏。（《世説新語·言語》）

這種被動句式，除了比較接近口語的文章和詩詞以外，一般文言文裏很少使用。直到很晚，纔逐漸取代前幾種句式而成爲漢語中最重要的被動句式，一直延續到今天。

2. 古代漢語句法成分的位置和省略

一、句法成分的位置

古代漢語句法成分的位置同現代漢語大致相同，如主語在前，謂語在後；動詞在前，賓語在後；修飾語在前，中心語在後；述語在前，補語在後；等等。這反映了漢語語法結構的穩定性。但是，也有一部分句法成分的位置與現代漢語不同，尤其是動詞賓語的位置。這種不同，有的是修辭的需要，有的則是當時的語言習慣使然。我們學習古代漢語，要有歷史的觀點，不要一看它與現代漢語的語序不同，就一律貼上"倒裝"的標簽。

（一）賓語的位置

古今漢語在語序上最大的不同，表現在賓語的位置上。古代漢語的賓語在一定條件下，放在謂語的前面。其主要形式有：

1. 疑問代詞作賓語，大都放在動詞前

例如：

① 吾誰欺？欺天乎？（《論語·子罕》）

② 盜者孰謂？謂陽虎也。（《公羊傳·定公八年》）

③ 君何患焉？（《左傳·隱公元年》）

④ 沛公安在？（《史記·項羽本紀》）

⑤ 曰"奚冠？"曰"冠素"。（《孟子·滕文公上》）

⑥（亡國之君）雖聞，曷聞？雖見，曷見？雖知，曷知？（《吕氏春秋·任數》）

⑦ 居惡在？仁是也。路惡在？義是也。（《孟子·盡心上》）

⑧ 欲仁而得仁，又焉貪？（《論語·堯曰》）

例①和例②中，"天"和"陽虎"，是普通名詞作賓語，放在動詞後，體現了古今語法的一貫性；"誰"和"孰"，疑問代詞作賓語，放在動詞前，體現了古代漢語的特殊性。同理，例⑤中，"奚冠、冠素"中的"素"是形容詞用作名詞，放在動詞"冠"的後面；疑問代詞"奚"作賓語，放在動詞"冠"的前面。

謂語前面如果有助動詞，前置賓語一般放在助動詞前面，也有放在助動詞後面的。例如：

⑨ 臣實不才，又誰敢怨？（《左傳·成公三年》）

⑩ 社稷有奉，乃吾君也。吾敢誰怨乎？（《史記·吴太伯世家》）

疑問代詞作介詞的賓語，一般也要前置。例如：

⑪ 百姓足，君孰與不足？（《論語·顔淵》）

⑫ 何以戰？（《左傳·莊公十年》）

⑬ 曷爲久居此圍城之中而不去也？（《戰國策·趙策》）

⑭ 許子奚爲不自織？（《孟子·滕文公上》）

⑮ 仲父病，不幸卒於大命，將奚以告寡人？（《韓非子·難一》）

⑯ 卒然邊境有急，數千百萬之衆，國胡以饋之？（賈誼《論積貯疏》）

⑰ 彼且惡乎待也？（《莊子·逍遥游》）

在上古漢語裏，也有少數疑問代詞作賓語可以不用前置的例子：

⑱ 既見君子，云胡不喜？（《詩經·鄭風·風雨》）

⑲ 桀溺曰："子爲誰？"（《論語·微子》）

⑳ 子張曰："子夏云何？"（《論語·子張》）

㉑ 荀息謂何？（《國語·晉語》）

這種情况雖然少見，却代表了疑問代詞賓語向後置過渡的發展趨勢。漢代以後，疑問代詞後置的情况逐漸多起來。例如：

㉒ 湯武不得已而立，非受命爲何？（《史記·儒林列傳》）

㉓ 出户獨彷徨，愁思當告誰？（《古詩十九首·明月何皎皎》）

㉔ 武帝問："言何？"（《漢書·田廣明傳》）

㉕ 寡人將去斯而之何？（《列子·力命》）

另外，"如何"、"若何"、"奈何"在上古文獻中頻頻出現，形式上似乎是疑問代詞賓語後置。例如：

㉖ 與不穀同好，如何？（《左傳·僖公四年》）

㉗ 吾無以酬之，若何？（《左傳·昭公二十七年》）

㉘ 取吾璧，不予我城，奈何？（《史記·廉頗藺相如列傳》）

細玩文意可知，"何"並非"如"、"若"、"奈"的賓語，而是句子的謂語。"如何"、"若何"、"奈何"是"如×何"、"若×何"、"奈×何"的縮略。參看下例：

㉙ 一薛居州，獨如宋王何？（《孟子·滕文公下》）

㉚ 國不堪貳，君將若之何？（《左傳·隱公元年》）

㉛ 吾城郭已治，守備已具，錢粟已足，甲兵有餘，吾奈無箭何？（《韓非子·十過》）

句中的“何”是怎麼樣、怎麼辦的意思，是謂語。“如×”、“若×”、“奈×”是“對××”、“把××”的意思，介詞結構作狀語，修飾謂語“何”。省略了介詞賓語後，“何”的謂語性質没變，自然不會像賓語那樣前置。

2. 否定句中代詞作賓語，大都前置

否定句中代詞作賓語，往往置於動詞前。所謂否定句，是指動詞前有否定副詞“不”、“未”、“毋（無）”、“弗”和否定性的無指代詞“莫”等。例如：

① 不患人之不己知，患不知人也。（《論語·學而》）

② 今鄭人貪賴其田而不我與，我若求之，其與我乎？（《左傳·昭公十二年》）

③ 莫余毒也已。（《左傳·僖公二十八年》）

④ 無適小國，將不女容焉。（《左傳·僖公七年》）

⑤ 余恐亂命，以不女違。（《左傳·襄公十年》）

⑥ 七十者衣帛食肉，黎民不飢不寒，然而不王者，未之有也。（《孟子·梁惠王上》）

⑦ 以吾一日長乎爾，毋吾以也。（《論語·先進》）

⑧ 我無爾詐，爾無我虞。（《左傳·宣公十五年》）

⑨ 欲察物而不由禮，弗之得矣。（《禮記·禮器》）

⑩ 雖使五尺之童適市，莫之或欺。（《孟子·滕文公上》）

例①中的兩句都是否定句，前句中代詞“己”作賓語，前置；後句中名詞“人”作賓語，無須前置。例②中的兩句，“不我與”，否定句中代詞作賓語，前置；“其與我乎”，句中没有否定詞，雖是代詞作賓語也無須前置。可見，這種賓語前置需要同時滿足兩個條件：必須是否定句，必須是代詞作賓語。如果謂語前有副詞或助動詞，前置賓語一般放在副詞或助動詞前。例如：

⑪ 三歲貫女，莫我肯顧。（《詩經·魏風·碩鼠》）

⑫ 楚君之惠，未之敢忘。（《左傳·僖公二十八年》）

否定句中代詞賓語前置的規則不是很嚴格，有較多的例外。例如：

⑬ 知我者，謂我心慢；不知我者，謂我何求。（《詩經·王風·黍離》）

⑭ 古人有言曰："知臣莫若君。"（《左傳·僖公七年》）

⑮ 且人之爲善，誰不如我？（《左傳·僖公九年》）

⑯ 自天下之始分以至於今，未嘗有之也。（《戰國策·魏策》）

⑰ 膠鬲曰："西伯將何之？無欺我也。"（《吕氏春秋·貴因》）

這説明，從先秦時代起，否定句中的代詞賓語就已經開始逐漸由前置向後置演變。至於後人仍有在文言作品中堅持前置，應當出於仿古的動機。

3. 用代詞複指的賓語前置

在古代漢語叙述句中，也有出於修辭的需要而刻意將賓語前置的。這種情況，往往要用代詞"之"、"是"加以複指。例如：

① 姜氏何厭之有？（《左傳·隱公元年》）

② 聞道百，以爲莫己若者，我之謂也。（《莊子·秋水》）

③ 孟子曰："王何卿之問也？"（《孟子·萬章下》）

④（管仲）曰："我且賢之用，能之使，勞之論。"（《韓非子·外儲説左下》）

⑤ 秦伯曰："其君是惡，其民何罪？"（《左傳·僖公十三年》）

⑥ 將虢是滅，何愛于虞？（《左傳·僖公二年》）

⑦ 求，無乃爾是過與？（《論語·季氏》）

例①中，"何厭"是"有"的賓語；例②中，"我"是"謂"的賓語；例③中，"何卿"是"問"的賓語；例④中，"賢"是"用"的賓語，"能"是"使"的賓語，"勞"是"論"的賓語；例⑤中，"其君"是"惡"的賓語；例⑥中，"虢"是"滅"賓語；例⑦中，"爾"是"過"的賓語。這些賓語，有的是詞，有的是詞組，有時還可以是比較複雜的結構。例如：

⑧ 吾以子爲異之問，曾由與求之問。（《論語·先進》）

⑨ 僑聞爲國非不能事大字小之難，無禮以定其位之患。（《左傳·昭公十六年》）

例⑧中"異"是第一個"問"的賓語，意思是問别的人，"由與求"是個並列結構，作第二個"問"的賓語，意思是"竟然問仲由和冉求”；例⑨中“不能事大字小”是“難”的賓語，意思是“擔心不能事奉大國安撫小國”，“無禮以定其位”是“患”的賓語，意思是“擔心不以禮儀來鞏固國家的地位”。

這種用“之”、“是”來提賓的句式，還經常在前置的賓語前加上一個範圍副詞“唯（惟、維）”來表示强調，逐漸形成“唯（惟、維）+賓語+之（是）+動詞”的固定格式。例如：

⑩ 無師無法，則唯利之見耳。（《荀子·榮辱》）

⑪ 心無雜慮，唯魚之求。（《列子·湯問》）

⑫ 維邇言是聽，維邇言是爭。（詩經·小雅·小旻）

⑬ 鬼神非人實親，惟德是依。（《左傳·僖公二年》）

⑭ 唯余馬首是瞻。（《左傳·襄公十四年》）

例⑩“唯利之見”等於説“唯見利”；例⑪“唯魚之求”等於説“唯求魚”；例⑫等於説“維聽邇言”、“維爭邇言”，意思是衹聽些淺近的話，衹爭論淺近的話；例⑬的“實”是代詞，複指前置賓語“人”，“惟德是依”等於説“惟依德”，意思是衹依靠品德；例⑭等於説“唯瞻余馬首”，意思是衹看我的馬頭。使用這種格式，不僅强調了動詞的賓語，而且表示了行爲對象（賓語）的單一性和排他性。

前置的介詞賓語也可以用“是”、“之”來複指。例如：

⑮ 豈不穀是爲？先君之好是繼。（《左傳·僖公四年》）

⑯ 寡人之使吾子處此，不唯許國之爲，亦聊以固吾圉也。（《左傳·隱公十一年》）

⑰ 晉居深山，戎狄之與鄰。（《左傳·僖公十五年》）

⑱ 齊師何罪？罪我之由。（《左傳·莊公八年》）

例⑮“不穀”是介詞“爲”的賓語；例⑯“許國”是介詞“爲”的賓語；例⑰“戎狄”是介詞“與”的賓語；例⑱“我”是介詞“由”的賓語：上述各例中賓語前置之後用“是”或“之”加以複指。

如果前置賓語是代詞，那麽用以複指賓語的代詞衹能是“之”。例如：

⑲ 詩曰“孝子不匱，永錫爾類”，其是之謂乎？（《左傳·隱公元年》）

⑳ 唇亡則齒寒，其斯之謂歟？（《穀梁傳·僖公二年》）

㉑ 子是之學，亦爲不善變矣。（《孟子·滕文公上》）

例⑲“是之謂”就是“謂是”，例⑳“斯之謂”就是“謂斯”，例㉑

“是之學”就是“學是”。例中的“之”，都複指前置的代詞賓語，“是”、“斯”都爲指示代詞，相當於“這種情况”。

4. 其他情况下的賓語前置

代詞“是”作賓語有時可以直接放在動詞前。例如：

① 爾貢包茅不入……寡人是征。(《左傳·僖公四年》)

② 晉國之命，未是有也。(《左傳·襄公十四年》)

③ 維葉莫莫，是刈是濩。(《詩經·周南·葛覃》)

代詞“自”作賓語必須前置。例如：

④ 知人者智，自知者明。(《老子》三十三章)

⑤ 寧信度，無自信也。(《韓非子·外儲説左上》)

⑥ 公則自傷，鬼惡能傷公！(《莊子·達生》)

⑦ 夫人必自侮，然後人侮之；家必自毁，而後人毁之；國必自伐，而後人伐之。(《孟子·離婁上》)

⑧ 先名實者，爲人也；後名實者，自爲也。(《孟子·告子下》)

上述例句中，其前後兩句動詞賓語分别爲前置和後置兩種，形成對舉關係。我們可以由後置的一句推知另一句必爲前置。如例④前句爲“知人”，後句當爲“知自”，書作“自知”，顯然是賓語前置。

介詞“以”的賓語，不是疑問代詞時也可以前置。例如：

⑨ 楚國方城以爲城，漢水以爲池。(《左傳·僖公四年》)

⑩ 將子無怒，秋以爲期。(《詩經·衛風·氓》)

⑪《詩》三百，一言以蔽之，曰：“思無邪。”(《論語·爲政》)

⑫ 夫貴者，夜以繼日，思慮善否。(《莊子·至樂》)

⑬ 是以十九年而刀刃若新發於硎。(《莊子·養生主》)

（二）物量和動量成分的位置

漢語的量詞出現得比較晚。物量詞萌蘖于先秦，魏晉時纔大批出現；動量詞雖在西漢中期開始萌芽，但一直發展緩慢，直到魏晉以後纔有了比較大的改觀。因此，古代漢語中物量和動量成分在句子中的位置，與現代漢語有着較大的不同。

1. 物量成分的位置

物量成分可以放在名詞後，也可以放在名詞前。例如：

① 牛一，羊一，豕一。(《尚書·召誥》)

② 吏二縛一人詣王。(《晏子春秋·内篇雜下》)

③ 皆賜玉五瑴，馬三匹。(《左傳·莊公十八年》)

例①和例②不帶量詞，置於名詞後；例③“五瑴”、“三匹”帶有量詞，置於名詞後。

④ 吾力足以舉百鈞，而不足以舉一羽。(《孟子·梁惠王上》)

⑤ 齊宣王使人吹竽，必三百人。(《韓非子·內儲説上》)

⑥ 一簞食，一瓢飲，在陋巷，人不堪其憂，回也不改其樂。(《論語·雍也》)

例④和例⑤“一”、“三百”不帶量詞，放在名詞前面；例⑥“飲”，用作名詞，指水，“一簞”、“一瓢”，帶有量詞，也放在名詞前面。這種語序，已經與現代漢語相同，但在先秦，出現的數量較少。

2. 動量成分的位置

漢語中的動量詞產生得比較晚。在表示行爲動作頻率的時候，多用數詞直接修飾動詞作狀語，或是把數詞放在句末作謂語。例如：

① 齊師敗績。逐之，三周華不注。(《左傳·成公二年》)

② 宋殤公立，十年十一戰，民不堪命。(《左傳·桓公二年》)

③ 魯人從君戰，三戰三北。(《韓非子·五蠹》)

④ 凡六出奇計。(《史記·陳丞相世家》)

⑤ 一鼓作氣，再而衰，三而竭。(《左傳·莊公十年》)

⑥ 一呼而不聞，再呼而不聞，於是三呼邪！(《莊子·山木》)

例①“三周”就是繞了三圈，“周”是動詞，“繞”的意思；例⑤“一鼓”就是敲第一遍鼓，“鼓”也是動詞。這裏有兩點需要注意：第一，古代漢語表示行爲的數量若是“兩次”，不用“二”而用“再”，如例⑤、例⑥。第二，把例①、例②的動量關係翻譯成現代漢語，就是“繞了三圈”、“打了十一仗”等，數量詞一律在動詞後作補語，而古代漢語則是把數詞直接放在動詞前作狀語。

⑦ 於是平原君欲封魯仲連，魯仲連辭讓者三，終不肯受。(《戰國策·趙策》)

⑧ 范增數目項王，舉所佩玉玦以示之者三。(《史記·項羽本紀》)

⑨ 不匝旬而得異地者三。(柳宗元《鈷鉧潭西小丘記》)

以上三例，數詞在名詞性的“者”字結構之後，充當全句的謂語；

“者”字結構，充當全句的主語。數詞由狀語位置上升到謂語位置，成了句子的主幹成分，自然就顯得突出而重要了。

二、句法成分的省略

句法成分的省略，是指在一定的語言環境中，在不損害文意的情況下，省去某些應有的句子成分。古代漢語句法成分省略的現象非常普遍。從省略的方式上看，主要有承前省、蒙後省和對話省；從省略的成分來看，主要有主語省略、謂語省略、賓語省略和其他成分省略。

（一）主語省略

主語是一句話陳述的對象，一般情況下必須出現，但在文章中，常有省略。例如：

① 丑父寢于轏中，蛇出於其下，（　）以肱擊之，（　）傷而匿之。（《左傳·成公二年》）

② 晉靈公不君。（　）厚斂以彫牆。（《左傳·宣公二年》）

③ 公賜之食，（　）食舍肉。（《左傳·隱公元年》）

④ 郤夏曰：“射其御者，（　）君子也。”（《左傳·成公二年》）

⑤ 公使陽處父追之，（　）及諸河，則在舟中矣。（《左傳·僖公三十三年》）

例①一、二句主語發生了變化，三、四句承第一句的主語省略；例②承上文主語省略；例③、例④承上文的賓語省略；例⑤承上文的兼語省略。以上各例主語均爲承上省。

⑥ 七月（　）在野，八月（　）在宇，九月（　）在户，十月蟋蟀入我床下。（《詩經·豳風·七月》）

⑦ 秦時（　）與臣游，項伯殺人，臣活之。（《史記·項羽本紀》）

⑧ 韓信使者至，（　）發書，漢王大怒。（《史記·淮陰侯列傳》）

例⑥前三句主語都是“蟋蟀”，由於其出現在下文而省略；例⑦“與臣游”的主語是蒙下句的主語“項伯”而省略；例⑧“發書”的主語是“漢王”，與例⑥一樣，是蒙後省。

⑨“許子冠乎?”（A）曰：“冠。”（B）曰：“奚冠?”（A）曰：“冠素。”（B）曰：“自織之與?”（A）曰：“否，以粟易

之。”（B）曰：“許子奚爲不自織？”（A）曰：“害於耕。”（《孟子·滕文公上》）

例⑨中“A”代表陳相，“B”代表孟子，在對話中省略了，這是很典型的對話省。

有時可以通過虛詞來辨識省略的主語。例如：

⑩ 於是項王大呼馳下，漢軍皆披靡，遂斬漢一將。（《史記·項羽本紀》）

⑪ 王喜，告邵公曰：“吾能弭謗矣，乃不敢言。”（《國語·周語》）

⑫ 韓信使人間視，知其不用，還報，則大喜。（《史記·淮陰侯列傳》）

⑬ 丑父寢于轏中，蛇出於其下，以肱擊之，傷而匿之，故不能推車而及。（《左傳·成公二年》）

例⑩“斬漢一將”的主語不是鄰句的“漢軍”，而是隔句的“項王”，“遂”字暗示主語更換；例⑪“不敢言”的主語不是“吾”，也不是“王”，而是更早的“國人”，“乃”字具有提示作用；例⑫“知其不用”、“還報”的主語是上一句的兼語“人”，而“大喜”的主語却換成隔了兩句的“韓信”，“則”字也起着提示作用；例⑬“不能推車”的主語是一路省略的“丑父”，而動詞“及”的主語却是“韓厥”，當中便用連詞“而”來暗示。以上虛詞，雖然各有自己獨立的語法作用，但因其對暗中更換的主語有一定的暗示作用，留意這些虛詞，可以幫助我們辨識省略的主語。

（二）謂語省略

謂語是一句話的核心，一般不能省略。但古漢語中，省略謂語的現象也不鮮見。例如：

① 對曰：“上醫醫國，其次（　）疾人。”（《國語·晉語》）

② 吾百姓之不圖，唯舟與車（　）。（《國語·越語》）

例①省略謂語動詞“醫”；例②兩句都爲賓語前置句，後一句在省略代詞“之”（複指前置賓語）的同時，也省略了謂語動詞“圖”。二例都爲承前省。

③ 女爲惠公來殺余，命女三宿（　），女中宿至。（《左傳·僖公二十四年》）

④ 楊子之鄰人亡羊，既率其黨（　），又請楊子之豎追之。

(《列子·説符》)

例③省略了謂語“至”；例④省略了謂語“追”和賓語“之”。兩句都爲蒙後省。

（三）賓語省略

賓語是動詞涉及的對象。古漢語中賓語省略的現象比較常見。例如：

① 人皆有兄弟，我獨亡（ ）。(《論語·顔淵》)

② 齊王好衣紫，齊人皆好（ ）也。(《韓非子·外儲説左上》)

③ 近古之世，桀紂暴亂，而湯武征伐（ ）。(《韓非子·五蠹》)

例①省略了賓語“兄弟”；例②省略了“衣紫”（動賓詞組作賓語），例③省略了“伐”的賓語“桀紂”。賓語省略大都是承上省，以上三例都是如此。

由“以”或“於”組成的介賓詞組放在謂語動詞後面作補語，如果這個動詞後的賓語是代詞“之”，那麽這種賓語常常省略。例如：

④ 項伯乃夜馳之沛公軍，私見張良，具告（ ）以事。(《史記·項羽本紀》)

⑤ 途中兩狼，綴行甚遠，投（ ）以骨。(蒲松齡《聊齋志異·狼》)

⑥ 權起更衣，肅追（ ）於宇下。(《資治通鑒》卷六十五)

“使”、“令”等使令動詞後面的賓語也常常省略。例如：

⑦ 請京，使（ ）居之。(《左傳·隱公元年》)

⑧ 從左右，皆肘之，使（ ）立於後。(《左傳·成公二年》)

⑨ 今媪尊長安君之位，而封之以膏腴之地，多予之重器，而不及今令（ ）有功於國。(《戰國策·趙策》)

⑩ 廣故數言欲亡，忿恚尉，令（ ）辱之。(《史記·陳涉世家》)

例⑦“使”後省略了“之”。“之”既是“使”的賓語，又是“居”的主語。所以這種省略也有人稱之爲“兼語”省略。例⑧至例⑩也是如此。

（四）其他成分的省略

1. 定語省略

① 吾力足以舉百鈞，而不足以舉一羽；（ ）明足以察秋毫之末，而不見輿薪。（《孟子·梁惠王上》）

②（ ）葉徒相似，其實味不同。（《晏子春秋·内篇雜下》）

③ 上免（ ）官。（《漢書·孔光傳》）

例①中省略了定語“吾”，例②中省略了定語“其”（指代“橘”和“枳”），例③中省略了定語“其”（指代“傅遷”）。

有時候，定語所修飾的中心詞也會省略。例如：

④ 先王之制，大都不過參國之一，中（ ）五之一，小（ ）九之一。（《左傳·隱公元年》）

⑤ 次國之上卿當大國之中（ ），中（ ）當其下（ ），下（ ）當其上大夫。（《左傳·成公三年》）

⑥ 夏后氏五十（ ）而貢，殷人七十（ ）而助，周人百畝而徹。（《孟子·滕文公上》）

例④中省略了“都”，例⑤中省略了“卿”，例⑥中省略了“畝”。

2. 介詞賓語省略

① 衣食所安，弗敢專也，必以（ ）分人。（《左傳·莊公十年》）

② 相如持其璧睨柱，欲以（ ）擊柱。（《史記·廉頗藺相如列傳》）

③ 旦日，客從外來，與（ ）坐談。（《戰國策·齊策》）

④ 竪子不足與（ ）謀！（《史記·項羽本紀》）

⑤ 食時信往，不爲（ ）具食。（《史記·淮陰侯列傳》）

⑥ 百姓聞之，知與不知，老壯皆爲（ ）垂泣。（《漢書·李廣傳》）

以上例句均省略介詞賓語“之”，“之”在例①中指“衣食”等藉以安身立命的東西，例②指和氏璧，例③指“客”，例④指項伯，例⑤指韓信，例⑥指李廣。

思考與練習

一、什麼叫被動句？古代漢語的被動句可以分爲哪幾種類型？

二、請把下列句中的被動句找出來，並給它們分類

1. 彼竊鈎者誅。(《莊子・胠篋》)

2. 臣誠恐見欺于王而負趙。(《史記・廉頗藺相如列傳》)

3. 否，必爲二子所禽矣。(《史記・淮陰侯列傳》)

4. 生孩六月，慈父見背。(李密《陳情表》)

5. 失禮違命，宜其爲禽也。(《左傳・宣公二年》)

6. 郤克傷於矢。(《左傳・成公二年》)

7. 皆好辭而以賦見稱。(《史記・屈原賈生列傳》)

8. 廣武君策不用。(《史記・淮陰侯列傳》)

9. 吾被皇太后徵，未知所爲。(《三國志・魏書・高貴鄉公傳》)

10. 微管仲，吾其被髮左衽矣。(《論語・憲問》)

三、古代漢語的賓語前置主要有哪幾種常見形式？能不能把賓語前置句一概稱之爲倒裝句？爲什麼？

四、以下句中表示動量關係的數詞，或作狀語，或作謂語，請指明

1. 八年之中，九合諸侯。(《左傳・襄公十一年》)

2. 禹八年於外，三過其門而不入。(《孟子・滕文公上》)

3. 既封，左袒，右還其封，且號者三。(《禮記・檀弓下》)

4. 於是秦王不懌，爲一擊缶。(《史記・廉頗藺相如列傳》)

5. 陛下至代邸，西鄉讓天子者三，南鄉讓天子者再。(《漢書・爰盎晁錯傳》)

6. 由是先主遂詣亮，凡三往，乃見。(《三國志・蜀書・諸葛亮傳》)

7. 韓子盧（狗名）逐東郭逡（兔名），環山者三，騰山者五。(《戰國策・齊策》)

五、指出下面語句中省略的成分，並用［ ］號補充出來

韓厥夢子輿謂己曰：“且辟左右。”故中御而從齊侯。邴夏曰：“射其御者，君子也。”公曰：“謂之君子而射之，非禮也。”射其左，越於車下；射其右，斃於車中。綦毋張喪車，從韓厥，曰：“請寓

乘。”從左右，皆肘之，使立於後。韓厥俯定其右。（《左傳·成公二年》）

六、標點並翻譯下面文字

卞莊子好勇養母戰而三北交游非之國君辱之及母死三年齊與魯戰卞莊子請從見於魯將軍曰初與母處是以三北今母死請塞責而神有所歸遂赴敵獲一甲首而獻之曰此塞一北又入獲一甲首而獻之曰此塞再北又入獲一甲首而獻之曰此塞三北將軍曰毋没爾家宜止之請爲兄弟莊子曰三北以養母也是子道也今士節小具而塞責矣吾聞之節士不以辱生遂反敵殺十人而死（劉向《新序·義勇》）

5

第五單元

文選：先秦諸子散文

天下皆知美之爲美

《老子》

【《老子》介紹】《老子》一書分上、下兩篇，上篇爲《道經》，下篇爲《德經》，故又名《道德經》，共八十一章，約五千言，是先秦諸子的主要經典之一。

關於《老子》的作者與成書年代，一般認爲老子姓李，名耳，字聃（dān），春秋時期楚國人。《老子》一書成書於戰國時期，是老子的追隨者根據他的學説補充發揮而成的，是理解老子哲學、政治思想的直接材料。

老子提出“道”是宇宙的中心，天下萬物都由“道”派生，“道”是其哲學、政治思想的核心。他認爲事物相互依存、相互對立、相互轉化，具有辯證法的思想。老子認爲參與一切社會活動的基本策略是以退爲進，以柔弱勝剛强。他對當時社會現實持否定態度，主張“絶聖棄智”、“無爲而治”、“小國寡民”。老子的思想對後世影響很大。

《老子》較重要的注本是魏時王弼的《老子注》和後人假托“漢河上公”撰寫的《老子章句》。今人對《老子》作了不少整理研究工作，如馬叙倫的《老子校詁》、高亨的《老子正詁》等。1974 年長沙馬王堆發現了帛書《老子》甲、乙本，與存世本《老子》有較大的出入，爲校勘和研究《老子》提供了新的材料。

【説明】本篇選自《老子》第二章，題目爲後人所加。前半部分集中論述了辯證的思想，指出一切事物都有對立面，如美惡、有無、難易、長短、高下、前後等。後半部分則主張順應自然本性，表達了《老子》“無爲”的思想。

天下皆知美之爲美，斯惡已①；皆知善之爲善，斯不善已。故有無相生，難易相成②，長短相形，高下相傾③，音聲相和，前後相隨④。是以聖人處無爲之事⑤，行不言之教，萬物作焉而不辭⑥，生而不有⑦，爲而不恃⑧，功成而弗居。

夫唯不居，是以不去⑨。

【注釋】

① 斯：近指代詞，此。　惡：醜。已，句尾語氣詞，表示完成。

② 相生：互相依存轉化。　相成：互相成就。

③ 相形：互相顯現。　相傾：這裏指互相依靠。傾，傾斜。

④ 音：音調有高低的樂音。　聲：音調簡單的和聲。　和：和諧。　隨：跟隨。

⑤ 處：執行，處事即行事。

⑥ 作：興起。　不辭：不拒絶，聽其自然。

⑦ 有：占有，據爲己有。

⑧ 有所作爲但並不依賴這些作爲而求達到什麼目的。恃，依賴。

⑨ 去：離開，“去”與“居”是反義詞。

天之道其猶張弓與

《老子》

【説明】本篇選自《老子》第七十七章，題目爲後人所加。老子認爲天道最公平，而社會現象却不像天道那麼公平，這樣就會引起社會的不安。老子看到當時的社會存在危機，他的解決方案是“無爲”，即不要居功，不要自我表現。

天之道，其猶張弓與①？高者抑之，下者舉之；有餘者損之，不足者補之②。天之道損有餘而補不足，人之道則不然③：損不足以奉有餘。孰能有餘以奉天下？唯有道者④。是以聖人爲而不恃，功成而不處⑤。其不欲見賢邪⑥！

【注釋】

① 天之道：這裏指自然規律。　其：語氣副詞，表猜度。　張弓：《説文》注“張，施弓弦也”。張弓就是把弦加在弓上。

② 古人把弦加在弓上，弓的位置高的一端則壓低它，低的一端則升高它；弦長有餘則剪去，弦短不足則增補。

③ 人之道：社會上通常奉行的法則。

④ 奉：供給。　有道者：有德行的人。

⑤ 處：居處，享有。

⑥ 見（xiàn），顯示出。　邪：句尾語氣詞，表强烈語氣。

【常用詞詞義分析】

道 “道”的本義是道路。馬中錫《中山狼傳》：“有狼當～。”引申爲達到某一目的或完成某一行動而采取的方法、措施。《論語·里仁》：“富與貴，是人之所欲也；不以其～得之，不處也。”

又引申爲規律、道理。本篇課文：“天之～，其猶張弓與。”又引申爲道義、道德、正義。《孟子·公孫丑下》：“得～者多助，失～者寡助。”

又引申爲某種學説、思想、主張。《論語·里仁》：“吾～一以貫之。”

引申爲稱道、述説。《史記·李將軍列傳》：“萬户侯豈足～哉！”

把人引上某一道路，就是引導；使事物順着某一途徑發展下去，也是引導。該義後來寫作“導”。《史記·留侯世家》：“乃學辟穀，～引輕身。”《論語·爲政》：“～之以政，齊之以刑，民免而無耻。”

抑 “抑”的本義是按，向下壓。本篇課文：“高者～之。”詞義抽象化，引申爲壓抑、抑制。洪亮吉《治平篇》：“～其兼併。”又引申爲阻止、遏止。《史記·魏公子列傳》：“遂乘勝逐秦軍至函穀關，～秦兵。”

由抑制、阻止又引申爲情緒低落、心情憂憤煩悶。《漢書·司馬遷傳》：“顧自以爲身殘處穢，動而見尤，欲益反損，是以～鬱而無誰語。”

由向下壓引申爲低。《戰國策·韓策》：“公仲且～首而不朝。”

“抑”作連詞，表示選擇，相當於現代漢語的“還是”、“或者”。柳宗元《答韋中立論師道書》：“有取乎，～其無取乎？吾子幸觀焉。”也表示輕微的轉折。歐陽修《伶官傳序》：“豈得之難而失之易歟？～本其成敗之迹，而皆自於人歟？”

教 “教”的本義是教育、指導。本篇課文：“行不言之～，萬物作焉而不辭。”引申爲王公的文告，如傅亮爲南朝劉裕所作的《修張良廟～》。又指宗教。《新唐書·后妃傳》：“佛、老異方～耳。”

又音 jiāo，表示使、令、讓。白居易《琵琶行》詩：“曲罷曾～善才服。”又引申爲教授、傳授。《古詩爲焦仲卿妻作》：“十三～汝織。”

作 本指人起身、起來。《説文》：“～，起也。”《禮記·少儀》：“客～而辭。”柳宗元《送薛存義之任序》：“蚤～而夜思。”泛指興起、發生。如本篇課文："萬物～焉而不辭。"今成語有"一鼓～氣"。

引申爲開始。《老子》六十三章："天下大事，必～於細。"

又引申爲創製、發明。《孟子·梁惠王上》："始～俑者，其无後乎？"又有寫作義。司馬遷《報任安書》："仲尼戹而～《春秋》。"

由起來引申爲從事某種行爲、活動。《華佗傳》："體中不快，起～一禽之戲。"又引申爲作爲、擔任。《華佗傳》："然本～士人，以醫見業。"《尚書·舜典》："汝～司徒。"

無 "無"的本義是樂舞。卜辭、金文中"無、舞"同字。後來指古代重要的哲學範疇，指無形、無名、虛無等，或指物質的隱微狀態。本篇課文："有～相生，難易相成。"

作爲動詞，意爲没有。《詩經·豳風·七月》："～衣～褐，何以卒歲。"又表示無論、不論。這種用法常放在一對反義詞的前面。韓愈《師説》："～貴～賤，～長～少。"

作爲副詞，放在動詞前面，表示禁止，相當於"不要"。《尚書·洪範》："～偏～党，王道蕩蕩。"《韓非子·喻老》："臣是以～請也。"這個意義也寫作"毋"。引申爲否定副詞，相當於"不"。《吕氏春秋·慎行論》："不若～聞。"

辭 "辭"的本義是訴訟、打官司。《説文》："～，訟也。"《後漢書·周紆傳》："善於～案條教。"《周禮·秋官·鄉士》："聽其獄訟，察其～。"引申爲解説、申辯。《左傳·僖公四年》："君非姬氏，居不安，食不飽。我～，姬必有罪。"

"辭"還有一個常用意義是拒絶、不接受。本篇課文："行不言之教，萬物作焉而不～。"引申爲辭退。《漢書·谷永傳》："愚竊不爲君侯喜。宜深～職。"又引申爲告别。李白《早發白帝城》詩："朝～白帝彩雲間。"

"辭"又指古代一種文體。曹丕《典論·論文》："王粲長於～賦。"

逍遥游（節録）

《莊子》

【《莊子》介紹】《漢書·藝文志》著録《莊子》52篇，現存33篇，其中《内篇》7篇，《外篇》15篇，《雜篇》11篇。研究者多認爲《内篇》是莊子所作，《外篇》、《雜篇》的作者爲莊子門人及後學者。

莊子，名周，戰國中期宋國蒙邑（今河南商丘市東北）人。大約生於公元前369年，卒於公元前286年。曾做過漆園吏，是繼老子之後先秦道家學派的主要代表人物。

莊子主張人應該聽命於自然的安排，而不要有任何主動行爲。衹要人們在社會生活中安於現狀，無所作爲，社會就能安定，這就是他追求的“無爲”。在政治上，莊子認爲社會進步、社會文明是社會動亂的原因，他主張人們應回到原始狀態中去。

《莊子》的文章想象力豐富，汪洋恣肆，文筆生動，大量運用寓言故事，富有浪漫色彩，飽含幽默諷刺，對後世文學影響極大。

《莊子》一書現存晉代郭象注本十卷，唐代成玄英爲郭象注作疏，還有清代王先謙的《莊子集解》和郭慶藩的《莊子集釋》。今人陳鼓應有《莊子今注今譯》。

【説明】本篇爲《内篇》第一篇《逍遥游》的前半部分。它主要説明莊子追求絶對自由的人生觀，指出大至高飛九萬里的大鵬，小至蜩與學鳩，都是有所待而不自由的。祇有泯滅了物我的界限、使心靈與天地融爲一體，達到無己、無功、無名的境界，纔是絶對的自由，即逍遥。

北冥有魚，其名爲鯤①。鯤之大，不知其幾千里也。化而爲鳥，其名爲鵬。鵬之背，不知其幾千里也，怒而飛，其翼若垂天之雲②。是鳥也，海運則將徙於南冥③。南冥者，天池也④。《齊諧》者，志怪者也⑤。《諧》之言曰：“鵬之徙於南冥也，水擊三千里⑥，摶扶摇而上者九萬里⑦，去以六月息者也⑧。”野馬也，塵埃也，生物之以息相吹也⑨。天之蒼蒼，其正色邪？其遠而無所至極邪⑩？其視下也，亦若是則已矣⑪。且夫水之積也不厚，則其負大舟也無力⑫。覆杯水於坳堂之上，則芥爲之舟⑬；置杯焉則膠⑭，水淺而舟大也。風之積也不厚，則其負大翼也無力。故九萬里，則風斯在下矣，而後乃今培風⑮；背負青天而莫之夭閼者，而後乃今將圖南⑯。

【注釋】

① 冥：通“溟”，海。 鯤（kūn）：傳説中的大魚之名。

② 怒：奮發的樣子。 若垂天之雲：像掛在天上的雲彩。

③ 海運：海動。相傳海動時必起大風，大鵬可趁這大風飛向南海。

④ 天池：天的池，表示面積大。

⑤《齊諧》：書名，一説以人名爲書名，故下文簡稱“諧”。 志：記載。怪：怪異的事物。

⑥ 水擊：雙翼在水面上拍打。水，名詞用作狀語，在水面上。擊，拍打。

⑦ 摶（tuán）：螺旋式地向上飛。 扶摇：上升的旋風。

⑧ 去：離開。 以：介詞，憑藉。 息：氣息，這里指大風。

⑨ 野馬：春日田野上空蒸騰浮游如奔馬樣子的霧氣。 以息相吹：（生物）用氣息吹拂。

⑩ 蒼蒼：深藍色。 其：語氣詞，表揣測。 極：頂端，最高點，盡頭。

⑪ 其視下：“其”相當於“鵬+之”，助詞“其”加動詞“視下”構成“其”字結構，即“鵬之視下”。後面“其負大舟”、“其負大翼”中的“其”字用法同此。 則已：而已。

⑫ 且夫：表示再説一層道理。且，連詞，表示進一層的關係。夫，語氣詞，表示下面要發議論。

⑬ 坳（ào）堂：堂上低窪之處。 芥：小草。 之：代詞，指堂上低窪處的水。

⑭ 焉：兼詞，相當於“於此”。 膠：粘住，不能浮動。

⑮ 而後乃今：然後纔。 培：憑，乘。

⑯ 夭閼（yāoè），雙聲聯綿詞，攔阻。 圖南：計劃向南飛。

蜩與學鳩笑之曰[①]：“我決起而飛，搶榆枋而止[②]，時則不至，而控於地而已矣[③]，奚以之九萬里而南爲[④]？”適莽蒼者，三飡而反，腹猶果然[⑤]；適百里者，宿舂糧[⑥]；適千里者，三月聚糧。之二蟲又何知[⑦]？

【注釋】

① 蜩（tiáo）：蟬。 學鳩：一種小鳥名。

② 決（xuè）：迅速的樣子。 搶（qiāng）：向前衝。 枋（fāng）：檀樹。

③ 控：投，落下。

④ 奚以……爲：表示反問時的一種習慣用法，意爲“哪裏用得着……呢”。奚以，即以奚，爲什麽。 之：動詞，往……去。

⑤ 適：到……去。 莽蒼：草野之色，這裏指近郊。 三飡：三頓飯，指

一天。“飡”同“餐”。　果然：很飽的樣子。

⑥ 舂（chōng）：搗去穀類的外皮。　糧：旅行時用的乾糧。

⑦ 之：指示代詞，這。

小知不及大知，小年不及大年①。奚以知其然也？朝菌不知晦朔②，蟪蛄不知春秋③，此小年也。楚之南有冥靈者④，以五百歲爲春，五百歲爲秋。上古有大椿者⑤，以八千歲爲春，八千歲爲秋。而彭祖乃今以久特聞⑥，衆人匹之⑦，不亦悲乎！

【注釋】

① 知：“智”的古字。　年：壽命。

② 朝菌：一種朝生暮死的菌類植物。　晦：農曆每月的最後一日。　朔：農曆每月的初一。

③ 蟪蛄（huìgū）：即寒蟬，春生夏死，夏生秋死。

④ 冥靈：神話中的樹木名。

⑤ 大椿：古代傳説中的樹名，壽命很長，後用來比喻長壽。

⑥ 彭祖：傳説中長壽的人，據説活了八百歲。　乃今：而今，如今。　特：獨特。

⑦ 匹：匹配，相比。

湯之問棘也是已①：“窮髮之北有冥海者②，天池也。有魚焉，其廣數千里，未有知其修者③，其名爲鯤。有鳥焉，其名爲鵬。背若太山，翼若垂天之雲。摶扶摇羊角而上者九萬里④，絶雲氣⑤，負青天，然後圖南，且適南冥也。斥鴳笑之曰⑥：‘彼且奚適也⑦？我騰躍而上，不過數仞而下，翱翔蓬蒿之間，此亦飛之至也⑧。而彼且奚適也？’”此小大之辯也⑨。

【注釋】

① 湯：商湯。　棘：湯的大夫。　是：指示代詞，作謂語。

② 窮髮：地名，上古傳説中北方極遠的不毛之地。髮，指草木。　冥海：黑色的海。

③ 廣：寬。　修：長。

④ 羊角：彎曲向上的旋風，因形似羊角，所以叫羊角風。

⑤ 絶：穿過。

⑥ 斥鴳（yàn）：小雀。

⑦ 奚適：即“適奚”，到哪裏去。

⑧ 蓬蒿：蓬草和蒿草。　至：頂點。

⑨ 辯：通“辨”，分別。

故夫知效一官，行比一鄉，德合一君而徵一國者①，其自視也，亦若此矣。而宋榮子猶然笑之②。且舉世而譽之而不加勸，舉世而非之而不加沮③，定乎内外之分，辯乎榮辱之境④，斯已矣⑤。彼其於世，未數數然也⑥。雖然，猶有未樹也⑦。夫列子御風而行，泠然善也⑧。旬有五日而後反⑨。彼於致福者⑩，未數數然也。此雖免乎行，猶有所待者也⑪。若夫乘天地之正，而御六氣之辯，以游無窮者⑫，彼且惡乎待哉⑬？故曰：至人無己，神人無功，聖人無名⑭。

【注釋】

① 夫：指示代詞。　效：授予。　官：官職。　行：品行。　比：符合。　徵：作動詞，取信。

② 宋榮子：即宋鈃，戰國時宋人，學説近墨家。　猶然：笑的樣子。

③ 之：指宋榮子，下句的“之”同。　加：更。　勸：鼓勵，此處是被動用法。　非：責難。　沮：止，此處指沮喪、失望。

④ 定：確定。　内：自我。　外：外物。　辯：通“辨”，分辨。　境：界限。

⑤ 已：止。這裏是説宋榮子衹做到這一步爲止。

⑥ 彼其：義同“彼”，指宋榮子。　世，人世。　數（shuò）數：急切追求的樣子。

⑦ 樹：樹立，確立。

⑧ 列子：名御寇，戰國時期鄭人。　泠（líng）然：輕妙的樣子。　善：美好。

⑨ 旬：十天。　有：通“又”。

⑩ 致福：求福。致，使……達到。

⑪ 免乎行：免於走路。　待：依靠。

⑫ 正：正氣，這裏指莊子所説的“道”。　六氣：陰、陽、風、雨、晦、明。　辯：通“變”，變化。　無窮：指時間的無始無終，空間的無邊無際。

窮，盡頭。

⑬ 且：還。　惡乎：於何，意思是“對於什麽”。

⑭ 至人：修養最高的人。　無己：忘我，物我兩忘，天人合一。　無功：不建立功業，順其自然。　無名：不立名。

【常用詞詞義分析】

垂　“垂”的本義是邊疆。《説文》：“～，遠邊也。”《廣韻》：“～，疆也。”《荀子・臣道》：“边境之臣处，则疆～不丧。”這個意義後來寫作“陲”，現代漢語中有“邊陲”一詞。引申爲邊、邊際。王粲《詠史》詩：“妻子當門泣，兄弟哭路～。”

又指由上垂下、垂掛。本篇課文：“怒而飛，其翼若～天之雲。”由由上垂下引申爲留傳。《荀子・王霸》：“名～乎後世。”今成語有“永～不朽”。又引申爲臨近。杜甫《垂老别》詩：“四郊未寧静，～老不得安。”又作敬辭，用於别人（多是長輩或上級）對自己的行爲，表示對方高於自己，如“～詢”、“～愛”。

運　“運”的本義是運行、轉動。《説文》：“～，移徙也。”本篇課文：“是鳥也，海～則將徙於南冥。”引申爲運輸、搬運。《三國志・蜀書・諸葛亮傳》：“亮復出祁山，以木牛～，糧盡退軍。”又引申爲運用、使用。《孫子兵法・九地》：“～兵計謀，爲不可測。”

作爲名詞，表示命運、氣數。《史記・十二諸侯年表》：“曆人取其年月，數家隆於神～。”《晉書・宣帝紀》：“漢～方微。”

適　“適”的本義是到……去、往。本篇課文：“～莽蒼者，三飡而反。”引申爲歸嚮。《左傳・昭公十五年》：“好惡不衍，民知所～，事無不濟。”又指女子出嫁。《玉篇》：“～，女子出嫁。”《漢書・外戚傳》：“奉光有女年十餘歲，每當～人，所當～輒死，故久不行。”

作副詞，意爲正好、適逢、恰好。《漢書・叙傳》：“世俗見高祖興于布衣，不達其故，以爲～遭暴亂，得奮其劍。”引申爲剛剛。《韓非子・内儲説下》：“王～有言，必亟聽王言！”

又音 dí，古時指正妻。《漢書・杜欽傳》：“此必～妾將有争寵。”又指正妻所生的兒子，有時專指正妻所生的長子。《左傳・文公十八年》：“殺～立庶。”這個意義後來寫作“嫡”。又引申爲主張。《韓非子・心度》：“故賢君之治國也，～於不亂之術”。

又音 zhé，意爲責備、懲罰。《詩經・商頌・殷武》：“歲事來辟，勿予禍～。”又引申爲流放或貶職。《史記·屈原賈生列傳》：“又以～去。”《史記·陳涉世家》：“發宫左～戍漁陽。”這個意義後來寫作“謫”。

古書中“適”與“适”是不同的兩個字。“适”讀 kuò，意爲疾速。主要用作人名，如春秋時有南宫适。今以“适”爲“適”的簡化字。

匹 “匹”在古代漢語中常用作量詞，是計算布帛長度的單位。《説文》：“～，四丈也。”《漢書·食貨志》：“布帛廣二尺二寸爲幅，長四丈爲～。”《漢書·文帝紀》：“其九十已上，又賜帛人二～，絮三斤。”又是計算馬的量詞，一頭馬爲一匹。《史記·大宛列傳》：“烏孫多馬，其富人至有四五千～馬。”陸游《訴衷情》：“～馬戍梁州。”引申爲單獨。

又指對、雙。屈原《九章》：“懷質報情，獨無～兮。”引申指配偶。曹植《贈王粲》：“中有孤鴛鴦，哀鳴求～儔。”

又引申爲比較、匹比。本篇課文：“衆人～之，不亦悲乎！”

修 “修”的本義是修飾、裝飾。《説文》：“～，飾也。”《禮記·禮運》：“義之～而禮之藏也。”引申爲整治、治理義。《孫子兵法》：“～櫓轒轀。”又引申爲修建。《史記·平準書》：“是時越欲與漢用船戰逐，乃大～昆明池，列觀環之。”

又引申爲研究、學習。《韓非子·五蠹》：“不期～古，不法常可。”

用作形容詞，指長、高。本篇課文：“有魚焉，其廣數千里，未有知其～者。”曹植《洛神賦》：“～短合度。”又引申爲善、美好。《韓非子·孤憤》：“其～士不能以貨賂事人。”

後引申出撰寫、著述義。《新唐書·職官志》：“掌～國史。”

古代漢語中“修”與“脩”有區别，脩是乾肉。兩個字音同形近，在古書中常常通用。凡是用“修”之處一般都可寫作“脩”。但“脩”的本義“乾肉”則没有寫作“修”的。漢字簡化後，兩個字合併爲“修”。

效 “效”的本義是呈獻、交出。《左傳·文公八年》：“司城蕩意諸來奔，～節於府人而出。”引申爲効力、効勞。《韓非子·揚權》：“事在四方，要在中央，聖人執要，四方來～。”馬中錫《中山狼傳》：“固當窺左足以～微勞。”這個意義又寫作“効”。由此義引申爲授予。本篇課文：“故夫知～一官，行比一鄉。”《左傳·昭公二十六年》："宣王有志，而後～官。"

引申爲模仿、效法。《左傳·莊公二十一年》："鄭伯～尤，其亦將有咎。"這個意義又寫作"傚"。

又引申爲效果、功用。《淮南子·修務訓》："～亦大矣。"又指證明、效驗。賈誼《治安策》："故疏者必危，新者必亂，已然之～也。"

知識拓展：

古代的糧與食

上古糧與食含義並不相同，細言之，行道曰糧，止居曰食。"糧"也就是現在所謂的旅行及行軍用的乾糧，《莊子·逍遥游》中"適千里者，三月聚糧"，用的是"糧"的本義。而"食"就如現在家中的一日三餐。二者結合而成的集合名詞"糧食"，也很早就出現於先秦古籍之中。後來用來通稱供食用的穀類、豆類和薯類等原糧和成品糧。

上古的糧食作物有所謂五穀（稷、黍、麥、菽、麻）、六穀和百穀。六穀比五穀多了一種稻，百穀是多種穀物的意思。稷是小米，又叫穀子，在古代很長一段時期内是最重要的糧食。古人以社稷作爲國家的代稱，可見稷的重要性。黍是現代北方所説的黍子，又叫黄米。黍在上古時期也很重要，被認爲是比較好吃的糧食。麥有大麥、小麥之分。古代大麥叫麰，又名來牟。菽就是豆，上古衹稱菽，漢以後叫豆。麻指大麻子，古代也供食用。《詩經·豳風·七月》："九月叔苴。"苴就是麻子。麻不是主要的糧食作物，古代以絲麻或桑麻並稱，那是指大麻的纖維。

此外，穀是百穀的總稱。禾本來專指稷，後來逐漸演變爲一般糧食作物的通稱。粟本來是禾黍的籽粒，後來也用作糧食的通稱。梁是稷的良種，古人常以稻粱並稱，認爲這兩種穀物好吃；又以膏粱或粱肉並稱，認爲是精美的膳食。

參見王力：《中國古代文化常識圖典》，中國言實出版社 2002 年版，第 251～254 頁。

謀　攻

《孫子兵法》

【《孫子兵法》介紹】《孫子兵法》是我國現存最早的一部軍事

著作，自從問世後就廣泛流傳，歷來被稱爲“兵經”、“武聖”。該書言簡意賅，歸納出戰争的原理原則，對戰前的準備、策略的運用、作戰的布署、敵情的言判等無不詳加説明，是我國古代最有系統的軍事理論著作。

《孫子兵法》的作者爲春秋末年孫武（生卒年月不詳）。孫武字長卿，本是齊國樂安（今山東惠民）人，因齊國内亂，出奔吴國，被吴王闔廬起用爲將，後協助伍子胥打敗楚國，對吴國的强盛起了重要作用。

歷代不少人爲《孫子兵法》作注，現在通行本是《十一家注孫子》。

【説明】《謀攻》是《孫子兵法》第三篇，文中指出用兵的最高境界是用謀略的方式，不經血戰而獲得最完整的勝利。因此，用兵最好的選擇就是“伐謀”、“伐交”，最差的選擇是“攻城”。而一旦動武，就必須隨機應變，遵守用兵之法。文章提出了“知彼知己，百戰不殆”的軍事觀點，影響極爲深遠。

孫子曰：夫用兵之法，全國爲上，破國次之①；全軍爲上，破軍次之②；全旅爲上，破旅次之③；全卒爲上，破卒次之④；全伍爲上，破伍次之⑤。是故百戰百勝，非善之善者也；不戰而屈人之兵⑥，善之善者也⑦。

【注釋】

① 全、破：動詞使動用法，分别爲使……完整，使……破。

② 軍：古代一萬二千人爲軍。

③ 旅：古代五百人爲旅。

④ 卒：古代一百人爲卒。

⑤ 伍：古代五人爲伍。

⑥ 屈：動詞使動用法，使……屈服。

⑦ 善之善者：高明中更高明的策略。

故上兵伐謀，其次伐交，其次伐兵，其下攻城①。攻城之法，爲不得已。修櫓、轒轀，具器械②，三月而後成，距闉又三月而後已③。將不勝其忿而蟻附之④，殺士三分之一，而城不拔者⑤，此攻之灾也。故善用兵者，屈人之兵，而非戰也；拔人之城，而非攻也；毁人之國，而非久也⑥。必以全争於天下⑦，故兵不頓而利可全⑧，此謀攻之法也。

【注釋】

① 上兵：最好的作戰策略。　伐謀：以謀略打敗敵人。　伐交：用外交手段打敗敵人。　伐兵：以武力戰勝敵人。

② 櫓：大盾，用以防箭、石。　轒轀（fényūn）：古代掩護士兵攻城用的戰車。　具：準備，預備。

③ 距闉（yīn）：古代攻城時，在城外積土爲山，然後登之觀察城内敵情或攻擊城中守敵。闉，通"堙"，爲攻城而堆的土山。

④ 蟻：螞蟻，名詞用作狀語，像螞蟻一樣地。

⑤ 拔：攻下。

⑥ 久：指用兵曠日持久。

⑦ 全：這裏指不戰而全得的策略。

⑧ 頓：挫傷。　利可全：利益可以完整無缺。

故用兵之法，十則圍之①，五則攻之，倍則分之②，敵則能戰之③，少則能逃之④，不若則能避之⑤。故小敵之堅，大敵之擒也⑥。

【注釋】

① 十：十倍於敵人。

② 倍：兵力爲敵人的兩倍。　分：分割敵人的兵力。

③ 敵：匹敵，相當。　戰：戰勝。

④ 逃：脱離。

⑤ 避之：指避免與敵人决戰。

⑥ 堅：此處指硬拼。　擒：捕捉，這裏指成爲被抓住的俘虜。

夫將者，國之輔也①。輔周則國必强，輔隙則國必弱②。

故君之所以患於軍者三③：不知軍之不可以進，而謂之進④；不知軍之不可以退，而謂之退；是謂縻軍⑤。不知三軍之事，而同三軍之政⑥，則軍士惑矣。不知三軍之權，而同三軍之任⑦，則軍士疑矣。三軍既惑且疑，則諸侯之難至矣[8]，是謂亂軍引勝[9]。

【注釋】

① 輔：輔佐。這裏指助手。
② 隙：缺陷。
③ 患：危害。
④ 謂：告訴，這裏指命令。
⑤ 縻：牽制，束縛。
⑥ 三軍：軍隊的統稱。　同：參與、干涉。
⑦ 權：權變。　任：擔任，此處有指揮的意思。
⑧ 諸侯之難：指各國諸侯的進攻。
⑨ 引：引退，此處有奪走的意思。

故知勝有五[1]：知可以戰與不可以戰者勝；識衆寡之用者勝[2]；上下同欲者勝[3]；以虞待不虞者勝[4]；將能而君不御者勝[5]。此五者，知勝之道也。

故曰：知彼知己者，百戰不殆[6]；不知彼而知己，一勝一負[7]；不知彼不知己，每戰必殆。

【注釋】

① 知：知道，此處有預見的意思。
② 衆寡：指軍隊多少。
③ 同欲：同心同德。欲，欲望。
④ 虞：預料，有準備。
⑤ 御：駕御，此處有干涉、牽制的意思。
⑥ 殆：危險。
⑦ 一勝一負：勝負各半。

【常用詞詞義分析】

戰　“戰”的本義是打仗、戰爭。本篇課文：“是故百～百勝，非善之善者也；不～而屈人之兵，善之善者也。”引申泛指爭勝負。宋黄休復《茅亭客話·杜大舉》：“筆耕尚可儲三載，酒～猶能敵百夫。”

又指因害怕而發抖。《漢書·高五王傳》：“股～而栗。”揚雄《法言·吾子》：“羊質虎皮，見草而説，見豺而～。”

頓 “頓”的本義是叩、磕。《説文》：“～，下首也。”《史記·秦始皇本紀》：“群臣皆～首。”引申爲用脚使勁往下踩。杜甫《兵車行》詩：“牽衣～足攔道哭，哭聲直上干雲霄。”

引申爲停頓。《漢書·李廣傳》：“而廣行無部曲行陳，就善水草～舍，人人自便。”顔師古注：“～，止也。”又引申爲倒下。《漢書·陳遵傳》：“遵起舞跳梁，～仆坐上，暮因留宿。”又引申爲困頓、疲弊、受挫。本篇課文：“必以全争於天下，故兵不～而利可全。”

作爲副詞，表示立刻、馬上。《列子·天瑞》：“凡一氣不～進，一形不～虧，亦不覺其成，亦不覺其虧。”

“頓”後來又用作量詞。《舊唐書·食貨志》：“痛杖一～處死。”

任 “任”的本義是抱。《國語·齊語》：“以知其市之賈，負～擔荷。”韋昭注：“背曰負，肩曰擔，～曰抱也。荷，揭也。”引申爲負荷、擔子。《吕氏春秋·博志》：“驥一日千里，車輕也。以重載則不能數里，～重也。”又引申爲職責、責任。本篇課文：“不知三軍之權，而同三軍之～。”《論語·泰伯》：“士不可以不弘毅，～重而道遠。仁以爲己任，不亦重乎？死而後已，不亦遠乎？”又引申爲行李。《孟子·滕文公上》：“門人治～將歸。”

又引申爲擔負、擔任。《史記·蒙恬列傳》：“恬～外事，而毅常爲内謀。”由此義引申爲承當。《左傳·僖公十五年》：“衆怒難～。”又引申爲勝任、能够。屈原《天問》：不～汩鴻，師何以尚之？”

“任”的另一常用義是信任。《史記·屈原賈生列傳》：“王甚～之。”《戰國策·魏策》：“王聞而弗～也。”又引申爲任用。柳宗元《六逆論》：“胡亥～趙高而族李斯。”還引申爲能力。《韓非子·定法》：“因～而授官。”

“任”還有聽任、放縱、不受約束之義。《商君書·弱民》：“上捨法，～民之所善，故奸多。”陶淵明《歸去來兮辭》：“曷不委心～去留？”

虞 “虞”用作動詞，表示意料、預料。《晉書·凉武昭王傳》：“不～將軍卒能距之，可一戰而擒矣。”引申爲謀劃好、事先有準備。本篇課文：“以～待不～者勝。”

又有欺騙義。《左傳·宣公十五年》：“我無爾詐，爾無我～。”又指憂患。韓愈《與鳳翔邢尚書書》：“戎狄棄甲而遠遁，朝廷高枕而無～。”

作爲名詞，古代指掌管山澤的官。《風俗通義·山澤》：“岱宗廟在博縣西北三十里，山~長守之。”

“虞”又假借爲“娛”，意爲快樂。《漢書·王褒傳》：“皆以此~説耳目。”“説”，通“悦”。

知識拓展：

先秦軍隊的編制

《謀攻》開篇，孫子就提出五個“全”字：全國、全軍、全旅、全卒、全伍。孫子所説的軍、旅、卒、伍，應該是春秋後的兵制。

商朝軍隊的編制，大概在武丁及其以後時期已有“師”、“旅”、“行”等幾級編制。一行由一百人組成，左、中、右三行組成一大行，三大行組成一旅，一旅一千人，三旅組成一師，一師三千人。

周代戰車已經發展爲軍中的主要兵種，並且逐漸演變爲戰車與步兵一同組編，組成“乘”的建制單位。乘是軍隊最基本的建制單位，每乘戰車一輛，官兵三十人。大致是五乘爲一隊，十乘爲一官，五十乘爲一卒，一百乘爲一師。師的統帥爲“師氏”。

春秋時期開始出現“軍”的編制，各國的常備軍多數編爲左、中、右或上、中、下三軍（中軍地位最高），極少數編爲二軍（上軍地位最高）、四軍或六軍。楚國尚左，所以它的左軍地位最高。軍下設旅、卒、兩、伍等編制。卒、兩、伍是步兵編制單位，旅是車兵編制單位。以五人爲伍，長官爲伍長；五伍爲兩，長官爲兩司馬；四兩爲卒，長官爲卒長；五卒爲旅，長官稱鄉良人或旅帥。軍的長官爲軍將或帥。中軍將居各軍之首，稱元帥。

戰國時期的步兵以五人一伍，長官爲伍長；五伍一兩，長官爲兩司馬；四兩一卒，長官爲卒長；五卒一旅，長官稱旅帥；五旅一師，長官爲師帥；五師一軍，長官爲軍將，一軍一萬二千五百人。

當然，作戰時的編制不會一成不變。《管子·小匡》就有五人爲伍、五十人爲小戎、二百人爲卒、二千人爲旅、萬人爲一軍的説法。

參考黄水華：《中國古代兵制》，商務印書館 1998 年版；《中國軍事史》（第三卷），解放軍出版社 1987 年版。

天論（節録）

《荀子》

【《荀子》介紹】《荀子》爲戰國末期趙國人荀况（約前313—前238）所著。荀况曾在齊國稷下（今山東淄博西北）講學，去秦國進行考察，在楚國被春申君舉爲蘭陵（今山東棗莊）令，晚年居蘭陵著述寫作。

《荀子》被列爲儒家的重要著作。荀子吸收了各學派的精髓，形成了自己獨特的思想體系。他認爲自然界的存在是不以人的意志爲轉移的，人事的吉凶治亂，取决於統治者的心理，主張發揮人的主觀能動作用，認識和改造自然。他提出人性本惡，又强調教育和後天學習的重要性。荀子的思想對後世哲學有巨大的影響。

《荀子》今存32篇，（清）王先謙《荀子集解》是通行注本。

【説明】本篇節選自《荀子》第十七篇。荀子根據歷史的經驗及對自然界的觀察，認爲自然界的變化是不以人的意志爲轉移的，人類社會變化和治亂的根源在人不在天，自然是可以認識和改造的，並對自然界的一些怪異現象作出了合乎規律的解釋。本篇突出表現了我國古代樸素的唯物主義思想。

天行有常，不爲堯存，不爲桀亡①。應之以治則吉，應之以亂則凶②。彊本而節用，則天不能貧③；養備而動時，則天不能病④；脩道而不貳⑤，則天不能禍。故水旱不能使之飢渴⑥，寒暑不能使之疾，祆怪不能使之凶⑦。本荒而用侈，則天不能使之富；養略而動罕⑧，則天不能使之全；倍道而妄行⑨，則天不能使之吉。故水旱未至而飢，寒暑未薄而疾⑩，祆怪未至而凶。受時與治世同，而殃禍與治世異⑪，不可以怨天，其道然也⑫。故明於天人之分，則可謂至人矣⑬。……

【注釋】

① 天行：大自然的變化。　常：常規。　爲：介詞，因爲。　堯：傳説中五帝之一，古人常以他爲賢君的代表。　桀：夏代最後一個君主，著名的暴君。

② 應：適應，應對。 治：這裏指符合正道的措施。 亂：没有條理，指錯誤的措施。

③ 彊：同“强”。 本：指農業生産。

④ 養：給養，指人生活所必需的物質資料。 備：完備。 動時：按天時的變而動。時，天時，即四季寒暑等自然條件。

⑤ 脩：應是“循”之誤（王念孫説）。 貳：應是“貣”（tè）之誤。“貣”同“忒”，差錯。這句是説，遵循天道而不發生差錯。

⑥ 飢：應作“饑”，饑荒、年成不好。 渴：當是衍文，即傳抄中多出來的字。

⑦ 袄怪：違反常態的自然現象。袄，同“妖”。

⑧ 動罕：生産活動少。

⑨ 倍：通“背”。 妄行：亂動。

⑩ 薄：迫近。

⑪ 受時：接受天時。 治世：太平之世。

⑫ 其道然也：亂世社會所實行的道使它成爲如此。其道，指上文的“應之以亂”和“倍道而妄行”。

⑬ 分（fèn）：職分。 至人：最高明的人，聖人。

治亂，天邪①？曰：日月星辰瑞曆，是禹、桀之所同也②；禹以治，桀以亂③，治亂非天也。時邪？曰：繁啓蕃長於春夏，畜積收臧於秋冬④，是又禹、桀之所同也；禹以治，桀以亂，治亂非時也。地邪？曰：得地則生⑤，失地則死，是又禹、桀之所同也；禹以治，桀以亂，治亂非地也。……

【注釋】

① 治：治理得好，有秩序。 亂：無秩序，紊亂。 邪（yé）：通“耶”，疑問語氣助詞。

② 瑞曆：曆象，天體運行的現象。 是：指示代詞，這。

③ 以治、以亂：分別是“以之治”、“以之亂”的省略。以，介詞，憑藉。

④ 繁啓、蕃長：都是近義詞連用，指繁殖、生長。啓，發生。蕃，茂盛。 畜：通“蓄”。 臧：通“藏”。

⑤ 得地：莊稼得到生長的土地。

星隊木鳴，國人皆恐①。曰：是何也？曰：無何也，是天地之變，陰陽之化，物之罕至者也[2]。怪之可也，而畏之非也[3]。夫日月之有蝕，風雨之不時，怪星之黨見[4]，是無世而不常有之。上明而政平，則是雖竝世起[5]，無傷也。上闇而政險[6]，則是雖無一至者，無益也。夫星之隊，木之鳴，是天地之變，陰陽之化，物之罕至者也。怪之可也。而畏之非也。

【注釋】

① 隊："墜"的本字。 木鳴：樹林因生長或乾燥爆裂而作響。 國人：國都中的人。

② 陰陽：這裏指代自然現象。古代哲學家把矛盾運動中的萬事萬物概括爲"陰"、"陽"兩個對立的範疇，認爲陰陽相互作用産生萬物。 罕至：很少出現。

③ 怪：形容詞意動用法，"認爲……奇怪"。 非：不對。

④ 蝕：虧缺。 黨（tǎng）：通"儻"，副詞，偶然。 見（xiàn）：出現。

⑤ 上：在上位者。 平：清平，安定。 是：指示代詞，此，指上述自然現象。 竝：同"並"，同時。

⑥ 闇（àn）：昏暗。 險：險惡。

雩而雨[1]，何也？曰：無何也，猶不雩而雨也。日月食而救之[2]，天旱而雩，卜筮然後决大事[3]，非以爲得求也，以文之也[4]。故君子以爲文，而百姓以爲神[5]。以爲文則吉，以爲神則凶也。

【注釋】

① 雩（yú）：古代的一種祭祀儀式，用以求雨。 雨（yù）：下雨。

② 救之：古人以爲日食、月食是怪物（如天狗等）把太陽、月亮吞食了，所以要想辦法（如敲鑼鼓或盆罐）把日、月救出來。

③ 卜筮（shì）：古時預測吉凶，用龜甲稱卜，用蓍（shī）草稱筮。

④ 得求：得到祈求的东西。求，這裏用作名詞。 文：修飾、文飾。 之：指政事。

⑤ 以爲神：把這種活動看成有神灵。

在天者莫明於日月，在地者莫明於水火，在物者莫明於珠玉，在人者莫明於禮義[①]。故日月不高，則光暉不赫[②]；水火不積，則暉潤不博[③]；珠玉不睹乎外[④]，則王公不以爲寶；禮義不加於國家，則功名不白[⑤]。故人之命在天，國之命在禮[⑥]。君人者，隆禮尊賢而王[⑦]，重法愛民而霸，好利多詐而危，權謀傾覆幽險而盡亡矣[⑧]。

【注釋】

① 莫：否定性無定代詞，没有什麽。

② 暉：火的光輝。　赫：显赫，显著。

③ 潤：水的潤澤。　博：廣大。

④ 睹：當作“睹”（dǔ），顯出（從王念孫説）。

⑤ 加：施加，施行。　白：顯赫。

⑥ 國家的命運决定於怎樣對待禮義。

⑦ 君：名詞用作動詞，統治。　隆：這裏是使動用法，“使……高”。

⑧ 權謀：用作動詞，玩弄權術。　傾覆：顛覆。　幽險：陰險。此句是説，用權術，耍手腕，玩弄陰謀詭計，想把人搞垮，那就會徹底滅亡。

大天而思之，孰與物畜而制之[①]？從天而頌之，孰與制天命而用之[②]？望時而待之，孰與應時而使之[③]？因物而多之，孰與騁能而化之[④]？思物而物之，孰與理物而勿失之也[⑤]？願於物之所以生，孰與有物之所以成[⑥]？故錯人而思天，則失萬物之情[⑦]。……

【注釋】

① 大：這裏是意動用法，“以……爲大”。　孰與：哪裏比得上……呢，表反問。　物：名詞用作狀語，“像物一樣。”制：控制。

② 制天命：掌握自然規律。

③ 望時：盼望天時。　應：適應。　使：役使。

④ 因：順着。　多：這裏是使動用法，“使……增多”。　騁：施展，發揮。　化之：使它變化。此句是説，依順物的自然繁殖而求它增多，哪裏比得上施展人的才能而使它按着人的需要有所變化呢？

⑤ 物之：使它成爲（爲我所用之）物。　理物：管理萬物。

⑥ 所以生：所由生，指自然地生長發育。　有：占有，掌握。　成：成因，規律。

⑦ 錯人：捨棄人的主觀努力。錯，通“措”，捨棄。　情：本真、本性。

【常用詞詞義分析】

亂 “亂”的常用義是没有秩序、雜亂。《史記·秦始皇本紀》：“然陳涉以戍卒散～之衆數百，奮臂大呼。”特指社會無秩序、政治不太平，與“治”相對。本篇課文：“治～，天邪？曰：日月星辰瑞曆，是禹、桀之所同也；禹以治，桀以～，治～非天也。”引申爲擾亂、破壞。《韓非子·五蠹》：“儒以文～法。”《史記·高祖本紀》：“帝，人主也，奈何以我～天下法！”又引申爲造反、叛亂。《論語·學而》：“不好犯上，而好作～者，未之有也。”

古代樂曲的最後一章叫“亂”。《論語·泰伯》：“師摯之始，《關雎》之～，洋洋乎盈耳哉！”朱熹注：“～，樂之卒章也。”又指辭賦中最後總結全篇要旨的一段。屈原《涉江》：“～曰：鸞鳥鳳皇，日以遠兮。”

啓 “啓”的本義是開、開門。《説文》：“～，開也。”《左傳·襄公二十五年》：“門～而入。”泛指一般的張開、開啓。賈誼《治安策》：“適～其口，匕首已陷其匈矣。”引申爲開發、開拓。《韓非子·有度》：“齊桓公並國三十，～地三千里。”

又引申爲啓發、開導。《左傳·昭公二十七年》：“～叔孫氏之心。”《論語·述而》：“不憤不～，不悱不發。”

又指萌芽、發生。本篇課文：“繁～蕃長於春夏，畜積收臧於秋冬。”

“啓”的另一常用義是陳述、報告。《商君書·開塞》：“非明主莫有能聽也，今日願～之以效。”《古詩爲焦仲卿妻作》：“府吏得聞之，堂上～阿母。”

險 “險”的本義是地勢不平坦，所以字從阜。《左傳·成公二年》：“苟有～，余必下推車。”王安石《游褒禪山記》：“夫夷以近，則游者衆，～以遠，則至者少。”

引申爲險要、險阻。《三國志·吴書·吴主傳》：“蜀軍分據～地，前後五十餘營。”杜甫《劍門》詩：“唯天有設～，劍門天下壯。”又引申爲情勢傾危、險惡。本篇課文：“上闇而政～。”上，指统治者。闇（àn），這裏是昏庸的意思。

“險”的另一個常用義是高峻。《玉篇》：“～，高也。”《六書故·地理》：“～，高峻危絶之謂～。”

上古表示“危險”的意義時，一般用“危”不用“險”。“險”表示“危險”是後起之義。王安石《與王子醇書》：“上固欲公毋涉難冒～，以百全取勝。”

陰 “陰”的本義是指山的北面或水的南面，與“陽”相對。《説文》：“～，闇也。山之北，水之南也。”《韓非子·説林》：“夏居山之～。”《列子·湯問》：“指通豫南，達於漢～。”“漢～”指漢水的南面。地名第二個字用“陰”的一般都來自這個意義，如華陰、江陰等。

引申爲陰天。《詩經·邶風·谷風》：“習習谷風，以～以雨。”由此義引申爲没有陽光。范仲淹《岳陽樓記》：“朝暉夕～。”又引申爲陰暗處、陰影。枚乘《上書諫吴王》：“不如就～而止，景滅迹絶。”

又指日光下的影子。《吕氏春秋·察今》：“故審堂下之～，而知日月之行，～陽之變。”陰陽，這裏指早晚寒暑。由日影引申爲光陰、時間。《淮南子·原道訓》：“故聖人不貴尺之璧而重寸之～。”

由陰暗、幽暗引申出秘密地、暗地裏的意思。《史記·李將軍列傳》：“大將軍青亦～受上誡。”

古代哲學術語，與“陽”構成一對對立的範疇，概括指事物的對立面。如日月、天地、水火、寒暑等。本篇課文：“是天地之變，～陽之化，物之罕至者也。”

又音 yìn，意爲覆蓋。《禮記·祭義》：“骨肉斃於下，～爲野土。”引申爲庇護。《戰國策·齊策》：“君長有齊～。”

又引申爲暗地裏、私下。《戰國策·魏策》：“何不陽與齊而～結於楚。”

怨 “怨”的常用義是抱怨、埋怨、責備。本篇課文：“不可以～天，其道然也。”屈原《離騷》：“～靈修之浩蕩兮，終不察夫民心。”又引申爲怨恨、仇恨、懷恨，與現代漢語中的“恨”字意思相同。《説文》：“～，恚也。”《史記·秦本紀》：“繆公之～此三人入於骨髓。”用作名詞，意爲仇恨、怨仇。《墨子·尚賢》：“舉公義，辟私～。”

在古代漢語中，“怨”和“恨”意義有區别。“恨”和“憾”是同義詞，都表示遺憾、不滿。先秦一般用“憾”，漢以後多用“恨”。“怨”表示仇視、懷恨，“恨”表示遺憾、不滿意。《史記·魏其武安侯列傳》：“侯自我得之，自我捐之，無所恨。”“無所恨”就是没有什麽遺憾與不滿意。在古代漢語裏，“怨”重於“恨”，與現代漢語中“恨”重於“怨”相反。古文中有時“怨”、“恨”連用，意義則重在“怨”，指仇恨、怨恨。《後漢書·班超傳》：“超拒還其使，由是～恨。”“怨”重在指仇恨，所以，“仇”、“怨”也可以連文。《史記·留侯世家》：“而所誅者皆生平所仇～。”

應 “應”的本義是對應、適應。本篇課文：“～之以治則吉，～之以亂則凶。”引申爲應付、對付。《韓非子·十過》：“吾將何以～敵？”

又引申爲接受、承受。《廣雅·釋言》：“～，受也。”《管子·小匡》：“～公之賜，殺之黄泉。”引申爲應答、答應、應和、響應。《列子·湯問》：“河曲智叟亡以～。”《周易·乾卦》：“同聲相～，同氣相求。”《史記·陳涉世家》：“殺之以～陳涉。”

錯 “錯”的本義是鑲嵌。《説文》：“～，金塗也。”《漢書·王莽傳》：“～刀以黄金～其文。”又指磨刀石。《詩經·小雅·鶴鳴》：“他山之石，可以爲～。”引申爲交錯。《楚辭·國殤》：“車～轂兮短兵接。”又引申爲不合。《漢書·五行志》：“劉向治穀梁春秋，與仲舒～。”又引申爲錯誤、差錯。這一意義大約在六朝時期纔出現。《唐摭言·誤放》：“主司頭腦太冬烘，～認顔標作魯公。”

“錯”有假借義。1. 假借爲“厝”，意爲安放。《莊子·達生》：“～之牢筴之中。”2. 假借爲“措”，意爲實行。《商君書·錯法》：“～法而民無邪。”3. 假借爲“措”，意爲放棄。本篇課文：“故～人而思天，則失萬物之情。”

五蠹（節録）

《韓非子》

【《韓非子》介紹】《韓非子》是戰國末期韓非（約前280—前233）所作。韓非是韓國的公子，與李斯同爲荀况的學生。韓非見韓國削弱，屢次上書韓王，韓王不能用，于是著書十餘萬言説明治國之道。其書傳到秦國，深得秦王喜歡。公元前234年出使秦國，第二年被李斯陷害，入獄自殺。

韓非的學術，綜合了申不害的“術”、商鞅的“法”、慎到的“勢”而加以發展，主張用“法”、“術”、“勢”相結合治國，强調嚴刑峻法，爲先秦法家的集大成者，也是我國古代最完備的政治理論。

《韓非子》現存55篇，語言嚴刻峻峭，説理周密細致。通行的注本有：清人王先慎《韓非子集解》，今人梁啓雄《韓非子淺説》、陳奇猷《韓非子集釋》。

【説明】本篇節選的是《五蠹》的開頭部分。韓非在本篇中反對儒家的復古主義和守舊思想，把學者（儒家）、言談者（縱橫家）、帶劍者（游俠刺客）、患禦者（逃避兵役的人）、商工之民（商人和手工業者）稱爲五種蛀蟲，認爲他們破壞法制，徒亂人心。

上古之世，人民少而禽獸衆，人民不勝禽獸蟲蛇①。有聖人作，搆木爲巢以避群害②，而民悦之，使王天下，號之曰有巢氏③。民食果蓏蜯蛤，腥臊惡臭而傷害腹胃④，民多疾病。有聖人作，鑽燧取火以化腥臊⑤，而民説之，使王天下，號之曰燧人氏。中古之世，天下大水，而鯀禹決瀆⑥。近古之世，桀紂暴亂，而湯武征伐。今有搆木鑽燧于夏后氏之世者⑦，必爲鯀禹笑矣；有決瀆于殷周之世者，必爲湯武笑矣。然則今有美堯、舜、湯、武、禹之道於當今之世者，必爲新聖笑矣⑧。是以聖人不期修古，不法常可⑨，論世之事，因爲之備⑩。宋人有耕者，田中有株⑪，兔走觸株，折頸而死；因釋其耒而守株，冀復得兔⑫，兔不可復得，而身爲宋國笑。今欲以先王之政治當世之民，皆守株之類也。

【注釋】

① 勝（shēng）：禁得起。

② 作：出現，興起。　搆：同“構”，架設，架起。　群害：衆多的侵害，指禽獸蟲蛇之害。

③ 王：名詞用作動詞，稱王。　有巢氏：與下文中的“燧人氏”都是傳説中遠古的首領。

④ 果蓏（luǒ）：木本植物結的果叫果，草本植物結的果叫蓏，這裏泛指野生果實。　蜯（bàng）：同“蚌”。　蛤（gé）：蛤蜊。　腥臊：生肉的氣味。　臭（xiù）：氣味。

⑤ 燧：用來取火的器具。　化：使變化，消除。

⑥ 鯀（gǔn）：相傳是禹的父親。　決：開掘，疏導。　瀆（dú）：入海的河道，古代以長江、黄河、淮河、濟水爲四瀆。

⑦ 夏后氏：指夏代。

⑧ 美：形容詞意動用法，“以……爲美”，贊美。　新聖：新興的聖人。

⑨ 期：期望，要求。　修：學習。　法：效法。　常可：指永久不變的制度。

⑩ 論：研究，討論。　世：當世。　爲之備：雙賓語結構。爲（wéi），動詞，做。備，準備，指措施。“之”代“世之事”。

⑪ 株：露出地面的樹根。

⑫ 耒：翻土的農具。　冀：希望。

古者丈夫不耕，草木之實足食也①；婦人不織，禽獸之皮足衣也。不事力而養足②，人民少而財有餘，故民不争。是以厚賞不行，重罰不用，而民自治③。今人有五子不爲多，子又有五子，大父未死而有二十五孫④。是以人民衆而貨財寡，事力勞而供養薄⑤，故民争。雖倍賞累罰而不免於亂⑥。

【注釋】

① 丈夫：成年男子的通稱。　實：果實。

② 事力：用體力。事，從事。　養：給養。

③ 行：實行。　治：安定，有秩序。

④ 大父：祖父。

⑤ 勞：勞累。　薄（bó）：少。

⑥ 倍：加倍。　累：加重。

堯之王天下也，茅茨不翦，采椽不斲①；糲粢之食，藜藿之羹②；冬日麑裘，夏日葛衣③；雖監門之服養不虧於此矣④。禹之王天下也，身執耒臿以爲民先，股無胈，脛不生毛⑤；雖臣虜之勞不苦於此矣⑥。以是言之，夫古之讓天下者，是去監門之養而離臣虜之勞也⑦，故傳天下而不足多也⑧。今之縣令，一日身死，子孫累世絜駕，故人重之⑨。是以人之於讓也，輕辭古之天子，難去今之縣令者，薄厚之實異也⑩。夫山居而谷汲者，膢臘而相遺以水⑪；澤居苦水者，買庸而决竇⑫。故饑歲之春，幼弟不饟⑬；穰歲之秋，疏客必食⑭。非疏骨肉愛過客也⑮，多少之實異也。是以古之易財，非仁也，財多也⑯；今之争奪，非鄙也，財寡也⑰。輕辭天子，非高也，勢薄也；重争士橐，非下也⑱，權重也。故聖人議多少、論薄厚爲之政[19]。故罰薄不爲慈，誅嚴不爲戾，稱俗而行也[20]。故事因於世，而備適於事[21]。

【注釋】

① 茅茨（cí）：蓋屋頂用的茅草、蘆葦。 翦：通“剪”。 采：通“棌”，櫟（lì）木。 斫（zhuó）：砍削。

② 糲粢（lìzī）：指粗糙的糧食。糲，粗米。粢，通“餈”，稻餅。 藜藿（huò）：泛指野菜。藜，野菜。藿，豆葉。 羹：帶汁的肉食或蔬菜。

③ 麑（ní）：小鹿。 葛衣：葛布衣，用葛這種野生植物的纖維織成。

④ 監門：看門的人。 服：穿的。 養：吃的。 虧：減損，少。 此：指代上述堯的供養情況。

⑤ 臿（chā）：鍬一類的掘土工具。 先：在前面，指帶頭。 胈（bá）：大腿上的肌肉。 脛：小腿。

⑥ 臣：男性奴隸。 虜：俘虜，古代以俘虜爲奴隸。

⑦ 讓：退讓，辭讓。 去：離開。

⑧ 多：稱贊，贊美。

⑨ 累世：世世代代。 絜（xié）：圍束，這裏指套車。 駕：駕馬拉車。 重：意動用法，以……爲重，看重。

⑩ 輕辭：輕易辭去。 難去：難以拋棄。 薄厚：利益大小。 實：實際情況。

⑪ 山：與下文“谷”、“澤”都是名詞作狀語，“在山裏”，“在谷裏”。 汲：取水。 膢（lóu）臘：泛指節日。膢，楚國人在二月祭祀飲食之神的節日。臘，冬十月（秦始皇改在十二月）祭祀百神的節日。 遺（wèi）：贈送。

⑫ 買庸：雇工。庸，“傭”的本字。 竇：指排水渠。

⑬ 饑歲：荒年。 饟（xiǎng）：同“餉”，供給食物。

⑭ 穰（ráng）歲：豐年。 疏客：關係疏遠的客人。 食（sì）：名詞用作動詞，拿食物給人吃。

⑮ 骨肉：比喻至親。

⑯ 易：輕視。

⑰ 鄙：吝嗇，小氣。

⑱ 士：通“仕”，做官。 橐（tuó）：通“托”，依托，投靠，指依附於有權勢的人。 下：卑下。

⑲ 多少：財物多少。 薄厚：權勢大小。 爲之政：雙賓語結構，爲社會制訂政治措施。

⑳ 誅：懲罰。 戾：暴虐。 稱（chèn）：適應，相符。

㉑ 因：依承，順着。 備：事先的準備、措施。

古者文王處豐、鎬之間①，地方百里，行仁義而懷西戎②，遂王天下。徐偃王處漢東③，地方五百里，行仁義，割地而朝者三十有六國；荆文王恐其害己也④，舉兵伐徐，遂滅之。故文王行仁義而王天下，偃王行仁義而喪其國，是仁義用於古不用於今也。故曰：世異則事異。當舜之時，有苗不服⑤，禹將伐之。舜曰："不可。上德不厚而行武，非道也⑥。"乃修教三年，執干戚舞⑦，有苗乃服。共工之戰，鐵銛短者及乎敵，鎧甲不堅者傷乎體⑧，是干戚用於古，不用於今也。故曰：事異則備變。上古競于道德，中世逐于智謀，當今争於氣力⑨。齊將攻魯，魯使子貢説之⑩。齊人曰："子言非不辯也⑪，吾所欲者土地也，非斯言所謂也⑫。"遂舉兵伐魯，去門十里以爲界⑬。故偃王仁義而徐亡，子貢辯智而魯削。以是言之，夫仁義辯智非所以持國也⑭。去偃王之仁，息子貢之智，循徐、魯之力，使敵萬乘⑮，則齊、荆之欲不得行于二國矣⑯。

【注釋】

① 豐、鎬之間：指周文王興起的地域。豐，周文王的都城，在今陝西西安市户縣東。鎬（hào），周武王從豐遷都於鎬，在今陝西西安市長安縣西南。

② 懷：懷柔，使……歸附。 西戎：古代西北地區的少數民族。

③ 徐偃（yǎn）王：西周穆王時徐國的國君，當時國力强盛，曾平服東方九夷，都城在今安徽泗縣。 漢東：漢水以東。

④ 荆文王：即楚文王。楚文王是東周春秋時人，比徐偃王晚三百年，因此"荆文王"當是"荆王"之誤。《竹書紀年》載，周穆王十四年（前934），穆王率楚國國君伐徐，徐敗。

⑤ 有苗：又稱三苗，古代居於長江流域的少數民族。有，名詞詞頭，無實義。 服：歸順。

⑥ 上：通"尚"，崇尚。 厚：厚實、充分。 道：治國的方法。

⑦ 干：盾。 戚：斧。用干戚爲舞具，表示修德教，不用武力而使有苗歸順。

⑧ 共工：古代神話人物。 鐵銛（xiān）：一種鐵製的兵器。 鎧甲：古代戰衣，一般以皮革製成，上面綴有金屬薄片。

⑨ 逐：角逐，競争。 氣力：指戰争實力。

⑩ 子貢：孔子弟子，姓端木，名賜，字子貢。 説（shuì）：勸説。

⑪ 辯：雄辯，有道理。

⑫ 斯：指示代詞，此。

⑬ 去：距離。　門：魯國都城城門。

⑭ 持：保持，維持。

⑮ 息：廢止。　循：憑藉，依靠。　萬乘：萬輛兵車，指大國。

⑯ 欲：這裏指侵占土地的欲望。　行：實行，實現。

【常用詞詞義分析】

搆（構）“搆”的本義是架木。《説文》“冓，交積材也。”“冓”是“構”的古字。《淮南子·氾論訓》：“築土～木，以爲宫室。”高誘注：“～，架也。謂材木相乘～也。”所謂“材木相乘～”，就是架屋用的建築木料交互聯結在一起。本篇課文：“有聖人作，～木爲巢以避群害。”又指構成的事物。《世説新語·言語》：柏梁雲～，工匠先居其下。”引申爲構成、造成。《孟子·梁惠王上》：“～怨於諸侯。”

由架木引申爲交結會合。《戰國策·秦策》：“秦楚之～而不離。”《孟子·告子下》：“吾聞秦楚～兵。”

引申爲圖謀、謀劃。《淮南子·説林訓》：“紂醢梅伯，文王與諸侯～之。”由此義引申爲把某些事情牽合在一起作爲罪狀陷害人。《左傳·桓公十六年》：“宣姜與公子朔～急子。”

臭“臭”的本義是氣味，音 xiù。本篇課文：“民食果蓏蜯蛤，腥臊惡～而傷害腹胃。”《周易·繫辭上》：“其～如蘭。”是説它的氣味如蘭草一樣芬芳。引申爲嗅、聞。《荀子·榮辱》：“彼～之而無嗛（qiè，滿足）於鼻，嘗之而甘於口。”這一意義後來寫作“嗅”、“齅”。後來“臭”的氣味所指範圍縮小，專指與“香”對立的難聞的氣味，音 chòu。仲長統《昌言·理亂》：“三牲之肉，～而不可食。”

備“備”的常用義是齊備、齊全。《荀子·天論》：“養～而動時，則天不能病。”引申爲防備、準備。《孫子兵法·虛實》：“無所不～，則無所不寡。”《孫子兵法·計篇》：“攻其不～，出其不意。”由此義引申指事先的準備、措施。本篇課文：“論世之事，因爲之～。……故曰：事異則～變。”

古代漢語中，“完”與“備”這兩個字雖然都有“全”的意思，但側重點不同。“備”着重表示數量多，應有盡有。“完”着重表示事物完整。杜甫《石壕吏》詩“出入無完裙”，不能換成“出入無備裙”。

株 “株”的本義爲露出地面的樹根和樹幹。本篇課文：“田中有～，兔走觸～，折頸而死。”《戰國策·秦策》：“削～掘根，無與禍鄰，禍乃不存。”又作量詞，表樹木的棵數。《三國志·蜀書·諸葛亮傳》：“成都有桑八百～。”

實 “實”的本義爲財貨、物資。《禮記·哀公問》：“今之君子，好～無厭，淫德不倦。”

引申爲果實及穀物。本篇課文：“草木之～足食也。”

又引申爲充實、充滿，與“虚”相對。《孫子兵法·虚實》：“避～而擊虚。”《孟子·梁惠王下》：“而君之倉廩～，府庫充。”由此義引申出財物、糧食充足、富有。《漢書·食貨志》：“國～民富。”

又指實際情况、事實。本篇課文：“輕辭古之天子，難去今之縣令者，薄厚之～異也。”引申爲真實、誠實。王充《論衡·問孔》：“世之儒生不能～道是非也。”

作爲副詞，表示確實、的確。《史記·李斯列傳》：“～無反心。”

讓 “讓”的本義爲責備。《説文》：“～，相責～。”《左傳·僖公五年》：“公使～之。”《史記·齊太公世家》：“桓公下車則死矣，魯人以爲～，而齊襄公殺彭生以謝魯。”

又指謙讓、退讓。李斯《諫逐客書》：“是以太山不～土壤，故能成其大。”引申爲轉讓權力、職位。本篇課文：“是以人之於～也，輕辭古之天子，難去今之縣令者，薄厚之實異也。”

駕 “駕”的本義是把車套在馬身上。《説文》：“～，馬在軛中也。”《詩經·小雅·采薇》：“戎車既～，四牡業業。”本篇課文：“今之縣令，一日身死，子孫累世絜～，故人重之。”引申爲駕駛。《韓非子·難一》：“郤獻子聞之，～往救之。”由此義引申爲駕御、控制。《吕氏春秋·貴因》：“其亂至矣，不可以～矣。”

“駕”的另一常用義爲車。《戰國策·齊策》：“爲之～，比門下之車客。”又特指帝王的車、帝王。舊時帝王死稱“～崩”，帝王到來稱“～臨”。

又引申爲淩駕、超越。《左傳·昭公元年》：“子木之信，稱於諸侯，犹詐晉而～焉。”

馬走一天的路程爲“一駕”。《荀子·勸學》：“駑馬十～，功在不捨。”

稱 本義是稱量物體輕重的器具，音 chèng。《淮南子·時則訓》："角斗～。"這個意義後來寫作"秤"。引申爲稱量物體的重量。《楚辭·惜頌》："苦～量之不審兮。"王逸注："～，所以知輕重；量，所以别多少。"

引申爲舉起、揚起。《尚書·牧誓》："～爾戈，比爾干，立爾矛。"意思是，舉起你們的戈，排列你們的盾，立起你們的矛。《詩經·豳風·七月》："～彼兕觥。"意思是指舉起兕角做的酒器。引申爲舉用、稱引。《左傳·襄公三年》："祁奚請老，晉侯問嗣焉，～解狐。"解狐，人名。又引申爲發起、舉事。《尚書·湯誓》："敢行～亂。"《左傳·襄公二十七年》："曰弭兵以召諸侯，而～兵以害我。"

引申爲稱揚、稱頌。如《戰國策·齊策》："因燒其券，民～萬歲。"又爲稱爲、稱呼。《戰國策·秦策》："～帝而治。"

又音 chèn，意爲適合，相匹配。本篇課文："故罰薄不爲慈，誅嚴不爲戾，～俗而行也。"

*去 私

《吕氏春秋》

【《吕氏春秋》介紹】吕不韋，陽翟（今河南禹州市）人。生年不詳，卒於秦始皇十二年（前 235）。他本是趙國的大商人，後爲秦王政的相國，主持國政，門下有食客三千人。吕不韋讓門客各抒己見與所聞，著成八覽、六論、十二紀，共 26 卷二十餘萬言，號曰《吕氏春秋》，因書中有"八覽"，後人因而又稱之爲《吕覽》。其文章大都篇幅不長，組織嚴密，運用故事説理，非常生動。

因《吕氏春秋》由許多人共同編著，所以思想很不統一。内容以儒家、道家思想爲主，兼采墨家、法家、名家、農家、兵家的學説。所以《漢書·藝文志》將《吕氏春秋》列入雜家類。

最早爲《吕氏春秋》作注的是東漢高誘。現在通行的是清畢沅輯校的經訓堂本，近人有許維遹的《吕氏春秋集釋》、陳奇猷的《吕氏春秋校釋》及張雙棣等人的《吕氏春秋譯注》。

【説明】本篇選自《吕氏春秋·孟春紀》，題目是後人所加。"去私"就是去掉私心以達公正。文章先從天地、日月、四季對萬物都無私談起，繼之以堯、舜禪讓帝位，祁黄羊舉薦賢才等事例來説明什麼是"去私"。最後指出君主衹有"誅暴而不私"，纔能成就王業。

天無私覆也，地無私載也，日月無私燭也，四時無私行也。行其德而萬物得遂長焉。

堯有子十人，不與其子而授舜；舜有子九人，不與其子而授禹：至公也。

晉平公問於祁黄羊曰："南陽無令，其誰可而爲之?"祁黄羊對曰："解狐可。"平公曰："解狐非子之仇邪?"對曰："君問可，非問臣之仇也。"平公曰："善。"遂用之。國人稱善焉。居有間，平公又問祁黄羊曰："國無尉，其誰可而爲之?"對曰："午可。"平公曰："午非子之子邪?"對曰："君問可，非問臣之子也。"平公曰："善。"又遂用之。國人稱善焉。孔子聞之曰："善哉！祁黄羊之論也，外舉不避仇，内舉不避子。"祁黄羊可謂公矣。

墨者有鉅子腹䵍，居秦，其子殺人，秦惠王曰："先生之年長矣，非有他子也；寡人已令吏弗誅矣，先生之以此聽寡人也。"腹䵍對曰："墨者之法曰：'殺人者死，傷人者刑。'此所以禁殺傷人也。夫禁殺傷人者，天下之大義也。王雖爲之賜，而令吏弗誅，腹䵍不可不行墨者之法。"不許惠王，而遂殺之。子，人之所私也。忍所私以行大義，鉅子可謂公矣。

庖人調和而弗敢食，故可以爲庖。若使庖人調和而食之，則不可以爲庖矣。王伯之君亦然。誅暴而不私，以封天下之賢者，故可以爲王伯。若使王伯之君誅暴而私之，則亦不可以爲王伯矣。

古代漢語知識

1. 古代漢語實詞詞類的活用

在語言的三要素中，語法最爲穩定，所以古今漢語在語法上有許多一致的地方。學習古代漢語語法，我們更應該注意的是那些古今差異較爲明顯的語法現象。從詞類來看，各類詞的基本語法功能古今大致相同，但是古代漢語，尤其是上古漢語中，詞類活用的現象比現代漢語更多一些。

所謂詞類活用，是指有些詞可以按照一定的表達習慣靈活運用，在句子中臨時改變自己的基本功能的語法現象。

這一節主要討論以下幾個問題：一是動詞、形容詞、名詞的使動用法；二是形容詞、名詞的意動用法；三是名詞用作動詞；四是名詞用作狀語。

一、使動用法

使動用法是指謂語動詞具有“使賓語怎麽樣”的意思。也就是説，謂語動詞表示主語使賓語發出某種動作行爲，或使賓語具備某種性質，或使賓語成爲某類人或事物，這種謂語動詞是及物動詞中的一個小類，稱爲使動動詞。

動詞、形容詞和名詞都可以活用作使動動詞，從而具有使動用法。

（一）動詞的使動用法

1. 不及物動詞的使動用法

古代漢語中，不及物動詞常常有使動用法。不及物動詞本來不能帶賓語，當它活用作使動動詞後，就可以帶賓語了。例如：

① 求也退，故進之；由也兼人，故退之。（《論語·先進》）

② 買臣深怨（湯），常欲死之。（《漢書·朱買臣傳》）

③ 我能起死人。（《吕氏春秋·别類》）

④ 遠人不服，則修文德以來之。（《論語·季氏》）

例①至例④中的“進”、“退”、“死”、“起”、“來”都是不及物動詞，但句中都帶有賓語，從而臨時活用作使動動詞，具有“使+賓語+使動動詞”的意義，分别表示使之進、使之退、使之死、使死人起、使之來。

需要注意的是，不及物動詞活用作使動動詞，有時省略賓語，這時必須根據上下文仔細推敲，纔能作出準確的判斷。例如：

⑤ 養備而動時，則天不能病……養略而動罕，則天不能使之全。(《荀子·天論》)

⑥ 魏其謝病，屏居藍田南山之下數月，諸賓客辯士説之，莫能來。(《史記·魏其武安侯列傳》)

⑦ 操軍方連船艦，首尾相接，可燒而走也。(《資治通鑒》卷六十五)

⑧ 今以鐘磬置水中，雖大風浪不能鳴也。(蘇軾《石鐘山記》)

例⑤不及物動詞“病”後面不帶賓語，參照下句“使之全”，則可以知道它省略了賓語“之”，意思是天不能使人病，是使動用法。同理，例⑥至例⑧，不及物動詞後賓語都被省略了，但仍活用爲使動動詞。意思分别是没有人能使魏其來、可燒而使之走、大風浪不能使鐘磬鳴。

2. 及物動詞的使動用法

古代漢語中及物動詞用作使動動詞則比較少見。及物動詞本來就可以帶賓語，在形式上和使動動詞帶賓語没有區别，區别衹是在意義上。例如：

① 沛公旦日從百餘騎來見項王。(《史記·項羽本紀》)

② 於是信、張耳佯棄鼓旗，走水上軍。水上軍開入之。(《史記·淮陰侯列傳》)

③ 夫精誠變天地，而信不諭兩主。(鄒陽《獄中上梁王書》)

④ 能謗譏於市朝，聞寡人之耳者，受下賞。(《戰國策·齊策》)

以上各例都是普通及物動詞的使動用法。例①“從百餘騎”是使百餘騎跟從，例②“入之”是使他們進入軍營，例③“諭兩主”是使兩主明白自己的忠信，例④“聞寡人之耳”是使寡人之耳聞謗譏。

同樣要注意的是，有些及物動詞活用爲使動動詞後，會改變讀音。例如：

⑤ 晉侯飲（yìn）趙盾酒。(《左傳·宣公二年》)

⑥ 聖王在上，而民不凍飢者，非能耕而食（sì）之。(晁錯

《論貴粟疏》）

例⑤、例⑥“飲”與“食”都改變了讀音，專門用於表達使動動詞的意義。詞是由讀音和意義構成的，讀音不同時，應該看做兩個不同的詞。

（二）形容詞的使動用法

古代漢語中形容詞經常活用作使動動詞，使它所帶賓語具備該形容詞所表示的性質或狀態。例如：

① 王者不卻衆庶，故能明其德。（李斯《諫逐客書》）

② 諸侯恐懼，會盟而謀弱秦。（賈誼《過秦論》）

③ 今君有一窟，未得高枕而卧也。（《戰國策·齊策》）

④ 工師得大木，……匠人斫而小之。（《孟子·梁惠王下》）

形容詞活用作使動動詞一般都帶有賓語，如以上各例。形容詞後帶賓語是判斷形容詞使動用法的形式標記。

形容詞活用作使動動詞有時也可不帶賓語，要作出準確判斷，還得需要認真分析語言環境，仔細推敲上下文，没有其他更好的途逕。例如：

⑤ 彊本而節用，則天不能貧……本荒而用侈，則天不能使之富。（《荀子·天論》）

⑥ 君子易事而難説（悦）也。説之不以道，不説也。（《論語·子路》）

例⑤“天不能貧”與下文“天不能使之富”對照，可以看出形容詞“貧”活用作使動動詞，意思是天不能使人貧困。例⑥聯繫下文“説之不以道，不説也”，可以知道第一個“説”字是形容詞的使動用法，意思是君子容易侍奉但不容易使他高興。

（三）名詞的使動用法

在古代漢語裏，名詞常活用作動詞，情況比較複雜，可以活用爲一般動詞、使動動詞、意動動詞。總體情況是活用作一般動詞的頻率比較高，活用作使動和意動的頻率比較低。

名詞的使動用法，表示主語使賓語所代表的人或事物轉變成爲這個名詞所代表的人或事物，或者使賓語發出與這個名詞意義相關的動作行爲。例如：

① 然得而臘之以爲餌，可以已大風、攣踠、瘻、癘。（柳宗元《捕蛇者説》）

② 桓公解管仲之束縛而相之。（《韓非子·説難一》）

③ 大夫種、范蠡存亡越，霸句踐。（《史記·淮陰侯列傳》）

④ 築室百堵，西南其户。（《詩經·小雅·斯干》）

例①“臘之”意爲使之成爲乾肉，例②“相之”爲使之成爲國相，都是使賓語成爲該名詞所表示的人或事物。例③“霸句踐”意爲使句踐成爲霸主，例④“西南其户”爲使門户朝西、朝南，都是主語使賓語發出與這個名詞意義相關的動作行爲。

有時候名詞活用爲使動動詞，賓語却不出現，例如：

⑤ 天子不得而臣也，諸侯不得而友也。（劉向《新序·節士》）

例⑤“臣”和“友”都是名詞活用作使動動詞，但後面的賓語都没有出現。“不得而臣”相當於不得使之爲臣，“不得而友”相當於不得使之爲友。這種情況，衹有根據上下文仔細體會文意，纔能確定。

二、意動用法

意動用法是主語主觀上認爲賓語具有某種性質，或者認爲賓語屬於某類人或事物。動詞本身没有意動用法，衹有形容詞和名詞可以活用作意動動詞。

（一）形容詞的意動用法

形容詞活用作意動動詞，表示主語認爲賓語具有這個形容詞所表示的性質或狀態。例如：

① 齊君弱吾君，歸弗來矣。（《左傳·昭公十二年》）

② 孔子登東山而小魯，登泰山而小天下。（《孟子·盡心上》）

③ 士卒亦多樂從李廣而苦程不識。（《史記·李將軍列傳》）

④ 甘其食，美其服，安其居，樂其欲。（《老子》八章）

⑤ 今之縣令，一日身死，子孫累世絜駕，故人重之。（《韓非子·五蠹》）

例①“弱吾君”是認爲吾君弱，例②“小魯”、“小天下”意爲認爲魯國小、認爲天下小。例③“苦程不識”，意爲以跟從程不識爲苦。例④、例⑤句中的形容詞用法也是如此。

意動用法的特點是突出主觀認識，未必與客觀事實相一致；使動用法的特點是使客觀情況發生改變，一般是既有的事實。例①“弱吾君”是“認爲吾君弱”，對比“使動用法”一節中例②“諸侯恐懼，會盟而謀弱秦”（賈誼《過秦論》）中的“弱秦”（使秦削弱），可以看出二者的差異。

（二）名詞的意動用法

名詞的意動用法是指名詞活用作意動動詞，表示主語把賓語所代表的人或事物看做這個名詞所表示的人或事物。例如：

① 諸侯用夷禮則夷之，進於中國則中國之。（韓愈《原道》）

② 夫人之，我可以不夫人之乎？（《穀梁傳・僖公八年》）

③ 天下乖戾，無君君之心。（柳宗元《封建論》）

例①是説把用夷禮的諸侯當做夷，把接受中原禮儀的當做中原的人；例②“夫人之”是説把她當做夫人；例③是説把國君當做國君。

名詞意動用法也是突出主觀上的認識，當然有時主觀認識也符合客觀事實，比如例④，國君本來就是國君，“君君”是講把國君當做國君來對待，仍然是突出了主觀意識。

三、名詞用作一般動詞

在古代漢語中名詞活用作一般動詞的現象非常多。名詞活用作一般動詞，後面帶賓語，也可不帶賓語，詞義都會發生一些變化。例如：

① 趙主之子孫侯者，其繼有在者乎。（《戰國策・趙策》）

② 以其子妻之。（《論語・公冶長》）

③ 左右欲兵之。（《史記・伯夷列傳》）

④ 曹子手劍而從之。（《公羊傳・莊公十三年》）

⑤ 夫日兼燭天下，一物不能當也。人君兼燭一國，一人不能壅也，故將見人主者夢見日。（《韓非子・内儲説上》）

⑥ 因面峰腋寺，作爲草堂。（白居易《廬山草堂記》）

例①“侯”意爲封侯，例②“妻之”爲嫁給他，名詞活用爲動詞以後，原名詞在新的詞義中作賓語；例③“兵”爲用兵刃，例④“手”爲用手持，原名詞在新的詞義中表示工具；例⑤“燭”意爲照耀，例⑥“面”爲朝向、“腋”爲挾（在腋下），原名詞在新詞義中不再出現，衹是動詞意義同原名詞有一定的語義關係。

古代漢語的方位名詞經常活用作一般動詞，例如：

⑦ 平原君乃置酒……前，爲魯仲連壽。(《戰國策·趙策》)

⑧ 沛公引軍過而西。(《史記·高祖本紀》)

例⑦"前"爲向前，例⑧"西"爲向西。名詞活用爲動詞以後，原名詞在新的詞義中作賓語。

四、名詞用作狀語

現代漢語衹有時間名詞纔能作狀語，而普通名詞用作狀語，却是古代漢語名詞的基本語法功能之一，也是古代漢語語法的一個重要特點。如果不瞭解古代漢語中普通名詞用作狀語的特點，極容易把它與後面的動詞誤解成主謂關係。

古代漢語中除專有名詞外一般名詞都可以作狀語。名詞作狀語表示的意義是多種多樣的，有下面幾種類型：

（一）表示時間

例如：

① 旦日饗士卒，爲擊破沛公軍。(《史記·項羽本紀》)

② 項伯乃夜馳之沛公軍。(《史記·項羽本紀》)

名詞作時間狀語有時不是單純的時間修飾，而是表達更爲複雜的意義。例如：

③ 吾日三省吾身。(《論語·學而》)

④ 良庖歲更刀，割也；族庖月更刀，折也。(《莊子·養生主》)

⑤ 吾困於此，旦暮望若來佐我。(《史記·淮陰侯列傳》)

⑥ 日君以驪姬爲夫人。(《國語·晉語》)

例③"日"表示每日，例④"歲"、"月"分别表示每年、每月。因此，"日"、"月"、"歲"單用於動詞前，一般表示每日、每月、每年的意思。例⑤"旦暮"表示從早到晚，例⑥"日"表示從前。

（二）表示處所或方位

例如：

① 君王宜郊迎。(《史記·酈生陸賈列傳》)

② 徒多道亡。(《漢書·高帝紀》)

③ 捨適子不立而外求君。(《左傳·文公七年》)

④ 惠子曰："田駟東慢齊侯，南欺荆王。"(《韓非子·説林上》)

例①和例②"郊"、"道"表示處所，例③和例④"外"、"東"、

"南"表示方位。

（三）表示比喻

例如：

① 經始勿亟，庶民子來。（《詩經·大雅·靈臺》）

② 豕人立而啼。（《左傳·莊公八年》）

③ 天下之士雲合歸漢。（《漢書·梅福傳》）

④ 嫂蛇行匍伏。（《戰國策·秦策》）

⑤ 少時，一狼徑去。其一犬坐於前。（《聊齋志異·狼》）

名詞作表示比喻的狀語，都有"像……一樣"的意思。

普通名詞作狀語和一般主謂結構形式上都是"名詞+動詞"，但是句法成分之間的結構關係不同。偏正結構是前項修飾後項，主謂結構是後項陳述前項。以上五例在作狀語的名詞的前面都有一個主語出現，即"庶民"、"豕"、"士"、"嫂"、"其一（狼）"，因而不會把作狀語的名詞"子"、"人"、"雲"、"蛇"、"犬"誤作主語。但是在古文中有時作狀語的名詞前面不出現主語。例如：

⑥ 操刀挾盾，猱進鷙擊。（《清稗類鈔·馮婉貞勝英人於謝莊》）

⑦ 潭西南而望，斗折蛇行，明滅可見。（柳宗元《小石潭記》）

例⑥和例⑦的名詞"猱"、"鷙"、"斗"、"蛇"，前面都没有出現主語，在這種情況下容易把"猱"、"鷙"、"斗"、"蛇"等名詞誤認爲主語。遇到這種情況，我們衹能根據上下文意來判斷語法關係。

這類名詞作狀語的現象在現代漢語的成語中還有所保留，如"狼吞虎咽"、"土崩瓦解"、"星羅棋布"等。

（四）表示對人的態度

例如：

① 今而後知君之犬馬畜伋。（《孟子·萬章下》）

② 學士皆師尊之。（《漢書·董仲舒傳》）

③ 君爲我呼入，吾得兄事之。（《史記·項羽本紀》）

表示對人的態度的名詞狀語都可以譯爲"像對待……一樣"，例①意爲像對待犬馬一樣，例②、例③可以類推。

需要注意的是，例③"兄事之"，離開上下文有歧義，可理解爲像對待兄長那樣，也可理解爲像兄長（對待弟弟）那樣，兩者意思正相反。我們把前者歸入表示對人的態度，把後者歸入表示比喻。它們的不同點在於，表示對人的態度是説明賓語像什麽，而表示比喻是説明主語像什麽。例如：

④ 餘年少，父事張耳，兩人相與爲刎頸之交。(《史記·張耳陳餘列傳》)

⑤ 鬻熊子事文。(《史記·楚世家》)

例④"父事張耳"即陳餘像對待父親那樣對待張耳，也就説張耳像父親，所以是表示對人的態度。而例⑤"子事文"是指像兒子那樣敬奉文王，是説主語"鬻熊"像兒子，所以是比喻。

表示對人的態度類的名詞狀語在現代漢語裏基本没有保留。

(五) 表示動作行爲的依據或工具

例如：

① 失期，法皆斬。(《史記·陳涉世家》)

② 孤與老賊勢不兩立。(《三國志·吴書·周瑜傳》)

③ 箕畚運於渤海之尾。(《列子·湯問》)

④ 伍子胥橐載而出昭關。(《戰國策·秦策》)

例①"法"意思是依據法令，例②"勢"是依據情勢，這兩例名詞作狀語都表示動作行爲的依據。例③"箕畚"意思是用箕畚，例④"橐"是用橐，這兩例名詞作狀語都表示動作行爲的工具。

這一類名詞作狀語在現代漢語的成語裏仍有保留，如"禮賢下士"、"義不容辭"、"車載斗量"、"口誅筆伐"、"人不可貌相，海水不可斗量"等。

五、如何判斷詞類活用現象

(一) 判斷名詞活用作動詞的標準

一個名詞活用作動詞，它的語法位置會發生改變，根據改變了的語法位置，我們可以判斷名詞活用作動詞。

1. 兩個名詞相連構成一個組合

這個組合既不是聯合結構，也不是偏正結構，那麽這兩個名詞中的一個一定活用爲動詞了。例如：

① 魏王使客將軍辛垣衍令趙帝秦。(《戰國策·趙策》)

② 子房前！(《史記·留侯世家》)

例①第一個名詞"帝"活用爲動詞，作述語，後面帶賓語。例②第二個名詞名詞"前"活用作動詞，組成主謂結構。又如"君君"、"臣臣"、"父父"、"子子"的第二個名詞。

2. 名詞出現在代詞前面，活用作動詞

古代漢語的代詞是不能帶修飾語的，代詞也不能和名詞組合成並列結構，所以“名詞+代詞”格式衹能是述賓結構。例如：

① 爾欲吴王我乎？（《左傳·定公十年》）

② 徐庶見先主，先主器之。（《三國志·蜀書·諸葛亮傳》）

例①和例②名詞“吴王”、“器”分别位於代詞“我”、“之”前，活用爲動詞。

3. 名詞出現在助詞“所”後面，活用作動詞

例如：

① 乃丹書帛，置人所罾魚腹中。（《史記·陳涉世家》）

② 寡君未知所過也。（《韓非子·難四》）

例①名詞“罾”位於助詞“所”後，活用作動詞，意思是用網捕；例②名詞“過（錯誤）”位於助詞“所”後，活用作動詞，意思是犯錯誤。

4. 名詞出現在助動詞“能”、“敢”、“欲”、“可”等後面，活用作動詞

例如：

① 假舟楫者，非能水也。（《荀子·勸學》）

② 非敢後也，馬不進也。（《論語·雍也》）

③ 寡人欲相甘茂，可乎？（《史記·甘茂列傳》）

④ 子謂公冶長可妻也。（《論語·公冶長》）

由於助動詞後面衹能出現動詞，所以名詞出現在這個位置上就活用爲動詞。

5. 名詞出現在副詞後面，活用作動詞

例如：

① 晉靈公不君。（《左傳·宣公二年》）

② 秦人聞之，悉甲而至。（《史記·廉頗藺相如列傳》）

6. 名詞後面帶有一個介賓結構，這個名詞活用爲動詞

例如：

① 公與語，不自知膝之前於席。（《史記·商君列傳》）

② 與其飢死道路，爲群獸食，毋寧斃於虞人，以俎豆於貴家。（馬中錫《中山狼傳》）

③ 師還，館於虞。（《左傳·僖公五年》）

例①至例③中名詞“前”、“俎豆”、“館”都位於介賓結構前，活用

作動詞。

7. 名詞出現在連詞“而”前面或後面，活用作動詞

連詞“而”的基本語法功能是連接兩個謂詞性成分，所以名詞出現在連詞“而”前後活用作動詞。例如：

① 隧而相見，其誰曰不然。（《左傳·隱公元年》）

② 漢敗楚，楚以故不能過滎陽而西。（《史記·項羽本紀》）

（二）判斷性質形容詞活用作動詞的標準

1. 形容詞出現在代詞前，構成一個組合

例如：

① 彼長而我長之，彼白而我白之。（《孟子·告子下》）

② 信數與蕭何語，何奇之。（《史記·淮陰侯列傳》）

代詞是不能帶有定語的，形容詞位於代詞前，一定活用爲動詞，與代詞一同構成述賓結構。

2. 形容詞出現在助詞“所”之後，一般活用爲意動動詞

例如：

① 世之所高，莫若黄帝。（《莊子·盜跖》）

② 俗之所貴，主之所賤也；吏之所卑，法之所尊也。（晁錯《論貴粟疏》）

助詞“所”一般衹出現在及物動詞前，故形容詞位於“所”後都活用爲動詞了。

3. 形容詞出現在助動詞“能”、“可”、“足”等後面，活用作動詞

例如：

① 彊本而節用，則天不能貧。（《荀子·天論》）

② 厭其源，開其瀆，江河可竭。（《荀子·修身》）

③ 子胥比干，皆不足貴也。（《莊子·盜跖》）

助動詞後一般衹能跟動詞，所以形容詞位於助動詞後都活用爲動詞了。

2. 古代漢語的代詞

古代漢語的代詞和現代漢語的代詞在大的格局上相似，都分爲三類：人稱代詞、指示代詞、疑問代詞。但是古今代詞有很大差别。與現代漢語相比，古漢語中的代詞有以下特點：一數量多，二基本上不分單複數，三有無定代詞等特殊現象。

一、人稱代詞

古代漢語中的人稱代詞也有第一人稱、第二人稱和第三人稱三類。但是在先秦漢語裏没有真正的第三人稱代詞，衹是借用指示代詞來表達第三人稱的意義。

（一）第一人稱代詞

第一人稱代詞主要有“吾”、“我”、“予”（余），它們都可以作主語、賓語和定語。例如：

① 哀南夷之莫吾知兮。（《楚辭·涉江》）

② 吾視其轍亂，望其旗靡。（《左傳·莊公十年》）

③ 我非愛其財而易之以羊也。（《孟子·梁惠王上》）

④ 三人行，必有我師焉。（《論語·述而》）

⑤ 今者吾喪我。（《莊子·齊物論》）

⑥ 居，予語汝。（《莊子·達生》）

⑦ 王如用予，則豈徒齊民安，天下之民舉安。（《孟子·公孫丑下》）

⑧ 啓予手，啓予足。（《論語·泰伯》）

“吾”在例①中作否定句中動詞“知”的前置賓語，在例②裏作主語。“我”在例③至⑤中分别作主語、定語和賓語。“予”在例⑥至⑧裏分别作主語、賓語和定語。

需要注意的是，漢代以前，“吾”很少在動詞或介詞之後作賓語，一般衹能作前置賓語，而“我”可以作後置的賓語。魏晉以後“吾”纔可以自由地作後置的賓語，例如：

⑨ 今人歸吾，吾何忍棄去。（《三國志·蜀書·先主傳》）

⑩ 東野與吾書。（韓愈《祭十二郎文》）

第一人稱代詞還有“朕”，在秦以前“朕”是一個普通的第一人稱代詞，任何人都可用於自稱。例如：

⑪ 朕皇考曰伯庸。（《楚辭·離騷》）

⑫ 汝何弗告朕。（《尚書·盤庚》）

秦統一天下後，始皇規定“朕”衹能用於帝王自稱，以後歷代王朝都沿用這一定式。

（二）第二人稱代詞

主要有“女”（汝）、“爾”、“若”、“而”、“乃”，這五個代詞在語法功能上有所不同。

1. “女”（汝）、“爾”、“若”可以作主語、定語和賓語

例如：

① 五侯九伯，女實征之。（《左傳·僖公四年》）

② 吾將殘汝社稷，滅汝宗廟。（《國語·越語》）

③ 三歲貫女，莫我肯顧。（《詩經·魏風·碩鼠》）

④ 爾無我詐，我無爾虞。（《左傳·成公元年》）

⑤ 胡瞻爾庭有懸貆兮。（《詩經·魏風·伐檀》）

⑥ 若爲庸耕，何富貴也。（《史記·陳涉世家》）

⑦ 更若役，復若賦，則何如。（柳宗元《捕蛇者説》）

⑧ 予知之，將語若。（《莊子·知北游》）

“女”（汝）在例①至③中分別作主語、定語和賓語。“爾”在例④中作主語和賓語，例⑤中作定語。“若”在例⑥至⑧裏分別作主語、定語和賓語。

2. “乃”和“而”一般衹作定語

例如：

① 高帝罵之曰：“乃公居馬上得之，安事《詩》、《書》。”（《史記·酈生陸賈列傳》）

② 欲利而身，先利而君。（《韓非子·外儲説右下》）

上兩例中的“乃”“而”都作定語。“乃”和“而”也有少量作主語的用例。例如：

③ 今欲發之，乃能從我乎。（《漢書·翟義傳》）

④ 夫差，而忘越王之殺而父乎。（《左傳·定公十四年》）

上兩例中“乃”和加點的“而”都作主語。在古代漢語裏，“乃”和“而”是不能作賓語的。

（三）第三人稱代詞

先秦漢語中没有真正的第三人稱代詞，後代纔産生的第三人稱概念，在古代是用指示代詞“之”、“其”、“彼”來表達的。爲了閱讀和理解的方便，我們可以把“之”、“其”、“彼”看做第三人稱代詞。

“之”衹能作賓語。例如：

① 愛共叔段，欲立之。（《左傳·隱公元年》）

② 馬逸不能止，師從之。（《左傳·成公二年》）

“其”衹能作定語，例如：

③ 今者項莊舞劍，其意常在沛公也。（《史記·項羽本紀》）

④ 今吾於人也，聽其言而觀其行。(《論語·公冶長》)

第三人稱代詞“彼”可以作主語和賓語，例如：

⑤ 彼，丈夫也；我丈夫也；吾何畏彼哉。(《孟子·滕文公上》)

“彼”在主語和賓語的位置上仍帶有很强的指示性，例⑤中的“彼”完全可以解釋爲“那個人”。古代漢語裏很少借用“彼”表示第三人稱作主語。

現代漢語中人稱代詞的複數用單個代詞加“們”表示，而古代漢語没有數的語法範疇，人稱代詞在形式上没有單數、複數的區别。例如：

⑥ 我二人共貞。(《尚書·洛誥》)

⑦ 吾與汝畢力平險。(《列子·湯問》)

⑧ 堯舜之治天下，豈無所用其心哉。(《孟子·滕文公上》)

上述例句中，人稱代詞“我”、“汝”、“其”相當於“我們”、“你們”、“他們”，都表示複數。所以，古代漢語人稱代詞是代表單數還是複數，要根據上下文來判斷。但古代漢語也有專門構成複數的特殊表現形式，這就是在第一、第二人稱代詞後加“儕”、“屬”、“輩”、“曹”等，表示複數。例如：

⑨ 吾儕小人，食而聽事。(《左傳·襄公三十年》)

⑩ 若屬皆且爲所虜。(《史記·項羽本紀》)

⑪ 天生汝輩，固需吾輩食也。(馬中錫《中山狼傳》)

⑫ 吾何以傳女曹哉。(汪琬《傳是樓記》)

但“儕”、“屬”、“輩”、“曹”與現代漢語中的複數詞尾“們”不同，它們都是名詞而非虚詞，意爲“一班人”。

二、指示代詞

現代漢語的指示代詞系統是近指和遠指二分。古代漢語的指示代詞系統與現代漢語很不相同，有些是現代漢語没有的，其内部分工也比較細。主要分爲以下五組。

(一) 近指和遠指

主要有“此”、“是”、“斯”、“彼”、“夫”。

1. “此”、“是”、“斯”

是近指，相當於現代漢語的“這”。可以充當主語、賓語和定語。例如：

① 彼一時，此一時也。(《孟子・公孫丑下》)

② 斯四戰之地，攻守之場也。(《後漢書・馮衍傳》)

③ 仁者固如此乎？(《孟子・告子下》)

④ 君子成人之美，不成人之惡，小人反是。(《論語・顏淵》)

⑤ 逝者如斯夫，不捨晝夜。(《論語・子罕》)

⑥ 此車一人殿之，可以集事。(《左傳・成公二年》)

⑦ 是鳥也，海運則將徙於南冥。(《莊子・逍遙游》)

⑧ 微斯人，吾誰與歸。(范仲淹《岳陽樓記》)

“此”、“是”、“斯”在例①、例②中，充當主語；在例③至⑤中，充當賓語；在例⑥至⑧中，充當定語。

2.“彼”和“夫”

是遠指，相當於現代漢語的“那”。“彼”有很强的指示性，可以作主語、定語和賓語。例如：

① 彼一時，此一時也。(《孟子・公孫丑下》)

② 挹彼注兹。(《詩經・大雅・泂酌》)

③ 逝將去汝，適彼樂土。(《詩經・魏風・伐檀》)

“夫”的指示性比較弱，多作定语，在譯成現代漢語時往往不必譯出。例如：

④ 則夫二人者，魯國社稷之臣也。(《左傳・成公十六年》)

⑤ 夫尚賢者，政之本也。(《墨子・尚賢》)

“夫”可以修飾很複雜的謂詞性結構，仍起指示作用，仍以作定語爲多。例如：

⑥ 予惡夫涕之無從也。(《禮記・檀弓上》)

例⑥中“夫”修飾“涕之無從”。

（二）特指和泛指

主要有“其”和“之”、“兹”。這一組代詞的特點不在於近指還是遠指，在文中譯爲“這”、“那”都可以。

1.“其”

表示特指，即總是含有特定的意義，指示一定的人或物，並且總是作定語。一般代詞都是指代前文出現過的名詞（即前辭），而“其”却不這樣。例如：

① 藏之名山，傳之其人。(司馬遷《報任安書》)

② 子曰：“不在其位，不謀其政。”(《論語・泰伯》)

例①“其人”指合適的人，前人注爲“與己同志者”；例②“其位”、“其政”分别指特定的職位和與之相應的政事。上述例句中“其”都是特指，而且没有前辭。

2. “之”和“兹”

這兩個詞的含義是泛指，或者説非特指。指示代詞“之”可以作定語和賓語。例如：

① 之二蟲又何知。(《莊子·逍遥游》)

② 姜氏欲之，焉辟害？(《左傳·隱公元年》)

“兹”多作賓語，是較古的形式。例如：

③ 文既没，文不在兹乎。(《論語·子罕》)

④ 念兹在兹。(《尚書·大禹謨》)

戰國以後，文中用“兹”往往是引古書或是仿古。例如：

⑤ 揮手自兹去，蕭蕭班馬鳴。(李白《送友人》)

(三) 旁指

主要有“佗”和“他”，表示“别的”、“其他的”、“另外的”等意義。旁指代詞可以指事物，也可以指人。“佗”多作定語。例如：

① 佗邑唯命。(《左傳·隱公元年》)

② 親戚或餘悲，佗人亦已歌。(陶淵明《挽歌詩》)

“他”可以作定語、賓語和判斷句的謂語。例如：

③ 他人有心，予忖度之。(《詩經·小雅·巧言》)

④ 古之人所以大過人者無他焉，善推其所爲而已。(《孟子·梁惠王上》)

⑤ 蕭同叔子非他，寡君之母也。(《左傳·成公二年》)

魏晉以後，“他”用於專指某人，發展爲第三人稱代詞。例如：

⑥ 某得此人大恩，性命昔在他手。(《太平廣記·豪俠三·義俠》)

(四) 複指代詞“者”

複指代詞“者”位於名詞或名詞性成分後，用以重複指稱前面的名詞性成分，起强調作用。例如：

① 陳勝者，陽城人也。(《史記·陳涉世家》)

② 三子者出，曾皙後。曾皙曰：“夫三子者之言何如？”(《論語·先進》)

③ 所爲見將軍者，欲以助趙也。(《戰國策·趙策》)

④ 今者，項莊拔劍舞，其意常在沛公也。（《史記·項羽本紀》）

例①“者”放在主語後面，複指名詞“陳勝”，引出謂語，這是判斷句的一種常見形式，意思相當於“陳勝這個人”。例②“者”複指名詞性偏正結構“三子”。例③“者”複指所字結構“所爲見將軍”，所字結構都是名詞性的。例④“者”複指時間名詞“今”。

（五）謂詞性代詞

可以分兩組。

1. “爾”、“若”、“然”

它們的意思是“如此”、“像這（那）樣”。由於它們的詞義相當於一個述賓結構，所以稱爲謂詞性指示代詞。“爾”主要作賓語和定語。例如：

① 公與爲爾也。（《公羊傳·僖公二十一年》）

② 雖曰匪予，既作爾歌。（《詩經·大雅·桑柔》）

“爾”例①中作賓語，意思是，公參與做這樣的事。例②中作定語，意思是，即使你說不是我，我也已經作了如此之歌。

“若”衹能作定語。例如：

③ 君子哉若人！尚德哉若人！（《論語·憲問》）

④ 以若所爲，求若所欲，猶緣木而求魚也。（《孟子·梁惠王上》）

例③“若人”，即像這樣的人。例④“若所爲”，即如此之所爲。

“然”多作謂語。例如：

⑤ 雖有槁暴，不復挺者，輮使之然也。（《荀子·勸學》）

⑥ 河東凶，亦然。（《孟子·梁惠王上》）

2. “焉”和“諸”

“焉”的意思是“於此”，“諸”的意思是“之於”，詞義中都包括一個介詞，介詞是謂詞性的，故“焉”和“諸”也可以歸入謂詞性代詞。“焉”經常作補語。例如：

① 制，巖邑也，虢叔死焉。（《左傳·隱公元年》）

② 過而能改，善莫大焉。（《左傳·宣公二年》）

由於“焉”經常位於句末，所以一部分“焉”虛化成了語氣詞，表示提示語氣。例如：

③ 我二十五年矣，又如是而嫁，則就木焉。（《左傳·僖公二十三年》）

④ 王若隱其無罪而就死地，則牛羊何擇焉。(《孟子·梁惠王上》)

上述兩例句末的“焉”意思已經很虚了，不好再解釋成“於此”，它們應該是語氣詞。

“諸”用在敘述句裏相當於“之於”。例如：

⑤ 公伐諸鄭。(《左傳·隱公元年》)

⑥ 投諸渤海之尾。(《列子·湯問》)

“諸”用在句末，相當於“之乎”，詞義中包含了疑問語氣詞“乎”。例如：

⑦ 聞斯行諸？(《論語·先進》)

⑧ 不識有諸？(《孟子·梁惠王上》)

三、疑問代詞

常用的有“誰”、“孰”、“何”、“胡”、“曷”、“奚”、“安”、“惡”、“焉”九個，根據其指代的詢問對象，可以分成指人、指事物、指處所三類。三類之間各有分工，也存在相互交叉的現象。

(一) 指人的疑問代詞

指人的疑問代詞有“誰”和“孰”。

1. “誰”

一般衹用於指人，用法與現代漢語基本相同，主要用於一般問句。例如：

① 誰習計會，能爲文收責於薛者乎？(《戰國策·齊策》)

② 寡人有子，未知其誰立焉！(《左傳·閔公元年》)

③ 敢問誰之罪也？(《左傳·襄公二十一年》)

④ 孟嘗君怪之曰：“此，誰也？”(《戰國策·齊策》)

“誰”在例①至④中依次作主語、賓語、定語和判斷句的謂語。

2. “孰”

用於指人，主要用於選擇問句，表示比較與選擇，意思是“哪一個”，前面一般都有表示範圍的名詞性詞語。例如：

① 父與夫孰親？(《左傳·桓公十五年》)

② 吾子與子路孰賢？(《孟子·公孫丑上》)

例①和例②用“孰”在確定的範圍内表示選擇。在選擇問句裏，“孰”一般衹作主語。“孰”有時出現在非選擇問句裏，這時“孰”的意思與“誰”相似，但仍具有選擇的意味。例如：

③ 王者孰謂？謂文王也。（《公羊傳·隱公元年》）

④ 孰可以代之？（《左傳·襄公三年》）

"孰"在例③中作賓語，例④中作主語，仍然具有哪一個的意思。另外，"孰"還可以用來指物或處所。例如：

⑤ 膾炙與羊棗孰美？（《孟子·盡心下》）

⑥ 孰城，城衛也。（《公羊傳·僖公二年》）

例⑤中"孰"作主語，指事物。例⑥中"孰城"的意思是"在哪裏建城"，"孰"作"城"的前置賓語，指處所。

"孰"和介詞"與"連用，構成固定格式"孰與"，表示比較人物的高下或事物的得失。例如：

⑦ 吾孰與徐公美？（《戰國策·齊策》）

⑧ 我孰與皇帝賢？（《史記·酈生陸賈列傳》）

例⑦的意思同"吾與徐公孰美"，例⑧的意思是"我與皇帝孰賢"。在使用"孰與"的句子裏，謂語的核心謂詞可以不出現。例如：

⑨ 君料臣孰與舜。（《戰國策·楚策》）

⑩ 救趙孰與勿救。（《戰國策·齊策》）

例⑨的意思"您判斷我和舜比，哪一個（更好）"，例⑩的意思是"救趙和不救，哪一種方法（更好）"，兩句的謂語核心謂詞都没有出現。"孰與"有時出現在反問句裏，已經不是表示疑問。例如：

⑪ 從天而頌之，孰與制天命而用之！（《荀子·天論》）

⑫ 惟坐待亡，孰與伐之。（諸葛亮《後出師表》）

這類反問句中，"孰與"前後供選擇的兩項優劣分明，一般是肯定後項而否定前項。因而"孰與"有了"哪裏比得上"的意思。

（二）指事物的疑問代詞

"何"、"胡"、"曷"、"奚"主要指事物，一般不用來指人。

1. "何"

出現頻率最高，最常見，語法功能也最豐富。例如：

① 何貴何賤？（《左傳·昭公三年》）

② 大王來何操？（《史記·項羽本紀》）

③ 以此攻城，何城不克？（《左傳·僖公四年》）

④ 星隊木鳴，國人皆恐，曰："是何也？"曰："無何也。"（《荀子·天論》）

例①至④中"何"都指具體事物，可以譯爲"什麼"，分別作主語、賓語、定語和判斷句的謂語。

"何"還常用來詢問原因和方法，例如：

⑤ 許子何不爲陶冶？（《孟子·滕文公上》）

⑥ 雖有君命，何其速也？（《左傳·僖公二十三年》）

⑦ 結廬在人境，而無車馬喧。問君何能爾，心遠地自偏。（陶淵明《飲酒》）

例⑤和例⑥"何"詢問原因；例⑦"何"既可以看做詢問原因，譯爲"爲什麽"，又可以理解爲詢問方法，譯爲"怎麽（能做到這樣）"。"何"詢問原因和方法，一般出現在狀語位置上，如例⑤、例⑦；也可能出現在判斷句謂語的位置上，如例⑥，"何其速也"意爲"其速何也"，謂語前置。

"何"也可以詢問處所，意思是"哪裏"。例如：

⑧ 子欲何之？（《戰國策·秦策》）

2. "胡"、"曷"、"奚"

作狀語，一般是詢問原因，意思是"爲什麽"或"怎麽"。例如：

① 不狩不獵，胡瞻爾庭有縣貆兮？（《詩經·魏風·伐檀》）

② 曷足以美七尺之軀哉？（《荀子·勸學》）

③ 子奚哭之悲也？（《韓非子·和氏》）

"曷"作狀語，在早期可以用來詢問時間，意思是"什麽時候"。例如：

④ 時日曷喪？予及汝偕亡。（《尚書·湯誓》）

⑤ 悠悠蒼天，曷其有極？（《詩經·唐風·鴇羽》）

例④"時日曷喪"，意思是這個太陽什麽時候完蛋。例⑤"曷其有極"，意思是什麽時候纔能熬到頭。

"胡"、"曷"、"奚"也經常作介詞的賓語，"胡"、"曷"經常和介詞"爲"連用，構成"胡爲"、"曷爲"，仍是詢問原因。例如：

⑥ 客胡爲若此？（《戰國策·齊策》）

⑦ 曷爲久居此圍城之中而不去？（《史記·魯仲連鄒陽列傳》）

"奚"常與介詞"以"配合，構成"奚以"，詢問方法。例如：

⑧ 君其試臣，奚以遽言叱也？（《戰國策·秦策》）

⑨ 夫士業已屈首受書，而不能以取尊榮，雖多亦奚以爲？（《史記·蘇秦列傳》）

“奚”有時作動詞的賓語，用來指具體事物或處所。例如：

⑩ 曰：“奚冠？”曰：“冠素。”（《孟子·滕文公上》）

⑪ 彼且奚適也？（《莊子·逍遥游》）

（三）指處所的疑問代詞

主要有“安”、“惡”、“焉”，意思是“在哪裏”、“哪裏”，經常用作狀語，詢問處所。例如：

① 臣在大夏時，見邛竹杖、蜀布。問曰：“安得此？”（《史記·大宛列傳》）

② 王攻楚將惡出兵？（《史記·春申君列傳》）

③ 且焉置土石？（《列子·湯問》）

也可以作動詞或介詞賓語，詢問處所。例如：

④ 沛公安在？（《史記·項羽本紀》）

⑤ 道惡乎往而不存？（《莊子·齊物論》）

⑥ 夫子將焉適？（《吕氏春秋·士節》）

“安”、“惡”、“焉”還可以在反問句裏作狀語，類似於現代漢語中的“哪裏”。作狀語，不表示疑問，而是加强反問語氣。例如：

⑦ 今弗愛其子，安能愛君。（《韓非子·難一》）

⑧ 從許子之道，相率而爲僞者也，惡能治國家？（《孟子·滕文公上》）

⑨ 姜氏欲之，焉辟害？（《左傳·隱公元年》）

四、無定代詞

“或”和“莫”是古代漢語特有的一類代詞，没有確定的指代對象，故稱爲無定代詞。它們衹能作主語，語義正好相反。“或”是肯定的，意爲“有的”、“有人”、“某人”；“莫”是否定的，意爲“没有什麼人”、“没有人”。

（一）或

“或”單用時一般都是指人，例如：

① 如或知爾，則何以哉？（《論語·先進》）

② 今或聞無罪，二世殺之。（《史記·陳涉世家》）

有時“或”前有指人的先行名詞，“或”指代其中一個或一些人。例如：

③ 宋人或得玉。（《左傳·襄公十四年》）

④ 項燕爲楚將，數有功，愛士卒，楚人憐之。或以爲死，或

以爲亡。(《史記·陳涉世家》)

例③"或"指代先行名詞"宋人"中的一個。例④"或"指代前面"楚人"中的一些人。

句中幾個"或"連用，列舉不同的情況，前後呼應，構成排比。"或"既可指人，又可指事物。例如：

⑤ 鈞是人也，或爲大人，或爲小人。(《孟子·告子上》)

⑥ 將有所止之，則千里雖遠，亦或遲、或速、或先、或後。(《荀子·修身》)

⑦ 夫物之不齊，物之情也。或相倍蓰，或相什伯，或相千萬。(《孟子·滕文公上》)

上三例中，"或"是"有的"、"有人"，仍是無定代詞，不同於現代漢語的選擇連詞"或者"。

(二) 莫

"莫"單用時一般指人，表示廣泛的否定。例如：

① 八世之後，莫之與京。(《左傳·莊公二十二年》)

② 吾有老父，身死莫之養也。(《韓非子·五蠹》)

有時"莫"前有先行名詞，"莫"表示强調在某一範圍内的否定，並且既可以指人，又可以指物。例如：

③ 國人莫敢言，道路以目。(《國語·周語》)

④ 天下之水，莫大於海。(《莊子·秋水》)

在先秦漢語裏，"莫"都是無定代詞，漢以後"莫"發展爲否定副詞，表示禁止性的否定。例如：

⑤ 楚妃且勿嘆，齊娥且莫謳。(陸機《吴趨行》)

也表示一般性的否定。例如：

⑥ 諸將皆莫信，佯應曰："諾。"(《史記·淮陰侯列傳》)

思考與練習

一、填空題

1. 第一人稱代詞主要有＿＿＿＿＿＿＿＿＿＿＿＿＿＿。

2. 第二人稱代詞主要有＿＿＿＿＿＿＿＿＿＿＿＿＿＿。

3. 意動動詞都是由＿＿＿＿＿活用而成的動詞，＿＿＿＿＿没有意動用法。

二、問答題

1. 名詞作狀語主要有幾種類型？各舉一例説明。

2. 名詞活用作動詞可以分爲幾種情況？各舉一例説明。

3. 判斷名詞活用作動詞的標準主要有哪些？各舉一例説明。

4. 指示代詞分爲幾類？主要包括哪些詞？

5. 疑問代詞分爲幾類？主要包括哪些詞？

三、分析題

1. 根據判斷詞類活用的標準，分析下面句子中的詞類活用現象，説明原屬何詞類，在句中是如何活用的。

① 子反爲人嗜酒，甘之，不能絶之於口。(《韓非子・飾邪》)

② 今京不度，非制也。(《左傳・隱公元年》)

③ 若弗與，則請除之，無生民心。(《左傳・隱公元年》)

④ 夫披堅執鋭，義不如公；坐而運籌，公不如義。(《史記・項羽本紀》)

⑤ 義不殺少而殺衆，不可謂知類。(《墨子・公輸》)

⑥ 君弱吾君，歸弗來矣。(《左傳・昭公十二年》)

⑦ 厭其源，開其瀆，江河可竭。(《荀子・修身》)

⑧ 孤非周公瑾，不帝矣。(《三國志・吴書・周瑜魯肅吕蒙傳》)

⑨ 秦人聞之，悉甲而至。(《史記・廉頗藺相如列傳》)

⑩ 師還，館於虞。(《左傳・僖公五年》)

⑪ 與其飢死道路，爲群獸食，毋寧斃於虞人，以俎豆於貴家。(馬中錫《中山狼傳》)

⑫ 隆禮尊賢而王，重法愛民而霸。(《荀子・强國》)

⑬ 大天而思之。(《荀子・天論》)

⑭ 信數與蕭何語，何奇之。(《史記・淮陰侯列傳》)

⑮ 追而送之江之滸，飲食之。(柳宗元《送薛存義之任序》)

⑯ 今也，小國師大國，而耻受命焉。(《孟子・離婁上》)

⑰ 左右以君賤之也，食以草具。(《戰國策・齊策》)

⑱ 大其都者危其國，尊其臣者卑其主。(《戰國策・齊策》)

⑲ 功皆未至，子何獨自是而非我哉？(《墨子・大取》)

⑳ 托地而游宇，友風而子雨。(《荀子・賦》)

2. 指出下面句子中的名詞作狀語的現象，並説明其屬於哪種類型。

① 吾困於此，旦暮望若來佐我。(《史記・淮陰侯列傳》)

② 乃病免家居。(《史記·酈生陸賈列傳》)

③ 捨適子不立而外求君。(《左傳·文公七年》)

④ 及寡人之身，東敗於齊……西喪地於秦七百里，南辱於楚。(《孟子·梁惠王上》)

⑤ 四人者年老矣……義不爲漢臣。(《史記·留侯世家》)

⑥ 失時不雨，民且狼顧。(賈誼《論積貯書》)

⑦ 不拊愛子其民，因而賈利之。(《戰國策·齊策》)

⑧ 鵬之徙於南溟也，水擊三千里。(《莊子·逍遥游》)

⑨ 適百里者，宿舂糧。(《莊子·逍遥游》)

⑩ 賊弩射之。(《舊唐書·張巡傳》)

⑪ 治鄭二十六年而死，丁壯號哭，老人兒啼。(《史記·循吏列傳》)

⑫ 楚田仲以俠聞，喜劍，父事朱家。(《史記·游俠列傳》)

⑬ 鄉鄰之生日蹙。(柳宗元《捕蛇者説》)

⑭ 將軍魚游於沸鼎之中，燕巢於飛幕之上。(丘遲《與陳伯之書》)

⑮ 伍子胥橐載而出昭關。(《史記·范雎蔡澤列傳》)

3. 指出下列句中的代詞，並説明其所屬類型與語法意義或功能。

① 百畝之田，勿奪其時。(《孟子·梁惠王上》)

② 微斯人，吾誰與歸？(范仲淹《岳陽樓記》)

③ 如今人方爲刀俎，我爲魚肉。何辭爲？(《史記·項羽本紀》)

④ 若屬皆且爲所虜。(《史記·項羽本紀》)

⑤ 廣廉，得賞賜，輒分其麾下。(《史記·李將軍列傳》)

⑥ 治天下之大器舉在此。(《荀子·儒效》)

⑦ 匈奴匿其壯士肥牛馬，但見其老弱及羸畜。(《史記·劉敬叔孫通列傳》)

⑧ 今予病少痊，予又且復游於六合之外。(《莊子·徐無鬼》)

⑨ 然戰國之權變，亦有可頗采者，何必上古。(《史記·六國年表》)

⑩ 是以竇太后滋不説魏其等。(《史記·魏其武安侯列傳》)

⑪ 或圓如簞，或方似笥。(《水經注·江水》)

⑫ 愛共叔段，欲立之，亟請於武公。(《左傳·隱公元年》)

⑬ 由是搏擊豪强，莫不震慄。(《後漢書·酷吏列傳》)

⑭ 我善治鬼，鬼莫敢我抗。(方孝孺《越巫》)

⑮ 公等或居漢地，或協周親，或膺重寄於話言，或受顧命於宣室，言猶在耳，忠豈忘心？（駱賓王《討武氏檄文》）

四、將下面的短文標點並翻譯成現代漢語

1. 見善修然必以自存也見不善愀然必以自省也善在身介然必以自好也不善在身菑然必以自惡也故非我而當者吾師也是我而當者吾友也諂諛我者吾賊也故君子隆師而親友以致惡其賊好善無厭受諫而能誡雖欲無進得乎哉小人反是致亂而惡人之非己也致不肖而欲人之賢己也心如虎狼行如禽獸而又惡人之賊己也諂諛者親諫争者疏修正爲笑至忠爲賊雖欲無滅亡得乎哉（《荀子·修身》）

2. 昔者鄭武公欲伐胡故先以其女妻胡君以娱其意因問於群臣吾欲用兵誰可伐者大夫關其思對曰胡可伐武公怒而戮之曰胡兄弟之國也子言伐之何也胡君聞之以鄭爲親己遂不備鄭鄭人襲胡取之宋有富人天雨牆壞其子曰不築必將有盗其鄰人之父亦云暮而果大亡其財其家甚智其子而疑鄰人之父此二人説者皆當也厚者爲戮薄者見疑則非知也難也處之則難也（《韓非子·説難》）

6

第六單元

文選：西漢至宋代散文

鴻　門　宴

《史記》

【《史記》介紹】《史記》是我國第一部紀傳體通史，記載自黄帝至漢武帝時三千多年的歷史，凡五十二萬餘言，一百三十篇，分十二“本紀”、十“表”、八“書”、三十“世家”、七十“列傳”。

司馬遷（前145—前90左右），字子長，夏陽（今陝西韓城）人，先世爲周代史官，父親任漢武帝太史令。司馬遷少時從大儒董仲舒、孔安國學習，二十歲後幾乎遍游全國。武帝元封三年（前108），得繼父職。他博覽漢室藏書，參以游歷見聞，在其父累積編次的大量史料基礎上，於太初元年（前104）開始從事《史記》的編寫。天漢二年（前99），因替孤軍奮戰、不得已投降匈奴的李陵辯解，被處腐刑。在獄中，他仍寫作不輟；出獄後，被用爲中書令，發憤著述，於公元前93年左右完成了這部巨著。不久即去世，年六十餘。

《史記》中文學價值最高的是本紀、世家、列傳三類傳記性作品。這些作品以人物爲中心來記載歷史，善於抓住人物性格特徵與人物相互間的矛盾衝突，將人物形象刻畫得栩栩如生，故歷來被推崇爲我國傳紀文學的典範、古代散文的楷模。司馬遷也因此成爲歷史上最偉大的史學家和文學家之一。

歷來爲《史記》作注的有很多，影響最大的是“三家注”本：南朝宋裴駰《史記註解》、唐司馬貞《史記索隱》和唐張守節《史記正義》。

【説明】這裏選録的是《史記·項羽本紀》的一節，歷來標目爲《鴻門宴》。公元206年，秦王朝在農民起義軍沉重打擊下瀕於滅亡。在反秦力量中的主力之一項羽苦戰秦軍主力之際，反秦力量的另一大主力劉邦却乘虛直搗秦都咸陽，從此反秦起義轉爲楚漢相争的歷史對抗。在鴻門的這次宴會便是這一對抗的發軔與縮影。文章詳細描寫了劉、項二人的性格差異及由此帶來的項氏集團的貌合神離與劉邦君臣的桴鼓相應。《史記》中傳記的最大特色是在衆多人物有主有從、錯綜複雜的性格衝突的傳神描寫中展示出歷史事件的必然性，《鴻門宴》便是一個典型的範例。

行略定秦地①。函谷關有兵守關，不得入②。又聞沛公已破咸陽③。項羽大怒，使當陽君等擊關④。項羽遂入，至於戲西⑤。沛公軍霸上，未得與項羽相見⑥。沛公左司馬曹無傷使人言於項羽曰⑦："沛公欲王關中，使子嬰爲相，珍寶盡有之⑧。"項羽大怒，曰："旦日饗士卒，爲擊破沛公軍⑨！"當是時，項羽兵四十萬，在新豐鴻門⑩；沛公兵十萬，在霸上。范增説項羽曰⑪："沛公居山東時，貪於財貨，好美姬⑫；今入關，財物無所取，婦女無所幸⑬，此其志不在小。吾令人望其氣，皆爲龍虎，成五采，此天子氣也⑭。急擊勿失！"

【注釋】

① 行：即將。　略：奪取土地。　秦地：指秦滅六國前的本土，中心地區在今陝西省。

② 函谷關：地名，在今河南靈寶市西南。

③ 沛公：即劉邦，他在沛（今江蘇沛縣）起兵反秦。　咸陽：秦王朝的首都，在今陝西西安市西北。

④ 當陽君：姓英名布，因曾受黥面之刑，改稱黥布。他後來歸附劉邦。

⑤ 戲西：戲水之西，在今陝西西安市臨潼區東三十里。戲水源出驪山，流入渭河。

⑥ 軍：駐軍。　霸上：又作"灞上"，因地處霸水西面的高原而得名，在今陝西西安市東。

⑦ 左司馬：武官名，掌管軍政，有時分置左、右。

⑧ 王（wàng）：名詞用作動詞，稱王。　關中：大約相當於現在的陝西省。因爲東有函谷關，西有隴關（今陝西隴縣附近），所以稱關中。　子嬰：秦二世胡亥的侄子。後子嬰爲項羽所殺。　有：占有。

⑨ 旦日：明日。　饗（xiǎng）：犒勞。　爲（wéi）：做。這裏是安排、準備的意思。

⑩ 新豐：秦時名驪邑，劉邦稱帝後改名新豐，其地在今陝西臨潼東。　鴻門：指鴻門阪，在新豐東十七里，今名項王營。

⑪ 范增：居巢（今安徽桐城市）人，年七十輔項羽稱霸諸侯，項羽尊之爲"亞父"。

⑫ 山東：上古泛指秦以外的六國之地爲山東，因在崤山之東而得名。崤山，在今河南洛寧縣西，接近函谷關。

⑬ 幸：寵愛，親近。

⑭ 望其氣：觀望他（劉邦）頭上的雲氣。古代人迷信，認爲人頭頂上的雲氣與人的吉凶有關。　五采：青、黄、紅、白、黑五種顔色組合在一起。

楚左尹項伯者，項羽季父也，素善留侯張良①。張良是時從沛公。項伯乃夜馳之沛公軍，私見張良，具告以事，欲呼張良與俱去②。曰："毋從俱死也。"張良曰："臣爲韓王送沛公③，沛公今事有急，亡去不義，不可不語④。"良乃入，具告沛公。沛公大驚，曰："爲之奈何？"張良曰："誰爲大王爲此計者？"曰："鯫生説我曰：'距關，毋内諸侯，秦地可盡王也⑤。'故聽之。"良曰："料大王士卒足以當項王乎⑥？"沛公默然，曰："固不如也。且爲之奈何？"張良曰："請往謂項伯，言沛公不敢背項王也⑦。"沛公曰："君安與項伯有故？"張良曰："秦時與臣游，項伯殺人，臣活之⑧。今事有急，故幸來告良⑨。"沛公曰："孰與君少長⑩？"良曰："長於臣。"沛公曰："君爲我呼入，吾得兄事之⑪。"張良出，要項伯⑫。項伯即入見沛公。沛公奉卮酒爲壽，約爲婚姻⑬。曰："吾入關，秋豪不敢有所近，籍吏民，封府庫⑭，而待將軍。所以遣將守關者，備他盗之出入與非常也⑮。日夜望將軍至，豈敢反乎？願伯具言臣之不敢倍德也⑯。"項伯許諾。謂沛公曰："旦日不可不蚤自來謝項王⑰！"沛公曰："諾。"于是項伯復夜去，至軍中，具以沛公言報項王。因言曰："沛公不先破關中，公豈敢入乎？今人有大功而擊之，不義也。不如因善遇之⑱。"項王許諾。

【注釋】

① 左尹：官名，即令尹。楚國官制有時令尹分置左、右。　項伯：名纏，字伯。　季父：叔父。　素：平素，往常。　善：形容詞用作動詞，跟……友好。　留侯張良：張良，字子房，劉邦的重要謀士，漢朝建立後封爲留侯。留，故地在今江蘇沛縣東南。

② 具：全部。　俱：一同。

③ 臣爲韓王送沛公：張良曾勸説項梁立韓公子成爲韓王，自己做韓相。後來劉邦使韓王成留守陽翟（今河南禹州市），張良奉韓王命隨同劉邦一道西入武關，故有此言。　爲（wèi），介詞，替。

④ 急：危难。　亡：逃走。　语（yù）：告訴。

⑤ 鯫（zōu）生：見識淺陋的小人。“鯫”的本意是小雜魚，這裏表示鄙視。　距：通“拒”，抵禦，擋住。　内（nà）：通“納”，接納，放進。　盡王：全部占有而稱王。

⑥ 料：估量。　當：抵擋。

⑦ 背：背叛。

⑧ 游：交往。　活之：使之活。活，動詞使動用法。

⑨ 幸：表敬副詞，表示“告良”是我的幸運，是對對方的敬語。

⑩ 孰與君少長：跟您比，誰年紀輕誰年紀大？孰與，古漢語中表比較的固定結構，“跟……相比，哪一個……”之義。

⑪ 兄事之：像對待兄長一樣侍奉他。兄，名詞，用作狀語，像（對待）兄長一樣。

⑫ 要（yāo）：通“邀”，邀請。

⑬ 奉卮（zhī）酒：兩手恭敬地奉上一杯酒。卮，酒杯。　爲壽：也叫“上壽”，古代給尊長獻上酒並祝健康長壽的禮節。　婚姻：兒女親家。

⑭ 秋豪：秋天獸類新長出的細毛，用來比喻細微之物。豪，通“毫”。　籍：登記户口的簿册。這裏用作動詞，是造册登記的意思。　府庫：官府儲存財物兵甲的倉庫。

⑮ 備：防備。　非常：指意外的變故。

⑯ 倍德：背叛恩德，忘恩負義。倍，通“背”。

⑰ 蚤：通“早”。　謝：道歉，賠罪。

⑱ 因善遇之：就此機會好好對待他。

沛公旦日從百餘騎來見項王①。至鴻門，謝曰：“臣與將軍戮力而攻秦，將軍戰河北，臣戰河南②。然不自意能先入關破秦，得復見將軍於此③。今者有小人之言，令將軍與臣有郤④。”項王曰：“此沛公左司馬曹無傷言之。不然，籍何以至此⑤？”項王即日因留沛公與飲。項王、項伯東嚮坐，亞父南嚮坐⑥。亞父者，范增也。沛公北嚮坐，張良西嚮侍⑦。范增數目項王，舉所佩玉玦以示之者三⑧。項王默然不應。范增起，出，召項莊⑨，謂曰：“君王爲人不忍⑩。若入，前爲壽⑪。壽畢，請以劍舞，因擊沛公於坐，殺之；不者，若屬皆且爲所虜⑫。”莊則入爲壽。壽畢，曰：“君王與沛公飲，軍中無以爲樂，請以劍舞。”項王曰：“諾。”項莊拔劍起舞，項伯亦拔劍起舞，常以身翼蔽沛公，莊不得擊⑬。

【注釋】

① 從百餘騎（jì）：讓百多個騎士跟隨着。從，動詞使動用法，使……跟從。

② 戮（lù）：合力。 河北：黄河以北。 河南：黄河以南。

③ 不自意：自己沒有料到。 得：能够。

④ 郤（xì）：通“隙”，縫隙，這裏指裂痕。

⑤ 籍：項羽自稱。項羽名籍，字羽，下相（今江蘇宿遷市西南）人。

⑥ 東嚮坐：面向東坐。嚮，面向。古人室内坐席以東向爲尊（但君主朝見臣下則面向南坐），應讓賓客坐，其次南向、北向、西向。項羽自己東向坐，讓范增南向坐，是有意簡慢以示威勢。 亞父：項羽對范增的尊稱，意謂僅次於父親。當時范增年已七十。

⑦ 侍：侍候，在旁邊陪着。這裏指陪坐。

⑧ 數（shuò）：屢次。 目：名詞用作動詞，以目示意，使眼色。 玉玦（jué）：有缺口的環形佩玉。玦與“决”同音，古人用玦象徵與人斷絶。 之：代詞，指項羽。 三：表示多次。

⑨ 召：召唤人來。 項莊：項羽的堂弟。

⑩ 不忍：下不了狠心。 忍，狠心。

⑪ 若：第二人稱代詞，你。 前：名詞用作動詞，上前。

⑫ 因：顺势，借机。 不者：不然的話。 若屬：你們這些人。 且爲所虜：將被（沛公）所俘虜。

⑬ 翼：名詞用作狀語，表示比喻，像翅膀一樣。 蔽：遮擋。

于是張良至軍門見樊噲①。樊噲曰：“今日之事何如?”良曰：“甚急！今者項莊拔劍舞，其意常在沛公也。”噲曰：“此迫矣！臣請入，與之同命②！”噲即帶劍擁盾入軍門③。交戟之衛士欲止不内，樊噲側其盾以撞，衛士仆地④，噲遂入。披帷西嚮立，瞋目視項王，頭髮上指，目眥盡裂⑤。項王按劍而跽，曰：“客何爲者⑥?”張良曰：“沛公之參乘樊噲者也⑦。”項王曰：“壯士！賜之巵酒。”則與斗巵酒⑧。噲拜謝，起，立而飲之。項王曰：“賜之彘肩⑨。”則與一生彘肩。樊噲覆其盾於地，加彘肩上，拔劍切而啗之⑩。項王曰：“壯士！能復飲乎?”樊噲曰：“臣死且不避，巵酒安足辭⑪！夫秦王有虎狼之心，殺人如不能舉，刑人如恐不勝⑫，天下皆叛之。懷王與諸將約曰：‘先破秦入咸陽者王之⑬。’今沛公先破秦入咸陽，豪毛不敢有所近，封閉宮室，還軍霸上，以待大王來⑭。故遣將守關者，備他盜出入與非常也。勞苦而功高如此，未有封侯之賞，而聽細説⑮，欲誅有功之人。此亡秦之續耳，竊爲大王不取也⑯。”項王未有以應⑰，曰：“坐。”樊噲從良坐⑱。坐須臾，沛公起如廁⑲，因招樊噲出。

【注釋】

① 軍門：古時軍營樹兩旗爲門，稱軍門。 樊噲（kuài）：沛人，屠狗出身，勇武善戰，一直跟隨劉邦轉戰各地。

② 迫：緊迫。 與之同命：和他同生死。之，指沛公。

③ 擁盾：抱着盾牌。

④ 交戟（jǐ）之衛士：持戟交叉着把守軍門的警衛。 止：阻止，抵擋。仆地：跌倒在地。

⑤ 披帷：揭開帷帳。帷，圍在四周的帳幕。古代軍隊駐地用帷帳。 嗔（chēn）目：瞪大眼睛。 目眥（zì）盡裂：眼角全都裂開了。眥，眼角。

⑥ 按劍：握着劍把，一種準備拔劍的姿態。 跽（jì）：古人席地而坐，兩膝着地，臀部坐到脚後跟上。如果臀部離開脚後跟，挺起上身，就叫做“跽”，是表示敬意或感到緊張時的一種動作。 客何爲者：客人是幹什麽的。

⑦ 参乘（cānshèng）：即“驂乘”，位於車的右邊，負責警衛的人。

⑧ 斗（dǒu）卮：盛一斗酒的大杯。古代一斗相當於現在的二升左右。

⑨ 彘（zhì）肩：猪的前腿。彘，猪。

⑩ 覆其盾於地：把盾牌扣在地上。 覆：覆蓋。 加彘肩上：即加彘肩於其上，把猪腿放在盾牌的上面。 啗（dàn）：同“啖”，吃。

⑪ 安足辭：有什麽值得推辭的。

⑫ 舉：與下句的“勝”，都是全、盡之意。 刑人如恐不勝（shēng）：對人用刑好像唯恐不够。如，好像。

⑬ 懷王：項羽的叔父項梁起兵後，找到楚懷王名叫心的孫子，作爲起義軍名義上的首領，仍號爲楚懷王。 王之：在那裏爲王。之，處所補語，指秦地。

⑭ 還軍霸上：劉邦進入秦都咸陽城，又從城内回至霸上駐軍。這是一種約束部下安定秦民的措施。

⑮ 細説：小人挑撥離間的壞話。

⑯ 竊：私下，謙辭。 爲：認爲。 不取：不應該采取（這種做法）。

⑰ 未有以應：没有什麽話來回答。

⑱ 從良坐：挨着張良坐下。

⑲ 如：往，到……去。

沛公已出，項王使都尉陳平召沛公①。沛公曰："今者出，未辭也，爲之奈何？"樊噲曰："大行不顧細謹，大禮不辭小讓②。如今人方爲刀俎，我爲魚肉，何辭爲③？"于是遂去。乃令張良留謝。良問曰："大王來何操？"曰："我持白璧一雙，欲獻項王；玉斗一雙④，欲與亞父。會其怒⑤，不敢獻。公爲我獻之。"張良曰："謹諾。"當是時，項王軍在鴻門下，沛公軍在霸上，相去四十里。沛公則置車騎，脱身獨騎，與樊噲、夏侯嬰、靳彊、紀信等四人持劍盾步走，從酈山下道芷陽閒行⑥。沛公謂張良曰："從此道至吾軍，不過二十里耳。度我至軍中，公乃入⑦。"沛公已去，閒至軍中⑧。張良入謝，曰："沛公不勝桮杓⑨，不能辭。謹使臣良奉白璧一雙，再拜獻大王足下；玉斗一雙，再拜奉大將軍足下⑩。"項王曰："沛公安在？"良曰："聞大王有意督過之⑪，脱身獨去，已至軍矣。"項王則受璧，置之坐上。亞父受玉斗，置之地，拔劍撞而破之⑫。曰："唉！豎子不足與謀⑬！奪項王天下者，必沛公也，吾屬今爲之虜矣⑭！"沛公至軍，立誅殺曹無傷⑮。

【注釋】

① 都尉：這裏是軍中參謀之類的副官。　陳平：秦陽武縣户牖（yǒu）鄉（今河南蘭考縣）人。這時在項羽部下，後投奔劉邦，成爲其重要的謀士。

② 大行：指大的作爲。　顧：關心，顧慮。　細謹：細小的謹慎。　大禮：大的禮節。　辭：拒絶。　讓：責備，責難。

③ 俎（zǔ）：切肉的案板。　何辭爲：告辭幹什麽。"何……爲"是一種表疑問或反問的固定結構。

④ 璧：古代一種玉器，扁平，圓形，中間有孔，一般用作禮品。　斗：舀酒的一種勺。

⑤ 會：正趕上。

⑥ 置：放下，留下。　車騎：指來時所乘的車和跟從的騎士。　夏侯嬰：姓夏侯，名嬰，隨從劉邦起於沛，長期爲太仆，後封汝陰侯。　靳（jìn）彊：劉邦的將領，曾爲中尉，後封汾陽侯。　紀信：劉邦屬下，形貌酷似劉邦。滎

陽之戰，劉邦被項羽圍困，紀信假扮劉邦誑楚軍，被俘燒死。　步走：徒步跑。　酈（lì）山：即驪（lí）山，在今陝西西安市臨潼區東南。其東北爲鴻門，其南爲霸上。　道：取道，經由。　芷（zhǐ）陽：秦时縣名，故址在今陝西省西安市東。　閒（jiàn）行：抄小路走。

⑦ 度（duó）：揣度，估計。

⑧ 閒至軍中：抄小路回到軍營。

⑨ 不勝桮杓（sháo）：禁受不了酒力，即喝醉了的意思。這是一種委婉的言辭。桮杓，酒器，這裏指代酒。桮，同“杯”。杓，同“勺”。

⑩ 奉：敬獻。　再拜：拜兩次，極示尊敬。　大將軍：指范增。　足下：古代下對上或同輩間的敬辭，表示不敢與被稱者平等。

⑪ 督過：責備，問罪。

⑫ 撞：敲擊。　破：形容詞使動用法，使……破裂。

⑬ 豎子：小子。這裏明指項莊，暗指項羽。

⑭ 吾屬：我們這些人。

⑮ 立：立即。

知識拓展：

古人的坐次

我國古代十分重視坐次，因爲坐次是分別尊卑的重要標志。《儀禮》、《禮記》都有關於坐次尊卑的規定。如《儀禮·士昏禮》中的夫妻對席禮，夫坐西面東，妻坐東面西，這一坐次就表示夫尊妻卑。

在封建官場中，是以官階大小來分坐次的，而坐次的尊卑則是通過方向來表示的。如皇帝聚會群臣，最尊貴的皇帝坐位是坐北向南的。因此，古代常把稱帝叫做“南面”，而把稱臣叫做“北面”。大臣們一般面向北而坐，按官位高低從東往西排列。這樣，官位高的居右，官位低的居左，這也是古代“右爲上”的原因。

我國古代貴族的房屋一般都是堂室結構，它坐北朝南，前堂後室。在堂上舉行的禮節活動，以“南向爲尊”；而在室内，則以“東向爲尊”。這是因爲室一般是長方形，東西長而南北窄，故室内最尊的坐次是坐西面東，其次是坐北面南，再次是坐南面北，最後是坐東面西。本篇課文：“項王即日因留沛公與飲。項王、項伯東嚮坐，亞父南嚮坐。亞父者，范增也。沛公北嚮坐，張良西嚮侍。”項羽如此安排坐席，顯然是有意簡慢劉邦，以顯示自己的威勢。

以上所説的只是位次尊卑最一般的形式。在歷史的長河中，由於時代的變遷，位次尊卑也會有種種變化。如明人余繼登的《典故紀聞》卷一所載："至吴元年十月，太祖始令百官禮儀俱尚左，改右相國爲左相國，餘官如之。"

【常用詞詞義分析】

具 "具"的本義是準備飯食或酒席。《禮記·内則》："若未食，則佐長者視～。"《史記·魏其武安侯列傳》："請語魏其侯帳～。"

引申指飯食。《戰國策·齊策》："食以草～。"《史記·項羽本紀》："爲太牢～。"又泛指準備、備辦。《左傳·隱公元年》："擅甲兵，～卒乘。"孟浩然《過故人莊》詩："故人～雞黍，邀我至田家。"又泛指用具、器具。賈誼《過秦論》："當是時也，商君佐之，内立法度，務耕織，修守戰之～，外連衡而鬥諸侯。"

由備辦引申爲完備、詳盡。陶淵明《桃花源記》："此人一一爲～言所聞。"又引申爲具備、具有。《孟子·公孫丑上》："冉牛、閔子、顔淵則～體而微。"作副詞，表示都、全。范仲淹《岳陽樓記》："政通人和，百廢～興。"

注意："具"、"俱"二字都有都、全的意思，但使用條件不同。"具"多用於一個人做一件事，而"俱"則多用於兩個以上的人同做一件事。本篇課文："項伯乃夜馳之沛公軍，私見張良，～告以事，欲呼張良與俱去，曰：'毋從俱死也。'……良乃入，～告沛公。"這裏用了兩個"具"，兩個"俱"。"具告以事"的是項伯一個人，"具告沛公"的是張良一人，所以都用"具"；"俱去"的是項伯與張良兩個人，"俱死"的是張良與沛公兩個人，所以都用"俱"。

"具"還有才具、才能之義。李陵《答蘇武書》："皆信命世之才，抱將相之～。"

爲 "爲"的基本意義是做。《論語·爲政》："見義不～，無勇也。"《後漢書·范滂傳》："吾欲使汝～惡，則惡不可～；使汝～善，則我不～惡。"引申爲治理。《論語·爲政》："～政以德。"

引申爲作爲、充當。《書經·五子之歌》："～人上者，奈何不敬。"《論語·雍也》："季氏使閔子騫～費宰。"本篇課文："沛公欲王關中，使子嬰～相，珍寶盡有之。"又引申爲變爲、成爲。《詩經·小雅·十月之交》："高岸～谷，深谷～陵。"本篇課文："吾令人望其氣，皆~龍虎，成五采，此天子氣也。"

又表示勞作、修建、修築。《左傳·哀公十三年》："越子伐吴，~二隧。"《史記·陳涉世家》："~壇而盟，祭以尉首。"

有時相當於現代漢語中表示判斷的"是"，在句子中起聯繫主語和謂語的作用。《論語·微子》："子~誰?"《莊子·逍遥游》："北冥有魚，其名~鯤。"與介詞"以"連用時，有認爲的意思。《戰國策·趙策》："老臣竊以~媪之愛燕后賢於長安君。"

又音 wèi，作介詞，表示被動。《韓非子·五蠹》："而身~宋國笑。"又表示因爲。《荀子·天論》："天行有常，不~堯存，不~桀亡。"也表目的。《史記·货殖列傳》："天下熙熙，皆~利來；天下攘攘，皆~利往。"

請 "請"的本義是謁見、拜見。《説文》："~，謁也。"《漢書·張湯傳》："其造~諸公，不避寒暑。"引申爲請求。《韓非子·喻老》："今在骨髓，臣是以無~也。"本篇課文："壽畢，~以劍舞，因擊沛公於坐，殺之。"還有邀請之義。《漢書·孝宣許皇后傳》："賀聞許嗇夫有女，乃置酒~之。"

"請"字後面帶動詞時，有兩種不同的意義。第一種是請你做某事。《左傳·隱公元年》："若弗與，則~除之。"第二種是請你允許我做某事。本篇課文："~往謂項伯，言沛公不敢背項王也。"《三國志·蜀書·諸葛亮傳》："事急矣，~奉命求救於孫將軍。"在古漢語裏，第二種情况比較常見。

府 "府"的本義是收藏文書檔案材料的地方。《説文》："~，文書藏也。"《左傳·僖公五年》："藏之於盟~。"意思是將盟書收藏在盟府當中。引申爲收藏財物的地方。本篇課文："吾入關，秋豪不敢有所近，籍吏民，封~庫，而待將軍。"《商君書·去强》："金粟兩生，倉~兩實，國强。"管理文書、財物的官吏也叫"府"。《周禮·天官·大宰》："五曰~，掌官契以治藏。"

引申爲官府。《周禮·天官·大宰》："以八法治官~。"鄭玄注："百官所居曰~。"諸葛亮《出師表》："宫中~中，俱爲一體。"由此義又引申指達官貴人的住宅。《史記·曹相國世家》："（曹）參見人之有細過，專掩匿覆蓋之，~中無事。"

又引申爲臟腑。《吕氏春秋·達鬱》："五藏六府。"這個意義後來寫作"腑"。

召 "召"的本義是呼唤、召唤，特指上級對下級的呼唤。《説文》："～，呼也。"《左傳・僖公三十二年》："～孟明、西乞、白乙，使出師於東門之外。"引申爲招致、導致。柳宗元《敵戒》："敵存滅禍，敵去～過。"

"召"和"招"都有"召喚人來"的意思，但召喚的方式不同。王逸在爲《楚辭・招魂》解題時說："招者～也，以手曰招，以言曰～。""召"是用言語叫人來。本篇課文："范增起，出，～項莊。""招"是用手勢叫人來。本篇課文："樊噲從（張）良坐。坐須臾，沛公起如廁，因招樊噲出。"

聞　"聞"的本義是"聽見"。本篇課文："又～沛公已破咸陽，項羽大怒，使當陽君等擊關。"白居易《琵琶行》："～舟中夜彈琵琶者，聽其音，錚錚然有京都聲。"

引申爲知道。《戰國策・齊策》："孟嘗君曰：'人事者，吾已盡知之矣；吾所未～者，獨鬼事耳。'"引申爲使上級聽見。李密《陳情表》："臣不勝犬馬怖懼之情，謹拜表以～。"又引申爲闻名、著稱。《隋書・季士謙傳》："事母以孝～。"還引申爲知識、見聞。《論語・季氏》："友直，友諒，友多～，益矣。"

又引申指聽到的事情，消息。司馬遷《報任安書》："網羅天下放失舊～。"又引申爲名聲，名望。《詩經・大雅・卷阿》："如圭如璋，令～令望。""聞"還有嗅、嗅到之義。《韓非子・十過》："共王駕而自往，入其幄中，～酒臭而還。"

"聽"和"聞"都有"聽"的意思，但意義有差別。"聽"只表示一個具體的動作；"聞"則是聽而得其聲，除了表示聽的動作，還包含着聽的結果，即聽到或聽見。《資政通鑒・唐紀》："起，聽于廷，～愬（李愬）軍號令，應者近萬人，始懼。"《荀子・君道》："此所謂視乎不可見，聽乎不可～。"

關　"關"的本義是門閂。《説文》："～，以木横持門户也。"《史記・魏公子列傳》："羸乃夷門抱～者也，而公子親枉車騎，自迎羸於衆人廣坐之中。"

由於門閂具有横貫門後、阻擋門扇不使打開兩個特點，因而"關"的意義朝兩個方向引申。

一是由横貫門後的特點引申爲關聯。蒲松齡《聊齋志異・促織》："故天子一跬步，皆～民命，不可忽也。"由關聯引申爲關書，即古代平行機關相互質詢時使用的一種公文。《文心雕龍・書記》："百官詢事，則有～、刺、解、牒。"還可引申爲關節，即動物身上骨與骨相聯結的部分。《後漢書·華佗傳》：“引挽腰體，動諸～節，以求難老。”

二是由“阻擋門扇不使打開”的特點引申爲關閉。陶淵明《歸去來兮辭》：“門雖設而常～。”還可引申爲“關口”。本篇課文：“函谷～有兵守關，不得入。”又引申爲機關，即機械的發動處。《張衡傳》：“中有都柱，傍行八道，施～發機。”

距 “距”的本義是雞爪。《説文》：“～，雞～也。”《左傳·昭公二十五年》：“季、郈之雞鬥，季氏介其雞，郈氏爲之金～。”

常用義是到、距離。《史記·蘇秦列傳》：“不至四五日而～都矣。”《國語·周語》：“～今九日。”賈思勰《齊民要術·園籬》：“至明年春，剶去横枝，剶必留～。”

“距”有假借義。1. 通“拒”，抵禦。本篇課文：“鯫生説我曰：‘～關，毋内諸侯，秦地可盡王也。’”引申爲拒絶。《孟子·滕文公下》：“吾爲此懼，閑先聖之道，～楊墨，放淫辭，邪説者不得作。”2. 通“巨”，大。《管子·國蓄》：“前有千乘之國，而後有萬乘之國，謂之～國。”

孫　臏

《史記》

【説明】在這篇傳記中，司馬遷對戰國中期齊國軍事家孫臏的事迹和才能作了生動的描寫。作者先通過賽馬這件小事表現了孫臏的智慧，又通過“桂陵之役”和“馬陵之役”兩大著名戰役，寫出了孫臏卓越的軍事思想。這是《史記》通過典型事件刻畫人物的一例。

本篇選自《史記·孫子吴起列傳》，題目是後加的。

孫武既死，後百餘歲有孫臏①。臏生阿、鄄之閒，臏亦孫武之後世子孫也②。孫臏嘗與龐涓俱學兵法。龐涓既事魏，得爲惠王將軍，而自以爲能不及孫臏③。乃陰使召孫臏④。臏至，龐涓恐其賢於己，疾之，則以法刑斷其兩足而黥之，欲隱勿見⑤。齊使者如梁，孫臏以刑徒陰見，説齊使⑥。齊使以爲奇，竊載與之齊⑦。齊將田忌善而客待之⑧。

【注釋】

① 孫武：春秋時代著名的軍事家，著有《孫子兵法》。 臏（bìn）：古代的一種刑罰，挖去膝蓋骨。孫臏的真名不見於史書，因爲受過臏刑，所以稱之爲孫臏。

② 阿（ē）：齊國地名，在今山東陽谷縣附近。 鄄（juàn）：齊國地名，在今山東鄄城縣。

③ 事魏：在魏國做官。 惠王：武侯之子，名罃，前369—前319年在位。

④ 陰：暗地裏，秘密地。 使：派遣。

⑤ 疾：嫉妒。這個意義後來寫作“嫉”。 以法刑：根據法律用刑。 黥（qíng）：古代的一種刑罰，刺面後塗上墨，又稱“墨刑”。 隱：使動用法，使……不顯露。 見（xiàn）：出現。

⑥ 如：到……去。 梁：即大梁，在今河南開封市，魏惠王三十一年（前339）自安邑（在今山西省夏縣西北）遷都至此，從此魏亦稱梁，但此時魏尚未稱梁。 以：以……的身份。 刑徒：受過刑的罪犯。 陰見：暗中求見。

⑦ 奇：指有特別的才能。 竊載：偷偷地用車載着。 與之齊：和他一起到齊國去。“與”後面省略代詞賓語“之”（他），文中的“之”是動詞，意爲“到……去”。

⑧ 田忌：齊國的宗族，此時任齊國的將軍。 善：意思是認爲他有才能。 客待之：把他當做客人對待。“客”是名詞作狀語。

忌數與齊諸公子馳逐重射①。孫子見其馬足不甚相遠，馬有上、中、下輩②，于是孫子謂田忌曰：“君弟重射，臣能令君勝③。”田忌信然之，與王及諸公子逐射千金④。及臨質，孫子曰：“今以君之下駟與彼上駟，取君上駟與彼中駟，取君中駟與彼下駟⑤。”既馳三輩畢，而田忌一不勝而再勝，卒得王千金⑥。于是忌進孫子於威王⑦。威王問兵法，遂以爲師⑧。

【注釋】

① 諸公子：指諸侯的不繼承君位的各個兒子。 馳逐：駕馬比賽。 重（zhòng）射：下大的賭注。射，打賭。

② 孫子：古代孫武和孫臏皆稱孫子，此指孫臏。 馬足：馬的奔跑能力。足，足力。 輩：等級。

③ 弟：但，衹管。 臣：古人對人講話時常謙稱自己爲臣，並非只對君纔能稱臣。

④ 信然之：相信孫臏的話，認爲孫臏的話正確。這句中“信”、“然”共一

個賓語“之”。 逐射千金：下千金的賭注賭駕馬比賽的勝負。千金，金是古代的貨幣單位，秦以一鎰（音 yì，重二十四兩）爲一金。

⑤ 臨質：臨近比賽。質，評判是非，這裏指比賽。 下駟（sì）：下等馬。駟，古代稱同駕一車的四馬爲“駟”，後來也用以指馬。 與（yù）彼上駟：和對方的上等馬對抗。與，對付。

⑥ 再勝：勝兩次。

⑦ 進：推薦。 威王：名因齊，前356—前320年在位。

⑧ 師：軍師。

其後魏伐趙，趙急，請救於齊。齊威王欲將孫臏，臏辭謝曰：“刑餘之人不可①。”于是乃以田忌爲將，而孫子爲師，居輜車中，坐爲計謀②。田忌欲引兵之趙，孫子曰：“夫解雜亂紛糾者不控捲，救鬬者不搏撠③。批亢擣虛，形格勢禁，則自爲解耳④。今梁趙相攻，輕兵鋭卒必竭於外，老弱罷於内⑤。君不若引兵疾走大梁，據其街路，衝其方虛⑥，彼必釋趙而自救，是我一舉解趙之圍而收獘於魏也⑦。”田忌從之。魏果去邯鄲，與齊戰於桂陵⑧。大破梁軍。

【注釋】

① 將（jiàng）：名詞用作動詞，以……爲將。 謝：婉言推辭。 刑餘之人：受過刑的人。

② 輜（zī）車：古代有帷蓋的車子，既可載物，又可作卧車。

③ 紛糾：糾纏在一起的亂絲。 不控捲：不能攥緊拳頭。捲（quán），通“拳”。 救鬬：勸解打架。 搏：击打。撠（jǐ）：击刺。

④ 批亢（gāng）：指打擊要害處。批，擊。亢，喉嚨。這裏指要害之處。擣虛：指攻擊敵人的空虛之處。擣，後來寫作“搗”。 形格勢禁：是兩個並列的主謂結構，指形勢禁止相鬬。格，止。

⑤ 輕兵：輕便的武器。 外：國外。 罷（pí）：通“疲”。 内：國内。

⑥ 走：趨向，奔向。 街路：指四通八達的戰略要地。 衝：同“衝”（現簡化爲“冲”）。 方虛：恰好是虛懈的地方。

⑦ 收獘於魏：對魏可以收到使它疲憊的效果。獘，通“弊”，疲憊，指力量削弱。

⑧ 去：離開。 桂陵：魏國地名，在今山東菏澤市東北。

後十三歲，魏與趙攻韓，韓告急於齊①。齊使田忌將而往，直走大梁②。魏將龐涓聞之，去韓而歸，齊軍既已過而西矣③。孫子謂田忌曰："彼三晉之兵素悍勇而輕齊，齊號爲怯④；善戰者因其勢而利導之⑤。兵法，百里而趣利者蹶上將，五十里而趣利者軍半至⑥。使齊軍入魏地爲十萬竈，明日爲五萬竈，又明日爲三萬竈⑦。"龐涓行三日，大喜，曰："我固知齊軍怯，入吾地三日，士卒亡者過半矣⑧。"乃棄其步軍，與其輕鋭倍日兼行逐之⑨。孫子度其行，暮當至馬陵⑩。馬陵道陜，而旁多阻隘，可伏兵⑪。乃斫大樹白而書之曰⑫："龐涓死於此樹之下。"于是令齊軍善射者萬弩，夾道而伏，期曰："暮見火舉而俱發⑬。"龐涓果夜至斫木下，見白書，乃鑽火燭之⑭。讀其書未畢，齊軍萬弩俱發，魏軍大亂相失⑮。龐涓自知智窮兵敗，乃自剄，曰："遂成豎子之名⑯！"齊因乘勝盡破其軍，虜魏太子申以歸⑰。孫臏以此名顯天下，世傳其兵法。

【注釋】

①《史記》記桂陵之戰在魏惠王十八年（前 353），記馬陵之戰在魏惠王三十年（前 341），相去十三年。

② 将（jiàng）：帶兵。

③ 既已：已經。　過而西：越過（國境）而向西進。

④ 三晉：這裏指魏國。因魏、趙、韓三國是由春秋時的晉國分裂而成的，故稱"三晉"。　號爲怯：被稱爲膽小的。

⑤ 因其勢：根據客觀情勢。　利導之：順着有利的方向加以引導。

⑥ 趣利：跑去争利。趣（qū），通"趨"，趨向。　蹶（jué）：動詞使動用法，使……折損。　上將：即上將軍。戰國以來，上將軍是最高的軍事統帥。　軍半至：軍隊只有一半能到達，意思是在行軍途中軍隊損耗過半。

⑦ 竈：俗寫作"灶"。

⑧ 亡者：逃跑的人。

⑨ 輕鋭：輕兵鋭卒。　倍日兼行：兩天的路程併作一天走。

⑩ 度（duó）其行：估量其行程。　馬陵：魏地，在今山東鄄城縣。

⑪ 陜：狭窄，"狹"的本字。

⑫ 斫（zhuó）：砍削。　白：指削去樹皮露出白木。這裏是使動用法，使……露出白木。　書：寫。

⑬ 弩：一種用機械力量射箭的弓，泛指弓。這裏指弓弩手。　期：約定。　發：（把箭）射出去。

⑭ 見白書：見到白木上的字。書，字。　鑽火：鑽木取火，這裏指取火。燭：火把，這裏用作動詞，照，用火把照。

⑮ 相失：指隊形被打亂，失去建制，彼此不相連屬。

⑯ 自剄（jǐng）：割頸自殺。剄，用刀割脖子。《史記·魏世家》説龐涓是被殺的。　豎子：是罵人的話，猶言"小子"。

⑰ 魏太子申：魏惠王的太子，名申。馬陵之役，魏以太子申爲上將軍，以龐涓爲將。　以：而。

【常用詞詞義分析】

疾　"疾"的本義是疾病。《説文》："～，病也。"《韓非子·扁鵲見蔡桓公》："君有～在腠理，不治將恐深。"引申爲生病。《韓非子·外儲説左上》："嬰～甚，且死。"又引申爲痛苦、疾苦。《管子·小問》："凡牧民者，必知其～。"又引申爲毛病、缺點。《孟子·梁惠王下》："寡人有～，寡人好貨。"

引申爲厭惡、嫉恨。《論語·季氏》："君子～夫捨曰'欲之'而必爲之辭。"又引申爲妒忌。本篇課文："臏至，龐涓恐其賢於己，～之。"

還表示急速的意思。《戰國策·趙策》："老臣病足，曾不能～走。"本篇課文："君不若引兵～走大梁，據其街路，衝其方虛。"

"疾"指一般的疾病，還没有達到卧床不起、危及生命的程度。危及生命的重病在古漢語用"病"來表示。《説文》："病，疾加也。"《管子·小問》："曾子寢～，病。"是説曾子在睡覺時得了病，而且病情很重。

黥　"黥"（qíng）的本義是在人臉上刺字再以墨染黑，是古代的一種刑罰。《説文》："～，墨刑在面也。"本篇課文："則以法刑斷其兩足而～之，欲隱勿見。"引申爲受過黥刑的人。歐陽修《新五代史·卷六十一》："自唐失其政，天下乘時，～髡盜販衮冕。"

數　"數"的本義是計算數目，音 shǔ。《説文》："～，計也。"《老子》："善～不用籌策。"引申指數目、數量。《戰國策·趙策》："願令得補黑衣之～，以衛王宫。"意思是希望讓小兒子能補充在黑衣禁衛軍的數目裏。又引申爲幾個，表示不確定的數目。《孟子·梁惠王上》："～口之家可以無飢矣。"還可引申爲定數，即法則、規律。《史記·范雎蔡澤列傳》："語曰：'日中則移，月滿則虧，物盛則衰。’天地之常～也。”由此義引申出命運。《漢書·李廣傳》：“以爲李廣～奇，毋令當單于。”意思是，認爲李廣的命運奇特，不讓他抵擋單于。

“數”用作副詞，表示多次、屢次，音 shuò。本篇課文：“忌～與齊諸公子馳逐重射。”又引申爲密，與“疏”相對，音 cù。《孟子·梁惠王上》：“～罟不入洿池。”

“數”還有技藝之義，特指博弈、占卜之類的技藝。《孟子·告子上》：“今夫弈之爲～，小～也。”《楚辭·卜居》：“～有所不逮，神有所不通。”

射 “射”的本義是用弓發箭使中遠處目標，即放箭。《説文》：“～，弓弩發於身而中於遠也。從矢，從身。”本篇課文：“于是令齊軍善～者萬弩，夾道而伏，期曰：‘暮見火舉而俱發。’”引申爲放箭的人。《孟子·盡心上》：“大匠不爲拙工改廢繩墨，羿不爲拙～變其彀率。”又引申爲射出、噴射。《徐霞客游記·楚游日記》：“光由隙中下～，宛如鉤月。”

引申爲追求、攫取。《新唐書·食貨志四》：“鹽價益貴，商人乘時～利。”又引申爲猜度。《吕氏春秋·重言》：“是何鳥也？王～之。”古人以射箭中與不中來衡量輸贏，因而又引申爲比賽，賭博。本篇課文：“田忌信然之，與王及諸公子逐～千金。”

謝 “謝”的基本義爲道歉、認錯。《戰國策·齊策》：“宣王～曰：‘寡人有罪國家。’”《史記·項羽本紀》：“旦日不可不蚤自來～項王。”引申爲推辭、拒絶。本篇課文：“齊威王欲將孫臏，臏辭～曰：‘刑餘之人不可。’”《史記·秦本紀》：“迎晉公子重耳于楚，而妻以故子圉妻，重耳初～，後乃受。”

又引申爲辭别、離開。《古詩爲焦仲卿妻作》：“往昔初陽歲，～家來貴門。”也引申爲感謝。《韓非子·外儲説左下》：“解狐舉刑伯柳爲上党守，柳往～之。”

又引申爲告訴。《史記·張耳陳餘列傳》：“有厮養卒～其舍中曰：‘吾爲公説燕，與趙王載歸。’”《古詩爲焦仲卿妻作》：“多～後世人，戒之慎勿忘！”由此義引申爲問、問候。《陌上桑》詩：“使君～羅敷，寧可共載不？”

還引申爲凋落、衰亡。范縝《神滅論》：“形～則神滅。”杜牧《留贈》詩：“薔薇花～即歸來。”

罷 “罷”的本義是停止。《史記·魏公子列傳》：“于是～酒，侯生遂爲上客。”《韓非子·十過》：“戰既～，共王欲復戰。”引申爲結束、完了。《韓非子·外儲説左上》：“及反，市～。”

又引申爲罷免、停職。《史記·魏其武安侯列傳》：“竇太后大怒，乃～逐趙綰、王臧等。”

假借爲“疲”。音 pí，意为疲勞、疲乏。《孫子兵法·軍爭》：“勁者先，～者後。”本篇課文：“今梁趙相攻，輕兵鋭卒必竭於外，老弱～於内。”由此義引申爲疲沓、無能，與“賢”相對。《荀子·王霸》：“無國而不有賢士，無國而不有～士。”

多 “多”的本義是數量大，與“少”、“寡”相對。《荀子·致仕》：“臨事接民，而以義變應，寬裕而～容，恭敬以先之，政之始也。”本篇課文：“馬陵道陜，而旁～阻隘，可伏兵。”

引申爲增多、超出、勝過。《論語·里仁》：“放於利而行，～怨。”《楚辭·天問》：“東西南北，其修孰～？”

引申爲重，與“輕”相對。《老子》：“名與身，孰親？身與貨，孰～？”又引申爲贊許、推崇。《漢書·灌夫傳》：“稠人廣衆，薦寵下輩；士亦以此～之。”白居易《與元九書》：“此誠雕蟲之戲，不足爲～也。”

作副詞，表示大多。沈括《夢溪筆談·采草藥》：“古法采草藥～用二月、八月，此殊未當。”褚少孫《西門豹治鄴》：“其人家有好女者，恐大巫祝爲河伯取之，以故～持女遠逃亡。”

張騫傳（節録）

《漢書》

【《漢書》介紹】《漢書》的作者班固（32—92），字孟堅，扶風安陵（今陜西咸陽市東）人。父親班彪是一個史學家，曾作《後傳》六十五篇來續補《史記》。《漢書》就是在《後傳》的基礎上完成的。和帝永元元年（89），班固隨從車騎將軍竇憲出擊匈奴，參與謀議。後因事入獄，永元四年（92）卒於獄中。那時《漢書》還有八表和《天文志》没有寫成，漢和帝命班固之妹班昭補作。

《漢書》包括本紀十二篇，表八篇，志十篇，傳七十篇，共一百篇，後人析爲一百二十卷。記事始于漢高祖元年（前206），終於王莽地皇四年（23）。《史記》是一部通史，《漢書》則是一部斷代史。《漢書》把《史記》的“本紀”省稱爲“紀”，“列傳”省稱爲“傳”，“書”改曰“志”，取消了“世家”。這些變化被後來的一些史書沿襲下來。

《漢書》記載的時代與《史記》有交叉，漢武帝中期以前的西漢歷史，兩書都有記述。這一部分，《漢書》常常移用《史記》的文字。但由於作者思想境界的差異和材料取捨標準不盡相同，移用時也有增删改易。

【説明】本文記載了我國古代傑出的外交家張騫（前？—前114）兩次出使西域的情况，爲我們研究西漢初年的民族問題以及中外關係問題，提供了珍貴的資料。張騫通西域，對後來形成“絲綢之路”起了開創作用，發展了我國和中亞、西亞許多國家的友好關係，促進了東西方經濟文化的交流。

本篇選自《漢書·張騫李廣利傳》。

張騫，漢中人也①。建元中爲郎②。時匈奴降者言匈奴破月氏王，以其頭爲飲器，月氏遁而怨匈奴，無與共擊之③。漢方欲事滅胡，聞此言，欲通使，道必更匈奴中，乃募能使者④。騫以郎應募，使月氏⑤。與堂邑氏奴甘父俱出隴西⑥。徑匈奴，匈奴得之，傳詣單于⑦。單于曰：“月氏在吾北，漢何以得往使⑧？吾欲使越，漢肯聽我乎⑨？”留騫十餘歲，予妻，有子，然騫持漢節不失⑩。

【注釋】

① 漢中：漢代郡名，郡治在南鄭（今陝西漢中市南鄭縣）。

② 建元：漢武帝（劉徹）的第一個年號（前140—前135）。　郎：官名，漢代屬光禄勛，負責宫廷侍衛，隨皇帝出行。

③ 匈奴：我國古代北方的一個民族。　月氏（ròuzhī）：我國古代西北部的一個民族。　飲器：飲酒的器具。　無與共擊之：没有人和他們（月氏）一起打匈奴。

④ 事：從事。　胡：指匈奴。　道：道路。　更：經過。　募：招募。

⑤ 使月氏：張騫出使月氏是在建元三年（前138）。

⑥ 堂邑氏奴甘父：堂邑氏的奴僕名叫甘父的。堂邑氏，漢人，姓堂邑。隴西：漢代郡名，郡治在狄道（今甘肅臨洮縣）。張騫出隴西，時在建元三年（前138）。

⑦ 徑：途徑。名詞用作動詞，是取道的意思。　傳（zhuàn）：傳車，古代

在驛站上設有車馬，用來傳遞公文等，這裏是名詞用作狀語，意爲用傳車送。詣（yì）：到。單于（chányú）：古代匈奴的君主，這裏指軍臣單于（前160—前126在位）。

⑧ 月氏在吾北：月氏實際在匈奴西。

⑨ 越：指當時的南越（今五嶺以南，包括今廣西、廣東等地）。

⑩ 留：扣留。漢節：漢朝給予使臣的一種出使憑證，用竹做竿，上面飾以羽或毛。

居匈奴西，騫因與其屬亡鄉月氏，西走數十日，至大宛①。大宛聞漢之饒財，欲通不得②，見騫，喜，問欲何之。騫曰："爲漢使月氏，而爲匈奴所閉道，今亡，唯王使人道送我③。誠得至，反漢，漢之賂遺王財物，不可勝言④。"大宛以爲然，遣騫，爲發譯道，抵康居⑤。康居傳致大月氏⑥。大月氏王已爲胡所殺，立其夫人爲王⑦。既臣大夏而君之，地肥饒，少寇，志安樂，又自以遠遠漢，殊無報胡之心⑧。騫從月氏至大夏，竟不能得月氏要領⑨。留歲餘，還。並南山，欲從羌中歸，復爲匈奴所得⑩。留歲餘，單于死，國內亂，騫與胡妻及堂邑父俱亡歸漢⑪。拜騫太中大夫，堂邑父爲奉使君⑫。

騫爲人彊力，寬大信人，蠻夷愛之⑬。堂邑父，胡人，善射，窮急，射禽獸給食⑭。初，騫行時百餘人，去十三歲，唯二人得還⑮。

【注釋】

① 屬：一同出使的人。亡：逃亡。鄉："向"的古字。大宛（yuān）：古西域國名，在大月氏東北，今烏兹别克斯坦費爾乾納盆地，以産汗血馬著稱。

② 通：交往，聯繫。

③ 閉道：封鎖道路，不讓通行。唯：句首語氣詞，表示希望、祈求的意思。道：引導，嚮導。

④ 誠：果真，表示未定事實的假設。得至：能够達到（大月氏）。反：返回。後來寫作"返"。賂：送人財物。勝：盡。

⑤ 發：派遣。譯道：翻譯和嚮導。康居（qú）：古代中亞國名，在今哈薩克斯坦和烏兹别克斯坦境内。

⑥ 致：送到。

⑦ 夫人：《史記·大宛列傳》作“太子”。

⑧ 臣：名詞用作使動，使……臣服。 大夏：古西域國名，在大月氏南，今阿富汗境内。 君：名詞用作動詞，做君主，這裏是统治的意思。 寇：侵擾。 志：志趣，心意趨向。 遠遠漢：第一個“遠”字是“遥遠”的意思。第二個“遠”字舊讀（yuàn）是“離開”的意思。 殊無：全没有。 報胡之心：報復匈奴的意思。

⑨ 竟：終，終於。 要領：問題的關鍵。這裏指明確的表示。

⑩ 並（bàng）：通“傍”，沿着。 南山：指昆侖山。 羌中：我國古代西部羌族居住的地方，在今甘肅一帶。

⑪ 内亂：内部發生動亂。公元前 126 年，匈奴軍臣單于死，其弟左谷蠡（lùlí）王伊稺斜（前 126—前 114 在位）攻敗軍臣單于太子於單，自立爲單于。

⑫ 太中大夫：郎中令的屬官，主管議論政事。 堂邑父：即上面所説“堂邑氏奴甘父”。 奉使君：堂邑父的官號。

⑬ 彊力：堅强而有毅力。彊，後來多寫作“强”。 信人：對人誠實守信。

⑭ 窮急：窮困，急迫。 給：供給。

⑮ 去十三歲：離開漢十三年，即建元三年至元朔三年（前 138—前 126）。

騫身所至者，大宛、大月氏、大夏、康居，而傳聞其旁大國五六，具爲天子言其地形所有①。語皆在《西域傳》②。

騫曰③：“臣在大夏時，見邛竹杖、蜀布，問安得此④，大夏國人曰：‘吾賈人往市之身毒國⑤。身毒國在大夏東南可數千里⑥。其俗土著，與大夏同，而卑濕暑熱，其民乘象以戰⑦。其國臨大水焉⑧。’以騫度之，大夏去漢萬二千里，居西南⑨。今身毒又居大夏東南數千里，有蜀物，此其去蜀不遠矣⑩。今使大夏，從羌中，險，羌人惡之；少北，則爲匈奴所得⑪；從蜀，宜徑，又無寇⑫。”天子既聞大宛及大夏、安息之屬皆大國，多奇物，土著，頗與中國同俗，而兵弱，貴漢財物⑬；其北則大月氏、康居之屬，兵彊，可以賂遺設利朝也⑭。誠得而以義屬之，則廣地萬里，重九譯，致殊俗，威德徧於四海⑮。天子欣欣以騫言爲然。乃令因蜀、犍爲發閒使，四道並出⑯：出駹，出莋，出徙、邛，出僰，皆各行一二千里⑰。其北方閉氐、莋，南方閉嶲、昆明⑱。昆明之屬無君長，善寇盜，輒殺略漢使，終莫得通⑲。然聞其西可千餘里，有乘象國，名滇越，而蜀賈間出物者或至焉，于是漢以求大夏道始通滇國[20]。初，漢欲通西南夷，費多，罷之。及騫言可以通大夏，乃復事西南夷。

【注釋】

① 身：親身。 傳聞：聽説。 所有：出産之物。

② 語皆在《西域傳》：（張騫當時對漢武帝所説的）話都記載在《漢書·西域傳》（見《漢書》卷九十六）中。

③ 這段話是在漢武帝元狩元年（前122）説的，見《漢書·西南夷傳》。

④ 邛（qióng）竹杖：邛崍山出産的竹杖。邛，邛崍山，在今四川中部。 蜀布：蜀地所産的布。蜀，漢代郡名，郡治在成都市。 安得此：從哪里得到這些東西。

⑤ 市：買。 身毒（yuāndú）：印度的古譯名。

⑥ 可：大約。

⑦ 土著：定土而居的意思。與游牧民族相對而言。 卑濕：地勢低濕。

⑧ 大水：指恒河。

⑨ 度（duó）：忖度，推測。

⑩ 其：大概。表推測的語氣詞。 去：距離。

⑪ 少：稍微。 北：名詞作動詞使用，偏向北面。 得：得到，這裏是抓住的意思。

⑫ 徑：形容詞，徑直，道路直而近。

⑬ 安息：亞洲西部的古國，在今伊朗和伊拉克一帶。 貴：形容詞意動用法，以……爲寶貴。

⑭ 賂遺：贈送財物。 設利朝也：用施之以利的辦法，讓他們來朝見。設利，施加好處。朝，動詞使動用法，使……朝見，這裏指讓其臣服。

⑮ 得：能够。 以義屬之：用道義使之歸附。屬，動詞使動用法，使……歸附。之，指上述大宛等國。 重九譯：（一直到達）要經過多次輾轉的翻譯纔能聽懂話的遠方。重，重疊。九，表示多數。 致殊俗：使不同習俗的人到來。致，招引，使到來。 徧：遍及，通“遍”。

⑯ 因：由。 犍（qián）爲：漢代郡名，郡治在僰（bó）道（今四川宜賓市）。 間使：秘密使者。 並出：一同出發。

⑰ 駹（máng）：冉駹，漢代我國西南氐族建立的政權。故地在今四川茂縣境。 莋（zuó）：莋都，漢代我國西南莋族建立的政權，故地在今四川漢源縣。 徙（xǐ）：漢代我國西南徙族建立的政權，故地在今四川雅安地區北部。 邛：邛都，漢代我國西南邛族建立的政權，故地在今四川西昌市東南。 僰（bó）：先秦我國西南的白族建立的政權，故地在今以四川宜賓爲中心的川南和滇東

一帶。

⑱ 北方：這裏指從北路去的使者。 閉：被阻攔。 氐（dí）：我國古代西部的民族。 嶲（xī）：亦稱嶲州夷，我國古代西南的民族。 昆明：即昆明夷，我國西南古民族。

⑲ 輒：副詞，總是。 殺略：殺害和搶劫。

⑳ 滇（diān）越：古國名，即滇國，故地在今雲南東部滇池附近地區。一説滇國在今雲南大理市，那是雲南西部。 間出物：私自運出貨物。

騫以校尉從大將軍擊匈奴，知水草處，軍得以不乏，乃封騫爲博望侯①。是歲，元朔六年也②。後二年，騫爲衛尉，與李廣俱出右北平擊匈奴③。匈奴圍李將軍，軍失亡多，而騫後期，當斬，贖爲庶人④。是歲驃騎將軍破匈奴西邊，殺數萬人，至祁連山⑤。其秋，渾邪王率衆降漢，而金城、河西並南山至鹽澤，空，無匈奴⑥。匈奴時有候者到，而希矣⑦。後二年，漢擊走單于於幕北⑧。

【注釋】

① 校尉：武官名，漢武帝設置，掌管屯兵。 大將軍：最高武官名，掌統兵征戰。這裏指衛青，他是漢武帝時擊敗匈奴的主將之一。 博望侯：張騫的封爵，博望在今河南南陽市東北。

② 元朔六年：公元前 123 年。

③ 衛尉：官名，負責宫廷守衛。 李廣：漢代與匈奴作戰的名將。 右北平：漢代郡名，郡治在平剛（今河北平泉縣）。

④ 後期：晚於約定的日期到達。 當：判罪。 贖爲庶人：根據漢朝的法律，犯死罪的可以用錢贖罪免死，有爵位的可以削爵，免爲庶人，以此贖罪。

⑤ 驃騎將軍：這裏指霍去病。 驃騎：漢代的將軍名號，位僅次於大將軍。匈奴西邊：指匈奴西部，今甘肅河西走廊一帶。 祁連山：在今甘肅省西部。

⑥ 其秋：指漢武帝元狩二年（前 121）秋天。 渾邪：漢朝時匈奴西部的部落名，居住在今甘肅武威、張掖一帶。 金城：漢代縣名，縣治在允吾（qiānyá，今甘肅皋蘭縣）。 河西：指黄河以西今甘肅省西北部一帶。 南山：指祁連山。 鹽澤：又名蒲昌海，也叫泑（yōu）澤，即今新疆的羅布泊。

⑦ 候：斥候，偵察的人。 希：稀少。

⑧ 後二年：即公元前 119 年。 幕北：即漠北。這裏是指陰山以北的沙漠。幕，通“漠”。

天子數問騫大夏之屬①。騫既失侯，因曰："臣居匈奴中，聞烏孫王號昆莫②。昆莫父難兜靡本與大月氏俱在祁連、焞煌間，小國也③。大月氏攻殺難兜靡，奪其地，人民亡走匈奴。子昆莫新生，傅父布就翎侯抱亡，置草中，爲求食，還，見狼乳之，又烏銜肉翔其旁，以爲神④。遂持歸匈奴，單于愛養之。及壯，以其父民衆與昆莫，使將兵，數有功⑤。時，月氏已爲匈奴所破，西擊塞王⑥。塞王南走遠徙，月氏居其地⑦。昆莫既健，自請單于報父怨，遂西攻破大月氏。大月氏復西走，徙大夏地。昆莫略其衆，因留居，兵稍彊⑧。會單于死，不肯復朝事匈奴⑨。匈奴遣兵擊之，不勝，益以爲神而遠之⑩。今單于新困於漢，而昆莫地空⑪。蠻夷戀故地，又貪漢物。誠以此時厚賂烏孫，招以東居故地，漢遣公主爲夫人，結昆弟，其勢宜聽⑫。則是斷匈奴右臂也。既連烏孫，自其西大夏之屬皆可招來而爲外臣⑬。"天子以爲然，拜騫爲中郎將，將三百人，馬各二匹，牛羊以萬數，齎金幣帛直數千鉅萬，多持節副使，道可，便遣之旁國⑭。騫既至烏孫，致賜諭指，未能得其决⑮。語在《西域傳》⑯。騫即分遣副使使大宛、康居、月氏、大夏⑰。烏孫發譯道送騫，與烏孫使數十人，馬數十匹，報謝，因令窺漢，知其廣大⑱。

騫還，拜爲大行⑲。歲餘，騫卒。後歲餘，其所遣副使通大夏之屬者皆頗與其人俱來，于是西北國始通於漢矣⑳。然騫鑿空，諸後使往者皆稱博望侯，以爲質於外國，外國由是信之㉑。其後，烏孫竟與漢結婚㉒。

【注釋】

① 數（shuò）：屢次。

② 烏孫：我國古代的民族。開始居住在敦煌、祁連之間，後爲匈奴所迫，於公元前 161 年左右遷移至今新疆伊犁河上游一帶。　昆莫：烏孫王的號，名獵驕靡，生於漢文帝時期，死於漢武帝元封年間。

③ 焞煌：即敦煌。漢代郡名，郡治在今甘肅敦煌市。按，敦煌郡是渾邪王降漢後纔設的，這裏是張騫事後的追述。

④ 傅父：負責教育和奉養王子的人。 布就翎（xī）侯：傅父的官號。“翎侯”是烏孫大臣的官號，“翎”同“翕”。“布就”是“翎侯”中職位的分別，類似於漢族的將軍分爲左右。 乳之：給他（昆莫）吃奶。

⑤ 將：統帥，帶領。

⑥ 塞（sài）：古族名，原居住在今伊犁河一帶。

⑦ 塞王南走遠徙：據《漢書·西域傳》載，塞王南遷到了罽（jì）賓（古西域國名，在今阿富汗喀布爾河下游及克什米爾一帶）。

⑧ 稍：漸漸。

⑨ 單于：指老上單于。 朝：朝拜。 事：侍奉，伺候。

⑩ 遠：形容詞用作動詞，遠離。

⑪ 單于：指伊稺斜單于。 昆莫地空：昆莫父親時代，烏孫族本在祁連、敦煌一帶，後爲月氏所奪，月氏又被匈奴擊破，這一帶即爲匈奴所有。公元前121年，漢擊敗匈奴，匈奴降漢，這一帶爲漢所有。所以説昆莫地（指烏孫故地）空。

⑫ 招以東居故地：用他們在東方居住過的老地方招引他們，即讓烏孫回到祁連、敦煌間。 昆弟：兄弟。 其勢宜聽：根據他們的形勢，應當聽從。

⑬ 外臣：古代士大夫對别國君主的稱呼。這裏指没有正式的君臣關係，但臣服於漢朝。

⑭ 中郎將：官職名，位次於將軍。 齎（jī）：給予，這裏是帶着的意思。幣帛：古人用來贈送的禮品，如玉、帛、馬等都叫幣帛。 直：通“值”。 鉅萬：等於説“萬萬”，表示數目大。 多持節副使：派許多持節副使。持節，拿着使節（憑證）。表示有代表國家的權力。 道可，便遣之旁國：大意是，如果道路可以通行，就派遣他的副使到附近的國家去。

⑮ 致賜：把漢武帝賞賜的東西交給烏孫王。 諭指：把漢武帝的意旨告訴烏孫王。諭，告知。指，通“旨”，意圖。 未能得其決：没能得到烏孫的決定（指是否東遷的決定）。

⑯ 語在《西域傳》：據《漢書·西域傳》載，烏孫離匈奴近，長期以來都服從匈奴，又不知漢之大小，烏孫大臣都不願遷回祁連、敦煌間。

⑰ 據《史記·大宛列傳》，張騫的副使還到了安息、身毒（印度）等地。

⑱ 與：介詞，和。 报謝：答謝。報，報聘，國與國之間交往表示回訪。 因：乘機會。

⑲ 大行：即大行令，是負責掌管國内各兄弟民族事務和接待外賓的長官。

⑳ 其人：指大夏等國的人。

㉑ 鑿空：開闢孔道，指張騫開闢了通西域的道路。 爲質：取信。質，誠信。 之：指使者。

㉒ 竟：終究。 結婚：指通婚。

知識拓展：

中國古代的年號

年號是中國古代封建帝王用以紀年的名號。

在中國歷史上，第一個年號出現在西漢漢文帝劉恒時期，年號爲“前元”（前 179—前 164）。此前的帝王只有年數，没有年號。此後，每次新皇帝登基，常常會改元紀年，並同時改變年號。一般改元從下詔的第二年算起，也有一些從本年年中算起。

一個皇帝在位時，也可以進行多次改元。明朝以前的皇帝多數都改元兩次以上，因而一個皇帝往往有多個年號。例如，漢武帝有 11 個年號（建元、元光、元朔、元狩、元鼎等）；武則天在位 21 年，有 18 個年號（光宅、垂拱、永昌、載初、天授等）。也有皇帝在即位時使用前一代皇帝的年號，例如五代時期後晉的“天福”年號、後周的“顯德”年號。明朝以後，基本上都是一個皇帝一個年號，因此也常常用年號來稱呼皇帝，例如明世宗被稱爲嘉靖帝，清聖祖被稱爲康熙帝，清高宗被稱爲乾隆帝。

“辛亥革命”後，中華民國廢除年號紀年的做法，改用民國紀年。雖然袁世凱稱帝時使用過“洪憲”的年號，愛新覺羅·溥儀任“滿洲國”“皇帝”時分别使用過“大同”和“康德”的年號，但是通常不爲中國正統史書所承認。史家認爲，中國皇帝的最後一個年號爲清末的“宣統”。

【常用詞詞義分析】

市 “市”的本義是集中做買賣的場所，即市場、集市。《周禮·地官·司市》：“大～日昃而市，百族爲主；朝～朝時而市，商賈爲主；夕～夕時而市，販夫販婦爲主。”

引申爲交易、買賣。《戰國策·齊策》：“先生所爲文～義者，乃今日見之。”本篇課文：“臣在大夏時，見邛竹杖、蜀布，問安得此，大夏國人曰：‘吾賈人往～之身毒國。’”又引申爲求取。《戰國策·齊策》：“君何不留楚太子，以～其下東國。”還引申爲買賣的價格，即物價。《周禮·地官·司市》：“以陳肆辨物而平，以政令禁物靡而均～。”“均～”，平抑價格。

由集市義引申爲集鎮、城鎮。黄宗羲《柳敬亭傳》：“之盱眙～中爲人説書，已能傾動其～人。”

少 “少”的本義是數量小，缺少，與“多”相對，音 shǎo。本篇課文：“既臣大夏而君之，地肥饒，~寇，志安樂，又自以遠遠漢，殊無報胡之心。”《史記·平原君虞卿列傳》：“今~一人，願君即以遂備員而行矣。”引申爲略微。《戰國策·趙策》：“太后之色~解。”本篇課文：“今使大夏，從羌中，險，羌人惡之；~北，則爲匈奴所得；從蜀，宜徑，又無寇。”

引申爲减少、削弱。賈誼《治安策》：“欲天下之治安，莫若衆建諸侯而~其力。”《孟子·梁惠王上》：“鄰國之民不加~，寡人之民不加多，何也?”

又引申爲輕視、看不起。《史記·蘇秦列傳》：“顯王左右素習知蘇秦，皆~之。”

用作副詞，表示時間短暫，不多時，一會兒。《孟子·萬章上》：“始捨之，圉圉焉，~則洋洋焉，攸然而逝。”

又音 shào，意爲年少、年輕。《戰國策·趙策》：“雖~，願及未填溝壑而托之。”由此義引申爲小。陸游《成都記事》詩：“大城~城柳已青。”又指副職。《漢書·賈誼傳》：“於是爲置三~……曰~保、~傅、~師。”又引申爲次序排在後面的。《戰國策·趙策》：“長子之韓，次子之魏，~子之齊。”

愛 “愛”的本義指親愛、仁愛、喜愛。《左傳·隱公元年》：“~共叔段，欲立之，亟請于武公，公弗許。”《韓非子·内儲説上》：“~多者則法不立，威寡者則下侵上。是以刑罰不必，則禁令不行。”本篇課文：“騫爲人彊力，寬大信人，蠻夷~之。”又：“遂持歸匈奴，單于~養之。”杜牧《山行》詩：“停車坐~楓林晚，霜葉紅於二月花。”

引申爲愛惜、憐惜。蘇軾《留侯論》：“千金之子，不死於盗賊，何哉？其身之可~，而盗賊不足以死也。”文天祥《指南録·後序》：“國事至此，予不得~身。”又引申爲吝惜、吝嗇。《孟子·梁惠王上》：“齊國雖褊小，吾何~一牛?”

略 “略”的本義指經營土地，劃定疆界。《左傳·昭公七年》：“天子經~土地，定城國，制諸侯。”引申爲疆界。《左傳·莊公二十一年》：“王與之武公之~，自虎牢以東。”《左傳·僖公十五年》：“賂秦伯以河外列城五，東盡虢~。”

引申爲巡行、巡視。《左傳·昭公二十四年》：“楚子爲舟師，以~吴疆。”又引申爲搶劫、奪取。本篇課文：“昆明之屬無君長，善寇盜，輒殺～漢使，終莫得通。”又：“大月氏復西走，徙大夏地。昆莫～其衆，因留居，兵稍彊。”

引申爲謀略、計謀。《左傳·定公四年》：“吾子欲復文武之～，而不正其德，將如之何？”

引申爲簡略、不充足。《荀子·天論》：“養～而動罕，則天不能使之全。”又引申爲大概、大致。司馬遷《報任安書》：“書不能悉意，～陳固陋。”

竟 “竟”的本義是樂曲終止。《説文》：“～，樂曲盡爲～。”泛指所有事物的終止、完畢。《史記·高祖本紀》：“歲～，此兩家常折券棄責。”李朝威《柳毅傳》：“語～，引别東去。不數十步，回望女與羊，俱無所見矣。”

引申爲疆土的盡頭，邊境。《左傳·宣公二年》：“子爲正卿，亡不越～，反不討賊，非子而誰？”《公羊傳·莊公十三年》：“城壞壓～，君不圖與？”這個意義後來寫作“境”。引申爲終於。《史記·平原君虞卿列傳》：“平原君～與毛遂偕。”又表示自始至終、從頭至尾。《牡丹亭·尋夢》：“尋思輾轉，～夜無眠。”由此引申爲終究、究竟。《世説新語·品藻》：“人問撫軍：‘殷浩談～何如？’”

引申爲窮究、追究。《漢書·霍光傳》：“此縣官重太后，故不～也。”

又引申爲竟然、居然。本篇課文：“騫從月氏至大夏，～不能得月氏要領。”又：“其後，烏孫～與漢結婚。”柳永《雨霖鈴》詞：“執手相看淚眼，～無語凝噎。”

王　子　坊

《洛陽伽藍記》

【《洛陽伽藍記》介紹】《洛陽伽藍記》作者楊衒之，北魏時北平（今河北定州市）人，曾任期城（河南泌陽）太守、撫軍府司馬、秘書監等官職。東魏時曾上書批評佛教虚無荒誕，耗資巨大，僧侣聚斂無度。孝文帝遷都洛陽後，全國寺廟增至三萬餘所，僧尼 200 萬。永煦之亂，洛陽寺院大都毁於兵火。楊衒之在東魏武定五年（547）重返洛陽，面對一片荒蕪景象，感懷北魏之興衰，于是作《洛陽伽藍記》。伽（qié）藍，梵文音譯詞，意爲僧侣居住的園林，亦即佛寺。

《洛陽伽藍記》以記佛寺爲重點，按洛陽佛寺所在區域，分爲五卷。每記一寺，一般先寫建立年代、建立人、坐落位置、四鄰、規模造型等，然後旁及附近的官署、巷里、名勝，乃至有關歷史、地理、經濟、文化、習俗等。其文體，接近駢儷，行文簡明清麗，駢中有散，在勾勒自然美景和人物方面，有很高的文學價值。

有今人周祖謨的《洛陽伽藍記校釋》和范祥雍的《洛陽伽藍記校注》可供參考。

【説明】本文選自《洛陽伽藍記》卷四“城西”。作者記述北魏的繁華，突出描寫了王侯的奢侈生活、腐朽思想和貪婪性格。但是作者對北魏“河陰之役”以前的北魏政治有所美化，流露出對北魏覆亡的哀悼。

自退酤以西，張方溝以東①，南臨洛水，北達芒山，其間東西二里，南北十五里，並名爲壽丘里②，皇宗所居也，民間號爲王子坊③。

【注釋】

① 退酤：北魏洛陽城西的里弄名。　張方溝：溝瀆名，在洛陽城西，上有石橋，名張方橋。

② 洛水：今河南洛河，發源于陝西洛南縣，經洛陽城南，流入黄河。　芒山：即邙山，在洛陽北面。　並：一起。

③ 皇宗：皇帝的宗族。　坊：住宅區的一種名稱。

當時四海晏清，八荒率職，縹囊紀慶，玉燭調辰，百姓殷阜，年登俗樂①。鰥寡不聞犬豕之食，煢獨不見牛馬之衣②。于是帝族王侯、外戚公主，擅山海之富，居川林之饒，争修園宅，互相誇競③。崇門豐室，洞户連房，飛館生風，重樓起霧④。高臺芳榭，家家而築；花林曲池，園園而有⑤。莫不桃李夏緑，竹柏冬青⑥。

【注釋】

① 當時：大概指 495 年北魏遷都洛陽之後到 528 年“河陰之役”以前。　晏清：本指天空晴朗無雲，引申爲天下太平。　八荒：指東、南、西、北、東北、東南、西北、西南八方偏遠的地方。　率職：遵循職守，這裏指納貢交税

等。 縹（piǎo）囊：盛書的口袋，這裏指書。縹，青白色的帛。囊，口袋。慶：吉慶。玉燭：《爾雅·釋天》："四氣和謂之玉燭。"意思是四季和光照耀叫做"玉燭"。 辰：時，季節。 殷阜：富庶。 年登：莊稼豐收。 俗樂：風氣良好，人民歡樂。

② 牛馬之衣：指披在牛馬身上的粗糙的織物。

③ 于是：在這個時候。 帝族：帝王一族。 外戚：帝王的母族和妻族。 擅：占有。 山海之富：山海所出産的財富。 居：占據。 川林之饒：山水景物很多的地方。 誇競：誇耀比賽（豪華）。

④ 崇：高。 豐：大。 洞：深。 户：原指單扇的門，這裏泛指門。飛館、重樓：都指高峻的建築物。 生風、起霧：都是形容建築物高聳空中，風霧似乎是從它們中間發生、興起的。

⑤ 榭（xiè）：築在臺上的一種房屋。

⑥ 夏：名詞作狀語，在夏天。 冬：名詞作狀語，在冬天。

而河間王琛最爲豪首，常與高陽争衡①。造文柏堂，形如徽音殿②。置玉井金罐，以金五色績爲繩③。妓女三百人，盡皆國色④。有婢朝雲，善吹篪，能爲團扇歌、隴上聲⑤。琛爲秦州刺史，諸羌外叛，屢討之，不降⑥。琛令朝雲假爲貧嫗，吹篪而乞⑦。諸羌聞之，悉皆流涕⑧，迭相謂曰⑨："何爲棄墳井，在山谷爲寇也⑩？"即相率歸降⑪。秦民語曰："快馬健兒，不如老嫗吹篪⑫。"

【注釋】

① 河間王琛：元琛，北魏皇族（北魏統治者是鮮卑族，本姓拓跋，後改姓元），封爵河間王。 豪首：豪華奢侈的首位。 高陽：指高陽王元雍，北魏皇族，孝明帝時爲丞相，以豪奢著名。 争衡：較量。

② 徽音殿：北魏宫殿名。

③ 績（jì）：把麻或絲搓成繩或綫。 繩：指井繩。

④ 妓女：指以歌舞等技藝服役的女子。

⑤ 婢（bì）：在宫中受役使的女子。 篪（chí）：樂器名。用竹子製成，單管横吹笛子相似。 爲：唱。 團扇歌：南朝樂府吴聲歌曲的一種。 隴上聲：隴上的曲調，北朝樂府民歌的一種。隴上，指隴山（今甘肅隴西、清水等縣）一帶。

⑥ 秦州：北魏時的一個州，治所在今甘肅省天水市附近。 刺史：州的最高長官。 羌：我國古代西部的少數民族，漢代以後，甘肅東部是羌人較多的地區。

⑦ 假爲：裝作。 嫗（yù）：老婦人。 乞：乞討。

⑧ 涕：眼泪。

⑨ 迭：輪流、更替，這裏用來强調“相謂”的頻繁。 相謂：我跟你説，你跟他説，一個接着一個傳开。相，遞相，指一個接着一個。謂，對（某人）説。

⑩ 墳井：祖墳和水井。代指家鄉。

⑪ 相率（shuài）：一個領着一個。率，率領。

⑫ 秦民：秦州（甘肅天水附近）的人民。 快馬：指戰馬。 健兒：指士兵。

琛在秦州，多無政績①。遣使向西域求名馬，遠至波斯國，得千里馬，號曰“追風赤驥”②。次有七百里者十餘匹，皆有名字。以銀爲槽，金爲鎖環③。諸王服其豪富。琛常語人云：“晉室石崇乃是庶姓，猶能雉頭狐腋，畫卵雕薪，况我大魏天王，不爲華侈④？”造迎風館於後園。牕户之上，列錢青瑣，玉鳳銜鈴，金龍吐佩⑤。素柰朱李，枝條入簷，伎女樓上坐而摘食⑥。

【注釋】

① 多：甚，很。

② 西域：這裏泛指我國新疆及中亞、西亞等地。 波斯：即今伊朗。

③ 以銀爲槽：用白銀做成馬槽。 金爲鎖環：用黄金做成鎖鏈。“金”的前面省略介詞“以”。 鎖環：鎖鏈，鏈子。

④ 晉室：晉朝。 石崇：西晉人，曾作荆州刺史，生活極爲豪奢。 庶姓：皇家和外戚以外的姓。 雉頭：集野鷄的頭毛而成的衣服。 狐腋：集狐狸的腋下之皮而成的衣服。這些東西極爲稀少，因而非常珍貴。 畫卵：在吃的蛋上畫圖畫。 雕薪：在燒的柴上雕刻花紋。

⑤ 牕户：窗子和門。牕，同“窗”。列錢青瑣：指窗子和門户上的裝飾樣式。前者雕刻成排列的錢幣圖案，故稱列錢；後者雕刻成連環紋，再以青色塗飾，故叫青瑣。瑣，即連環。 玉鳳銜鈴，金龍吐佩：這兩句是描寫建築物上鑲嵌着用玉石雕琢的鳳凰和用黄金塑造的龍，口中分别銜着鈴和佩物。

⑥ 素：白色。 柰（nài）：蘋果的一種。 條：小樹枝。 伎：通“妓”。

琛常會宗室，陳諸寶器，金瓶銀瓮百餘口，甌、檠、盤、盒稱是①。自餘酒器，有水晶鉢、瑪瑙盃、琉璃碗、赤玉巵數十枚[2]。作工奇妙，中土所無，皆從西域而來[3]。又陳女樂及諸名馬[4]。復引諸王按行府庫，錦罽珠璣，冰羅霧縠，充積其内[5]。綉、纈、紬、綾、絲、綵、越、葛、錢、絹等，不可數計[6]。琛忽謂章武王融曰："不恨我不見石崇，恨石崇不見我[7]！"

【注釋】

① 常：通"嘗"，曾經。 會：會合，邀集。 宗室：皇族。 陳：陳設。 甌：小盆。 檠（jìng）：有脚的盤子。 稱（chèn）是：與此相稱。指與上述的金瓶銀甕數量相當。

② 自餘：其餘。 枚：量詞，南北朝時用得很廣泛，相當於今天的"個"。

③ 作工：製作工藝。 中土：指中原地區。

④ 女樂（yuè）：即歌伎舞女。

⑤ 按行：巡行，來回視察。 罽（jì）：一種毛織品，似毡子一類的東西。 璣（jī）：不圓的珠子。珠璣連用就指珠子。 冰、霧：形容羅縠的透明和輕薄。 羅、縠（hú）：這裏泛指絲織品。羅，輕軟有稀孔的絲織品。縠，有皺紋的紗。

⑥ 綉：有刺綉的絲織品。 纈（xié）：染有花紋的絲織品。 紬（chóu）：即"綢"。 綾：細的綢子。 綵：染色的絲織品。 越：越布，南方用植物纖維織成的一種布。 葛：葛布，即以葛爲原料製成的布。 錢：貨幣單位，十錢爲一兩。 絹：較粗的生絲織物。

⑦ 章武王融：元融，北魏皇族，封章武王。 恨：遺憾。

融立性貪暴，志欲無限，見之惋嘆，不覺生疾[1]。還家，卧三日不起。江陽王繼來省疾[2]，謂曰："卿之財産，應得抗衡[3]。何爲嘆羨，以至於此？"融曰："常謂高陽一人寶貨多於融，誰知河間，瞻之在前[4]。"繼咲曰[5]："卿欲作袁術之在淮南，不知世間復有劉備也[6]？"融乃蹶起，置酒作樂[7]。

【注釋】

① 立性：秉性，天性。 之：指元琛的財物。

② 繼：元繼，北魏皇族。 省（xǐng）：探望。

③ 應得：能够。 抗衡：匹敵，不相上下。

④ 常：通"嘗"，曾經。 謂：認爲。 高陽：指高陽王元雍。 河間：指河間王元琛。 瞻之在前：語出《論語·子罕》"瞻之在前，忽焉在後"。本

是顔淵讚嘆孔子的學問高深莫測的話，元融引此文的意思，是説“誰知河間王的財富也超過了我”。

⑤ 咲（xiào）：同“笑”。

⑥《後漢書・吕布傳》記載：袁術和劉備在淮水一帶對峙，袁術想聯合吕布打劉備，寫信給吕布，信中有“術生年以來，不聞天下有劉備”的話。元繼在這裏引用這個故事取笑元融。

⑦ 蹶（guì）起：蹶然而起，驚跳起來。蹶，受驚而動作迅速的樣子。 作樂（yuè）：演奏音樂。

於時國家殷富，庫藏盈溢，錢絹露積於廊者，不可較數①。及太后賜百官負絹，任意自取，朝臣莫不稱力而去②。唯融與陳留侯李崇負絹過任，蹶倒傷踝③。太后即不與之，令其空出，時人笑焉④。侍中崔光止取兩匹⑤。太后問：“侍中何少？”對曰：“臣有兩手，唯堪兩匹，所獲多矣⑥。”朝貴服其清廉⑦。

【注釋】

① 於時：在這個時候。 庫藏（zàng）：存放財物的地方。藏，藏財物的倉庫。 露積：没有遮蓋地堆積。 較數：核實，計算。

② 太后：指胡太后，北魏孝明帝的母親，曾臨朝聽政，是一個荒淫殘暴的統治者。 負：背。 稱（chèn）力：按照自己的力量。 去：離開。

③ 李崇：北魏大臣，官至尚書令，加侍中，陳留侯是他的封爵。 過任：超過自己的承受能力。任，負擔，擔當。 蹶（jué）倒：跌倒。

④ 空：什麽也没有。

⑤ 止：衹。

⑥ 堪：動詞，經得起，這裏是拿得了的意思。

⑦ 朝貴：朝廷的顯貴。 服：佩服。

經河陰之役，諸元殲盡①。王侯第宅，多題爲寺②。壽丘里閭，列刹相望，衹洹鬱起，寶塔高淩③。四月初八日，京師士女多至河間寺，觀其廊廡綺麗，無不嘆息，以爲蓬萊仙室，亦不是過④。入其後園，見溝瀆蹇産，石磴礁嶢，朱荷出池，緑萍浮水，飛梁跨閣，高樹出雲，咸皆嘖嘖⑤。雖梁王兔苑，想之不如也⑥。

【注釋】

① 河陰之役：武泰元年（528），胡太后毒死他的兒子孝明帝，獨攬朝政。北方部落酋長爾朱榮（後封太原王）起兵攻洛陽，殺死胡太后，又在邙山北面的河陰（今河南孟津縣東）大殺元氏貴族和其他大臣。 殲（jiān）：殲滅。

② 題爲寺：在匾額上題寫寺院的名字，（把宅第）變成佛寺。

③ 里閭：周代二十五家爲里，又稱“閭”。這裏“里”、“閭”並用，泛指聚居的里巷。 剎（chà）：佛寺，梵文剎多羅的省略。 祇洹（qíyuán）：梵語音譯詞，指精舍，爲佛教徒静修之地。也用作佛寺的别稱。 鬱（yù）：繁多的樣子。 高淩：高高矗起。淩，通“凌”，升，高出。

④ 四月初八日：我國佛教徒把農曆這一天定爲浴佛節，舉行佛教儀式，“以香湯浴佛”。 士女：青年男女。 河間寺：河間王元琛的莊園改成的佛寺。 廊廡（wǔ）：本指堂下周圍的游廊、配屋。這裏泛指房舍。 亦不是過：也不超過這些。“是”在否定句中作動詞“過”的前置賓語。

⑤ 溝瀆（dú）：溝渠，水道。 蹇（jiǎn）產：曲折的樣子。 磴（dèng）：登山的石台階。 礁嶢（jiāoyáo）：山勢峻峭高聳的樣子。通常寫作“嶕嶢”。 飛梁：凌空而起的橋。這裏指樓閣之間的天橋。 出雲：挺拔上插雲霄。 嘖嘖（zézé）：象聲詞，讚嘆的聲音。這裏用作動詞。

⑥ 梁王兔苑：西漢時文帝的兒子梁孝王築兔園（在今河南商丘市東），園中有山有池，宫觀很多，極爲豪奢。兔苑就是兔園。 之：指河間寺，在否定句中作動詞“如”的前置賓語。

【常用詞詞義分析】

坊 “坊”的本義是城市中的街市里巷。《説文》：“坊，邑里之名。”本篇課文：“民間號爲王子～。”《唐元典》：“兩京及州縣之郭内爲～，郊外爲村。”白居易《失婢》詩：“宅院小牆庳，～門帖牓遲。”

引申爲街市、里弄中的店鋪。孟元老《東京夢華録》卷三：“各有茶～酒店。”又引申爲小手工業者的工作場所，即作坊、工廠。《舊五代史·史弘肇傳》：“聞作～鍛甲之聲。”

假借爲“防”，音 fáng。意爲堤防。《禮記·郊特牲》：“祭～與水庸，事也。”“水庸”，水溝。引申爲防止、防備。《禮記·坊記》：“故君子禮以～德，刑以～淫，命以～欲。”

率 “率”的甲骨文字形像捕鳥的絲網，本義是捕鳥的絲網，引申爲用網捕鳥獸。張衡《二京賦》：“悉～百禽，鳩諸靈囿。”由此義引申爲聚斂、徵收。王禹偁《黄州齊安永興禪院記》：“郡之衆户～錢二十萬建老宿堂，又～錢十萬立方丈室。”“～錢”，湊錢、募錢。

又引申爲沿着、依照、遵循。《詩經·大雅·綿》：“～西水滸，至於岐下。”《詩經·大雅·假樂》：“～由舊章。”本篇課文：“當時四海晏清，八荒～職。”韓愈《子産不毀鄉校頌》：“誠～是道，相天下君。”

引申爲率領、帶領。《列子·湯問》：“遂～子孫荷擔者三夫。”《三國志·蜀書·諸葛亮傳》：“將軍身～益州之衆出於秦川。”本篇課文：“即相～歸降。”由此義引申爲表率、楷模。班固《漢書·何武傳》：“刺史，古之方伯，上所委任，一州表～也。”也指率領者，即統帥，首領。桓寬《鹽鐵論·疾貪》：“貪鄙在～不在下，教訓在政不在民也。”這個意義寫作“帥”。

用作副詞，相當於大概、一般。賈誼《治安策》：“進謀者～以爲是。”《漢書·百官公卿表上》：“大～十里一亭，亭有長。”由此義引申爲一概、一律。韓愈《進學解》：“占小善者～以録，名一藝者無不庸。”蘇軾《六國論》：“六國互喪，～賂秦耶？”

後來有直率、坦率的意思。《南史·齊武陵昭王曄傳》：“儉重其～真，爲飽食盡飲而去。”《梁書·王瞻傳》：“瞻性～亮。”

又表示標準、規格，音 lǜ。《史記·商君列傳》：“有軍功者，各以～受上爵。”

績 “績”的本義是緝綫，把麻搓成繩或綫。《詩經·陳風·東門之枌》：“不～其麻。”《國語·魯語》：“公父文伯退朝，朝母。其母方～。”本篇課文：“置玉井金罐，以金五色～爲繩。”引申指事業、成績、功績。《穀梁傳·成公五年》：“伯尊其無～乎！攘善也。”《國語·魯語》：“蒸而獻功，男女效～，愆則有辟。”本篇課文：“琛在秦州，多無政～。”

省 “省”的本義是察看，音 xǐng。《韓非子·外儲説右下》：“故桓公巡民而管仲～腐財怨女。”《史記·秦始皇本紀》：“皇帝春游，覽～遠方。”引申爲明白、領悟。《史記·留侯世家》“良爲他人言，皆不～。”引申爲問候、探望。《禮記·曲禮上》：“昏定而晨～。”《三國志·魏書·華佗傳》：“其妻聞其病除，從百餘里來～之。”本篇課文：“江陽王繼來～疾。”又引申爲檢查、反省。《論語·顔淵》：“内～不疚，夫何憂何懼！”《荀子·勸學》：“君子博學而日參～乎己。”

還有減少之義，音 shěng。《三國志·吴書·吴主傳》：“～徭役，減征賦。”由此引申爲節省、節約。賈思勰《齊民要術·種穀》：

“所以～費燎火。”又引申爲撤銷、廢止。《华陽國志·蜀志》：“潛街縣，漢末置，晉初～。”

“省”又指官署名。《舊唐書·職官志》：“尚書、門下、中書、秘書、殿中、内侍爲六～。”魏禧《大鐵椎傳》：“宋，懷慶青華鎮人，工技擊，七～好事者皆來學。”洪秀全《原道醒世訓》：“其以～此府此縣而憎彼～彼府彼縣，以彼～彼府彼縣而憎此～此府此縣者，其見在～府縣，～府縣以外則不知。”

柳子厚墓志銘

韓　愈

【作者介紹】韓愈（768—825），字退之，河南河陽（今河南孟州）人，唐代杰出的文學家，與柳宗元共同倡導古文運動，主張“文以載道”，復古崇儒，抵排異端，攘斥佛老，是唐宋八大家之一。他 24 歲中進士，官至監察御史。貞元十九年（803）關中大旱，韓愈向德宗上《論天旱人饥狀》，被貶爲陽山縣令。以後又幾次升遷。唐憲宗元和十四年（819），韓愈上《論佛骨表》，反對佞佛，被貶爲潮州刺史。唐穆宗長慶元年（821）被召回長安，任國子祭酒，後轉兵部侍郎、吏部侍郎。有《韓昌黎集》。

【説明】此文是韓愈於元和十五年（820）在袁州任刺史時所作。韓愈和柳宗元私交甚深，友情篤厚。柳宗元卒於元和十四年（819），韓愈寫過不少哀悼和紀念文字，這是其中較有代表性的一篇。全文寫得酣暢淋漓，頓挫盤鬱，是韓愈至性至情之所發。

墓志銘，是古代文體的一種，刻石納入墓内或放置墓旁。文章通常分兩部分，前一部分是序文，叙述死者的姓氏、爵里、世系和生平事迹；後一部分是銘文，綴以韻語，表示對死者的悼念和頌贊。

子厚，諱宗元①。七世祖慶，爲拓跋魏侍中，封濟陰公②。曾伯祖奭，爲唐宰相，與褚遂良、韓瑗俱得罪武后，死高宗朝③。皇考諱鎮，以事母棄太常博士，求爲縣令江南④。其後以不能媚權貴，失御史⑤。權貴人死，乃復拜侍御史，號爲剛直⑥。所與游皆當世名人。

【注釋】

① 子厚：柳宗元的字。作墓志銘例當稱死者官銜，因韓愈和柳宗元是篤交，故稱字。　諱：名。生者稱名，死者稱諱。

② 七世祖慶：史書記載，柳宗元七世祖柳慶在北魏時任侍中，入北周封爲平齊公。子柳旦，任北周中書侍郎，封濟陰公。此處可能有脱文。　拓跋魏：指北魏王朝，因國君姓拓跋（後改姓元），故稱。　侍中：門下省的長官，掌管傳達皇帝的命令。

③ 曾伯祖奭（shì）：柳奭，字子燕，柳旦之孫，柳宗元高祖子夏之兄。當爲高伯祖，此作曾伯祖，誤。柳奭是唐高宗（李治）王皇后之舅，永徽三年（652）任中書令。高宗廢王氏，柳奭也被貶爲愛州刺史。後來朝臣許敬宗、李義府誣告柳奭與褚遂良等謀反，高宗派人到愛州將他殺死。　褚遂良：字登善，曾任吏部尚書、同中書門下三品、尚書右僕射等官。後因勸阻高宗改立武則天为皇后，遭到貶黜，憂病而死。　韓瑗（yuàn）：字伯玉，官至侍中，爲救褚遂良，也被貶黜。

④ 皇考：對亡父的尊稱。　太常博士：太常指太常寺，掌禮樂、郊廟、社稷之事，長官爲太常卿。博士是其屬官，掌管禮儀祭祀和議定王公大臣的謚號。

⑤ 權貴：指宰相竇參。柳鎮曾任殿中侍御史，因不肯與竇參一同誣陷侍御史穆贊，並且爲穆贊平反了冤獄，被竇參陷害，貶爲夔州（今重慶奉節縣）司馬。　御史：指殿中侍御史。御史台的屬官，職掌糾察百僚、審訊案件。

⑥ 權貴人死：唐德宗貞元八年（792），竇參因罪被貶，第二年被唐德宗賜死。　號爲：被稱爲。

子厚少精敏，無不通達。逮其父時，雖少年，已自成人，能取進士第，嶄然見頭角①。衆謂柳氏有子矣②。其後以博學宏辭，授集賢殿正字，藍田尉③。儁傑廉悍，議論證據今古，出入經史百子，踔厲風發，率常屈其座人④。名聲大振，一時皆慕與之交。諸公要人，争欲令出我門下，交口薦譽之⑤。

【注釋】

① 取進士第：貞元九年（793）柳宗元 21 歲進士及第。　嶄然：高峻突出的樣子。　見（xiàn）：同“現”，显露。

② 有子：意謂有光耀門楣之子。

③ 博學宏辭：唐代吏部考選進士及第者的科目，取中後即授予官職。柳宗元於貞元十二年（796）中博學宏辭科，年 24。　集賢殿：集賢殿書院，掌刊輯經籍，搜求佚書。　正字：集賢殿置學士、正字等官，正字掌管編校典籍、刊

正文字的工作。柳宗元 26 歲授集賢殿正字。 藍田：今屬陝西藍田縣。 尉：縣府管理治安、緝捕盜賊的官吏。

④ 儁傑：才能出衆。 廉悍：方正、勇敢。 證據今古：引據今古事例作證。 出入：融會貫通，深入淺出。 踔（chuō）厲風發：形容議論縱横，言辭奮發，見識高遠的樣子。踔，遠。厲，高。 率：每每。 屈：使……屈服。

⑤ 令出我門下：意謂都想叫他做自己的門生。 交口：異口同聲。

貞元十九年，由藍田尉拜監察御史①。順宗即位，拜禮部員外郎②。遇用事者得罪，例出爲刺史③。未至，又例貶永州司馬④。居閑，益自刻苦，務記覽⑤。爲詞章泛濫停蓄，爲深博無涯涘，而自肆於山水閒⑥。

【注釋】

① 監察御史：御史臺的屬官，掌分察百僚，巡按郡縣，糾視刑獄，整肅朝儀諸事。

② 禮部員外郎：官名，掌管辨别和擬定禮制之事及學校貢舉之法。

③ 用事者：掌權者，指王叔文。順宗登位後，王叔文任户部侍郎，深得順宗信任。于是引用柳宗元、劉禹錫等新進之士，施行改革。後舊派世族和藩鎮宦官擁立太子李純即位爲憲宗，將王叔文貶黜，後來又將其殺戮。永貞元年(805)，受其牽連，柳宗元被貶爲邵州（今湖南邵陽）刺史。 例出：按規定遣出京城。

④ 例貶：依照條例貶官。 永州：今湖南永州市。 司馬：州刺史的屬官。

⑤ 記覽：記誦閱覽。指刻苦讀書。

⑥ 泛濫：形容文筆汪洋恣肆。 停蓄：形容文筆雄厚凝練。 無涯涘(sì)：無邊際。涯、涘，均是水邊。 肆：放情。

元和中，嘗例召至京師，又偕出爲刺史，而子厚得柳州①。既至，嘆曰："是豈不足爲政邪②？"因其土俗，爲設教禁，州人順賴③。其俗以男女質錢，約不時贖，子本相侔，則没爲奴婢④。子厚與設方計，悉令贖歸⑤。其尤貧力不能者，令書其傭，足相當，則使歸其質⑥。觀察使下其法於他州，比一歲，免而歸者且千人⑦。衡湘以南爲進士者，皆以子厚爲師，其經承子厚口講指畫爲文詞者，悉有法度可觀⑧。

【注釋】

① 偕出：元和十年（815），柳宗元等被貶的八個人同時被召回長安，但又同被貶往更遠的地方。　柳州：唐置，屬嶺南道，即今廣西柳州市。

② 是豈不足爲政邪：這裏難道不足以做出政績吗。

③ 因：順着，按照。　教禁：教諭和禁令。　順賴：順從信賴。

④ 質：典當，抵押。　約：約定。　時：按時。　子：利息，這裏指抵押物，即前文之男女。　本：本金。　相侔（móu）：相等，相抵。　没：没收。

⑤ 與設方計：替債務人想方設法。

⑥ 書：寫，記下。　傭：當雇工。此指雇工勞動所值，即工資。　足相當：意謂傭工所值足以抵消借款本息。　質：人質。

⑦ 觀察使：又稱觀察處置使，是中央派往地方掌管監察的官。　下其法：推行這種辦法。　比：及，等到。

⑧ 衡湘：衡山和湘水。　爲：應試。　法度：規範。

其召至京師而復爲刺史也，中山劉夢得禹錫亦在遣中，當詣播州①。子厚泣曰："播州非人所居，而夢得親在堂，吾不忍夢得之窮，無辭以白其大人②。且萬無母子俱往理。"請於朝，將拜疏，願以柳易播，雖重得罪，死不恨③。遇有以夢得事白上者，夢得于是改刺連州④。嗚呼！士窮乃見節義。今夫平居里巷相慕悦，酒食游戲相徵逐，詡詡强笑語以相取下，握手出肺肝相示，指天日涕泣，誓生死不相背負，真若可信⑤；一旦臨小利害，僅如毛髮比，反眼若不相識，落陷阱，不一引手救，反擠之，又下石焉者，皆是也⑥。此宜禽獸夷狄所不忍爲，而其人自視以爲得計。聞子厚之風，亦可以少媿矣⑦。

【注釋】

① 中山：今河北定州市。劉夢得：名禹錫，彭城（今江蘇省徐州市銅山區）人，其祖先漢景帝子劉勝曾封中山王。　當詣播州：王叔文失敗後，劉禹錫被貶爲郎州司馬，這次召還入京後又被貶播州刺史。詣，前往。播州，今貴州遵義市西。

② 親在堂：母親健在。　窮：困窘。　大人：父母。此指劉禹錫之母。

③ 拜疏：向皇帝上疏。　以柳易播：意指柳宗元自願到播州去，讓劉禹錫去柳州。　重（chóng）得罪：再加一重罪。

④ "遇有"句：指當時御史中丞裴度、崔群上疏爲劉禹錫陳情一事。　刺：

用作動詞，担任刺史。　連州：唐屬嶺南道，州治在今廣東連州市。

⑤ 徵逐：指往來頻繁。徵，約之來。逐，隨之去。　詡（xǔ）詡：融洽相處的樣子。　强（qiǎng）：勉强，做作。　取下：指采取謙下的態度。　出肺肝相示：譬喻做出非常誠懇和坦白的樣子。　背負：背叛，變心。

⑥ 如毛髮比：譬喻事情很細小。比，類似。

⑦ 少：略微。　媿：同“愧”，羞愧，慚愧。

子厚前時少年，勇於爲人，不自貴重顧藉，謂功業可立就，故坐廢退①。既退，又無相知有氣力得位者推挽，故卒死於窮裔，材不爲世用，道不行于時也②。使子厚在臺省時，自持其身，已能如司馬刺史時，亦自不斥③；斥時，有人力能舉之，且必復用不窮。然子厚斥不久，窮不極，雖有出於人，其文學辭章，必不能自力以致必傳於後如今，無疑也④。雖使子厚得所願，爲將相於一時，以彼易此，孰得孰失，必有能辨之者⑤。

【注釋】

① 爲人：助人。　顧藉：顧惜。　立就：即刻成功。　坐：因他人獲罪而受牽連。　廢退：指遠謫邊地，不用於朝廷。

② 有氣力：有權勢和力量。　推挽：推舉提攜。　窮裔：窮困的邊遠地方。

③ 臺省：御史臺和尚書省。　斥：貶斥。

④ 自力：自我努力。

⑤ 辨：辨別，區分。

子厚以元和十四年十一月八日卒，年四十七①。以十五年七月十日，歸葬萬年先人墓側②。子厚有子男二人，長曰周六，始四歲；季曰周七③，子厚卒乃生。女子二人，皆幼。其得歸葬也，費皆出觀察使河東裴君行立④。行立有節概，重然諾，與子厚結交，子厚亦爲之盡⑤，竟賴其力。葬子厚於萬年之墓者，舅弟盧遵⑥。遵，涿人，性謹慎，學問不厭⑦。自子厚之斥，遵從而家焉，逮其死不去⑧。既往葬子厚，又將經紀其家，庶幾有始終者⑨。

銘曰：是惟子厚之室，既固既安，以利其嗣人⑩。

【注釋】

① 元和十四年：819 年。

② 萬年：在今陝西省西安市長安區境內。

③ 周七：即柳告，字用益。

④ 裴行立：絳州稷山（今山西稷山縣）人，時任桂管觀察使，是柳宗元的上司。

⑤ 節概：節操度量。 重然諾：看重許下的諾言。 盡：盡心，盡力。

⑥ 盧遵：柳宗元舅父之子。

⑦ 涿（zhuó）：今河北涿州市。

⑧ 從而家：跟從柳宗元以爲己家。

⑨ 經紀：經營，料理。 庶幾：近似，差不多。

⑩ 惟：就是。 室：幽室，即墓穴。 嗣人：子孫後代。

知識拓展：

古人的名與字

古人有名有字。舊説上古嬰兒出生 3 個月後由父親命名。男子 20 歲成人舉行冠禮（結髮加冠）時取字。名與字有着意義上的聯繫。有的意義相關，如孔子，名丘，字仲尼。“尼丘”是一座山的名稱，即尼山，在山東，相傳孔子父母禱于尼丘山而生孔子（事見《史記·孔子世家》）。有的意義相同，如孔子的弟子顔回，名回，字子淵。《説文》：“淵，回水也。”宰予，名予，字子我。有的意義相反，如孔子的弟子曾點，名點，字皙。《説文》：“點，小黑也。”“皙，人色白也。”有時候我們看不出名和字意義上的聯繫，這主要是因爲詞義變遷的緣故。

春秋時男子取字一般都用兩個字，第一個字都是“子”，這是因爲“子”是男子的尊稱。例如：子産（公孫僑）、子犯（狐偃）、子胥（伍員）、子淵（顔回）、子有（冉求）、子夏（卜商）、子我（宰予）、子貢（端木賜）。這個“子”字常常省去，如直接稱顔淵、冉有、宰我等。春秋以後，人們仍沿用這一取字的方式。如司馬遷，字子長；杜甫，字子美；柳宗元，字子厚；蘇軾，字子瞻。

【常用詞詞義分析】

考 “考”的本義是老，年紀大。《説文》：“考，老也。從老省，丂聲。”《詩經·小雅·楚茨》：“神嗜飲食，使君壽～。”引申指死去的父親。屈原《離騷》：“帝高陽之苗裔兮，朕皇～曰伯庸。”本篇課文：“子厚，諱宗元。……皇～諱鎮，以事母棄太常博士，求爲縣令江南。”由此引申爲完成、落成。《左傳·隱公五年》：“～仲子之宫。”

引申爲檢查、考察。《尚書·舜典》：“三載～績。”陳亮《上孝宗皇帝第一書》：“～古今沿革之變。”又引申爲敲、擊。《莊子·天地》：“故金石有聲，不～不鳴。”蘇軾《石鐘山記》：“而陋者乃以斧斤～擊而求之。”

游 “游”的本義是在水中漂浮。《詩經·邶風·谷風》：“就其淺矣，泳之～之。”引申爲游泳。《韓非子·難勢》：“夫待越人之善海～者以救中國之溺人，越人善～矣，而溺者不濟矣。”由此引申指河流。《詩經·秦風·蒹葭》：“溯洄從之，道阻且長。溯～從之，宛在水中央。”又引申爲流動。《漢書·溝洫志》：“水尚有所～盪。”《史記·魏豹彭越列傳》：“漢王三年，彭越常往來爲漢～兵，擊楚，絶其後糧于梁地。”

引申爲虛浮，不切實際。《三國志·蜀書·諸葛亮傳》：“～辭巧飾者雖輕必戮。”

又引申爲游玩、游覽。古寫作“遊”。本篇課文：“酒食～戲相徵逐。”由此義引申爲旅行，出外求學、求仕。《史記·太史公自序》：“二十而南～江淮。”

引申爲結交、交際、交往。本篇課文：“所與～皆當世名人。”王安石《答司馬諫議書》：“竊以爲與君實～處相好之日久。”

假借爲“旒”，音 liú。意爲旌旗正幅下沿連綴的垂飾物，即旗幟的飄帶。《左傳·桓公十二年》：“藻率鞞鞛，鞶厲～纓，昭其數也。”

“游”和“遊”有區别。有關水中的活動叫“游”，所以從水，不能寫作“遊；有關陸地上的活動叫“遊”，所以從辵（chuò），但也可以寫作“游”，二字意義相通。“遊”現在簡化爲“游”。

示 “示”的本義爲垂示，即上天顯現出某些徵象，向人垂示休咎禍福。《周易·繫辭下》：“夫乾，確然～人易矣；夫坤，隤然示人簡矣。”泛指給人看。《史記·廉頗藺相如列傳》：“相如奉璧奏秦王，秦王大喜，傳以～美人及左右。”本篇課文：“詡詡强笑語以相取下，握手出肺肝相～。”由此引申爲顯示。《左傳·文公七年》：“叛而不討，何以～威？”又引申爲告訴、告知。《戰國策·秦策》：“武王～之以病，扁鵲請除。”由此引申爲教導。《禮記·檀弓下》：“國奢則～

之以儉，國儉則～之以禮。”

季 “季”的本義是年少、年幼。《詩經·召南·采蘋》：“誰其尸之，有齊～女。”《周禮·地官·山虞》：“凡服耜，斬～材，以時入之。”“～材”，幼嫩的木材。引申指同輩中排行在後的。《史記·項羽本紀》：“楚左尹項伯者，項羽～父也。”本篇課文：“子厚有子男二人，長曰周六，始四歲；～曰周七，子厚卒乃生。”也引申指某一朝代、年號或季節的末期。蔡琰《悲憤詩》：“漢～失權柄，董卓亂天常。”劉楨《贈五官中郎將》：“～冬風且凉。”又引申指整個季節。三個月爲一季，一年分春、夏、秋、冬四季。張蠙《次韻和友人冬月書齋》詩：“四～多花木，窮冬亦不凋。”還引申爲下等。《管子·乘馬》：“～絹三十三，制當一鎰。”尹知章注：“三等其下者曰季。”

概 “概”的本義是量米粟時刮平斗斛用的木板。《韓非子·外儲説左上》：“～者，平量也。”用作動詞，爲刮平、削平。《管子·樞言》：“釜鼓滿則人～之，人滿則天～之，故先王不滿也。”又引申爲抑制、阻難。《韓非子·説難》：“彼自多其力，則無以其難～之也。”

又引申爲節操、風度、度量。《禮記·曲禮》：“食饗不爲槩。”“不爲槩”，意思是不限量，“槩”，“概”的異體字。《晉書·桓温傳》：“温豪爽有風～。”本篇課文：“行立有節～，重然諾，與子厚結交，子厚亦爲之盡，竟賴其力。”

還表示景象、狀況。杜甫《奉留贈集賢院崔于二學士》詩：“故山多藥物，勝～憶桃源。”

用作副詞，表示大概、大略。《文心雕龍·声律》：“～舉而推，可以類見。”

第 “第”的本義是次序、次第。《左傳·哀公十六年》：“楚國～，我死，令尹司馬非勝而誰?”“楚國～”，意思是按照楚國用人的次序。勝，人名。引申作動詞，表示排次序。《史記·蕭相國世家》：“平陽侯曹參身被七十創，攻城略地，功最多，宜～一。”

又指官僚和貴族按照等級建造的大宅院。《漢書·霍光傳》：“顯夢～中井水溢流庭下。”《王子坊》：“王侯～宅，多題爲寺。”

特指科第，即科舉考試的等級。本篇課文：“（子厚）逮其父時，雖少年，已自成人，能取進士～，嶄然見頭角。”《宋史·王安石傳》：“擢進士上～。”

作表次序的詞頭。《漢書·敘傳》："述賈誼傳～十八。"

用作副詞，相當於但、只管。《孫臏兵法》："君～重射，臣能令君勝。"

鈷鉧潭西小丘記

柳宗元

【説明】柳宗元被貶在永州時寫了一組共八篇山水游記散文，即著名的"永州八記"。本文是"八記"中的第三篇。

作者以工巧生動的筆觸描繪了鈷鉧潭上小丘的美景，通過景色的描繪，抒發了自己身懷奇才異能却因横遭貶逐而不得施展的鬱抑心情。

得西山後八日，尋山口西北道二百步，又得鈷鉧潭①。潭西二十五步，當湍而浚者爲魚梁②。梁之上有丘焉，生竹樹③。其石之突怒偃蹇、負土而出、争爲奇狀者，殆不可數④。其嶔然相累而下者，若牛馬之飲於溪；其衝然角列而上者，若熊羆之登於山⑤。

【注釋】

① 得：得到，這裏有"發現"的意思。 西山：在永州城西四五里。 尋：通"循"，沿着。 道：這裏是行走的意思。 鈷鉧（gǔmǔ）潭：在今湖南永州市城西三里的小溪中。鈷鉧，熨斗，潭的形狀像熨斗，故名。

② 當：正對着。 湍（tuān）：急流。 浚（jùn）：深。 魚梁：阻水的堰，中間留有空缺，可放置捕魚的竹簍。

③ 梁之上：靠近魚梁河岸的上游。

④ 突怒：形容石頭凸起的樣子。 偃蹇（yǎnjiǎn）：盤曲高聳的樣子。 殆：幾乎，差不多。

⑤ 嶔（qīn）然：山石聳立的樣子。 相累：一個疊着一個。 下：動詞，往下。 衝然：向上衝的樣子。 角列：像獸角一樣挺拔排列。 羆（pí）：熊的一種。

丘之小不能一畝，可以籠而有之①。問其主，曰："唐氏之棄地，貨而不售②。"問其價，曰："止四百③。"予憐而售之④。李深源、元克己時同游，皆大喜，出自意外⑤。

即更取器用，剷刈穢草，伐去惡木，烈火而焚之[⑥]。嘉木立，美竹露，奇石顯。由其中以望，則山之高，雲之浮，溪之流，鳥獸之遨游，舉熙熙然迴巧獻技，以效茲丘之下[⑦]。枕席而卧，則清泠之狀與目謀，瀯瀯之聲與耳謀，悠然而虛者與神謀，淵然而静者與心謀[⑧]。不匝旬而得異地者二，雖古好事之士，或未能至焉[⑨]。

【注釋】

① 不能：不足。 籠：名詞作動詞用，裝入籠中。 有之：占有它。

② 貨：賣。 不售：賣不出去。

③ 止：只有，僅僅。 四百：指四百文銅錢。

④ 憐：憐惜。 售之：使它賣出去，即把小丘買下來。

⑤ 李深源、元克己：作者友人。深源名幼清，原任太府卿。克己原任侍御史。此時同貶居永州。

⑥ 更（gēng）取器用：更换着取用各種器具。器用，指鋤頭、鐮刀和斧頭之類除草伐木的工具。 刈（yì）：割。 穢（huì）草：雜草。 惡木：不成材的雜樹。 烈火：燃起猛火。烈，形容詞作動詞用。

⑦ 其：指小丘。 舉：全，都。 熙熙然：和悦的樣子。 迴巧：指山巒回環，雲水縈繞。 獻技：指鳥獸呈獻出各種技藝。 效：呈獻。

⑧ 枕席：用作動詞，設枕席。 清泠（líng）：指天宇的清澈明净。 謀：谋劃，商討。這裏是交流、相合的意思。 瀯瀯（yíngyíng）：形容山泉溪水流動的聲音。 悠然：很遠的樣子。 虛者：和下面的“静者”都是講深遠幽静的景象，實際上是作者的感受。 神：精神。 渊然：深沉的樣子。

⑨ 不匝（zā）旬：不滿十天。匝，經歷一周。旬，十天爲一旬。 好（hào）事之士：這裏指愛好山水並到處搜奇選勝的人。 至：達到，這裏指在十天之内“得異地者二”。

噫！以茲丘之勝，致之澧、鎬、鄠、杜，則貴游之士爭買者，日增千金而愈不可得[①]。今棄是州也，農夫漁父過而陋之，賈四百，連歲不能售[②]。而我與深源、克己獨喜得之，是其果有遭乎[③]？書于石，所以賀茲丘之遭也[④]。

【注釋】

① 勝：優美的景色。 澧（fēng）：通“酆”，周文王的都城，在今陕西户縣東。 鎬（hào）：周武王的都城，在今陕西省西安市長安區西南。 鄠（hù）：

县名，今作户縣，漢上林苑所在。 杜：杜陵，在今陝西省西安市長安區東南。以上四地都是唐朝京城長安附近的游覽勝地。 貴游之士：泛指顯貴。 增千金：給賣主增添很高的價錢。

② 陋：鄙陋。形容詞用作意動，即輕視的意思。 贾（jià）：價錢，這個意義後來寫作“價”。

③ 其：句中語氣詞，表推測的語氣，大概。 果：果真。 遭：際遇，一定的機會。

④ 書於石：把這篇文章寫在小丘的石頭上。 所以：用來……的方式。 遭：這裏指碰上了好機會。

【常用詞詞義分析】

步 “步”的本義是步行、行走。《説文》：“～，行也。”屈原《涉江》：“～余馬兮山皋。”《戰國策·齊策》：“晚食以當肉，安～以當車。”引申爲脚步、步伐。張衡《東京賦》：“駕不亂～。”《漢書·叙傳》：“又復失其故～。”引申作量詞，與跬相對。《荀子·勸學》：“不積跬～，無以至千里。”本篇課文：“得西山後八日，尋山口西北道二百～，又得鈷鉧潭。”由此引申爲長度單位。歷代不一，如周代以八尺爲步，秦代以六尺爲步。《史記·秦始皇本紀》：“輿六尺，六尺爲～。”又引申爲跟隨。杜甫《贈鄭十八賁》詩：“～趾詠唐虞，追隨飯葵堇。”

還指水邊停船處。柳宗元《永州鐵爐步志》：“江之滸，凡舟可縻而上下者曰～。”韓愈《柳州羅池廟碑》：“宅有新屋，～有新船。”這個意義後來寫作“埠”。

當 “當”的本義是面對着。《禮記·曲禮》：“～食不歎。”王充《論衡·變動》：“盛夏之時，～風而立。”本篇課文：“潭西二十五步，～湍而浚者爲魚梁。”又引申爲擋住。《莊子·人間世》：“汝不知夫螳螂乎，怒其臂以～車轍，不知其不勝任也。”這個意義後來寫作“擋”。

又指處在某個地方或某個時候。《墨子·兼愛下》：“然～今之時，天下之害，孰爲大?”由此義引申爲占着、把持。李白《蜀道難》詩：“一夫～關，萬夫莫開。”

引申爲擔當、承擔。《孟子·離婁下》：“不祥之實，蔽賢者～之。”由此引申爲掌管、主持。《左傳·襄公二年》：“于是子罕～國。”

引申爲適應。《商君書·更法》：“各～時而立法。”又引申爲判罪。《史記·蒙恬列傳》：“～高罪死。”《史記·魏其武安侯列傳》：“而乃劾魏其矯先帝詔，罪～棄市。”

又引申爲應當。《史記·陳涉世家》：“吾聞二世少子也，不～立，～立者乃公子扶蘇。”

引申爲相當、對等。《公羊傳·莊公十三年》：“然則君請～其君，臣請～其臣。”又表示當做。《戰國策·齊策》：“安步以～車。”引申爲適當、得當。《吕氏春秋·義賞》：“豈非用賞罰～邪?”

又音 dàng。表示抵押。《左傳·哀公八年》：“以王子姑曹～之而後止。”白居易《自詠老身示諸家屬》詩：“走筆還詩債，抽衣～藥錢。”

售 “售”的本義是把東西賣出去。《説文》：“～，賣去手也。”《詩經·邶風·穀風》：“既阻我德，賈用不～。”本篇課文：“貨而不～。”又：“余憐而～之。”又：“今棄是州也，農夫漁父過而陋之，賈四百，連歲不能～。”

由“賣”的一方，可關聯到“買”的一方，因而由“賣”可引申出“買”的意思。蒲松齡《聊齋志異》：“欲居之以爲利，而高其值，亦無～者。”由“買”引申爲酬謝。沈作喆《寓簡》：“一日以花來獻，予～以斗酒。”

又引申爲實現。張衡《西京賦》：“挾邪作蠱，于是不～。”又特指考試得中功名。蒲松齡《聊齋志異·促織》：“邑有成名者，操童子業，久不～。”還可指施展奸計。如成語“以～其奸”、“其計不～”。

賈 “賈”的本義是做買賣，音 gǔ。《説文》：“～，市也。”漢樂府民歌《孤兒行》：“父母已去，兄嫂令我行～。”《韓非子·五蠹》：“長袖善舞，多錢善～。”也單指買或賣。《左傳·昭公二十九年》：“平子每歲～馬。”這裏“贾”是買的意思。《周禮·地官·司市》：“以商～阜貨而行市。”鄭玄注：“通物曰商，居賣物曰賈。”引申爲做買賣的人，即商人。桓寬《鹽鐵論·輕重》：“籠天下鹽鐵諸利，以排富商大～。”

還引申爲求取，《國語·晉語》：“謀於衆，不以～好。”由此引申爲招引、招惹。《晉書·張華傳·鷦鷯賦》：“不懷寶以～害，不飾表以招累。”朱熹《迪功郎致仕王君墓碣銘》：“人有未善，苟知之必告，雖以～憎不自悔。”

又引申爲買賣過程中的價格，音 jià。晁錯《論貴粟疏》：“有者半～而賣，無者取倍稱之息。”本篇課文：“今棄是州也，農夫漁父過而陋之，～四百，連歲不能售。”這個意義後來寫作“價”。

在古代，一般來講，運貨販賣的叫“商”，囤積營利的叫“賈”，所以有“行商坐賈”之説。到後來，“商”、“賈”二字漸漸没有區别。

陋 “陋”的本義是訊息閉塞的僻陋之地，即偏僻荒凉的邊遠地區。《論語·子罕》：“子欲居九夷。或曰：～。”《淮南子·修務訓》：“今使人生於辟～之國。”引申爲狹窄、狹小。《論語·雍也》：“在～巷，人不堪其憂，回也不改其樂。”《莊子·讓王》：“顔闔守～閭。”閭，里巷的門。由此引申爲簡陋。劉禹錫《陋室銘》：“斯是～室，惟吾德馨。”又引申爲淺陋，即知識淺薄。《荀子·修身》：“少見曰～。”蘇軾《石鐘山記》：“蓋嘆酈元之簡，而笑李渤之～也。”又用作意動用法，认爲……淺陋，也就是鄙視、輕視。本篇課文：“今棄是州也，農夫漁父過而～之，賈四百，連歲不能售。”

又引申爲粗陋、粗劣。《宋書·孔覬傳》：“衣裘器服，皆擇其～者。”由此引申爲醜陋、不好看。劉昫等《舊唐書·盧杞傳》：“杞貌～而色如藍，人皆鬼視之。不耻惡衣糲食，人以爲能嗣懷慎之清節，亦未識其心。”

岳陽樓記

范仲淹

【作者介紹】范仲淹（989—1052），字希文，吴縣（今屬江蘇省）人。宋真宗大中祥符八年（1015）中進士。曾任陝西經略副使、樞密副使、進參知政事（副宰相）等職。他在政治上主張革除積弊，施行新政，但終因舊勢力的阻撓，新政推行一年便被廢除，他也遭貶外調。

范仲淹在文學上也力主革新。他在宋仁宗天聖三年（1025）提出的改革時弊的主張，就包括了對文風的改革。他的文章有較充實的政治内容，表現出憂國憂民的情懷；他的詞傳世不多，以邊塞詞《漁家傲》著稱。

【説明】《岳陽樓記》作于宋仁宗慶曆六年（1046），當時作者被貶知鄧州（今河南鄧縣）。岳陽樓，在今湖南岳陽市，爲唐代張説所建，俯瞰洞庭，極爲壯觀。歷代不少文人曾來此登臨題詠。滕子京謫守岳州時，將它重加修葺，並請范仲淹作記。本文以凝練生動的筆觸，描寫洞庭湖的壯闊景象，特别是叙寫了洞庭景色的陰晴變化引起登臨者或悲或喜的不同情緒，表現了作者雖遭貶謫，却仍能堅持自己政治理想的堅强意志和博大胸懷。

文章結構謹嚴，駢散兼行；情文並茂，氣勢磅礴；畫面壯美，音調和諧；遣詞造句，千錘百煉，在藝術技巧上頗有可供借鑒之處。

慶曆四年春，滕子京謫守巴陵郡①。越明年，政通人和，百廢具興②。乃重修岳陽樓，增其舊制，刻唐賢、今人詩賦於其上，屬予作文以記之③。

【注釋】

① 慶曆四年：1044 年。慶曆，宋仁宗的年號（1041—1048）。 滕子京：名宗諒，河南（今河南洛陽市）人。與范仲淹同年考中進士。 謫（zhé）：貶，降官。 守：州郡的長官。 巴陵郡：即岳州，今湖南岳陽市。宋代有的州還保留古代的郡名。

② 越：到了。 明年：第二年。 政通人和：政事順利，人民和樂。

③ 增：指擴大。 舊制：舊時的規模。 唐賢：唐代的名人。 今人：當代（指宋代）的人。 屬（zhǔ）：囑托，這個意義後來寫作“囑”。

予觀夫巴陵勝狀，在洞庭一湖①。銜遠山，吞長江，浩浩湯湯，横無際涯②；朝暉夕陰，氣象萬千③。此則岳陽樓之大觀也④。前人之述備矣⑤。然則北通巫峽，南極瀟湘，遷客騷人，多會於此，覽物之情，得無異乎⑥？

【注釋】

① 夫：指示代詞，那個。 勝狀：優美的景象。 洞庭：洞庭湖，在湖南北部。

② 銜：包含。 吞：吞納。 浩浩湯湯（shāngshāng）：水勢浩大的樣子。 横：廣闊。 際涯：邊際。

③ 暉：陽光，名詞用作動詞，陽光照耀。 夕陰：傍晚天色昏暗。

④ 則：乃，就是。 大觀：雄偉的景象。

⑤ 前人：指上文所説的唐賢、今人。 述：描述，指“唐賢、今人詩賦”。 備：詳盡。

⑥ 然則：一種凝固結構，“然”字緊承上文，“如此”；“則”字表示轉折，

“那麽”。 巫峽：長江三峽之一，在重慶巫山縣東。 南極：向南一直到。極，動詞，直到。 瀟湘：瀟水是湘江上游最大的一條支流。兩水匯合後，又稱瀟湘。古詩文中多以瀟湘泛指湘江。 遷客：降職到外地做官的人。 騷人：戰國時楚國的詩人屈原作《離騷》，後來因稱詩人爲騷人。 覽物：觀看自然景物。 得無：能不，能够没有。

若夫霪雨霏霏，連月不開①；陰風怒號，濁浪排空②；日星隱耀，山岳潛形③；商旅不行，檣傾楫摧④；薄暮冥冥，虎嘯猿啼⑤。登斯樓也，則有去國懷鄉，憂讒畏譏，滿目蕭然，感極而悲者矣⑥！

【注釋】

① 若夫：連詞，用在一段的開頭，引起論述。 霪（yín）雨：連綿不斷下得過量的雨。 霏霏（fēifēi）：雨雪紛紛降落的樣子。 開：放晴。

② 排：衝擊。

③ 隱耀：隱没了光輝。 潛形：潛藏了形體。

④ 商旅：商人旅客。 檣（qiáng）：船的桅杆。 楫（jí）：船槳。 摧：折斷。

⑤ 薄（bó）暮：傍晚。薄，迫近。 冥冥：昏暗的樣子。

⑥ 去國：這裏指被貶離開國都。 憂讒（chán）：擔心别人説壞話。指怕别人在皇帝面前再進讒言。 畏譏：懼怕譏諷。 蕭然：凄凉的樣子。 感極：感慨到極點。 者：……的情况，“去國懷鄉……感極而悲”是“者”的修飾語。

至若春和景明，波瀾不驚，上下天光，一碧萬頃①；沙鷗翔集，錦鱗游泳，岸芷汀蘭，鬱鬱青青②；而或長煙一空，皓月千里，浮光躍金，静影沉璧，漁歌互答，此樂何極③！登斯樓也，則有心曠神怡，寵辱偕忘，把酒臨風，其喜洋洋者矣④。

【注釋】

① 至若：和“至於”的意思略同。 春和：春天和暖。 景：陽光。 不驚：不動，平静。 上下天光：上面的天色和下面的湖光。

② 翔集：時而飛起，時而停息。 錦鱗：指魚群。魚鱗閃閃發光，因稱“錦鱗”。 芷（zhǐ）：一種香草。 汀（tīng）：水中小洲。 鬱鬱：（蘭芷）

香氣濃郁。

③ 或：或者，這裏和轉折連詞“而”連用，表示再寫一種景象。 長煙：彌漫長空的煙霧。 一空：全部消失。 浮光：浮動在水面上的月光。 躍金：閃着金光。 静影：指静静的月影。 沉璧：形容水中的月影像沉下的一塊白玉。璧，圓形的玉。 互答：互相唱和。 何極：哪有窮盡。

④ 把酒：端着酒。把，持，拿。 臨風：對着風。 洋洋：形容高興的樣子。

嗟夫[①]！予嘗求古仁人之心，或異二者之爲，何哉[②]？不以物喜，不以己悲[③]。居廟堂之高，則憂其民[④]；處江湖之遠，則憂其君[⑤]。是進亦憂，退亦憂[⑥]。然則何時而樂耶[⑦]？其必曰“先天下之憂而憂，後天下之樂而樂”乎[⑧]？噫！微斯人，吾誰與歸[⑨]！

時六年九月十五日[⑩]。

【注釋】

① 嗟（jiē）夫：感嘆詞。這裏是對上面兩種情况表示惋惜。

② 求：探求。 仁人：品德高尚的人。 心：思想感情。 或：副詞，或許。 二者之爲：指上面所説的兩種人的表現。爲，這裏指心裏活動。

③ 以：介詞，因爲。 物：指外界事物。 己：自己，這裏指個人的遭遇。

④ 居廟堂之高：指在朝廷做高官。廟堂，指朝廷。高，指高的職位。

⑤ 處江湖之遠：指貶謫到邊遠的地方做地方官或隱居不仕。

⑥ 是：這樣。 進：指居廟堂之高，即進朝作官。 退：指處江湖之遠，即不做官。

⑦ 耶：表疑問語氣詞。相當於“呢”。

⑧ 其：表推測的語氣詞，略等於大概、恐怕。 先：在……之前。 天下：指天下的人。 後：在……之後。

⑨ 噫（yī）：感嘆詞。表示嘆息。 微：非，不是，表假設的否定副詞。斯人：這樣的人。 誰與：與誰。疑問句中代詞賓語前置。 歸：歸從，聚在一起。

⑩ 六年：指慶曆六年，即 1046 年。

知識拓展：

古人的謙稱與尊稱

謙稱自己，尊稱對方，是中國古代語言文明的一種體現。

使用謙稱辭彙來稱呼自己，也是對對方的尊重。

古人常用的謙稱辭彙有“愚”、“鄙”、“敝”、“卑”、“竊”、

“僕”、“小人”、“不才”、“不佞”、“不肖”等。這些詞都含有愚笨、無知、閱歷較淺、才識平庸等意思。使用這些自謙辭時，是以説話者的自謙來提高對方的身份的。如諸葛亮《出師表》：“愚以爲宫中之事，事無大小，悉以咨之。”司馬遷《報任安書》：“僕非敢如此也。”《左傳·隱公元年》：“小人有母，皆嘗小人之食也。”此外，還有用“臣”、“妾”、“婢子”等自稱的。如《史記·項羽本紀》：“張良曰：‘秦時與臣游，項伯殺人，臣活之。’”《後漢書·列女傳·樂羊子妻》：“妾聞志士不飲盜泉之水，廉者不受嗟來之食。”《左傳·僖公十五年》：“若晉君朝以入，則婢子夕以死。”也有用“某”來代替自己的名字，以表謙稱的。王安石《答司馬諫議書》：“今日當一切不事事，守前所爲而已，則非某之所敢知也。”

古人常用的尊稱辭彙有“君”、“卿”、“公”、“子”、“夫子”、“吾子”、“閣下”、“先生”、“丈人”等。如《史記·項羽本紀》：“孰與君少長？”《資治通鑒》卷六十五：“獨卿與子敬與孤同耳，此天以卿二人贊孤也。”《戰國策·魏策》：“公亦嘗聞天子之怒乎？”《左傳·僖公三十年》：“然鄭亡，子亦有不利焉。”《孟子·梁惠王上》：“願夫子輔吾志，明以教我。我雖不敏，請嘗試之。”《國語·晉語》：“今吾子有欒武子之貧，吾以爲能其德矣，是以賀。”韓愈《再與鄂州柳宗丞書》：“徵兵百萬，不如招募數千，閣下以爲如何？”《戰國策·趙策》：“平原君曰：‘勝請爲紹介而見之于先生。’”马中锡《中山狼傳》：“乞丈人一言而生。”

還有的不直接稱對方，而稱對方的近旁或下屬，以表示尊敬，常用的有“左右”、“執事”、“足下”、“陛下”（專用於對帝王、國君）。《史記·張儀列傳》：“是故不敢匿意隱情，先以聞於左右。”《左傳·僖公三十年》：“若亡鄭而有益於君，敢以煩執事。”《戰國策·燕策》：“秦兵旦暮渡易水，則雖欲長侍足下，豈可得哉？”諸葛亮《出師表》：“願陛下托臣以討賊興復之效，不效則治臣之罪，以告先帝之靈。”

還有的稱對方的字、官爵、任官地名，以表示對對方的尊敬。范仲淹《岳陽樓記》：“慶曆四年春，滕子京謫守巴陵郡。”滕子京，名宗諒。這裏就是通過稱字來表示對對方的尊敬的。

【常用詞詞義分析】

橫 “橫”的本義是門框下部的橫木。《説文》：“～，闌木也。”段玉裁《説文解字注》：“～，闌木也。闌，門遮也。”由本義引申爲橫貫，特指地理上的東西向，與“縱”相對。柳宗元《嶺南節饗軍堂記》：“～八楹，從十楹。”由此引申爲橫着、橫陳。《山海經·大荒西經》：“有神十人，名曰女媧之腸，～道而處。”韋應物《滁州西澗》：“野渡無人舟自～。”又引申爲縱橫錯雜。仲長統《昌言·理亂》：“源發而～流，路開而四通矣。”由此引申爲充滿、充溢。《禮記·祭義》：“置之而塞乎天地，溥之而～乎四海。”引申爲寬廣、廣闊。本篇課文：“銜遠山，吞長江，浩浩湯湯，～無際涯。”

又音 hèng。意爲蠻橫、殘暴。王夫之《論秦始皇廢分封立郡縣》：“～斂繁刑，艾削其民，迄之數百年而不息者亦革焉。”又有出乎意料的意思。《三國志·吴書·吴主傳》：“然奮之誅夷，～遇飛禍矣。”

頃 “頃”的本義是頭歪斜不正，音 qīng。《説文》：“～，頭不正也。”《漢書·王褒傳》：“是以聖王不遍窺望而視已明，不單～耳而聽已聰。”這個意義後來寫作“傾”。泛指所有事物的傾斜、偏側。《詩經·周南·卷耳》：“不盈～筐。”

又音 qǐng。用作田地面積的單位。一頃等於一百畝。《三國志·蜀書·諸葛亮傳》：“薄田十五～。”本篇課文：“上下天光，一碧萬～。”還有少頃、短時間的意思，與“久”相對。《荀子·性惡》：“天下之悖亂而相亡不待～矣。”《莊子·秋水》：“夫不爲～久推移，不以多少進退者，此亦東海之大樂也。”《史記·留侯世家》：“有～，父亦來。”《三國志·蜀書·諸葛亮傳》：“～之又領益州牧。”虛化爲副詞，相當於近來、剛纔、不久前。《三國志·吴書·吴主傳》：“～聞諸將出入，各尚謙約。”

曠 “曠”的本義是光明、明朗。《説文》：“～，明也。”《後漢書·竇融傳》：“～若發曚。”引申爲空曠、開闊。陶淵明《桃花源記》：“土地平～。”魏禧《大鐵椎傳》：“星光照～野。”本篇課文：“登斯樓也，則有心～神怡，寵辱偕忘，把酒臨風，其喜洋洋者也。”又引申爲歷時久遠。《後漢書·朱儁傳》：“皆～年歷載，用能克敵。”也引申爲空缺。《孟子·離婁上》：“～安宅而弗居，捨正路而不由。”劉禹錫《秋霖即事聯句》：“歡娱久～焉。”由此引申爲荒廢。《北史·李元忠傳》：“庭室蕪～。”《漢書·賈山傳》：“～日十年。”

微 “微”的本義是隱蔽、藏匿。《左傳·哀公十六年》：“白公奔山而縊，其徒～之。”由此引申爲不顯露的。《韓非子·外儲説右下》：“桓公～服而行於民間。”《水經注·河水四》：“漢武帝嘗～行此亭，見餽亭長妻。”又引申爲悄悄地、暗中。柳宗元《童區寄傳》：“童～伺其睡。”

引申爲微妙、深奥。《荀子·議兵》：“諸侯有能～妙之以節，則作而兼殆之耳。”劉禹錫《天論》：“子之言天與人交相勝，其理～，庸使户曉，盍取諸譬焉。”

又引申爲輕微、細小。《韓非子·六反》：“垤～小。”垤，小土堆。蘇軾《石鍾山記》：“酈元以爲下臨深潭，～風鼓浪，水石相搏，聲如洪鐘。”由此引申爲稍微。賈思勰《齊民要術·種瓜》：“兩行～相近。”又引申爲卑微，即地位低下。《史記·高祖本紀》：“大王起～細，誅暴逆，平定四海，有功者輒裂地而封爲王侯。”

引申爲衰微、衰敗。《史記·李斯列傳》：“周室卑～，諸侯相併。”

引申爲非、無。《論語·憲問》：“～管仲，吾其被髮左衽矣。”本篇課文：“～斯人，吾誰與歸！”《詩經·邶風·柏舟》：“～我無酒，以敖以游。”萧統《文選序》：“積水曾～增冰之凜。”

*韓信破趙之戰

《史記》

【説明】韓信，淮陰（今江蘇省淮安市淮陰區東南）人，秦末漢初傑出的軍事家。初投項羽，因不受重用，後歸劉邦，拜爲大將。楚漢戰争中，他率軍攻魏，克代，破趙，收燕，滅楚，爲劉邦建立漢朝立了顯赫的戰功。韓信初封爲齊王，後徙爲楚王，又貶爲淮陰侯，最後以謀反罪被殺，滅三族。

破趙之戰是我國歷史上以弱勝强的著名戰例。公元前 204 年，韓信和張耳攻打趙國，只帶有 3 萬没受過嚴格訓練的軍隊，而趙國陳餘的部隊却號稱 20 萬。在兵力、地勢、後勤供應等均處於極爲不利的形勢下，韓信出奇制勝，打敗趙軍，使楚漢相争的局面發生了根本的變化，爲劉邦最後統一中國奠定了基礎。

全文通過韓信破趙的典型戰例，顯示了韓信高超的軍事才能。

本文選自《史記·淮陰侯列傳》。題目是後加的。

信與張耳以兵數萬，欲東下井陘擊趙。趙王、成安君陳餘聞漢且襲之也，聚兵井陘口，號稱二十萬。廣武君李左車説成安君曰："聞漢將韓信涉西河，虜魏王，禽夏説，新喋血閼與，今乃輔以張耳，議欲下趙，此乘勝而去國遠鬭，其鋒不可當。臣聞千里餽糧，士有飢色；樵蘇後爨，師不宿飽。今井陘之道，車不得方軌，騎不得成列，行數百里，其勢糧食必在其後。願足下假臣奇兵三萬人，從閒道絶其輜重；足下深溝高壘，堅營勿與戰。彼前不得鬭，退不得還，吾奇兵絶其後，使野無所掠，不至十日，而兩將之頭可致於戲下。願君留意臣之計。否，必爲二子所禽矣。"成安君，儒者也，常稱義兵不用詐謀奇計，曰："吾聞兵法'十則圍之，倍則戰。'今韓信兵號數萬，其實不過數千。能千里而襲我，亦已罷極。今如此避而不擊，後有大者，何以加之！則諸侯謂吾怯，而輕來伐我。"不聽廣武君策，廣武君策不用。

韓信使人閒視，知其不用，還報，則大喜，乃敢引兵遂下。未至井陘口三十里，止舍。夜半傳發，選輕騎二千人，人持一赤幟，從閒道萆山而望趙軍，誡曰："趙見我走，必空壁逐我，若疾入趙壁，拔趙幟，立漢赤幟。"令其裨將傳飱，曰："今日破趙會食！"諸將皆莫信，詳應曰："諾。"謂軍吏曰："趙已先據便地爲壁，且彼未見吾大將旗鼓，未肯擊前行，恐吾至阻險而還。"信乃使萬人先行，出，背水陳。趙軍望見而大笑。平旦，信建大將之旗鼓，鼓行出井陘口。趙開壁擊之，大戰良久。于是信、張耳詳棄鼓旗，走水上軍。水上軍開入之，復疾戰。趙果空壁争漢鼓旗，逐韓信、張耳。韓信、張耳已入水上軍，軍皆殊死戰，不可敗。信所出奇兵二千騎，共候趙空壁逐利，則馳入趙壁，皆拔趙旗，立漢赤幟二千。趙軍已不勝，不能得信等，欲還歸壁，壁皆漢赤幟，而大驚，以爲漢皆已得趙王將矣。兵遂亂，遁走，趙將雖斬之，不能禁也。于是漢兵夾擊，大破虜趙軍，斬成安君泜水上，禽趙王歇。

信乃令軍中毋殺廣武君，有能生得者購千金。于是有縛廣武君而致戲下者，信乃解其縛，東鄉坐，西鄉對，師事之。

諸將效首虜，休，畢賀，因問信曰："兵法'右倍山陵，前左水澤'。今者將軍令臣等反背水陳，曰'破趙會食'，臣等不服。然竟以勝，此何術也?"信曰："此在兵法，顧諸君不察耳。兵法不曰'陷之死地而後生，置之亡地而後存'？且信非得素拊循士大夫也，此所謂'驅市人而戰之'，其勢非置之死地，使人人自爲戰；今予之生地，皆走，寧尚可得而用之乎!"諸將皆服曰："善。非臣所及也。"

于是信問廣武君曰："僕欲北攻燕，東伐齊，何若而有功?"廣武君辭謝曰："臣聞'敗軍之將，不可以言勇；亡國之大夫，不可以圖存。'今臣敗亡之虜，何足以權大事乎!"信曰："僕聞之，百里奚居虞而虞亡，在秦而秦霸，非愚於虞而智於秦也，用與不用，聽與不聽也。誠令成安君聽足下計，若信者亦已爲禽矣。以不用足下，故信得侍耳。"因固問曰："僕委心歸計，願足下勿辭。"廣武君曰："臣聞'智者千慮，必有一失；愚者千慮，必有一得'。故曰'狂夫之言，聖人擇焉'。顧恐臣計未必足用，願效愚忠。夫成安君有百戰百勝之計，一旦而失之，軍敗鄗下，身死泜上。今將軍涉西河，虜魏王，禽夏説閼與，一舉而下井陘，不終朝破趙二十萬衆，誅成安君。名聞海内，威震天下。農夫莫不輟耕釋耒，褕衣甘食，傾耳以待命者。若此，將軍之所長也。然而衆勞卒罷，其實難用。今將軍欲舉倦獘之兵，頓之燕堅城之下，欲戰恐久，力不能拔，情見勢屈，曠日糧竭，而弱燕不服，齊必距境以自彊也。燕齊相持而不下，則劉項之權未有所分也。若此者，將軍所短也。臣愚，竊以爲亦過矣。故善用兵者不以短擊長，而以長擊短。"韓信曰："然則何由?"廣武君對曰："方今爲將軍計，莫如案甲休兵，鎮趙，撫其孤，百里之内，牛酒日至，以饗士大夫醳兵。北首燕路，而後遣辯士奉咫尺之書，暴其所長於燕，燕必不敢不聽從。燕已從，使諠言者東告齊，齊必從風而服，雖有智者，亦不知爲齊計矣。如是，則天下事皆可圖也。兵固有先聲而後實者，此之謂也。”韓信曰：“善。”從其策。發使使燕，燕從風而靡。乃遣使報漢，因請立張耳爲趙王，以鎮撫其國。漢王許之，乃立張耳爲趙王。

*段太尉逸事狀

柳宗元

【説明】這是一篇叙事嚴謹、寫人生動的傳記文。作者選取段太尉一生中勇服郭晞、仁愧焦令諶、節顯治事堂三件逸事，多側面地表現了人物外柔内剛、勇毅見於平易的個性特徵，刻畫了一位封建時代正直官吏的形象。全文没有一句議論，純用冷静從容的寫實手法，在客觀的叙述中隱含着深沉的歌頌之情。

狀是舊時詳記死者世系、名字、爵里、行治、壽年的一種文體。逸事狀專録人物逸事，是狀的一種變體。

太尉始爲涇州刺史時，汾陽王以副元帥居蒲。王子晞爲尚書，領行營節度使，寓軍邠州，縱士卒無賴。邠人偷嗜暴惡者，卒以貨竄名軍伍中，則肆志，吏不得問。日群行丐取於市，不嗛，輒奮擊，折人手足，椎釜鬲甕盎盈道上，袒臂徐去，至撞殺孕婦人。邠寧節度使白孝德，以王故，戚不敢言。太尉自州以狀白府，願計事。至則曰：“天子以生人付公理，公見人被暴害，因恬然，且大亂，若何？”孝德曰：“願奉教。”太尉曰：“某爲涇州，甚適，少事。今不忍人無寇暴死，以亂天子邊事。公誠以都虞候命某者，能爲公已亂，使公之人不得害。”孝德曰：“幸甚。”如太尉請。

既署一月，晞軍士十七人入市取酒，又以刃刺酒翁，壞釀器，酒流溝中。太尉列卒取十七人，皆斷頭注槊上，植市門外，晞一營大譟，盡甲。孝德震恐，召太尉曰：“將奈何？”太尉曰：“無傷也，請辭於軍。”孝德使數十人從太尉，太尉盡辭去。解佩刀，選老躄者一人持馬，至晞門下。甲者出，太尉笑且入曰：“殺一老卒，何甲也？吾戴吾頭來矣。”甲者愕。因諭曰：“尚書固負若屬邪？副元帥固負若屬邪？奈何欲以亂敗郭氏？爲白尚書，出聽我言。”晞出見太尉，太尉曰：“副元帥勳塞天地，當務始終。今尚書恣卒爲暴，暴且亂，亂天子邊，欲誰歸罪？罪且及副元帥。今邠人惡子弟，以貨竄名軍籍中，殺害人如是不止，幾日不大亂？大亂由尚書出，人皆曰尚書倚副元帥不戢士。然則郭氏功名，其與存者幾何？”言未畢，晞再拜曰：“公幸教晞以道，恩甚大，願奉軍以從。”顧叱左右曰：“皆解甲散還火伍中，敢譁者死！”太尉曰：“吾未晡食，請假設草具。”既食，曰：“吾疾作，願留宿門下。”命持馬者去，旦日來。遂卧軍中。晞不解衣，戒候卒擊柝衛太尉。旦，俱至孝德所，謝不能，請改過。邠州由是無禍。

先是太尉在涇州爲營田官，涇大將焦令諶取人田，自占數十頃，給與農，曰：“且熟，歸我半。”是歲大旱，野無草。農以告諶，諶曰：“我知入數而已，不知旱也。”督責益急。且飢死，無以償，即告太尉。太尉判狀，辭甚巽，使人求諭諶。諶盛怒，召農者曰：“我畏段某邪？何敢言我？”取判鋪背上，以大杖擊二十，垂死，舁來庭中。太尉大泣曰：“乃我困汝！”即自取水洗去血，裂裳衣瘡，手注善藥，旦夕自哺農者然後食。取騎馬賣，市穀代償，使勿知。淮西寓軍帥尹少榮，剛直士也。入見諶，大駡曰：“汝誠人邪！涇州野如赭，人且飢死，而必得穀，又用大杖擊無罪者。段公，仁信大人也，而汝不知敬。今段公唯一馬，賤賣市穀入汝，汝又取不耻。凡爲人，傲天灾、犯大人、擊無罪者，又取仁者穀，使主人出無馬，汝將何以視天地，尚不愧奴隸邪？”諶雖暴抗，然聞言則大愧，流汗不能食，曰：“吾終不可以見段公。”一夕，自恨死。

及太尉自涇州以司農徵，戒其族：“過岐，朱泚幸致貨幣，慎勿納。”及過，泚固致大綾三百匹。太尉壻韋晤堅拒，不得命。至都，太尉怒曰：“果不用吾言！”晤謝曰：“處賤無以拒也。”太尉曰：“然終不以在吾第。”以如司農治事堂，棲之梁木上。泚反，太尉終，吏以告泚，泚取視，其故封識具存。

太尉逸事如右。

元和九年月日，永州司馬員外置同正員柳宗元謹上史館。今之稱太尉大節者出入，以爲武人一時奮不慮死，以取名天下，不知太尉之所立如是。宗元嘗出入岐周邠斄閒，過真定，北上馬嶺，歷亭鄣堡戍。竊好問老校退卒，能言其事。太尉爲人姁姁，常低首拱手行步，言氣卑弱，未嘗以色待物，人視之，儒者也。遇不可，必達其志，决非偶然者。會州刺史崔公來，言信行直，備得太尉遺事，覆校無疑。或恐尚逸墜，未集太史氏，敢以狀私於執事。謹狀。

*趙武靈王胡服騎射

《資治通鑒》卷三

【《資治通鑒》介紹】《資治通鑒》是北宋著名史學家、政治家司馬光和他的助手劉攽、劉恕、范祖禹、司馬康等人歷時 19 年編纂的一部規模空前的編年體通史巨著。它以時間爲綱，事件爲目，從周威烈王二十三年（前 403）寫起，到五代的後周世宗顯德六年（959）征淮南停筆，涵蓋 16 朝 1 326 年的歷史。它是中國第一部編年體通史，在中國官修史書中占有極重要的地位。

這部書的内容以政治、軍事和民族關係爲主，兼及經濟、文化和歷史人物評價，目的是通過對事關國家盛衰、民族興亡的統治階級政策的描述警示後人。即“鑒於往事，資於治道”，以歷史的得失作爲藉鑒來加强統治，所以叫《資治通鑒》。

【説明】趙武靈王登上歷史舞臺的時候，趙都邯鄲（今河北邯鄲西南）連年被兵，形勢險惡。趙武靈王從自己的國情出發，打破中原傳統的衣冠制度和兵制，效法北方游牧民族軍事上輕騎遠射、機動靈活的戰略戰術和相應的緊身胡服，於前 307 年（趙武靈王十九年）下令舉國變胡服，習騎射。

胡服騎射作爲一個國家移風易俗的改革，在醖釀和實施初期，朝野一片反對聲。經過一番努力，趙國的軍事改革迅速取得成功，使其成爲一等强國，一舉扭轉了往昔秦兵東進和胡馬南下的被動挨打局面，並且推動了整個中原騎射的發展，標志我國由車戰時代進入騎戰時代，在中國軍事史上是一個劃時代的大事件。

趙武靈王北略中山之地，至房子，遂之代，北至無窮，西至河，登黄華之上。與肥義謀胡服騎射以教百姓，曰："愚者所笑，賢者察焉。雖驅世以笑我，胡地中山吾必有之。"遂胡服。

國人皆不欲，公子成稱疾不朝。王使人請之曰："家聽于親，國聽於君。今寡人作教易服，而公叔不服，吾恐天下議之也。制國有常，利民爲本；從政有經，令行爲上。明德先論於賤，而從政先信於貴，故願慕公叔之義，以成胡服之功也。"公子成再拜稽首曰："臣聞中國者，聖賢之所教也，禮樂之所用也，遠方之所觀赴也，蠻夷之所則效也。今王捨此而襲遠方之服，變古之道，逆人之心，臣願王孰圖之也。"使者以報。

王自往請之，曰："吾國東有齊、中山，北有燕、東胡，西有樓煩、秦、韓之邊。今無騎射之備，則何以守之哉？先時，中山負齊之强兵，侵暴吾地，系累吾民，引水圍鄗，微社稷之神靈，則鄗幾於不守也，先君醜之。故寡人變服騎射，欲以備四境之難，報中山之怨。而叔順中國之俗，惡變服之名，以忘鄗事之醜，非寡人之所望也。"公子成聽命，乃賜胡服，明日服而朝。于是始出胡服令，而招騎射焉。

古代漢語知識

1. 古代漢語的副詞

古代漢語的副詞有七類：否定副詞、時間副詞、範圍副詞、程度副詞、情態副詞、語氣副詞、表敬副詞。在副詞的系統性上，古今漢語相似，只是古代漢語多了一類表敬副詞。古代漢語的副詞一般衹能做謂語的修飾詞，即狀語，不做其他句法成分。

一、否定副詞

主要有“不”、“弗”、“毋（無）”、“勿”、“未”、“非”、“微”。

1. 表示一般性否定

用“不”和“弗”。“不”可以否定動詞性成分和形容詞性成分，例如：

① 廄焚。子退朝，曰：“傷人乎？”不問馬。（《論語·鄉黨》）

② 故不登高山，不知天之高也。（《荀子·勸學》）

③ 行至安陽，留四十六日不進。（《史記·項羽本紀》）

④ 若網在綱，有條而不紊。（《尚書·盤庚》）

⑤ 君子多乎哉？不多也。（《論語·子罕》）

例①、②“不”否定述賓結構，例③否定不及物動詞，例④、⑤否定形容詞。“弗”字一般衹用於否定及物動詞，例如：

⑥ 夫兵，猶火也。弗戢，將自焚也。（《左傳·隱公四年》）

⑦ 仲子，不義與之齊國而弗受，人皆信之。（《孟子·盡心上》）

⑧ 然則國亂將弗治與？（《荀子·不苟》）

例⑥至⑧，“弗”字否定及物動詞，但動詞的賓語都没有出現，這是否定副詞“弗”區別於“不”的典型用法。在秦漢以前用“弗”的句子衹有少數用例帶有賓語，這屬於例外。例如：

⑨ 今弗愛其子，安能愛君。（《韓非子·難一》）

⑩ 雖與之俱學，弗若之矣。（《孟子·告子上》）

“弗”字也有少量否定不及物動詞和形容詞的用例。例如：

⑪ 納於大麓，烈風雷雨弗迷。（《尚書·堯典》）

⑫ 今呂氏王，大臣弗平。（《史記·呂太后本紀》）

例⑪“弗迷”是指不迷路，“弗”否定不及物動詞。例⑫“弗平”是指大臣心中不悦，“弗”否定形容詞。

2. 表示禁止性否定

用“毋（無）”和“勿”，意思是“不要”。這兩個否定副詞都用於否定動詞性成分，一般不用於否定形容詞。例如：

① 信乃令軍毋斬廣武君，有生得之者，購千金。（《漢書·韓信傳》）

② 臨財毋苟得，臨難毋苟免。（《禮記·曲禮上》）

③ 梁掩其口曰：“毋妄言，族矣。”（《史記·項羽本紀》）

④ 碩鼠碩鼠，無食我黍。（《詩經·魏風·碩鼠》）

⑤ 嗟！人無嘩，聽命！（《尚書·費誓》）

⑥ 百畝之田，勿奪其時。（《孟子·梁惠王上》）

⑦ 己所不欲，勿施於人。（《論語·衛靈公》）

⑧ 兵不如者，勿與挑戰。（《戰國策·楚策》）

例①、②、③，“毋”否定動詞性成分。例④、⑤，“無”也是否定動詞性成分，“無”和“毋”是同一個詞的不同寫法。例⑥、⑦、⑧，“勿”否定動詞性成分。表示禁止性否定，是“毋”、“勿”同“不”、“弗”的重要區别。值得注意的是，“毋”和“無”也有用於一般性否定的用例，衹是頻率比較低。例如：

⑨ 以我爲君子也，君子安可毋敬也？（《韓非子·説林下》）

⑩ 楚人來討，能勿從乎？從之，晉師必至。（《左傳·襄公八年》）

例⑨、⑩，“毋”和“勿”都表示一般性否定，意思同“不”。

3. 表示對尚未施行的某種動作行爲或對過去某種情況的否定

用否定副詞“未”，意思是“没有”、“還没有”。例如：

① 水旱未至而饑，寒暑未薄而疾。（《荀子·天論》）

② 今者出，未辭也，爲之奈何？（《史記·項羽本紀》）

③ 然而不王者，未之有也。（《孟子·梁惠王上》）

④ 先帝創業未半，而中道崩殂。（諸葛亮《出師表》）

否定副詞“未”還可以出現在句末，構成選擇問句。例如：

⑤ 君除吏已盡未？吾亦欲除吏。（《史記·魏其武安侯列傳》）

⑥ 今哭而不悲，君知其解未？（《漢書·外戚傳》）

“未”字的這一用法，在早期可以認爲是在否定副詞“未”後省略了動詞性成分，如“已盡未盡”、“知其解未知”，“未”仍是做狀語。

4. 否定名詞性成分

用否定副詞“非”和“微”。“非”常用於否定名詞性謂語，例如：

① 子非魚，安知魚之樂。(《莊子·秋水》)

② 白馬非馬。(《公孫龍子·白馬論》)

③ 是非仁人之情也。(《荀子·不苟》)

④ 子曰：“(此)非吾徒也。小子鳴鼓而攻之，可也。”(《論語·先進》)

例①至④，“非”否定判斷句的名詞性謂語，同名詞性謂語一起構成否定句的判斷。有時構成“非+名詞+不+動詞性成分”等組合，表示如果没有某種事物，就不會有某種動作或行爲發生。例如：

⑤ 夫鵷鶵……非梧桐不止，非練實不食，非醴泉不飲。(《莊子·秋水》)

⑥ 孤非周公謹，不帝矣。(《三國志·吴書·周瑜傳》)

⑦ 王非守禦之具，其何以當之？(《戰國策·趙策》)

例⑤、⑥，都是“非+名詞+不+動詞性成分”組合。例⑦有所不同，謂語的核心成分是疑問形式，但同上述表達的語義相同。“非”也可以否定動詞性成分和形容詞性成分，例如：

⑧ 人惟求舊，器非求舊，惟新。(《尚書·盤庚》)

⑨ 人能弘道，非道弘人。(《論語·衛靈公》)

⑩ 君子性非異也，善假於物也。(《荀子·勸學》)

例⑧，“非”否定述賓結構，例⑨否定主謂結構，例⑩否定形容詞。

“微”一般不用於否定名詞性謂語，用法與“非+名詞+不+動詞性成分”格式裏的“非”相同。例如：

⑪ 微二子者，楚不國矣。(《左傳·哀公十六年》)

⑫ 微夫人之力不及此。(《左傳·僖公三十年》)

⑬ 微白起，吾不能滅趙乎？(《戰國策·中山策》)

⑭ 微虞卿，趙以亡矣。(《新序·善謀》)

⑮ 微斯人，吾誰與歸？(范仲淹《岳陽樓記》)

“微”字也有個别用例是否定動詞性成分的，例如：

⑯ 雖讀禮傳，微愛屬文。(《顔氏家訓·序致》)

例⑯“微”相當於“不”。

二、時間副詞

對謂語性成分進行時間修飾的副詞是時間副詞。古代漢語的時間副詞很豐富，數量很多。但是系統和現代漢語差别不大，衹是時間副詞各小類内部的具體成員有較大的差别。

1. 表示過去時間的副詞

主要有“向”、“已”、“既”、“業”、“嘗”、“曾”。“向”表示追述過去，意思是“從前”、“先前”。例如：

① 向者見客之容，而今也見客之意。(《晏子春秋·内篇雜上》)

② 向者僕常厠下大夫之列，陪外庭末議。(《漢書·司馬遷傳》)

“向”也可以表示“過去”、“剛纔”的意思，例如：

③ 吾常無子，無子之時不憂，今子死，乃與向無子同，臣奚憂焉？(《列子·力命》)

④ 向言人過，冒犯天威。(《遼史·耶律義先傳》)

“已”表示“已經”。例如：

⑤ 道之不行，已知之矣。(《論語·微子》

⑥ 其人與骨皆已朽矣。(《史記·老子韓非列傳》)

“既”同“已”，表示“已經”。例如：

⑦ 未見君子，憂心忡忡；既見君子，我心則降。(《詩經·小雅·出車》)

⑧ 余幼好此奇服兮，年既老而不衰。(《楚辭·九章·涉江》)

有時“既”位於句首，意思相當於“不久”、“很快”。例如：

⑨ 新築人仲叔于奚救孫桓子，桓子是以免。既，衛人賞之以邑，辭。(《左傳·成公二年》)

⑩ 芮良夫曰：“……榮公若用，周必敗。”既，榮公爲卿士，諸侯不享，王流於彘。(《國語·周語》)

例⑨、⑩“既”都位於句首，可譯爲“不久”，但“既”的基本意義仍然是“已經”，用於承上啓下，表示前一件事已經結束。

“業”表示動作已經完成，意思也是“已經”。例如：

⑪ 良業爲取履，因長跪履之。(《史記·留侯世家》)

⑫ 相如欲諫，業已建之，不敢。(《史記·司馬相如列傳》)

“嘗”表示“曾經”。例如：

⑬ 陳涉少時，嘗與人傭耕。（《史記·陳涉世家》）

⑭ 孫臏嘗與龐涓俱學兵法。（《史記·孫子吴起列傳》）

“曾”表示“曾經”。例如：

⑮ 樂曾淫於宫中，子般執而鞭之。（《公羊傳·閔公元年》）

⑯ 孟嘗君曾待客夜食。（《史記·孟嘗君列傳》）

⑰ 蕭何曾做沛中吏。（李白《猛虎行》）

在先秦漢語裏，表示“曾經”很少用“曾”，一般都用“嘗”，漢代以後“曾”的使用頻率升高，逐漸取代了“嘗”。

2. 表示現在時間的副詞

主要有“方”、“正”、“適”。這幾個副詞修飾謂詞性成分，表示動作正在進行或某種事態正在持續。意思是“正”、“正好”、“恰好”。例如：

① 如今人方爲刀俎，我爲魚肉，何辭爲？（《史記·項羽本紀》）

② 國家方危，諸侯方貳，將以襲敵，不亦難乎！（《左傳·定公四年》）

③ 可憐身上衣正單，心憂炭賤願天寒。（白居易《賣炭翁》）

④ 丞相曾夏月至石頭看庾公，庾公正料事。（《世説新語·政事》）

⑤ 夫身中大創十餘，適有萬金良藥，故得無死。（《史記·魏其武安侯列傳》）

⑥ 今賊適疲於西，又務於東，兵法乘勞，此進趨之時也。（《三國志·蜀書·諸葛亮傳》注）

“方”有時表示“正要”，有時表示“尚且”、“還”。例如：

⑦ 今方來，吾欲辱之，何以也？（《晏子春秋·内篇雜下》）

⑧ 天下方未定，故可因遂就宫室。（《史記·高祖本紀》）

例⑦“方來”是“正要來”，例⑧“方未定”是“尚且未定”。“正要”和“尚且”仍屬於現在時間範圍。

3. 表示將來時間的副詞

主要有“且”、“將”、“行”。修飾動詞性成分，表示將要進行某種動作行爲。例如：

① 若屬皆且爲所虜。（《史記·項羽本紀》）

② 今吾尚病，病癒，我且往見。(《孟子·滕文公上》)

③ 樂以忘憂，不知老之將至云爾。(《論語·述而》)

④ 十年春，齊師伐我，公將戰。(《左傳·莊公十年》)

⑤ 行略定秦地。(《史記·項羽本紀》)

⑥ 善萬物之得時，感吾生之行休。(陶淵明《歸去來兮辭》)

4. 表示動作行爲始發時間的副詞

主要有“初”。例如：

① 令初下，群臣進諫，門庭若市。(《戰國策·齊策》)

② 照曰：“謝五言如初發芙蓉，自然可愛。”(《南史·顏延之傳》)

例①、②“初”都是“剛剛”的意思。“初”字位於句首，表示追述過去的時間。例如：

③ 初，鄭武公娶于申。(《左傳·隱公元年》)

此例“初”的意思是“當初”，不是副詞，而是時間名詞。類似的時間名詞還有表示開始時間的“始”，表示現在時間的“今”，表示過去時間的“曩”、“昔”。

5. 表示動作行爲時間間隔的副詞

主要有“遂”、“乃”、“輒”、“尋”、“旋”。這幾個副詞都表示兩件事緊接，中間時間很短，意思是“就”、“于是”、“不久”。例如：

① 春，齊侯以諸侯之師侵蔡，蔡潰，遂伐楚。(《左傳·僖公四年》)

② 乃前拔劍擊蛇，蛇遂分爲兩。(《史記·高祖本紀》)

③ 余左顧而欬，乃殺之；右顧而笑，乃止。(《左傳·昭公二十四年》)

④ 廣廉，得賞賜，輒分其麾下。(《史記·李將軍列傳》)

⑤ 先主尋悔，請還。(《三國志·蜀書·龐統傳》)

⑥ (劉子驥)欣然規往，未果，尋病終。(陶淵明《桃花源記》)

⑦ 卓殺瓊、珌，旋亦悔之。(《後漢書·董卓傳》)

⑧ 刺足陽明脉，左右各三所，病旋已。(《史記·扁鵲倉公列傳》)

6. 表示最終時間的副詞

主要有“終”、“卒”，意思是“終究”、“終於”、“最終”。例如：

① 秦王度之，終不可强奪，遂許齋戒五日。（《史記·廉頗藺相如列傳》）

② 韓信猶豫，不忍背漢，又自以爲功多，漢終不奪我齊。（《史記·淮陰侯列傳》）

③（義帝）卒不許項羽，而遣沛公西略地。（《史記·高祖本紀》）

④ 晉人有馮婦者，善搏虎，卒爲善士。（《孟子·盡心下》）

三、範圍副詞

對謂詞性成分進行範圍修飾的副詞是範圍副詞。古代漢語的範圍副詞有兩種，一是表示總括，即最大範圍；二是表示特定範圍，即較小範圍。

1. 表示總括的副詞

主要有“皆”、“盡”、“畢”、“舉”、“悉”、“俱”（具）、“咸”、“凡”、“率”。這些副詞的意思相當於現代漢語裏的“都”、“全”、“總共”、“一律”、“一般”等。例如：

① 小人有母，皆嘗小人之食矣，未嘗君之羹。（《左傳·隱公元年》）

② 周禮盡在魯矣。（《左傳·昭公二年》）

③ 守國之道畢備矣。（《韓非子·守道》）

④ 治天下之大器舉在此。（《荀子·儒效》）

⑤ 民俱有三年之食。（《國語·越語》）

⑥ 使天下咸安土樂業，亡有動摇之心。（《漢書·元帝紀》）

⑦ 由是先主遂詣亮，凡三往，乃見。（《三國志·蜀書·諸葛亮傳》）

⑧ 庶民農工商賈，率亦歲萬息二千，百萬之家則二十萬。（《史記·貨殖列傳》）

2. 表示特定範圍的副詞

主要有“但”（亶）、“特”、“直”、“僅”、“徒”、“止”、“獨”。意思相當於現代漢語的“衹”、“僅僅”、“單單”等。例如：

① 匈奴匿其壯士肥牛馬，但見其老弱及羸畜。（《史記·劉

敬叔孫通列傳》)

② 相如度秦王特以詐佯爲予趙城，實不可得。(《史記·廉頗藺相如列傳》)

③ 寡人非能好先生之樂也，直好世俗之樂耳。(《孟子·梁惠王下》)

④ 市南門之外，甚衆牛車，僅可以行耳。(《韓非子·内儲説上》)

⑤ 孔子之仕，不爲行道，徒求食也。(《論衡·問孔》)

⑥ 止可以一宿，而不可以久處。(《莊子·天運》)

⑦ 故人不獨親其親，不獨子其子。(《禮記·禮運》)

四、程度副詞

程度副詞多修飾形容詞和一些表示心理活動的動詞，表示某種性質、狀態或動作的程度。

1. 表示最高程度的副詞

主要有“最”、“絶”、“至”、“極”。例如：

① 群臣争功，歲餘不决。高祖以蕭何功最盛，封爲酇侯。(《史記·蕭相國世家》)

② 桓公問管仲曰：“治國最奚患?”對曰：“最患社鼠矣。”(《韓非子·外儲説右上》)

③ 終逾絶險，曾是不意。(《詩經·小雅·正月》)

④ 公輸子自以爲至巧。(《墨子·魯問》)

⑤ 漢使至輕我。(《漢書·張騫傳》)

⑥ 洪泉極深，何以填之。(《楚辭·天問》)

⑦ 孤極知燕小力少，不足以報。(《戰國策·燕策》)

2. 表示較高程度的副詞

主要有“太”、“特”、“殊”、“尤”、“良”、“甚”、“大”。例如：

① 大臣太重，封君太衆，若此則上逼主而下虐民。(《韓非子·和氏》)

② 今子大夫報寡人也特甚。(《越絶書·荆平王内傳》)

③ 孔璋章表殊健，微爲繁富。(曹丕《與吴質書》)

④ 老臣今者殊不欲食。(《戰國策·趙策》)

⑤ 遼西單于蹋頓尤强，爲紹所厚。(《三國志·魏書·武帝

紀》）

⑥ 蒼本好書，無所不觀，無所不通，而尤善律曆。（《史記·張丞相列傳》）

⑦ 孝公既見衛鞅，語事良久。（《史記·商君列傳》）

⑧ 美志不遂，良可痛惜。（《曹丕《與吴質書》）

⑨ 其道甚大，百物不廢。（《周易·繫辭下》）

⑩ 寡人甚好士。（《公孫龍子·迹府》）

⑪ 言之大甘，其中必苦。（《國語·晉語》）

⑫ 蔡文大奇其行貌。（《漢書·翟方進傳》）

3. 表示較低程度的副詞

主要有“略”、“少”、“稍”、“微”、“頗”。例如：

① 遠者天下，近者境内，不可不略知也。（《荀子·君道》）

② 今予病少痊，予又且復游於六合之外。（《莊子·徐無鬼》）

③ 陛下素驕之，弗稍禁，以至此。（《漢書·爰盎傳》）

④ 涉淺水者見蝦，其頗深者察魚鱉，其尤深者觀蛟龍。（《論衡·别通》）

⑤ 然戰國之權變，亦有可頗采者，何必上古。（《史記·六國年表序》）

4. 表示程度加深的副詞

主要有“彌”、“加”、“益”、“愈”、“兹”（滋）。例如：

① 今天下彌衰，聖王之道廢絶。（《吕氏春秋·聽言》）

②（陸機謂戴淵曰）卿才如此，亦復作劫邪？淵便泣涕，投劍歸機。辭厲非常，機彌重之。（《世説新語·自新》）

③ 鄰國之民不加少，寡人之民不加多，何也？（《孟子·梁惠王上》）

④ 城中聞車駕至，衆心益固。（《後漢書·龐萌傳》）

⑤ 自是晉人輕魯幣，而益敬其使。（《左傳·襄公十四年》）

⑥ 曷云其還，政事愈蹙。（《詩經·小雅·小明》）

⑦ 夫以湯止沸，沸愈不止。（《吕氏春秋·盡數》）

⑧ 人君好治宫室，大營墳墓，賦斂兹重。（《漢書·五行志下》）

⑨ 是以竇太后滋不説魏其等。（《史記·魏其武安侯列傳》）

五、情態副詞

情態副詞是指從方式、速度或某一時段内的頻率等方面修飾動作行爲的副詞。情態副詞修飾的對象一般都是動詞性成分。

1. 表示動作行爲方式的副詞

主要有“俱”、“並”、“共”、“間”、“微”、“竊”、“弟”（第）、“猥”、“相”。表示“共同”、“一同”的副詞有“俱”、“共”、“並”。例如：

① 火炎崑岡，玉石俱焚。(《尚書·胤征》)

② (鷸蚌相争) 兩者不肯相捨，漁人得而並禽之。(《戰國策·燕策》)

③ 有能助寡人謀退吴者，吾與之共知越國之政。(《國語·越語》)

表示“秘密地”、“暗地”、“悄悄地”、“私下裏”的副詞，有“間”、“微”、“竊”。例如：

④ 魏王使客將軍辛桓衍間入邯鄲。(《戰國策·趙策》)

⑤ 從驪山下，道芷陽間行。(《史記·項羽本紀》)

⑥ 微殺大夫謂之盜。(《穀梁傳·哀公四年》)

⑦ 趙使人微捕李牧，斬之。(《史記·廉頗藺相如列傳》)

⑧ 齊使以（孫臏）爲奇，竊載與之齊。(《史記·孫子吴起列傳》)

⑨ 臣竊觀君與蘇公談也，其辯過君。(《戰國策·趙策》)

表示“祇管”、“儘管”的副詞有“弟”（第）。例如：

⑩ 君弟重射，臣能令君勝。(《史記·孫子吴起列傳》)

⑪ 子第去，勿擾我。(《明史·賀逢聖傳》)

表示“不當承受”、“不恰當”的副詞有“猥”，常用於表示自謙。例如：

⑫ 猥托賓客之上，誠自愧也。(《後漢書·隗囂傳》)

⑬ 先帝不以臣卑鄙，猥自枉屈，三顧臣於草廬之中。(諸葛亮《出師表》)

表示雙方互動的副詞有“相”。例如：

⑭ 鄰國相望，雞犬之聲相聞；民至老死不相往來。（《老子》十八章）

有時“相”不表示互相，而是祇有一方施行動作或行爲，“相”

有指代動作行爲對象的作用。例如：

⑮ 公擁兵數萬，不肯相救。(《漢書·張耳陳餘傳》)

⑯ 兒童相見不相識，笑問客從何處來。(賀知章《回鄉偶書》)

2. 表示動作行爲速度的副詞，主要有“遽”、“卒”（猝）、“暫”、“立”、“即”、“稍”、“漸”。表示速度較慢，强調漸進過程的副詞有“稍”、“漸”。例如：

① 其後，秦稍蠶食魏。(《史記·魏公子列傳》)

② 年齒漸長。(白居易《與元九書》)

表示速度很快，强調動作行爲突發，表示“馬上”、“立刻”、“一下子”等意思的副詞有“遽”、“卒”（猝）、“暫”、“立”、“即”。例如：

③ 僕人以告，公遽見之。(《左傳·僖公三十四年》)

④ 卒有寇難之事，又望百姓之爲己死，不可得也。(《荀子·王霸》)

⑤ 廣暫騰而上胡馬，因推墮兒，取其弓，鞭馬南馳數十里。(《史記·李將軍列傳》)

⑥ 沛公至軍，立誅殺曹無傷。(《史記·項羽本紀》)

⑦ 噲即帶劍擁盾入軍門。(《史記·項羽本紀》)

3. 表示某一時間内動作行爲頻率的副詞

主要有“數”、“累”、“亟”、“屢”、“仍”、“復”。表示某一動作行爲的重複，用“復”字。例如：

① 久已，吾不復夢見周公矣。(《論語·述而》)

② 壯士，能復飲乎？(《史記·項羽本紀》)

表示多次進行某一動作行爲的副詞有“數”、“累”、“亟”、“婁”（屢）、“仍”。例如：

③ 趙豹、平原君數欺弄寡人。(《戰國策·趙策》)

④ 大將軍奇其才，累召不應。(《後漢書·張衡列傳》)

⑤ 愛公叔段，欲立之，亟請於武公。公弗許。(《左傳·隱公元年》)

⑥ 朕承鴻業十有餘年，數遭水旱疾疫之災，黎民婁困於饑寒。(《漢書·成帝紀》)

⑦ 吾仍見上，上甚聰明，但擁蔽於左右耳。(《後漢書·蓋勳列傳》)

六、語氣副詞

多用於修飾名詞性謂語和動詞性謂語，表達各種語氣。語氣副詞有五類：確認、測度、驚異、命令和反問。

1. 表示確認語氣的副詞

主要有“乃”、“即”、“果”、“必”、“定”、“誠”、“信”、“固”。“乃”、“即”的意思是“就是”，用於修飾名詞性謂語。“果”的意思是“果真”。“必”、“定”的意思是“一定”、“確實”。“誠”、“信”的意思是“的確”、“實在”。“固”的意思是“本來”。例如：

① 呂公女乃呂后也。（《史記・高祖本紀》）

② 此即武王之所以誅紂也。（《墨子・非攻下》）

③ 孫子度其行，暮當至馬陵……龐涓果夜至斫木下。（《史記・孫子吳起列傳》）

④ 人無遠慮，必有近憂。（《論語・衛靈公》）

⑤ 項梁聞陳王定死，召諸別將會薛計事。（《史記・項羽本紀》）

⑥ 己誠是也，人誠非也，則是己君子而人小人也。（《荀子・榮辱》）

⑦ 聞大王將攻宋，信有之乎？（《呂氏春秋・愛類》）

⑧ 人固有一死，或重於泰山，或輕於鴻毛。（司馬遷《報任安書》）

2. 表示測度、商榷語氣的副詞

主要有“其”、“殆”、“蓋”，意思是“大概”、“也許”、“恐怕”。例如：

① 王送知罃曰：“子其怨我乎！”（《左傳・成公三年》）

② 古人所以重施刑于大夫者，殆爲此也。（《司馬遷《報任安書》》）

③ 列禦寇蓋有道之士也。（《莊子・讓王》）

有時“蓋”位於句首，表示對所論不十分肯定，帶有商榷語氣。例如：

④ 蓋均無貧，和無寡，安無傾。（《論語・季氏》）

⑤ 蓋鍾子期死，伯牙終身不復鼓琴。（司馬遷《報任安書》）

3. 表示驚訝語氣的副詞

有“竟”、“曾”，意思是“竟然”、“居然”。例如：

① 白起爲秦將……攻城略地，不可勝計，而竟賜死。（《史記·項羽本紀》）

② 觀左氏之書，爲傳之最，而時經漢、魏，竟不列於學官。（《史通·鑒識》）

③ 吾以子爲異之問，曾由與求之問。（《論語·先進》）

④ 曾西艴然不悦曰：“爾何曾比予於管仲！”（《孟子·公孫丑上》）

4. 表示命令語氣的副詞

有“其”，意思是“還是”、“一定”，表達一種比較委婉的命令語氣，在命令中帶有勸戒意味。例如：

① 君其勿復言！將令斯得罪。（《史記·李斯列傳》）

② 昭王之不復，君其問諸水濱。（《左傳·隱公四年》）

5. 表示反問語氣的副詞

主要有“豈”、“其”、“庸”、“巨”（詎）、“寧”。意思是“難道”、“怎麽”。例如：

① 子不我思，豈無他人？（《詩經·鄭風·褰裳》）

② 欲加之罪，其無辭乎？（《左傳·僖公十年》）

③ 彗星之出，庸可懼乎？（《晏子春秋·外篇》）

④ 沛公不先破關中兵，公巨能入乎？（《漢書·高帝紀》）

⑤ 十人而從一人者，寧力不勝、智不若耶？（《戰國策·趙策》）

七、表敬副詞

表敬副詞是古代漢語特有的一類副詞，一般都是從動詞虚化而來的。説話人對聽話者表示敬意有兩種方式，一種是用敬辭直接向對方表達敬意；另一種是用謙辭表示自謙，這是間接向聽話人表達敬意的方式。

1. 敬辭

主要有“請”、“敬”、“謹”、“幸”、“惠”、“辱”、“垂”。“請”的意思是“請允許”、“願意”，修飾的對象是説話人自己的動作行爲。例如：

① 子曰：“非禮勿視，非禮勿聽，非禮勿言，非禮勿動。”

顔淵曰："回雖不敏，請事斯語矣。"(《論語·顔淵》)

"敬"、"謹"的意思是"恭敬地"、"認真地"，修飾的對象也是説話人自己的動作行爲。例如：

② 天子爲動容，改容式車，使人稱謝："皇帝敬勞將軍。"禮成而去。(《史記·絳侯周勃世家》)

③ 今主君欲一天下，收諸侯，存危國，寡人謹奉社稷以從。(《史記·蘇秦列傳》)

"幸"、"惠"的意思是，聽話人做了某事使説話人感到"有幸"、"受惠"，修飾的對象是聽話人的動作行爲。例如：

④ 韓信曰："夫人深信我，我倍之不祥，雖死不易。幸爲信謝項王。"(《史記·淮陰侯列傳》)

⑤ 君若惠顧諸侯，矜哀寡人而賜之盟，則寡人之願也。(《左傳·成公十三年》)

"辱"的意思是，聽話人做了某事對説話人有利而使聽話人自己受損，也就是使聽話人自己"受辱"，意思相當於"不恥"，修飾的對象也是聽話人的動作行爲。例如：

⑥ 君若猶辱鎮撫宋國……群臣安矣。(《左傳·襄公十年》)

⑦ 曩者辱賜書，教以慎於接物，推賢進士爲務。(司馬遷《報任安書》)

"垂"修飾聽話人的動作行爲，表示在上者對在下者施加恩寵的意思。"蒙"與"垂"相對，修飾説話人自己承受的動作行爲，表示在下者蒙受在上者的恩寵。例如：

⑧ 請訴之，願丈人垂聽。(馬中錫《中山狼傳》)

⑨ 禹錫在兒童時已蒙見器，終荷薦寵，始見知名。(劉禹錫《寄權舍人書》)

2. 謙辭

主要有"敢"、"竊"、"忝"、"伏"。"敢"的意思是"斗膽"、"冒昧"，"竊"的意思是"私下裏"，"忝"的意思是"有愧於"，"伏"的意思是"伏在地上"，都是用於貶抑自己抬高對方的謙辭。例如：

① 臣之見人甚衆，莫及，臣不如也。臣敢以聞。(《史記·范雎蔡澤列傳》)

② 此楚莊王之所憂，而君説之，臣竊懼矣。(《吴子·圖國》)

③ 臣忝備爪牙之任，不能早誅妖逆，至鑾輿再遷。（《唐書·李晟》）

④ 臣伏計之，大王奉高祖宗廟最宜稱。（《漢書·文帝紀》）

2. 古代漢語的介詞和連詞

一、介詞

介詞多是由及物動詞虛化而成的一類詞，它仍然帶有及物動詞的特點，即要帶賓語。在有些情況下及物動詞的賓語可以隱含，但介詞的賓語較少隱含，因爲介詞的語法功能就是組成介賓結構，把自己的賓語引介給謂語的核心，從而表達種種複雜的語法及語義關係。古今漢語介詞的系統性基本一致，但是介詞的用法和介賓結構所处的語法位置古今是有差異的。介詞的賓語可以是名詞、代詞、數詞、形容詞、動詞、各類名詞性或謂詞性的詞組（包括小句）。古代漢語的介詞有兩類：第一類主要有“於”（乎）、“以”、“爲”、“因”、“由”、“自”、“從”、“與”、“及”，這類介詞的主要特點是所帶賓語基本上是名詞性的，帶謂詞性賓語是個別現象；第二類主要有“縱”、“雖”、“如”、“若”、“苟”、“令”、“倘”、“即”、“設”、“假”、“使”，這類介詞的主要特點是衹能帶謂詞性賓語。第二類介詞過去一般認爲是連接偏正複句中從屬分句的連詞，其實所謂從屬分句不過是第二類介詞的賓語，介詞結構整體作後面謂語核心的狀語。下面討論古今差別較大的一些介詞。

（一）介詞“于”（於）

介詞“于”在甲骨文裏已經大量運用，而“於”字的介詞用例在西周金文中纔出現。“于”、“於”兩字原本的讀音不同，作爲介詞，二者各自引介的成分也不盡相同。上古早期的文獻金文、《詩經》、《尚書》裏“于”字的出現頻率遠大於“於”，後來兩字之間的界限就消失了。《左傳》中二字出現的頻率基本相當，以後“於”字逐漸占了優勢，取代了“于”，漢字簡化，“於”又簡化爲“于”。我們把古代漢語的“于”和“於”處理爲同一個詞的不同寫法。介詞“于”（於）可以引介與動作行爲有關的處所、時間、涉及對象、主動者、原因，還可以引介同性質和狀態的程度有關的比較對象。

1. 引介處所

例如：

① 秋，齊侯盟諸侯于葵丘。（《左傳·僖公九年》）

② （韓遂）於望垣硤北，爲羌胡數萬人所圍，糧食乏絶。（《三國志·魏書·董卓傳》）

③ 國人作亂，厲王出奔於彘。（《史記·晉世家》）

④ 桓公尸在床上六十七日，尸蟲出於户。（《史記·齊世家》）

⑤ 夫談有悖於目，拂於耳，繆於心而便於身者；或有説於目，順於耳，快於心而毁於行者。（《漢書·東方朔傳》）

⑥ 上古競於道德，中古逐於智謀，當今争於氣力。（《韓非子·五蠹》）

例①、②“于”（於）引介動作行爲發生的處所。例③引介動作行爲到達的處所。例④引介動作行爲起始的處所。例⑥“於”引介的不是具體的處所，而是動作行爲得以展開、進行的方面。引介處所的介詞結構一般都位於謂語核心之後，也有個别用例在前，如例②。

2. 引介時間

例如：

① 宋祖生於丁亥，而建國於庚申。（《南村輟耕録·正統辨》）

② 朕即位十三年於今，賴宗廟之靈，社稷之福，方内艾安，民人靡疾。（《史記·封禪書》）

例①引介動作行爲發生的時間，例②引介終止或延續的時間。

3. 引介與事對象

例如：

① 告紂之罪於天及殷民。（《史記·魯周公世家》）

② 三公咸有功於民，故侯有立。（《史記·殷本紀》）

③ 得一老翁……貌狀頗類於獸。（《搜神記·怪老翁》）

以上三例都是引介與事對象，例①意思是“向……”，例②意思是“對……”，例③意思是“與……”。

4. 引介主動者

例如：

① 故（楚懷王）内惑於鄭袖，外欺於張儀。（《史記·屈原賈生列傳》）

② 兵破於陳涉，地奪於劉氏者，何也？（《漢書·賈山傳》）

③ 郤克傷於矢，流血及屨。（《左傳·成公二年》）

5. 引介原因

例如：

① 然後知生於憂患而死於安樂也。（《孟子·告子下》）

② 業精於勤荒於嬉，行成於思毀於隨。（韓愈《進學解》）

以上二例介詞“於”的賓語都是謂詞性成分，謂詞性成分作賓語就已經不是典型的陳述，而是事物化了。

6. 引介比較對象

謂語的核心一般都是形容詞。例如：

① 冰，水爲之，而寒於水。（《荀子·勸學》）

② 人固有一死，或重於泰山，或輕於鴻毛。（司馬遷《報任安書》）

（二）介詞“以”

“以”可以引介動作行爲的憑藉、時間、涉及對象、原因。“以”構成的介詞結構可以在謂語核心前，也可以在謂語核心後。介詞“以”的賓語有時可以位於“以”之前，有時可以隱含，例如：

① 君子義以爲質，禮以行之，遜以出之，信以成之。（《論語·衛靈公》）

② 孝公用商鞅之法，移風易俗，民以殷盛，國以富强。（《史記·李斯列傳》）

例①“以”的賓語前置。例②“以”的賓語隱含，承前省略。

1. 引介憑藉

例如：

① 許子以釜甑爨，以鐵耕乎？（《孟子·梁惠王上》）

② 古之君子進人以禮，退人以禮。（《世説新語·方正》）

③ 齊使者如梁，孫臏以刑徒陰見。（《史記·孫子吴起列傳》）

例①引介工具，例②引介依據，例③引介身份。介詞“以”構成的介賓結構一般都位於動詞前，有時也可以出現在動詞後，如例②。

2. 引介時間

例如：

① 賞以春夏，刑以秋冬。（《左傳·襄公二十六年》）

② 武以始元六年春至京師。（《漢書·蘇武傳》）

3. 引介涉及對象

例如：

① 五畝之宅，樹之以桑。(《孟子·滕文公上》)

② 伯楚以吕郤之謀告公。(《國語·晉語》)

4. 引介原因

例如：

① 紂以其大得人心而惡之。(《韓非子·難二》)

② 劉公幹以失敬罹罪。(《世説新語·言語》)

③ 晉侯、秦伯圍鄭，以其無禮于晉，且貳于楚也。(《左傳·僖公三十年》)

介詞“以”引介原因，賓語一般都是謂語性成分。例①、②介詞“以”引介原因，位於謂語核心之前。例③介賓結構位於謂語核心之後，仍然是引介原因。以前多把這種用法的“以”歸入連詞。我們認爲不應該由於介詞“以”的賓語是小句且位置後於謂語核心，就把“以”歸入連詞，“以”的語法性質不是由其後續成分的性質（是一般謂詞性詞組還是小句）決定的，而是由“以”自身的語法功能（即把自己的賓語引介給謂語核心）決定的，“以”在例③中仍是介詞。

（三）介詞“爲”

介詞“爲”構成的介賓結構衹能位於謂語核心之前，介詞“爲”可以引介動作行爲的涉及對象、目的、原因、施事者、假設條件。

1. 引介涉及對象

例如：

① 今王事高祖甚恭，而高祖無禮，請爲王殺之。(《史記·張耳陳餘列傳》)

② 臣請爲王言樂。(《孟子·梁惠王下》)

2. 引介目的

例如：

① 文章合爲時而著，詩歌合爲事而作。(白居易《與元九書》)

② 爲道不爲己，故逢患而不惡；爲民不爲名，故蒙謗而不避。(王充《論衡·問孔》)

3. 引介原因

例如：

① 天行有常，不爲堯存，不爲桀亡。(《荀子·天論》)

② 天不爲人之惡寒也輟冬，地不爲人之惡遼遠也輟廣，君子不爲小人之洶洶也輟行。（同上）

“爲”引介原因時，賓語常常是謂詞性的，如例②。

4. 引介主動者

例如：

① 身體離散，爲天下戮。（《吕氏春秋·慎大覽》）

② 夫良馬固車，使臧獲御之則爲人笑。（《韓非子·難勢》）

5. 引介假設條件

例如：

① 王甚喜人之掩口也，爲近王，必掩口。（《韓非子·内儲説下》）

② 左右對曰：“爲其來也，臣請縛一人過王而行。”（《説苑·奉使》）

“爲”引介假設條件時，賓語都是謂詞性的，但是作賓語的謂詞性成分的陳述性都已經減弱了，已經事物化了。過去一般都把上述用法的“爲”歸入連接偏正複句中條件分句的連詞。把這一類介詞認作連詞始於《馬氏文通》，此後人們一直沿襲這一認識。但是我們在沿襲馬氏的同時却對馬氏的另一個認識没有給予應有的重視，這就是把這一類成分與助詞“者”、“所”、“之”、“其”並列看做“讀之記”，即謂詞性成分指稱化的標記，馬氏稱之爲“弁讀之連字”。其實“連字”的認識和“讀之記”的認識存在着不可調和的矛盾，“連字”的説法是對西方語法的模仿，“讀之記”是對漢語語法的深刻觀察。既然上述成分是“讀之記”，那麽其後續的謂詞性結構就一定是“讀”（即指稱化的謂詞性結構）而不是句。其實在古代漢語的語法系統中完全可以取消偏正複句，把所謂用連詞連接的從屬分句分析爲介詞帶賓語，介賓結構整體作狀語修飾謂語核心。這樣分析更符合古代漢語的語言事實，也使得古代漢語的語法系統更爲簡明。

（四）介詞“因”

介詞“因”構成的介賓結構衹能位於謂語核心之前作狀語，“因”可以引介動作行爲的憑藉、依據、原因。

1. 引介憑藉

例如：

① 吴子欲因楚喪而伐之。（《左傳·昭公二十七年》）

② 因其富厚，交通王侯。（《漢書·食貨志上》）

2. 引介依據

例如：

① 君無聽左右之請，因能而受禄，録功而與官。（《韓非子·外儲説左上》）

② 因時變法者，賢主也。（《吕氏春秋·察今》）

3. 引介原因

例如：

① 因此怒，遣人追殺王姊道中。（《史記·張耳陳餘列傳》）

② 因使酒忤帥，斥逐落魄。（《唐宋傳奇·南柯太守傳》）

“因”引介原因時，賓語可以是謂詞性的，如例②。謂詞性成分前的“因”過去一般都歸入連接偏正複句中原因分句的連詞，在古代漢語裹謂詞性成分可以自由地作賓語，我們不應該把引介名詞性成分的“因”歸入介詞，而把引介謂詞性成分的“因”歸入連詞，凡引介原因的“因”都是介詞。

（五）介詞“雖”

“雖”組成的介賓結構衹能出現在謂語核心之前，作狀語。“雖”用於引介條件，表示狀語同謂語核心之間是讓步轉折關係。例如：

① 顔淵曰：“回雖不敏，請事斯語。”（《論語·顔淵》）

② 衆之所助，雖弱必强；衆之所去，雖大必亡。（《淮南子·兵略訓》）

例①“雖”引介真實條件，意思是“雖然”。例②“雖”引介假設條件，意思是“即使”。介詞“雖”的賓語都是謂詞性的。

（六）介詞“苟”

“苟”組成的介賓結構也衹能出現在謂語核心之前，作狀語。“苟”用於引介假設條件。例如：

① 苟子之不欲，雖賞之不竊。（《論語·顔淵》）

② 苟富貴，無相忘。（《史記·陳涉世家》）

介詞“苟”的賓語都是謂詞性的，例①“子之不欲”是指稱化的主謂結構，仍是謂詞性成分。

（七）介詞“與”（其）

介詞“與”（其）引介背景條件，或者説比較對象，“與”（其）組成的介賓結構也衹能出現在謂語核心之前。例如：

① 與吾得革車千乘，不如聞行人燭過之一言。（《韓非子·難二》）

② 與人刃我，寧自刃。（《史記·魯仲連鄒陽列傳》）

介詞“與”（其）的賓語都是謂詞性成分，“吾得革車千乘”和“人刃我”都是主謂結構，或稱爲小句，都是指稱化的謂詞性成分，表示背景、條件或比較對象。句子的意思是“與……（相比），不如/寧可……”

二、連詞

連詞同介詞的區别是：連詞位於構成同一組合的兩個直接成分之間；介詞位於其中一個直接成分的開頭，並與這個直接成分構成介賓結構。連詞連接的兩項是平列關係或是修飾與被修飾的關係。介詞的語法功能是組成介賓結構，把自己的賓語引介給謂語的核心，介詞連同引介的賓語同謂語的核心之間衹能構成修飾關係或補充關係，不可能構成平列關係。以上是連詞與介詞的本質性區别，也是我們把“縱”、“雖”、“如”、“若”、“苟”、“令”、“倘”、“即”、“設”、“假”、“使”、“與”（其）歸入介詞的依據。古代漢語的連詞主要有“與”、“及”、“以”、“並”、“且”、“而”、“則”、“况”、“故”、“之”。下面討論古今差别較大的一些連詞。

（一）連詞“與”

“與”連接的兩項是並列關係，前後兩項可以是詞，也可以是詞組；兩項既可以是名詞性成分，又可以是動詞性成分。例如：

① 晉人以垂棘之璧與屈産之乘假道於虞以伐虢。（《孟子·萬章上》）

② 客亦知夫水與月乎？（蘇東坡《赤壁賦》）

③ 有白頭如新，傾蓋如故。何則？知與不知也。（《漢書·鄒陽傳》）

④ 知可以戰與不可以戰者，勝。（《孫子兵法·謀攻》）

（二）連詞“且”

“且”衹能連接謂詞性成分，前後兩項可以是詞、詞組，也可以是小句。連接的兩項之間是並列關係。例如：

① 不義而富且貴，於我如浮雲。（《論語·述而》）

② 百工之事，固不可耕且爲也。（《孟子·滕文公上》）

③ 子擊因問曰：“富貴者驕人乎？且貧賤者驕人乎？”（《史記·魏世家》）

④ 公語之故，且告之悔。（《左傳·隱公元年》）

例①至④“且”都是連接謂詞性成分。例①“且”前後兩項是等立關係，意思是“富並且貴”。例②兩項是共時關係，意思是“一邊耕種一邊做”。例③是連接兩個分句，分句間是選擇關係，意思是“……還是……”。例④也是連接兩個分句，分句間是進層關係，意思是“（不但）……而且”。等立、共時、選擇和進層都屬於平列關係。

（三）連詞“而”

“而”是連接謂詞性成分的連詞，有時連接名詞性成分，但被連接的名詞性成分一般是作謂語的。“而”的前後兩項可以是詞、詞組，也可以是小句。連接的兩項之間可以是平列關係，也可以是修飾關係。

1. 表示平列關係

例如：

① 宰予之辭，雅而文也。(《韓非子·顯學》)

② 子貢一出，存魯，亂齊，破吴，强晉而霸越。(《史記·仲尼弟子列傳》)

③ 是子也，熊虎之狀而豺狼之聲。(《左傳·宣公四年》)

④ 明者遠見於未萌，而智者避危於無形。(《史記·司馬相如列傳》)

⑤ 君子博學而日參省乎己，則知明而行無過矣。(《荀子·勸學》)

⑥ 孔子登東山而小魯，登泰山而小天下。(《孟子·盡心上》)

⑦ 虞不用百里奚而亡，秦繆公用之而霸。(《孟子·告子下》)

⑧ 今不恤士卒而徇其私，非社稷之臣也。(《史記·項羽本紀》)

⑨ 此數寶者，秦不生一焉，而陛下説之，何也？(《史記·李斯列傳》)

⑩ 人而無知，與木何異？(范縝《神滅論》)

例①至⑩，“而”字都是連接謂詞性成分或名詞性謂語（如例③）。前四例“而”字前後兩項都是等立關係，“而”的意思是“並且”。例①是連接詞與詞，例②、③是連接詞組，例④是連接分句，其中例③“而”連接的兩項是作爲描寫性謂語的名詞性成分。例⑤兩項之間是進層關係，意思是“在博學的基礎上又進一步參省乎已”。例⑥、⑦表示承接關係，例⑥是時間上的承接，例⑦是原因和結果的承接，“而”的意思是“就”、“便”。例⑧、⑨表示轉折關係，例⑧是連接詞組，例⑨是連接分句，“而”的意思是“但是”、“却”。例⑩“而”表面上位於主語和謂語之間，實際上仍表示轉折關係，意思是“身爲人却無知”。等立、進層、承接和轉折都屬於平列關係。

2. 表示修飾關係

例如：

① 子路率爾而對。(《論語·先進》)

② 順風而呼，聲非加疾也…… (《荀子·勸學》)

③ 吾嘗終日而思矣，不如須臾之所學也。(《荀子·勸學》)

④ (荔枝) 若離本枝，一日而色變，二日而香變，三日而味變。(《舊唐書·白居易傳》)

以上各例，“而”都是連接狀語和中心語。例①、②“而”的前項表示動作行爲的方式，例③、④表示動作行爲的時間。

(四) 連詞“以”

“以”是連接謂詞性成分的連詞，可以連接詞、詞組，一般不用於連接句子。“以”的作用相當於連詞“而”，連接的兩項可以是平列關係（或稱非核心關係），也可以是修飾關係（或稱核心關係）。例如：

① 季康問：“使民敬、忠以勸，如之何?”(《論語·爲政》)

② 屬予作文以記之。(范仲淹《岳陽樓記》)

③ 余不聽豫之言以罹此難也。(《吕氏春秋·審記》)

④ 若潛師以來，國可得也。(《左傳·僖公三十二年》)

例①“以”連接的兩項是等立關係。例②、③“以”前後兩項是表示事理上的承接，構成連謂結構，例②後項表示前項的目的，例③後項表示前項的結果。連謂結構的直接成分是兩個互不修飾的獨立的陳述，因而它們之間的關係可以歸入平列關係。例④“以”前後兩項是修飾和被修飾的關係，“潛師”表示“來”的方式，“以”連接狀語和中心語。

(五) 連詞“則”

“則”也是連接謂詞性成分的連詞，可以連接詞、詞組和分句。“則”前後的兩項不可能是等立關係，一般是承接關係或轉折關係。例如：

① 東道之不通，則是康公絶我好也。（《左傳·成公十三年》）

② 登斯樓也，則有去國懷鄉，憂讒畏譏，満目蕭然，感極而悲者矣。（范仲淹《岳陽樓記》）

③ 夫夷以近，則游者衆；險以遠，則至者少。（王安石《游褒禪山記》）

④ 吾以子爲鬼，察子，則人也。（《莊子·達生》）

⑤ 黔無驢，有好事者船載以入。至則無所用，放之山下。（柳宗元《三戒·黔之驢》）

例①、②、③“則”連接的兩項是承接關係。例①後項是對前項的解釋。例②兩項有時間上的承接關係。例③表示事理上的承接，後項是前項的結果。“則”表示承接都有“那麼”、“就”的意思。例④、⑤是轉折關係，例④“則”的後項“人”雖然是名詞性成分，但却是名詞作謂語。“則”表示轉折都有“却”的意思。承接和轉折都屬於平列關係。

（六）連詞“之”

“之”是一個很特殊的連詞，衹能連接定語和中心語。“之”大致相當於現代漢語裏的“的”，但二者有明顯的差别，“的”總是黏着於其他成分，是定語的後附性成分，而“之”是介接性的，總是插在定語和中心語之間。例如：

① 鵬之背不知其幾千里也。（《莊子·逍遥游》）

② 惻隱之心人皆有之。（《孟子·告子上》）

③ 故凡葬必於高陵之上，以避狐狸之患，水泉之濕。（《吕氏春秋·節葬》）

思考與練習

一、説明下列句中加點的副詞的用法和意義

1. 臨財毋苟得，臨難毋苟免。（《禮記·曲禮上》）
2. 百畝之田，勿奪其時。（《孟子·梁惠王上》）
3. 微斯人，吾誰與歸？（范仲淹《岳陽樓記》）
4. 向者僕常廁下大夫之列，陪外庭末議。（《漢書·司馬遷傳》）
5. 良業爲取履，因長跪履之。（《史記·留侯世家》）

6. 孫臏嘗與龐涓俱學兵法。(《史記・孫子吳起列傳》)

7. 如今人方爲刀俎，我爲魚肉。何辭爲？(《史記・項羽本紀》)

8. 夫身中大創十餘，適有萬金良藥，故得無死。(《史記・魏其武安侯列傳》)

9. 天下方未定，故可因遂就宫室。(《史記・高祖本紀》)

10. 若屬皆且爲所虜。(《史記・項羽本紀》)

11. 善萬物之得時，感吾生之行休。(陶淵明《歸去來兮辭》)

12. 春，齊侯以諸侯之師侵蔡，蔡潰，遂伐楚。(《左傳・僖公四年》)

13. 廣廉，得賞賜，輒分其麾下。(《史記・李將軍列傳》)

14. (劉子驥)欣然規往，未果，尋病終。(陶淵明《桃花源記》)

15. 刺足陽明脉，左右各三所，病旋已。(《史記・扁鵲倉公列傳》)

16. 晉人有馮婦者，善搏虎，卒爲善士。(《孟子・盡心下》)

17. 守國之道畢備矣。(《韓非子・守道》)

18. 治天下之大器舉在此。(《荀子・儒效》)

19. 使天下咸安土樂業，亡有動摇之心。(《漢書・元帝紀》)

20. 由是先主遂詣亮，凡三往，乃見。(《三國志・蜀書・諸葛亮傳》)

21. 庶民農工商賈，率亦歲萬息二千，百萬之家則二十萬。(《史記・貨殖列傳》)

22. 匈奴匿其壯士肥牛馬，但見其老弱及羸畜。(《史記・劉敬叔孫通列傳》)

23. 相如度秦王特以詐佯爲予趙城，實不可得。(《史記・廉頗藺相如列傳》)

24. 寡人非能好先王之樂也，直好世俗之樂耳。(《孟子・梁惠王下》)

25. 孔子之仕，不爲行道，徒求食也。(《論衡・問孔》)

26. 止可以一宿，而不可以久處。(《莊子・天運》)

27. 故人不獨親其親，不獨子其子。(《禮記・禮運》)

28. 孔璋章表殊健，微爲繁富。(曹丕《與吴質書》)

29. 孝公既見衛鞅，語事良久。(《史記・商君列傳》)

30. 今予病少痊，予又且復游於六合之外。(《莊子・徐無鬼》)

31. 涉淺水者見蝦，其頗深者察魚鱉，其尤深者觀蛟龍。(《論

衡·别通》)

32. 今天下彌衰，聖王之道廢絶。(《吕氏春秋·聽言》)

33. 自是晉人輕魯幣，而益敬其使。(《左傳·襄公十四年》)

34. 夫以湯止沸，沸愈不止。(《吕氏春秋·盡數》)

35. 微殺大夫謂之盗。(《穀梁傳·哀公四年》)

36. 兒童相見不相識，笑問客從何處來。(賀知章《回鄉偶書》)

37. 其後，秦稍蠶食魏。(《史記·魏公子列傳》)

38. 趙豹、平原君數欺弄寡人。(《戰國策·趙策》)

39. 大將軍奇其才，累召不應。(《後漢書·張衡列傳》)

40. (姜氏) 愛公叔段，欲立之，亟請於武公。公弗許。(《左傳·隱公元年》)

二、説明下列各句中加點的連詞的用法

1. 廣起，奪而殺尉。(《史記·陳涉世家》)

2. (狼) 貪而狠，黨豺爲虐。(馬中錫《中山狼傳》)

3. 未有封侯之賞，而聽細説，欲誅有功之人。(《史記·項羽本紀》)

4. 譁然而駭者雖雞犬不得寧焉。(柳宗元《捕蛇者説》)

5. 令天下重足而立，側目而視矣。(《史記·汲鄭列傳》)

6. 諸君而有意，瞻予馬首可也。(《清稗類鈔·馮婉貞勝英人於謝莊》)

7. 趙亦盛設兵以待秦，秦不敢動。(《史記·廉頗藺相如列傳》)

8. 事成，猶得封侯；事敗，易以亡。(《史記·項羽本紀》)

9. 孔子曰："以吾從大夫之後，不可不告。"(《論語·憲問》)

10. (上) 直馳入，將以下騎送迎。(《史記·絳侯周伯世家》)

11. 樂毅留徇齊五歲，下齊七十餘城，皆爲郡縣以屬燕。(《史記·樂毅列傳》)

12. 項王曰："賜之彘肩。"則與一生彘肩。(《史記·項羽本紀》)

13. 戰則請從。(《左傳·莊公十年》)

14. 天下事有難易乎？爲之，則難者亦易矣；不爲，則易者亦難矣。(彭端淑《爲學一首示子侄》)

15. 愛其子，擇其師而教之；於其身也，則恥師焉。(韓愈《師説》)

16. 我決起而飛，搶榆枋，時則不至，而控於地而已矣。(《莊子·逍遥游》)

17. 今父老子弟雖患苦我，然百歲後期令父老子孫思我言。（褚少孫《西門豹治鄴》）

18. 王曰："善哉！雖然，公輸盤爲我爲雲梯，必取宋。"（《墨子·公輸》）

三、比較下列兩個句子中的"而"字，説明其用法的不同

1. 見兔而顧犬，未爲晚也；亡羊而補牢，未爲遲也。（《戰國策·楚策》）

2. 出淤泥而不染，濯清漣而不妖。（周敦頤《愛蓮説》）

四、説明下列各句加點的介詞"以"、"於"（乎）的用法

1. 及宋，宋襄公贈之以馬二十乘。（《左傳·僖公二十三年》）

2. 陽嘉元年，復造候風地動儀，以精銅鑄成。（《後漢書·張衡列傳》）

3. 税外加一物，皆以枉法論。（白居易《重賦》）

4. 將軍以神武雄才，兼仗父兄之烈……當横行天下，爲國家除殘去穢。（《資治通鑒》卷六十五）

5. 此天以君授孤也。（同上）

6. 不以物喜，不以己悲。（范仲淹《岳陽樓記》）

7. 荊軻奉樊於期頭函，而秦舞陽奉地圖匣，以次進。（《史記·刺客列傳》）

8. 子厚以元和四年十一月八日卒。（韓愈《柳子厚墓志銘》）

9. 今臣之刀十九年矣，所解數千牛矣，而刀刃若新發於硎。（《莊子·養生主》）

10. 業精於勤荒於嬉。（韓愈《進學解》）

11. 使負棟之柱，多於南畝之農夫。（杜牧《阿房宫賦》）

12. 入乎耳，出乎口。（《荀子·勸學》）

五、舉例説明介詞"以"與連詞"以"的區别

六、補出下列句中所省略的介詞或動詞賓語、介詞賓語

示例：移舟泊［於］（在）烟渚，日暮客愁新。野曠天低［於］（比）樹，江清月近人。（孟浩然《宿建德江》）

1. 收天下之兵，聚之咸陽。（賈誼《過秦論》）

2. 樊噲覆其盾於地，加彘肩上。（《史記·項羽本紀》）

3. 飾以篆文、山龜、鳥獸之形。（《後漢書·馬鈞傳》）

4. 楚莊王圍鄭，鄭告急晉。（《史記·晉世家》）

5. 齊使以爲奇，竊載與之齊。（《史記·孫子吴起列傳》）

6. 攻陳，陳守令皆不在，獨守丞與戰譙門中。（《史記·陳涉世家》）

7. 此勁敵也，度不中而輕發，徒靡彈藥，無益吾事。（《清稗類鈔·馮婉貞勝英人於謝莊》）

8. （促織）入石穴中，（成）掭以草尖，不出。（蒲松齡《促織》）

9. 衣食所安，必以分人。（《左傳·莊公十年》）

10. 又試之雞。（蒲松齡《促織》）

11. 不者，若屬皆且爲所虜！（《史記·項羽本紀》）

12. 狼欣然以人，信足先生。（馬中錫《中山狼傳》）

七、説明下列句中“之”的用法

1. 永州之野産異蛇。（柳宗元《捕蛇者説》）

2. 夫衣之於寒，不待輕暖。（晁錯《論貴粟疏》）

3. 西蜀之去南海，不知其幾千里也。（彭端淑《爲學一首示子侄》）

4. 衆士仰慕，若水之歸海。（《資治通鑒》卷六十五）

5. 若事之不濟，此乃天也。（同上）

八、給下列片段加上標點符號，並翻譯成現代漢語

1. 淮陰侯韓信者淮陰人也始爲布衣時貧無行不得推擇爲吏又不能治生商賈常從人寄食飲人多厭之者常數從其下鄉南昌亭長寄食數月亭長妻患之乃晨炊蓐食食時信往不爲具食信亦知其意怒竟絶去信釣於城下諸母漂有一母見信飢飯信竟漂數十日信喜謂漂母曰吾必有以重報母母怒曰大丈夫不能自食吾哀王孫而進食豈望報乎淮陰屠中少年有侮信者曰若雖長大好帶刀劍中情怯耳衆辱之曰信能死刺我不能死出我胯下於是信孰視之俯出胯下蒲伏一市人皆笑信以爲怯及項梁渡淮信仗劍從之居戲下無所知名項梁敗又屬項羽羽以爲郎中數以策干項羽羽不用漢王之入蜀信亡楚歸漢未得知名爲連敖坐法當斬其輩十三人皆已斬次至信信乃仰視適見滕公曰上不欲就天下乎何爲斬壯士滕公奇其言壯其貌釋而不斬與語大説之言於上上拜以爲治粟都尉上未之奇也（《史記·淮陰侯列傳》）

2. 蓋文章經國之大業不朽之盛事年壽有時而盡榮樂止於其身二者必至之常期未若文章之無窮是以古之作者寄身於翰墨見意於篇籍不假良史之辭不托飛馳之勢而聲名自傳於後故西伯幽而演易周旦顯而制禮不以隱約而弗務不以康樂而加思夫然則古人賤尺璧而重寸陰懼乎時

之過已而人多不强力貧賤則懾於飢寒富貴則流於逸樂遂營目前之務而遺千載之功日月逝於上體貌衰於下忽然與萬物遷化斯志士之大痛也（曹丕《典論·論文》）

3. 矧予自思從幼迨老若白屋若朱門凡所止雖一日二日輒覆簣土爲臺聚拳石爲山環斗水爲池其喜山水病癖如此一旦蹇剝來佐江郡郡守以優容而撫我廬山以靈勝而待我是天與我時地與我所卒獲所好又何以求焉尚以冗員所羈餘累未盡或往或來未遑寧處待予異時弟妹婚嫁畢司馬歲秩滿出處行止得以自遂則必左手引妻子右手抱琴書終老於斯以成就我平生之志清泉白石實聞此言時三月二十七日始居新堂四月九日與河南元集虛范陽張允中南陽張深之東西二林長老湊公朗滿晦堅等凡二十二人具齋施茶果以落之因爲草堂記（白居易《廬山草堂記》）

古之所謂豪傑之士必有過人之節人情有所不能忍者匹夫見辱拔劍而起挺身而鬥此不足爲勇也天下有大勇者卒然臨之而不驚無故加之而不怒此其所挾持者甚大而其志甚遠也夫子房受書於圯上之老人也其事甚怪然亦安知其非秦之世有隱君子者出而試之觀其所以微見其意者皆聖賢相與警戒之義而世不察以爲鬼物亦已過矣且其意不在書當韓之亡秦之方盛也以刀鋸鼎鑊待天下之士其平居無罪夷滅者不可勝數雖有賁育無所復施夫持法太急者其鋒不可犯而其勢未可乘子房不忍忿忿之心以匹夫之力而逞於一擊之間當此之時子房之不死者其間不能容髮蓋亦已危矣千金之子不死于盜賊何者其身之可愛而盜賊之不足以死也子房以蓋世之才不爲伊尹太公之謀而特出於荆軻聶政之計以僥倖於不死此固圯上老人所爲深惜者也是故倨傲鮮腆而深折之彼其能有所忍也然後可以就大事故曰孺子可教也（蘇軾《留侯論》）

7

第七單元

文選：論説文

諫逐客書

李　斯

【作者介紹】李斯（前？—前208），楚國上蔡（今河南上蔡縣）人，著名的政治家。秦王政元年（前246）入秦，協助秦王嬴政（始皇）統一天下，後爲秦朝丞相，參與制定法律，統一車軌、文字、度量衡制度。秦始皇死後與趙高立少子胡亥爲二世皇帝，爲趙高所害，腰斬於市。

【説明】秦王政初年，爲了減輕强秦的威脅，韓國派了一個名叫鄭國的人前往秦國幫助修渠，以此消耗秦國的人力、物力。秦國很多大臣原本就對從東方各國涌入的賓客議論很大，這件事敗露之後，他們就有了更加充足的理由，紛紛建議秦王下令驅逐一切來客。秦王也害怕這些外來客卿是間諜，于是在秦王政十年（前237）下了逐客令，李斯也在被逐之列。在這種情况之下，李斯給秦王寫了《諫逐客書》這封著名的信，不僅情辭懇切，而且確實反映了秦國歷史和現狀的實際情况，代表了當時有識之士的見解。秦王果斷地采納了李斯的建議，立即取消了逐客令，李斯本人也繼續得到重用。

臣聞吏議逐客，竊以爲過矣①。昔繆公求士，西取由余於戎，東得百里奚於宛，迎蹇叔於宋，來丕豹、公孫支於晉②。此五子者，不産於秦，而繆公用之，併國二十，遂霸西戎③。孝公用商鞅之法，移風易俗，民以殷盛，國以富彊，百姓樂用④，諸侯親服，獲楚魏之師，舉地千里，至今治彊⑤。惠王用張儀之計，拔三川之地，西併巴蜀，北收上郡，南取漢中⑥，包九夷，制鄢郢，東據成皋之險⑦，割膏腴之壤，遂散六國之從⑧，使之西面事秦，功施到今⑨。昭王得范雎，廢穰侯，逐華陽，彊公室，杜私門，蠶食諸侯，使秦成帝業⑩。此四君者，皆以客之功。由此觀之，客何負於秦哉！向使四君却客而不内⑪，疏士而不用，是使國無富利之實，而秦無彊大之名也。

【注釋】

① 吏：官吏。先秦時期，大小官員均稱吏。　過：過失，錯誤。

② 繆（mù）公：指秦繆公，通常寫作“秦穆公”，春秋五霸之一。　由余：晉國人，先在西戎，後入秦。戎是當時西方非華夏族的總稱。由余幫助秦穆公統一了西戎。　百里奚：楚國人。曾爲虞國大夫，晉滅虞後，被作爲陪嫁奴僕送往秦國，後來又逃到宛。秦穆公把他贖回秦國，並任爲大夫。　蹇叔：岐人（今陝西岐山，當時歸屬西戎），曾游於宋，受百里奚推薦，被穆公聘爲大夫。　丕豹：晉國人，因父親（晉大夫丕鄭）被殺，逃到秦國。　公孫支：岐人，曾游於晉，後歸秦，任爲大夫。

③ 併國二十：兼併了西戎各个部落建立的二十个国家。

④ 孝公：秦孝公，前361—338年在位。　商鞅：衛國人，後到秦國幫孝公變法，對秦國的强大起了重要作用。　殷盛：殷實興旺。　彊：通“强”，强盛。　樂用：樂於被使用。

⑤ 獲：俘獲。　治：這裏指社會安定，與“亂”相對。

⑥ 惠王：指秦惠文王，是秦孝公的兒子。　張儀：魏國人，著名的縱横家，被秦惠王任用爲相後，主張以“連横”的辦法對付六國的“合從”，對秦最後兼併六國起了相當大的作用。　拔：攻取。　三川：指黄河、洛水、伊水。　上郡：戰國時魏地，在今陝西漢中地區。

⑦ 據：占據，占有。　包：囊括。

⑧ 從（zòng）：“從”通“縱”。縱向的聯盟。因戰國秦以外的六國是南北縱向排列的，所以稱“縱”，或“合縱”。

⑨ 施（yì）：延續。

⑩ 昭王：指秦昭襄王，戰國時秦國君主。　范雎：戰國時魏國人，後來入秦，爲秦昭王的丞相。　穰（ráng）侯、華陽君：都是昭王之母宣太后的弟弟，在朝專權。　彊：使……强大，後來寫作“强”。　公室：指王室。　杜：斷絶、制止。　私門：相對於公室而言，此指穰侯、華陽君等貴族豪門。范雎以利害説動昭王，廢除太后、穰侯，放逐華陽君。

⑪ 向使：假使。　却：退，這裏是動詞使動用法，使……退。　内：同“納”。

今陛下致昆山之玉，有隨和之寶①，垂明月之珠，服太阿之劍②，乘纖離之馬，建翠鳳之旗，樹靈鼉之鼓③，此數寶者，秦不生一焉，而陛下説之，何也？必爲秦國之所生然後可，則是夜光之璧不飾朝廷，犀象之器不爲玩好④，鄭衛之女不充後宫，而駿馬駃騠不實外厩⑤，江南金錫不爲用，西蜀丹青不爲采⑥。所以飾後宫、充下陳、娱心意、説耳目者⑦，必出於秦然後可，則是宛珠之簪、傅璣之珥、阿縞之衣、錦綉之飾不進於前⑧，而隨俗雅化佳冶窈窕趙女不立於側也⑨。夫擊甕叩缶，彈箏搏髀而歌呼嗚嗚快耳者，真秦之聲也⑩；鄭衛桑間、韶虞武象者，異國之樂也⑪。今棄擊甕叩缶而就鄭衛，退彈箏而取韶虞，若是者何也？快意當前，適觀而已矣⑫。今取人則不然，不問可否，不論曲直，非秦者去，爲客者逐。然則是所重者在乎色樂珠玉，而所輕者在乎人民也。此非所以跨海内、制諸侯之術也⑬。

【注釋】

① 隨和之寶：指隨侯珠與和氏璧之類的寶物。傳説隨國國君救活了一條受傷的蛇，後來蛇爲了報恩，銜來一顆明珠給他，這顆明珠就叫隨侯珠。春秋時楚國人卞和將一塊含有美玉的石頭先後獻給兩代楚王，均因楚王不識而先後被砍去左右脚。及楚文王即位，卞和又獻上玉石，文王命人打磨，果然是一塊寶玉，價值連城，後將其稱爲“和氏璧”。

② 垂：掛着。　明月之珠：夜明珠。　服：佩。　太阿：寶劍名，春秋時吴國干將所鑄。

③ 纖離：駿馬名。　建：樹立。　翠鳳之旗：用翠鳳的羽毛裝飾的旗。　樹：備置。　靈鼉（tuó）之鼓：鼉皮蒙的鼓。鼉，鰐魚的一種。

④ 夜光之璧：夜晚放光的璧玉。　犀象之器：用犀牛角和象牙雕制的器具。　不爲玩好：不（用來）作爲賞玩嗜好的珍品。

⑤ 鄭衛之女：鄭國和衛國的女子，春秋時期以能歌善舞著稱。　駃（jué）騠（tí）：駿馬名。　厩：馬棚。　實：充滿。

⑥ 不爲采：不作爲彩飾。

⑦ 所以：用來……的。　下陳：堂下，侍妾站立或歌舞的地方。

⑧ 宛珠之簪：用宛地生産的小珍珠做成的簪子。　傅璣（jī）之珥：鑲嵌着小玉珠的耳環。傅，附着。璣，不圓的珠子。這裏泛指珍珠。　阿縞（ēgǎo）：東阿出産的綢子。縞，白色絲織品。　錦綉：精美鮮豔的絲織品。

⑨ 隨俗雅化：隨着風尚變化改變自身裝扮，指十分時尚。　佳冶窈窕：形容女子美貌。本句中“隨俗雅化”和“佳冶窈窕”都是“趙女”的定語。　趙女：趙國的女子。當時認爲趙國多美女。

⑩ 甕：一種樂器，像陶罐。　缶（fóu）：一種樂器，像瓦罐。　搏髀（bì）：拍着大腿。　歌呼嗚嗚：嗚嗚地歌唱，也就是哇哇哇地唱。　快耳：聽來感到愉快。

⑪ 桑間：衛國地名，在今河南濮陽一帶，古時青年男女聚合歌唱之處。這

裏代指鄭衛的民間音樂。 韶虞：虞舜的音樂。 武象：周武王時一種歌舞的合稱。

⑫ 適觀：看起來舒適。

⑬ 跨：指占據，據有。 術：方法。

臣聞地廣者粟多，國大者人衆，兵彊則士勇①。是以太山不讓土壤，故能成其大；河海不擇細流，故能就其深；王者不却衆庶，故能明其德②。是以地無四方，民無異國，四時充美，鬼神降福，此五帝三王之所以無敵也③。今乃棄黔首以資敵國，却賓客以業諸侯④，使天下之士，退而不敢西向，裹足不入秦，此所謂“藉寇兵而齎盗糧”者也⑤。

【注釋】

① 兵：軍隊。

② 太山：泰山。 讓：辭讓，推辭。 擇：挑選，區别。 就：成就，造就。 却：推辭，不接納。 衆庶：百姓。 明：形容詞使動用法，使……昭明。

③ 四時：四季。 充美：充足豐盛。 五帝三王：這裏泛指上古著名的君王。

④ 黔首：臉色黝黑的人。這是用借代的方法指普通百姓。黔，黑色。 資：資助。 業：名詞使動用法，使……成就功業。

⑤ 藉：借。 寇：殺人搶劫的暴徒。 齎（jī）：給人財物。 盗：偷盗者。

夫物不産於秦，可寶者多；士不産於秦，而願忠者衆。今逐客以資敵國，損民以益仇①，内自虚而外樹怨於諸侯，求國無危，不可得也②。

【注釋】

① 損民：減少自己的臣民，即削弱自己。損，減少。 益仇：增加敵人的力量。益，增加。

② 自虚：使自己虚弱。 樹怨：埋下仇恨。

【常用詞詞義分析】

過 “過”的本義是走過、經過。《孟子·滕文公上》：“禹八年於外，三~其門而不入。”引申爲渡過。蘇軾《荆州》詩：“野市分獐鬧，官帆～渡遲。”引申爲超出。《左傳·隱公元年》：“大都不～參國之一。”又引申爲過分、太甚。《世説新語·夙惠》：“陛下晝～冷，夜～熱，恐非攝養之術。”

“過”的另外一種常用義是過錯、犯錯。《孟子·告子下》：“人恒～，然後能改。”本篇課文：“臣聞吏議逐客，竊以爲～矣。”作名詞，表示錯誤。《説文》：“～，罪愆也。”《戰國策·齊策》：“群臣吏民能面刺寡人之～者，受上賞。”也可表示相應的動詞義，即責備、責難。《論語·季氏》：“求，無乃爾是～與?”

又有拜訪、探望之義。《戰國策·齊策》：“于是乘其車，揭其劍，～其友。”引申爲交往、相處。黄庭堅《次韻德孺五丈新居病起》詩：“稍喜～從近，扶筇不駕車。”

殷 “殷”的本義是盛大、衆多。《廣雅》：“～，大也，衆也。”《詩經·鄭風·溱洧》：“士與女，～其盈矣。”引申爲富裕。《三國志·蜀書·諸葛亮傳》：“民～國富。”本篇課文：“民以～盛，國以富彊。”也可用以表示情意深或憂慮。《舊唐書·音樂志三》：“有懷載～。”陸機《嘆逝賦》：“在～憂而弗違。”

又音 yān，表示黑紅色。《左傳·成公二年》：“左輪朱～。”

又音 yǐn，表示雷聲或震動聲。《詩經·國風·召南》：“～其雷，在南山之陽。”李白《夢游天姥吟留别》詩：“熊咆龍吟～岩泉。”

獲 “獲”的本義是獵獲、獵得禽獸。《周易·下經》：“田～三狐。”《孟子·滕文公下》：“終日而不～一禽。”引申爲獵物、打獵所得的東西。司馬相如《上林賦》：“忘國家之政，貪雉兔之～，則仁者不繇也。”又引申爲俘獲、繳獲。本篇課文：“～楚魏之師。”引申爲取得、得到。楊惲《報孫會宗書》：“遭遇時變，以～爵位。”

上古漢語中，“獲”與“穫”是兩个不同的字，“穫”指收割（莊稼），專用於農事收成，後來兩字都簡化爲“获”。

施 “施”的基本義是施行、實行、推行。賈誼《過秦論》：“仁義不～而攻守之勢異也。”引申爲加，施加。《論語·衛靈公》：“己所不欲，勿～於人。”由此義引申出散布、鋪陳之義。《周易·乾卦》：“雲行雨～。”

又表示給予、施捨。《廣雅》：“～，予也。”《國語·吴語》：“～民所欲，去民所惡。”《左傳·昭公十九年》：“王～捨不倦。”

引申爲設置、安放。《詩經·周南·兔罝》：“～于中林。”《荀子·勸學》：“～薪若一，火就燥也。”

又音 yì，意爲蔓延、延續。本篇課文："使之西面事秦，功～到今。"又音 yí，意爲逶迤、斜行。《孟子·離婁下》："～從良人之所之。"

假借爲"弛"，意爲棄置、改變。《論語·微子》："君子不～其親。"

逐 "逐"的本義爲追趕、追捕。《説文》："～，追也。"引申爲驅逐。本篇課文："非秦者去，爲客者～。"引申爲跟隨、追求。儲光羲《江南曲》詩："～流牽荇葉，沿岸摘蘆苗。"劉得仁《賈婦怨》詩："任君～利輕江海，莫把風濤似妾輕。"引申爲放逐、流放。柳宗元《吊屈原賦》："後先生蓋千祀兮，餘～而浮湘。"也可隨語境釋爲競爭。《韓非子·五蠹》："上古競於道德，中世～於智謀，當今争於氣力。"

却 "却"的本義是退却。《史記·廉頗藺相如列傳》："持璧～立。"柳宗元《答韋中立論師道書》："曳笏～立。"引申爲避開、避免。《史記·封禪書》："是時李少君亦以祠灶、穀道～老方見上，上尊之。"也表示拒絶、不接受。本篇課文："王者不～衆庶。"《孟子·萬章下》："～之爲不恭。"用作表轉折的副詞，相當於"還"、"且"。李清照《如夢令》詞："試問捲簾人，～道海棠依舊。"

術 "術"的本義是道路。《説文》："～，邑中道也。"《孫子兵法·擒龐涓》："當～而大敗。"引申爲方法、策略。本篇課文："此非所以跨海内、封諸侯之～也。"李朝威《柳毅傳》："子有何～可導我耶?"特指君主控制和使用臣下的策略、手段，即權術、計謀。《三國志·蜀書·諸葛亮傳》："孤不度德量力，欲信大義於天下，而智～淺短，遂用猖獗，至於今日。"

又引申爲學説、學術。韓愈《師説》："聞道有先後，～業有專攻，如是而已。"也可用作動詞，表示學習、實踐。《禮記·學記》："蛾子時而～之。"引申爲技藝、道術。蘇軾《教戰守策》："役民之司盗者，授以擊刺之～。"也専指醫、占卜、星相等技藝。《淮南子·人間訓》："近塞上之人，有善～者，馬無故亡而入胡。"

降 "降"的本義是從高處往低處走，與"陟"相對。《説文》："～，下也。"《楚辭·湘夫人》："帝子～兮北渚。"引申爲從高處往低處掉落。《荀子·議兵》："若時雨之～，莫不説喜。"可特指誕生、降生。《尚書·堯典》："釐～二女於嬀汭。"也可表示賜予。《孟子·告子下》："故天將～大任於是人也。"本篇課文："四時充美，鬼神～福。”由“落下”引申爲貶抑、降低。《資治通鑒》卷一百四十：“若有故爲，當加～黜。”

“降”的另一常用義是“投降”，音 xiáng。投降其實也是身份、地位降低的一種表現。司馬遷《報任安書》：“李陵既生～。”

藉 “藉”的本義是用草編的襯墊，音 jiè。《儀禮·士虞禮》：“～用葦席。”作動詞，表示襯墊、疊置。柳宗元《捕蛇者説》：“往往而死者相～也。”陸游《老學庵筆記》：“每出猶鋪沙～路，謂之黄道。”引申爲憑藉、依靠。《左傳·宣公十二年》：“敢～君靈，以濟楚師。”又表示借給、供給。本篇課文：“此所謂‘～寇兵而齎盜糧’者也。”

又表示顧惜、撫慰。杜甫《送韋書記赴安西》詩：“白頭無～在，朱紱有哀憐。”

從襯墊義又引申出踐踏、欺淩之義，音 jí。《吕氏春秋·孝行覽·慎人》：“殺夫子者無罪，～夫子者不禁。”

寶 “寶”的本義是珍寶。本篇課文：“今陛下致昆山之玉，有隨和之～。”泛指一切珍貴的東西。《莊子·庚桑楚》：“正得秋而萬～成。”引申爲動詞，表示珍愛、珍視。《韓非子·解老》：“吾有三寶，持而～之。”本篇課文：“夫物不産于秦，可～者多。”還可做敬辭，敬稱與帝王有關的事物，如“～字”、“～位”；或者敬稱與佛教、道教有關的事物，如“～鼎”、“～懺”、“～訣”；還可敬稱與他人有關的人和事，如“～齋”、“～號”等。

論積貯疏

賈　誼

【作者介紹】賈誼（前 201—前 169），洛陽（今河南省洛陽市東）人。西漢初年著名的政論家、文學家、思想家。18 歲即有才名，20 餘歲被文帝召爲博士，不到一年破格提爲太中大夫，但是在 23 歲時，因遭群臣忌恨，被貶爲長沙王太傅。四年後被召回長安，爲梁懷王太傅。梁懷王墜馬而死，賈誼深感歉疚，33 歲憂傷而死。

賈誼善寫政論文和辭賦，《過秦論》、《治安策》、《論積貯疏》等都是傳世名篇，辭賦則以《吊屈原賦》、《鵩鳥賦》最爲著名。魯迅曾評價賈誼的文章“爲西漢鴻文，沾溉後人，其澤甚遠”。

【説明】西漢初建之時采取了一系列休養生息政策，社會經濟得到一定的恢復和發展，而同時，權貴豪門大量侵吞土地的現象開始出現，北方匈奴之患也日益加重。在此内憂外患之際，賈誼向文帝上了這份奏疏，言辭犀利地批判了驕奢淫逸之風，揭露了百姓備受饑寒的困苦生活，建議重視農業生産，囤積五穀以防範水旱兵災。

“疏”是古代臣子向皇帝條陳自己意見的一種文體，也稱“奏疏”或“奏議”。

筦子曰：“倉廩實而知禮節①。”民不足而可治者，自古及今，未之嘗聞。古之人曰：“一夫不耕，或受之饑；一女不織，或受之寒。”生之有時，而用之亡度，則物力必屈②。古之治天下，至孅至悉也，故其畜積足恃③。今背本而趨末，食者甚衆，是天下之大殘也④。淫侈之俗，日日以長，是天下之大賊也⑤。殘賊公行，莫之或止⑥；大命將泛，莫之振救⑦。生之者甚少，而靡之者甚多，天下財産，何得不蹷⑧？漢之爲漢，幾四十年矣，公私之積，猶可哀痛⑨。失時不雨，民且狼顧，歲惡不入，請賣爵子⑩，既聞耳矣，安有爲天下阽危者若是而上不驚者⑪？

【注釋】

① 筦：同“管”。管子，名夷吾，字仲，春秋时齊國人，他主張通貨積財，富國强兵，輔助齊桓公成爲春秋五霸之首。 廩：指仓库。

② 亡：通“無”，没有。 屈（jué）：竭盡。

③ 孅：通“纖”，細緻。 悉：詳密。 畜：同“蓄”。 恃：依仗。

④ 本：這裏指農業。 末：這裏指工商業。 殘：傷害。

⑤ 賊：危害。

⑥ 莫：否定性無定代詞，没有人。 或：句中語氣詞。

⑦ 大命：指國家的命運。 泛：通“覂”（fěng），傾覆，顛覆。 振：拯救。

⑧ 靡：浪費。 蹷（jué）：竭盡，枯竭。

⑨ 公私之積：國家和個人的積蓄。

⑩ 狼顧：像狼頻頻回頭那樣害怕。狼性多疑，常回頭看。狼，名詞作狀語，像狼一样。 歲惡：年成不好。 不入：指納不了税。 賣爵子：朝廷賣爵，百姓賣子。

⑪ 爲：治理。 阽（diàn）危：形容摇摇欲墜。 者：衍文。

世之有饑穰，天之行也，禹湯被之矣[①]。即不幸有方二三千里之旱，國胡以相恤[②]？卒然邊境有急，數千百萬之衆，國胡以餽之[③]？兵旱相乘，天下大屈[④]。有勇力者聚徒而衡擊[⑤]；罷夫羸老，易子而齩其骨[⑥]。政治未畢通也，遠方之能疑者，並舉而争起矣[⑦]。廼駭而圖之，豈將有及乎[⑧]？

【注釋】

① 饑：莊稼收成不好或没有收成。　穰：豐收。　行：道，規律。　被：遭受。指禹曾遭九年水灾，湯曾遭七年旱灾。

② 即：如果，假如。　恤：救濟。

③ 卒：通“猝”。突然，倉猝。　餽（kuì）糧餉。這裏指供給軍隊糧食。

④ 兵：戰争。　相乘：相因、疊加的意思。

⑤ 衡擊：搶掠，抢夺。　衡（hèng），通“横”，横暴。

⑥ 罷：通“疲”。　羸：瘦弱。　齩：“咬”的本字。

⑦ 畢：副詞，全部，都。　通：通達。　遠方之能疑者：依《賈子新書》無“能”字。疑，通“擬”，指自比於皇帝，有僭越之心。　舉：起事。

⑧ 廼：古“乃”字，纔。　圖：謀劃，想辦法。

夫積貯者，天下之大命也[①]。苟粟多而財有餘，何爲而不成？以攻則取，以守則固，以戰則勝。懷敵附遠，何招而不至[②]？今敺民而歸之農，皆著於本[③]，使天下各食其力，末技游食之民，轉而緣南晦[④]，則蓄積足而人樂其所矣。可以爲富安天下，而直爲此廪廪也[⑤]。竊爲陛下惜之。

【注釋】

① 大命：命脉。

② 懷：使……歸順。　附：使……歸附。

③ 敺：“驅”的異體字，驅使。　著（zhuó）：附着。

④ 末技：指工商業。　緣南晦：趨向農業生産。即前面所説的“著於本”。

⑤ 直：相當於“却”。　廪廪：害怕的樣子。

【常用詞詞義分析】

疏　“疏”的本義是疏通。《孟子・滕文公上》：“禹～九河。”引申爲分賜、分給。《鹽鐵論・毁學》：“～爵分禄以褒賢。”同時引申爲清除、排除。《國語·楚語》:“教之樂，以～其穢，而鎮其浮。”也引申爲分開陳列。屈原《九歌·湘夫人》:“～石蘭兮爲芳。”

由分開引申爲疏遠，與“親”相對。《韓非子·五蠹》:“非～骨肉而愛過客也。”本篇課文:“～士而不用。”也指關係疏遠的、不親近的。《韓非子·五蠹》:“故饑歲之春，幼弟不餉；穰歲之秋，～客必食。”

表示稀疏、稀少，與“密”相對。《老子》七十三章:“天網恢恢，～而不失。”也指疏忽、不周密。《史記·范雎蔡澤列傳》:“其于計～矣。”引申爲淺薄、不精。陸游《大風登城》詩:“志大才～不自量。”

又音 shù，表示分條記録或分條陳述。《聊齋志異·促織》:“撫軍大悦，以金籠進上，細～其能。”引申爲給皇帝的奏章或上奏章。《明史·海瑞傳》:“寰再上～醜詆，瑞亦屢～乞休，慰留不允。”本篇課文篇題中的“疏”即爲此義。又指對古書的進一步注釋、解釋。柳冕《與權德輿書》:“不能誦～與注，一切棄之。”

屈 “屈”的本義是彎曲。《正字通》:“凡曲而不伸者皆曰～。”引申爲屈服。《孟子·滕文公下》:“富貴不能淫，貧賤不能移，威武不能～。”也指委屈、冤屈。張廷玉等《明史》:“被誣負～。”

又音 jué，表示竭盡、用完。本篇課文:“生之有時，而用之亡度，則物力必～。”

本 本義是草木的根或靠根的莖幹。柳宗元《種樹郭橐駝傳》:“摇其～以觀其疏密。”引申爲根源、本源。《禮記·樂記》:“樂者……其～在人心之感於物也。”泛指一切事物的根基或主體。《論語·學而》:“君子務～。”古代認爲農業生産是社會安定的根基，所以也專指農業生産。本篇課文:“今毆民而歸之農，皆著於～。”

作形容詞，表示原來的、本來的。《孟子·告子上》:“此之謂失其～心。”虚化爲副詞，表示原先、本來。諸葛亮《出師表》:“臣～布衣。”作動詞用，表示根據、掌握。《漢書·爰盎傳》:“是時絳侯爲太尉，～兵柄。”引申爲在自己一邊的、現今的。《淮南子·氾論訓》:“立之于～朝之上。”

也指寫作的底稿。文天祥《指南録·後序》:“今存其～不忍廢。”並進一步由此引申表示書册、本子。沈括《夢溪筆談·活板》:“若止印三二～。”

用於做生意時，指母金、本錢。韓愈《柳子厚墓志銘》:“子～

相侔。”

作量詞，相當於株、簇、棵等。《齊民要術・種韭》：“率七八支爲一～。”率，這裏是“大致”的意思。

殘 “殘”的本義是傷害、殺害。《蒼頡篇》：“～，傷也。”用作名詞，指兇暴、暴虐無道的人。本篇課文：“是天下之大～也。”泛指毀壞、破壞，《荀子・榮辱》：“家室立～，親戚不免於刑戮。”用於草木，表示凋謝。李商隱《無題》詩：“東風無力百花～。”作形容詞，表示殘缺的、殘廢的。司馬遷《報任安書》：“顧自以爲身～處穢，動而見尤。”也表示殘餘的、最後的。杜審言《雜曲歌辭・大酺樂》詩：“梅花落處疑～雪。”

賊 “賊”的本義是害、殺害。《墨子・非儒》：“是～天下之人者也。”特指殺害。《左傳・宣公二年》：“宣公驟諫，公患之，使鉏麑～之。”作名詞，表示刺客、殺人的人。《史記・秦始皇本紀》：“燕王昏亂，其太子丹乃陰令荊軻爲～。”又指强盜。柳宗元《童區寄傳》：“～二人得我，我幸皆殺之矣。”先秦兩漢時期，“賊”也可特指作亂叛國危害人民的人。《資治通鑒》卷六十五：“其實漢～也。”作名詞，表示禍害。本篇課文：“淫侈之欲日日以長，是天下之大～也。”又引申爲狠毒。《三國志・魏書・董二袁劉傳》：“董卓狠戾～忍。”

先秦兩漢時“盜”多指偷竊者，很少指搶劫者；“賊”多指搶劫財物者，後來纔指偷竊者。

苟 “苟”的本義是草名或菜名。《説文》：“～，草也。”因爲這種草很常見，所以引申出隨便、輕率、不嚴肅之義。《孟子・告子上》：“生亦我所欲，所欲有甚於生者，故不爲～得也。”陳亮《上孝宗皇帝第一書》：“一日之～安，數百年之大患也。”虚化爲副詞，表示姑且、暫且。諸葛亮《出師表》：“～全性命於亂世，不求聞達於諸侯。”作介詞，表示如果、假使。本篇課文：“～粟多而財有餘，何爲而不成？”

竊 “竊”的本義是偷。《説文》：“～，盜自中出曰～。”《莊子・胠篋》：“彼～鉤者誅，～國者爲諸侯。”虚化爲副詞，表示偷偷地、暗地裏。《史記・魏公子列傳》：“～罵侯生。”《史記・孫子吴起列傳》：“～載與之齊。”還可作表謙副詞，表示自己的話不一定對，相當於私下、私自。王安石《答司馬諫議書》：“～以爲與君實游。”李斯《諫逐客書》：“臣聞吏議逐客，～以爲過矣。”本篇課文：“～

爲陛下惜之。”

恤 “恤”的本義是擔心、憂慮。《説文》：“～，憂也。”《左傳·閔公元年》：“心苟無暇，何～乎無家。”引申爲體恤、憐憫。《史記·項羽本紀》：“今不～士卒而徇其私。”沈佺期《移禁司刑》詩：“司寇宜哀獄，台庭幸～辜。”進而引申出周濟、救助之義。本篇課文：“國胡以相～？”又引申爲顧及、顧念。《戰國策·秦策》：“戰勝宜陽，不～楚交，忿也。”

報任安書

司馬遷

【説明】任安，字少卿，是司馬遷的朋友，曾經寫信請求司馬遷利用中書令的地位“推賢進士”。時隔很久之後，司馬遷纔給他回了這封信。當時任安因事下獄、被判腰斬，故本信中慮及任安的死。

這封信見於《漢書·司馬遷傳》及《文選》卷四十一，是司馬遷晚年時期的代表作，抒發了受腐刑後的無限痛苦和不甘於“没世無聞”的憤激之情。全文感情真摯，語言流暢，具有强烈的藝術感染力，是研究司馬遷生平思想的重要資料。

太史公牛馬走司馬遷再拜言①。

少卿足下：曩者辱賜書，教以慎於接物，推賢進士爲務②。意氣勤勤懇懇，若望僕不相師，而用流俗人之言③。僕非敢如此也。僕雖罷駑，亦嘗側聞長者之遺風矣④。顧自以爲身殘處穢，動而見尤，欲益反損⑤，是以獨鬱悒而誰與語⑥！諺曰：“誰爲爲之？孰令聽之⑦？”蓋鍾子期死，伯牙終身不復鼓琴⑧。何則？士爲知己者用，女爲説己者容⑨。若僕大質已虧缺矣，雖才懷隨和，行若由夷⑩，終不可以爲榮，適足以見笑而自點耳⑪。書辭宜答，會東從上來⑫，又迫賤事，相見日淺，卒卒無須臾之閒，得竭指意⑬。今少卿抱不測之罪，涉旬月，迫季冬，僕又薄從上雍⑭，恐卒然不可爲諱，是僕終已不得舒憤懣以曉左右，則是長逝者魂魄私恨無窮⑮。請略陳固陋⑯。闕然久不報，幸勿爲過⑰。

【注釋】

① 太史公：司馬遷自稱。　牛馬走：像牛马一样被驱使的僕人，这是谦辭。　再拜：拜兩拜。

② 曩（nǎng）者：从前。　爲務：當做自己的工作。當時司馬遷任中書令，總管宫廷書記並負責推選人才。

③ 意氣：相當於情意。　勤勤懇懇：誠懇的樣子。　若望僕不相師：好像抱怨我不遵照您的意見行事。望，怨恨，抱怨。

④ 罷駑：比喻才能低下。　側聞：在旁邊聽到，這是謙辭。　長者：品德高尚的人。

⑤ 身殘處穢：指身體因遭受了宫刑而殘缺，處於污穢可耻的地位。　動而見尤：動不動就受到指責。尤，過錯，用作動詞，表示責備。　益：增加。

⑥ 鬱悒：憂鬱，愁悶。

⑦ 誰爲（wèi）：爲誰，疑問代詞作介詞賓語前置。　爲（wéi）之：做這件事。引用這句諺語的意思是，君非明君，我爲誰去推賢進士呢？即便我推舉賢士，又有誰聽我的推舉呢？

⑧ 鐘子期、伯牙：都是春秋時期楚國人。伯牙善於鼓琴，鐘子期是最能欣賞、理解他的琴聲的人。後來鐘子期死了，伯牙認爲世上没有了知音，于是毁掉了琴，終身不再鼓琴。

⑨ 説：後來寫作“悦”，喜歡。　容：容貌。這裏用作動詞，指打扮、修飾。

⑩ 大質：指身體。　由夷：許由和伯夷。許由，傳説中的人物。相傳堯曾把君位讓給他，他逃到箕山下種田自食。堯又請他做九州的長官，他跑到潁水邊洗耳，表示不願聽從。伯夷，商末孤竹君的長子，他和弟弟叔齊互相推諉國君的繼承權，逃離孤竹國。武王起兵伐紂，伯夷反對，認爲臣下不該攻擊君上。周武王滅商後，他們兄弟二人逃到首陽山，不食周粟而死。

⑪ 點：用作動詞，玷污。

⑫ 會：正遇上。　東：由西往東。　上：當今皇上，指武帝。這裏指的是征和二年七月戾太子舉兵後，武帝自甘泉宫（今陝西淳化縣西北）回到長安。

⑬ 賤事：指自己的工作。　卒卒：同“猝猝”，倉猝急迫的樣子。　指意：自己的心意。指，通“旨”，意旨。

⑭ 不測之罪：指任安被判腰斬。　迫季冬：靠近十二月。按照漢律，十二月處决犯人。　薄：靠近。　從上雍：跟從皇上去雍地（今陝西鳳翔縣南，這裏築有祭五帝的聖壇）。

⑮ 不可爲諱：委婉語，指死。　終已：終於。　曉：動詞使動用法，讓……知道。　左右：指任安。是一種表敬的稱呼法。　長逝者：死者，指任安。　恨：遺憾。

⑯ 固陋：鄙陋。形容詞用作名詞，指鄙陋之見。這是謙虛的説法。

⑰ 闕然：隔了很久的樣子。 報：回答。 爲過：當做過失。

僕聞之：修身者，智之符也①；愛施者，仁之端也②；取與者，義之表也③；耻辱者，勇之決也④；立名者，行之極也⑤。士有此五者，然後可以托於世，而列於君子之林矣⑥。故禍莫憯於欲利，悲莫痛於傷心，行莫醜於辱先，詬莫大於宮刑⑦。刑餘之人，無所比數，非一世也，所從來遠矣⑧。昔衛靈公與雍渠同載，孔子適陳⑨；商鞅因景監見，趙良寒心⑩；同子參乘，袁絲變色⑪：自古而耻之。夫以中才之人，事有關於宦豎，莫不傷氣，而况於慷慨之士乎⑫？如今朝廷雖乏人，奈何令刀鋸之餘薦天下之豪俊哉⑬！僕賴先人緒業，得待罪輦轂下，二十餘年矣⑭。所以自惟⑮：上之不能納忠效信，有奇策才力之譽，自結明主⑯；次之又不能拾遺補闕，招賢進能，顯巖穴之士⑰；外之又不能備行伍，攻城野戰，有斬將搴旗之功⑱；下之不能積日累勞，取尊官厚禄，以爲宗族交游光寵⑲。四者無一遂，苟合取容，無所短長之效，可見於此矣⑳。嚮者，僕常厠下大夫之列，陪外廷末議㉑，不以此時引綱維，盡思慮㉒；今已虧形爲掃除之隸，在闒茸之中㉓，乃欲仰首伸眉，論列是非，不亦輕朝廷，羞當世之士邪㉔？嗟乎！嗟乎！如僕尚何言哉！尚何言哉！

【注釋】

① 符：符號，憑證。

② 愛：憐愛。 施：施捨。 端：開端。

③ 表：標志，表現。

④ 決：決斷。

⑤ 行（xìng）：品行。 極：頂點，這裏指最高境界。

⑥ 托：寄托，生存。

⑦ 憯：通“慘”，慘痛。 欲利：貪圖私利。 辱先：侮辱祖先。 垢：耻辱。

⑧ 刑餘之人：在刑罰下苟且活命的人，這裏指宦者。 比：並列在一起。 數（shǔ）：計算。

⑨ 衛靈公和他的夫人南子同車出游，讓宦官雍渠同車做參乘（在車裏陪坐在右側），孔子爲次乘，孔子覺得很耻辱，所以離開衛國去了陳國。

⑩ 商鞅依靠宦官景監的引薦得以做官，趙良認爲這種方法不當，對於王族傷害很大，因此勸商鞅引退，但没有被采納，因而感到寒心。

⑪ 同子：指宦官趙談。司馬遷爲避父諱，改稱之爲同子。　變色：神情大變，指發怒。有一次趙談作漢文帝的參乘，袁絲非常生氣，就伏在文帝車前諫阻。

⑫ 宦豎：泛指宦官。豎，宫廷供役使的小臣。　傷氣：挫傷了志氣，指感到耻辱。　慷慨之士：有遠大抱負、意志剛毅的人。

⑬ 刀鋸之餘：受過刑的人。指司馬遷自己。

⑭ 緒業：遺業。　待罪：謙辭，指做官。　輦轂下：指代京城。輦，皇帝坐的車子。

⑮ 惟：思，思考。

⑯ 納忠：進納忠言。　效信：獻出真心。　結：結識，這裏指取得信任。　明主：賢明的君主。

⑰ 拾遺補闕：指爲皇帝彌補過失，即指進諫。　顯：使……顯現。　巖穴之士：指隱士。

⑱ 備：充實，這裏是加入的意思。　行伍：古代軍隊的編制，五人爲一伍，二十五人爲一行。　搴（qiān）旗：拔取旗幟，指打勝仗。

⑲ 交游：朋友。

⑳ 遂：成。　苟合：一味地附和。　取容：取得皇帝的喜歡。　無所短長：没有什麽長處。　效：效果。

㉑ 厠：夾雜。　下大夫：指太史令職。漢代太史令官禄六百石，相當於周代的下大夫。　外廷：外朝。漢代把朝廷官員分爲中朝和外朝，太史令屬外朝。　末議：微不足道的議論。這些話都是謙辭。

㉒ 綱維：比喻國家法令。綱，漁網上的總繩。維，系物的大繩。

㉓ 掃除之隸：打掃污穢的奴僕。謙辭。　闒茸（tàróng）：聯綿詞。指地位卑賤的人。

㉔ 論列：議論，陳述。

且事本末未易明也。僕少負不羈之才，長無鄉曲之譽①。主上幸以先人之故，使得奏薄技，出入周衛之中②。僕以爲戴盆何以望天③，故絶賓客之知，忘室家之業，日夜思竭其不肖之才力，務一心營職，以求親媚於主上④。而事乃有大謬不然者⑤！夫僕與李陵俱居門下，素非能相善也。趣捨異路，未嘗銜杯酒，接慇懃之餘歡⑥。然僕觀其爲人，自守奇士：事親孝，與士信，臨財廉，取與義，分別有讓，恭儉下人[⑦]，常思奮不顧身，以徇國家之急[⑧]。其素所蓄積也，僕以爲有國士之風。夫人臣出萬死不顧一生之計，赴公家之難，斯已奇矣。今舉事一不當，而全軀保妻子之臣，隨而媒孽其短，僕誠私心痛之[⑨]。且李陵提步卒不滿五千，深踐戎馬之地，足歷王庭，垂餌虎口，橫挑彊胡，仰億萬之師，與單于連戰十有餘日，所殺過當[⑩]。虜救死扶傷不給，旃裘之君長咸震怖，乃悉徵其左右賢王，舉引弓之民，一國共攻而圍之[⑪]。轉鬬千里，矢盡道窮，救兵不至，士卒死傷如積。然陵一呼勞軍，士無不起，躬自流涕，沬血飲泣，更張空弮，冒白刃，北嚮爭死敵者[⑫]。陵未没時，使有來報，漢公卿王侯皆奉觴上壽[⑬]。後數日，陵敗書聞，主上爲之食不甘味，聽朝不怡[⑭]。大臣憂懼，不知所出[⑮]。僕竊不自料其卑賤，見主上慘愴怛悼，誠欲效其款款之愚[⑯]，以爲李陵素與士大夫絶甘分少，能得人死力，雖古之名將，不能過也[⑰]。身雖陷敗，彼觀其意，且欲得其當而報於漢[⑱]。事已無可奈何，其所摧敗，功亦足以暴於天下矣[⑲]。僕懷欲陳之，而未有路，適會召問，即以此指推言陵之功[⑳]。欲以廣主上之意，塞睚眦之辭[㉑]。未能盡明，明主不曉，以爲僕沮貳師，而爲李陵游説，遂下於理[㉒]。拳拳之忠，終不能自列[㉓]。因爲誣上，卒從吏議[㉔]。家貧，貨賂不足以自贖[㉕]；交游莫救，左右親近不爲一言[㉖]。身非木石，獨與法吏爲伍，深幽囹圄之中，誰可告愬者[㉗]！此真少卿所親見，僕行事豈不然乎？李陵既生降，隤其家聲，而僕又佴之蠶室，重爲天下觀笑[㉘]。悲夫！悲夫！事未易一二爲俗人言也[㉙]。

【注釋】

① 負：此句“負”、“無”對文，“負”就是“無”。　不羈：不受約束，這裏指才智高遠無邊。　鄉曲：鄉里。

② 奏：進獻。　周衛之中：周密地保衛，即宫禁之中。

③ 戴盆何以望天：戴着盆子怎麼可以看得到天。比喻自己一心營職，没有心思去管别的私事。

④ 賓客：朋友。　知：了解，這裏指交往。　不肖：不像，這裏意爲不好。

親媚：親近喜愛。

⑤ 乃：竟然。　大謬不然：大錯特錯，與想象的完全不一樣。

⑥ 李陵：西漢名將李廣的孫子，善騎射。　俱居門下：李陵任侍中之時，司馬遷任太史令，都是侍中曹（官署名）的官員。　相善：相好，這裏指關係密切。　趣捨異路：指各自所走道路不同。趣，通“趨”，向前走。捨，停止。　銜杯酒：酒杯叼在嘴裏，指飲酒很少。　慇懃：情意深厚的樣子。　餘歡：一點兒快樂。“杯酒”、“馀歡”都是形容交往極少。

⑦ 分别有讓：指能分别尊卑長幼，謙讓待人。　恭儉下人：屈己尊人，恭敬地對待他人。

⑧ 徇：同“殉”，爲達到某種目的而死。

⑨ 媒：通“酶”，酒麯。　孽：通“糵”，也是酒麯。　媒糵：在此都用作動詞，是醖釀的意思，意指把李陵的過失釀成了大罪。

⑩ 踐：這裏指進入。　戎馬之地：戰場。　歷：這裏指經過。　王庭：匈奴單于居住的地方。　横（hèng）挑：意外地挑戰，指出奇不意地誘敵作戰。　仰：仰攻。因爲匈奴所處的北方地勢相對較高，所以稱爲仰攻。　過當（dàng）：指所殺敵人超過漢軍的人數。當，相平等。

⑪ 不給（jǐ）：指顧不上給。　旃裘：匈奴人穿的衣服，借指匈奴。　舉：發動。　引弓之民：能拉弓引箭的人。民，《文選》作“人”，今從《漢書》。

⑫ 勞軍：慰勞軍隊。　沬（huì）血：用血洗臉，指血流滿面。　更張空弮（quān）：重新拉開弓弩。　冒白刃：指冒着刀劍。　北嚮：向着北邊（匈奴在北）。　死敵：與敵人拼死。

⑬ 奉：同“捧”。　觴：盛了酒的爵。　上壽：向尊者進酒祝壽。這裏指慶祝捷報。

⑭ 食不甘味：吃東西不知道是什麼滋味。　不怡：不愉快。

⑮ 所出：指提出的辦法。

⑯ 慘悽（chuàng）怛（dá）悼（dào）：悲傷的樣子。　款款：忠誠的樣子。

⑰ 絶甘分少：自己不吃甘美的東西，分東西時自己分得少。　死力：拼死出力。

⑱ 彼觀其意：即“那人，（我）觀其意”。“彼”指李陵。　當（dāng）：適當，適當的時候。

⑲ 其所摧敗：李陵挫敗敵軍的戰績。　暴（pù）：暴露，顯示。

⑳ 指：通“旨”，意思。　推言：闡述。

㉑ 睚眦之辭：指怨恨者的話。　睚眦，怒目而視。

㉒ 沮：敗壞。　貳師：指貳師將軍李廣利，此人是漢武帝寵妃的哥哥。　理：指大理，武帝時稱廷尉，是掌管訴訟刑獄的機構。

㉓ 拳拳：忠誠恭謹的樣子。

㉔ 因爲：因而定爲。　誣上：欺騙皇上。　卒從吏議：指漢武帝最後同意了獄吏的判决，處司馬遷以死刑。

㉕ 貨賂：財貨。　自贖：依漢代法律，可以用錢財或同意接受宫刑來贖死罪。

㉖ 交游：指朋友。　左右親近：指皇帝身邊親近的臣子。

㉗ 爲伍：在一伍，指在一起。　幽：幽禁。　愬：同“訴”。

㉘ 隤（tuí）其家聲：敗壞家裏的聲譽。　佴（èr）：編排順序，排列，這裏指繼李陵之後。　蠶室：受過宫刑的人懼怕風寒，所居之室必須像養蠶的屋子一樣嚴實温暖，所以稱宫刑獄室爲蠶室。　重：深深地。

㉙ 這件事情不容易對流俗人逐一述説。

僕之先非有剖符丹書之功①；文史星曆，近乎卜祝之間②，固主上所戲弄，倡優畜之，流俗之所輕也③。假令僕伏法受誅，若九牛亡一毛，與螻蟻何以異？而世又不與能死節者比，特以爲智窮罪極，不能自免，卒就死耳④。何也？素所自樹立使然也⑤。人固有一死，或重於泰山，或輕於鴻毛，用之所趨異也⑥。太上不辱先，其次不辱身，其次不辱理色，其次不辱辭令⑦，其次詘體受辱，其次易服受辱⑧，其次關木索、被箠楚受辱，其次剔毛髮、嬰金鐵受辱⑨，其次毁肌膚、斷肢體受辱，最下腐刑，極矣⑩！傳曰：“刑不上大夫。”此言士節不可不勉勵也⑪。猛虎在深山，百獸震恐，及在檻穽之中，摇尾而求食，積威約之漸也⑫。故士有畫地爲牢，勢不可入；削木爲吏，議不可對：定計於鮮也⑬。今交手足，受木索，暴肌膚，受榜箠，幽於圜牆之中⑭。當此之時，見獄吏則頭槍地，視徒隸則心惕息⑮。何者？積威約之勢也。及以至是，言不辱者，所謂强颜耳，曷足貴乎⑯？且西伯，伯也，拘於羑里；李斯，相也，具於五刑⑰；淮陰，王也，受械於陳；彭越、張敖，南面稱孤，繫獄抵罪⑱；絳侯誅諸吕，權傾五伯，囚於請室⑲；魏其，大將也，衣赭衣，關三木⑳；季布爲朱家鉗奴；灌夫受辱於居室㉑。此人皆身至王侯將相，聲聞鄰國，及罪至罔加，不能引决自裁㉒，在塵埃之中㉓。古今一體，安在其不辱也？由此言之，勇怯，勢也；强弱，形也。審矣，何足怪乎㉔？夫人不能早自裁繩墨之外，以稍陵遲，至於鞭箠之間，乃欲引節，斯不亦遠乎㉕！古人所以重施刑於大夫者，殆爲此也。夫人情莫不貪生惡死，念父母，顧妻子。至激於義理者不然，乃有所不得已也㉖。今僕不幸，早失父母，無兄弟之親，獨身孤立，少卿視僕於妻子何如哉？且勇者不必死節，怯夫慕義，何處不勉焉㉗？僕雖怯懦，欲苟活，亦頗識去就之分矣，何至自沉溺縲紲之辱哉㉘！且夫臧獲婢妾，猶能引決㉙，況僕之不得已乎？所以隱忍苟活，幽於糞土之中而不辭者，恨私心有所不盡，鄙陋没世，而文采不表於後世也㉚。

【注釋】

① 剖符：分剖成兩半的符，君臣各執其一，上面寫上同樣的誓詞，以示信守。　丹書：又叫丹書鐵券，在鐵券上用硃砂寫上誓詞，作爲後世子孫免罪的憑信。剖符和丹書都衹頒發給有特殊功績的大臣。

② 文：文獻。　史：史籍。　星：天文。　曆：曆算。這些都是太史令掌管的事情。　卜祝：占卜、祭祀的官。

③ 倡：樂人。　優：戲子。這裏均用是名詞作狀語，指像對待倡優一樣。　畜：養。

④ 比：並列。　特：衹是。

⑤ 所自樹立：大意是自己用來立身於世的憑藉。

⑥ 用之所趨異也：應用死節的地方不同。

⑦ 太上：第一。　理色：這裏指肌膚和臉色。理，肌理。色，臉上的神色。

⑧ 詘體：指軀體被捆縛起來。詘，通“屈”。　易服：换上赭紅色的囚服。

⑨ 關：同“貫”，指戴上。　木：木枷。　索：繩。　被：遭受。　箠：杖。　楚：荆條。　剔毛髮：剃光頭髮，即髡刑。剔，通“剃”。　嬰金鐵：脖子上繞着鐵圈，即鉗刑。金鐵，指鐵圈。

⑩ 毁肌膚：指受到黥刑之類的處罰。　斷肢體：指受到臏刑之類的處罰。　腐刑：即宫刑。

⑪ 士節：士大夫的氣節。

⑫ 檻：關野獸的木籠。　穽：同“阱”，捕獸的陷阱。　漸：浸漬，用作名詞，指浸漬的結果，也就是逐步發展的結果。

⑬ 議：吏議，法官的審問和判决。　對：回答。這一句與前一句的意思一樣，形容哪怕是象徵性的刑罰也不能接受。　定計於鮮：打算在受到侮辱之前自殺。鮮，指不以壽終。

⑭ 交：交叉，捆綁。 暴肌膚：指受刑時剥去衣服。 榜：用棰擊打。 圜（yuán）牆：指監獄。

⑮ 槍：通“搶”，碰撞。 惕息：膽戰心驚，害怕。

⑯ 强顔：勉强做出表情。

⑰ 西伯：周文王姬昌的封號。伯，方伯，即一方諸侯之長。殷紂時姬昌是西方諸侯之長，故稱“西伯”。 拘於羑（yǒu）里：據記載，周文王曾被殷紂王拘禁。羑里，今河南湯陰縣境内。 李斯：戰國末年上蔡（今河南上蔡縣）人，幫助秦始皇統一全國，任秦丞相。秦二世時，被趙高陷害，最後被腰斬、滅三族。 具於五刑：受遍五種刑罰。具，具備。

⑱ 淮陰：指韓信。韓信曾被劉邦封爲楚王，後有人誣其謀反，劉邦即用陳平之計將其捆縛解送洛陽，降爲淮陰侯。 械：名詞用作動詞，指戴上脚鐐手銬。 彭越：初事項羽，不久降劉邦，封爲梁王，後被誣謀反，夷三族。 張敖：曾繼承其父趙王的爵位，後也因被誣謀反而下獄。

⑲ 絳侯：漢初功臣，曾與陳平一起設法誅滅意欲造反的吕后家族，並迎立代王劉恒爲文帝。後來被人誣告謀反，被囚下獄。 請室：官署名。皇帝出，請室令在前作爲先驅。請室有特設的監獄。

⑳ 魏其：即竇嬰。景帝時爲大將軍，封魏其侯。武帝時因救灌夫之事下獄判死罪。 赭衣：囚犯穿的衣服，赭紅色。 關三木：加在頸、手、足三處的刑具，即枷與桎梏。

㉑ 季布：楚人，初爲項羽手下將軍。項羽敗後，劉邦重金懸賞捉拿季布。季布于是剃髮戴鉗賣身爲魯人朱家做鉗奴。後來朱家通過汝陰侯夏侯嬰勸説劉邦赦免了季布。 鉗奴：以鐵圈束頭的奴隸。 灌夫：曾爲景帝時郎中將，武帝時太僕，後因得罪宰相田蚡被囚禁。

㉒ 罔加：刑罰施加於身。罔，後來寫作“網”，指法網。 引决：下决心。 自裁：自殺。

㉓ 塵埃之中：指屈辱的境地。

㉔ 審：確實的，明明白白的。

㉕ 繩墨：比喻指法律。 以：以此，因此。 稍：逐漸。 陵遲：衰頽，這裏指受挫折。

㉖ 激於義理：爲道義和常理所激勵。

㉗ 何處不勉：指隨時隨地都可勉勵自己不受辱。

㉘ 去就：這裏指捨生取義。去，離開。就，走近，靠近。 沉溺：陷入不良的境地。 縲紲（léixiè）：專用於指捆綁犯人的繩子，也常借代指被囚禁。縲，大繩子。紲，長繩子。

㉙ 臧獲：古代罵奴婢的賤稱。 引决：承上文“引决自裁”，表示自裁、自殺。

㉚ 隱忍：克制忍耐。 幽：幽禁，這裏指埋没。 糞土之中：指屈辱的境

地。 辭：離開。 恨：遺憾。 私心：指自己内心。 鄙陋没世：到死都是卑微无名。鄙，鄙陋、鄙薄。没世，终结一世，即死。 文采：指文章。

古者富貴而名摩滅，不可勝記，唯倜儻非常之人稱焉①。蓋文王拘而演《周易》②；仲尼戹而作《春秋》③；屈原放逐，乃賦《離騷》④；左丘失明，厥有《國語》⑤；孫子臏脚，《兵法》修列⑥；不韋遷蜀，世傳《吕覽》⑦；韓非囚秦，《説難》、《孤憤》⑧；《詩》三百篇，大底聖賢發憤之所爲作也⑨。此人皆意有所鬱結，不得通其道，故述往事，思來者⑩。乃如左丘無目，孫子斷足，終不可用，退而論書策，以舒其憤，思垂空文以自見⑪。僕竊不遜，近自托於無能之辭，網羅天下放失舊聞，略考其行事，綜其終始，稽其成敗興壞之紀⑫，上計軒轅，下至於兹，爲十表，本紀十二，書八章，世家三十，列傳七十，凡百三十篇。亦欲以究天人之際，通古今之變，成一家之言⑬。草創未就，會遭此禍。惜其不成，是以就極刑而無愠色⑭。僕誠以著此書，藏之名山，傳之其人，通邑大都⑮，則僕償前辱之責，雖萬被戮，豈有悔哉⑯！然此可爲智者道，難爲俗人言也！

【注釋】

① 摩：通“磨”。 倜儻：卓越、突出。 非常：不平常。 稱：稱頌，爲人所知。

② 演：推演。相傳周文王被紂王拘禁在羑里以後，推演《易》的八卦爲六十四卦，即《周易》。

③ 戹：同“厄”，困頓。孔子周游列國，曾在陳、蔡之間遭到圍攻和斷糧的困頓，後回到魯國整理《春秋》。

④ 賦：創作。

⑤ 左丘：即左丘明。 厥：句首語氣詞。

⑥ 臏：挖去膝蓋骨。相傳孫子著有《兵法》八十九篇（現已不傳），孫子的同學龐涓妒忌他的才能，就設計謀使孫子遭受了臏刑，後世也就因此把孫子稱爲孫臏。

⑦ 不韋：即吕不韋，戰國時商人，幫助秦莊襄王登基，自己也因此位极丞相。秦始皇即位後，尊之爲相國。始皇十年時，以罪免職，後又奉命遷蜀，于是自殺。據《史記·吕不韋列傳》載，《吕覽》成書於吕不韋在秦國做丞相

之時。

⑧ 韓非：戰國時期韓國公子，多次上書諫韓王，不被任用，于是寫下了《説難》、《孤憤》等。其文傳到秦國，秦王嬴政十分欣賞，于是攻韓，逼韓派韓非出使秦國。韓非至秦，被李斯誣陷下獄，死。韓非的著作大多寫于囚秦之前。

⑨ 大底：大抵。

⑩ 通：實行。 其道：自己的主張。 思來者：寄望着未來的人（瞭解自己）。

⑪ 垂：流傳。 空文：這是把文章與具體功業相比較而言。

⑫ 放失：散失。 行事：指做過的事情。 稽：考察。 紀：綱紀，指規律。

⑬ 究：探究。 天人之際：自然和人世之間。 通：通曉，瞭解。

⑭ 極刑：此處指宫刑。 愠（yùn）：憤怒的表情。

⑮ 其人：據李善注，當指“謂與己同志者”。 通邑：大城市。

⑯ 前辱之責：指受宫刑的耻辱。責（zhài），後來寫作“債”。

且負下未易居，下流多謗議①。僕以口語遇遭此禍，重爲鄉黨所笑②，以污辱先人，亦何面目復上父母丘墓乎？雖累百世，垢彌甚耳③！是以腸一日而九迴，居則忽忽若有所亡，出則不知其所往④。每念斯耻，汗未嘗不發背沾衣也！身直爲閨閤之臣，寧得自引深藏於巖穴邪⑤？故且從俗浮沉，與時俯仰，以通其狂惑⑥。今少卿乃教以推賢進士，無乃與僕私心剌謬乎⑦？今雖欲自雕琢，曼辭以自飾，無益，於俗不信，適足取辱耳⑧。要之，死日然後是非乃定⑨。書不能悉意，略陳固陋。謹再拜。

【注釋】

① 負下：負罪之下，即背負罪過的情況下。 下流：指處於卑賤的地位。

② 口語：説了一些話。指爲李陵辯解。 鄉黨：這裏指鄰里、同鄉。上古萬二千五百家爲一鄉，五百家爲一黨。

③ 累：積累。 垢：耻辱。 彌：更加。

④ 腸一日而九迴：比喻心思重重，痛苦不堪。 忽忽：恍恍惚惚。 亡：失，丢失。

⑤ 直：僅，衹，不過。 閨閤之臣：指宦官。閨閤，宫中的小門。 寧：怎麽。 自引：自己引身而退。

⑥ 從俗浮沉：指隨波逐流，無所作爲。 與時俯仰：指跟着形勢走。 狂

慼：指内心的悲憤。

⑦ 無乃：表委婉語氣，相當於恐怕、未免。 剌（là）謬：乖戾違背。

⑧ 自雕琢：自我裝飾，指用推賢進士的行爲來掩蓋自己的耻辱。 曼辭：美辭。

⑨ 要之：總之。

【常用詞詞義分析】

曩 “曩”的本義是以往、過去。本篇課文：“～者辱賜書。”《韓非子·外儲説左下》：“寡人～不知子，今知矣。”柳宗元《捕蛇者説》：“～與吾祖居者，今其室十無一焉。”

益 “益”的本義是指水漫出來。這個意義後來寫作“溢”。《吕氏春秋·察今》：“澭水暴～。”引申爲富足。《吕氏春秋·貴當》：“其家必日～。”引申爲在某些方面（如體積、數量、程度等）增加。本篇課文：“欲～反損。”《韓非子·定法》：“五年而秦不～一尺之地。”《穀梁傳》：“民衆城小，則～城。”作名詞，指利益、好處，與“害”相對。歐陽修《新五代史·伶官傳序》：“謙得～。”

用作副詞，表示更加。《韓非子·喻老》：“君之疾在肌膚，不治將～深。”還可表示漸漸地。《戰國策·趙策》：“少～耆食，和於身也。”柳宗元《三戒》：“～習其聲，又近出前後。”

涉 “涉”的本義是淌水過河。《詩經·衛風·氓》：“送子～淇。”《吕氏春秋·察今》：“楚人有～江者，其劍自舟中墜于水。”詞義擴大，指一切渡過、跋涉。和邦額《夜譚隨録》：“吾聞負重～遠，不擇地而休。”作相應的名詞，表示渡口。《詩經·衛風·匏有苦葉》：“匏有苦葉，濟有深～。”

引申爲入、進入。《左傳·僖公四年》：“不虞君之～吾地也，何故？”引申爲經歷、經過。蘇軾《教戰守策》：“然後可以剛健强力，～險而不傷。”本篇課文：“今少卿抱不測之罪，～旬月，迫季冬。”虚化爲牽涉、涉及、關聯。《宋書·劉穆之傳》：“不相參～，皆悉贍舉。”

綱 “綱”的本義是魚網上的總繩。《尚書·盤庚》：“若網在～，有條而不紊。”本篇課文：“不以此時引～維，盡思慮。”綱繩對於網來説非常重要，所以引申爲事物的關鍵部分、事理的要領。《北史·源賀傳》：“爲政貴當舉～。”抓住綱繩整個網就不會亂，所以又引申爲秩序、法紀。《左傳·哀公六年》：“亂其紀～。”用作動詞，表示繫縛。《周禮・夏官》：“～惡馬。”

素 “素”的本義是没有染色的絲綢。《説文》：“～，白緻繒也。”引申爲白色的、没有染色的。《古詩十九首》：“娥娥紅粉妝，纖纖出～手。”《詩經・召南・羔羊》：“～絲五紽。”又指没有葷腥的。《墨子・辭過》：“古之民未知飲食時，～食而分處。”

引申爲樸素、不加裝飾。《淮南子・本經訓》：“其事～而不飾。”司馬光《訓儉示康》：“衆人皆以奢靡爲貴，吾心獨以儉～爲美。”由此引申爲本質。《淮南子・俶真訓》：“平易者道之～。”又引申爲真情。鄒陽《獄中上梁王書》：“披心腹，見情～。”這個意義後來寫作“愫”。

又引申爲清貧。《晉書・武帝紀》：“舉清能，拔寒～。”

虚化爲副詞，表示從來、一向。高啓《書博雞者事》：“即入閭左呼子弟～健者，得數十人，遮豪民於道。”本篇課文：“夫僕與李陵俱居門下，～非能相善也。”

舉 “舉”的本義是用手托物、舉起。《廣韻》：“～，擎也。”《史記・項羽本紀》：“～所佩玉玦。”因爲“托”有一種向上的趨勢，所以引申爲拿起、仰起、升起。蘇洵《六國論》：“～以予人。”李白《静夜思》詩：“～頭望明月。”引申爲提出、列舉。司馬光《訓儉示康》：“～數人以訓汝。”李清照《漁家傲》詞：“九萬里風鵬正～。”引申爲興起、發動。《史記・陳涉世家》：“～大計亦死。”曹操《讓縣自明本志令》：“興～義兵。”引申爲推薦、推舉。《論語・衛靈公》：“君子不以言～人，不以人廢言。”《後漢書・張衡傳》：“～孝廉不行。”又引申爲施行、辦理。本篇課文：“今～事一不當。”

用作副詞，表示全、都。《孟子・梁惠王下》：“～欣欣然有喜色而相告曰。”《左傳・哀公六年》：“君～不信群臣乎？”

就 “就”的本義是靠近、走近、趨近。《廣韻》：“～，即也。”《詩經・邶風・谷風》：“～其深矣，方之舟之。”本篇課文：“特以爲智窮罪極，不能自免，卒～死耳。”引申爲完成、達到。《戰國策・齊策》：“三窟已～，君姑高枕爲樂矣。”本篇課文：“草創未～。”李斯《諫逐客書》：“河海不擇細流，故能～其深。”

用作介詞，表示即使。《三國志・魏書・荀彧傳》：“～能破之，尚不可有也。”

出　師　表[①]

諸葛亮

【作者介紹】諸葛亮（181—234），字孔明，號卧龍，琅玡陽都（今山東臨沂市沂南縣）人，三國時杰出的政治家、軍事家。有《諸葛武侯集》，代表作是《前出師表》、《後出師表》和《誡子書》。

【説明】本文即《前出師表》，選自《三國志・蜀書・諸葛亮傳》，是三國時期蜀漢丞相諸葛亮在北伐中原之前給後主劉禪上書的奏章。

223年，劉備病死，諸葛亮受遺詔輔佐劉禪全面主持蜀國軍政，推行了一系列比較正確的政治和經濟措施，使蜀漢境内呈現出一定的興旺景象。227年，諸葛亮在撫定西南少數民族地區之後，决定北上伐魏，奪取中原。臨行之前寫下了這篇文章上書後主，勸勉其廣開言路、嚴明賞罰、親賢遠佞以興復漢室。文章言辭懇切，道出了諸葛亮的一片忠誠之心。

先帝創業未半，而中道崩殂[②]，今天下三分，益州疲敝，此誠危急存亡之秋也[③]。然侍衛之臣不懈於内，忠志之士忘身於外者[④]，蓋追先帝之殊遇，欲報之於陛下也[⑤]。誠宜開張聖聽，以光先帝遺德，恢弘志士之氣[⑥]，不宜妄自菲薄，引喻失義，以塞忠諫之路也[⑦]。宫中府中，俱爲一體，陟罰臧否，不宜異同[⑧]。若有作奸犯科及爲忠善者[⑨]，宜付有司，論其刑賞，以昭陛下平明之理[⑩]，不宜偏私，使内外異法也[⑪]。

【注釋】

① 表：是古代臣子寫給君主的奏章。

② 先帝：指劉備，221—223年在位。　中道：中途。　崩殂（cú）：封建社會裏把皇帝去世稱爲“崩”或“殂”。

③ 三分：指魏、蜀、吴三國鼎立。　益州：漢代州名，基本上是當時蜀漢的疆域，包括今四川、貴州、雲南大部及甘肅、陝西部分地區。因此，蜀漢又稱益州。　疲敝：困乏。　秋：時候。

④ 侍衛之臣：朝廷内的官員。　忠志之士：指軍中將士和地方官員。　忘

身於外：在外捨生忘死。

⑤ 追：懷念。 殊遇：特殊待遇。 報之：報答先帝的恩典。

⑥ 開張聖聽：擴大皇帝的聽聞。即要劉禪廣開言路，聽取意見。 恢弘：擴大，振奮。

⑦ 引喻失義：指説話違背道義。引喻，稱引和比喻。義，合宜的道理。

⑧ 宮中：指皇帝宮中。 府中：指丞相府中。 陟（zhì）：升遷。 罰：懲罰。 臧（zàng）：善，用作動詞，表揚。 否（pǐ）：惡，用作動詞，批評。異同：偏義複詞，意思偏向於“異”。

⑨ 作奸：幹壞事。 犯科：觸犯法律條文。科，這裏指法律。

⑩ 有司：負責專職的官員。 昭：形容詞使動用法，使……顯明。 平明之理：公正清明的治理。

⑪ 偏私：偏向自己的私心。 内外異法：指宮内和外廷的賞罰標準不同。

侍中、侍郎郭攸之、費禕、董允等①，此皆良實，志慮忠純，是以先帝簡拔以遺陛下②。愚以爲宮中之事，事無大小悉以咨之，然後施行，必能裨補闕漏，有所廣益③。將軍向寵，性行淑均，曉暢軍事，試用於昔日，先帝稱之曰能，是以衆議舉寵爲督④。愚以爲營中之事，悉以咨之，必能使行陳和睦，優劣得所⑤。親賢臣，遠小人，此先漢所以興隆也；親小人，遠賢臣，此後漢所以傾頹也⑥。先帝在時，每與臣論此事，未嘗不嘆息痛恨於桓、靈也⑦。侍中、尚書、長史、參軍，此悉貞良死節之臣⑧，願陛下親之信之，則漢室之隆，可計日而待也⑨。

【注釋】

① 侍中：皇帝的近侍官，主管應對和顧問。 侍郎：指給事黄門侍郎，也是近侍官。 郭攸之：南陽人，當時任侍中。 費禕（yī）：江夏（今湖北黄岡）人，當時任侍中。 董允：南郡枝江（今湖北枝江）人，當時任侍郎。

② 良實：賢良、誠實（的人）。 志慮：志向思慮。 忠純：忠誠純正。簡拔：選拔。 遺：留給。

③ 咨：咨詢。 裨（bì）：增益。 闕（quē）：通“缺”，缺點。 漏：疏漏。 有所廣益：有啓發和幫助。

④ 向寵：襄陽宜城（今湖北宜城）人。劉備時任牙門將，此時任中部督。 性行：性格品行。 淑：善。 均：公正。 曉暢：精通。 督：指中部督，禁衛軍統帥。

⑤ 營：這裏指禁衛軍。　行陣（zhèn）：軍隊的行列，這裏指軍隊。　得所：得到合理的安排。

⑥ 先漢：西漢。　後漢：東漢。　傾頹：衰敗。

⑦ 痛恨：感到痛心和遺憾。恨，遺憾，不滿意。　桓、靈：指東漢末年的桓帝劉志和靈帝劉宏，他們在位時寵幸宦官，政治腐敗。

⑧ 尚書：主管朝廷政事的官員，指陳震。　長史：丞相府主管文書的官員，指張裔。　參軍：丞相府中的屬官，指蔣琬。這幾個人在諸葛亮出征後留在朝廷管理政事。　貞：正直。　死節：爲氣節而死，這裏指能以死報國。節，節操。

⑨ 計日：計算日子，指時間不長。

臣本布衣，躬耕於南陽①，苟全性命於亂世，不求聞達於諸侯②。先帝不以臣卑鄙，猥自枉屈，三顧臣於草廬之中，咨臣以當世之事③，由是感激，遂許先帝以驅馳④。後值傾覆，受任於敗軍之際，奉命於危難之間⑤。爾來二十有一年矣⑥。先帝知臣謹慎，故臨崩寄臣以大事也⑦。受命以來，夙夜憂嘆，恐托付不效，以傷先帝之明⑧，故五月渡瀘，深入不毛⑨。今南方已定，兵甲已足，當獎率三軍，北定中原⑩。庶竭駑鈍，攘除奸凶，興復漢室，還於舊都⑪。此臣所以報先帝而忠陛下之職分也。至於斟酌損益，進盡忠言，則攸之、禕、允之任也⑫。

【注釋】

① 躬耕：親自耕種，指隱居於農村。　南陽：今湖北襄樊一帶。

② 苟全：馬馬虎虎地保全。　聞達：名聲顯達。

③ 卑鄙：卑賤淺陋，與今義不同。　猥：敬辭，指對方屈尊就卑。　枉屈：降低自己的身份。　顧：拜訪。　咨：詢問。

④ 感激：感動發憤。　驅馳：趕着馬快跑，表示爲别人奔走效勞。

⑤ 傾覆：指兵敗。208 年，曹操的軍隊在當陽長阪大敗劉備的軍隊。

⑥ 爾來：從那以來。從劉備到隆中拜訪諸葛亮至此次出師北伐已經二十一年。

⑦ 寄：托付。　大事：指國家大事。

⑧ 夙（sù）夜：早晚，日日夜夜。　效：奏效。　明：明察。

⑨ 渡瀘：渡過瀘水（今金沙江）。　不毛：不長草木（的荒涼地帶），這裏指當時的西南少數民族地區。

⑩ 奬：勉勵。　率：率領。　中原：黄河中下游地區，當時是魏的疆域。

⑪ 庶：副詞，庶幾。表示願望。　駑鈍：比喻低下的才能，這是自謙。駑，下等的劣馬。鈍，刀刃不鋒利。

⑫ 斟酌：反復推敲，權衡比較。　損益：减少和增加，指根據具體情况采取適當的措施。

願陛下托臣以討賊興復之效，不效則治臣之罪，以告先帝之靈。若無興德之言，則責攸之、禕、允等之慢，以彰其咎①。陛下亦宜自謀，以咨諏善道，察納雅言，深追先帝遺詔②。臣不勝受恩感激，今當遠離，臨表涕零，不知所言③。

【注釋】

① 興德之言：使（皇帝）盛德發揚的意見。　慢：怠慢，不盡職。　彰：形容詞使動用法，使……明顯。　其咎：他們的過失。

② 自謀：自己籌劃。　咨諏（zōu）：詢問。　善道：好辦法。　察：審查。　納：采納。　雅言：正言，合理的意見。　深追：深切地追念。　先帝遺詔：指劉備在遺詔上曾告誡劉禪："勿以惡小而爲之，勿以善小而不爲。惟賢惟德，能服於人。"

③ 臨表：面對着奏章。　涕零：眼泪落下來。　不知所言：不知説的是什麽。這裏是謙辭，表示可能有言語不當之處。

【常用詞詞義分析】

簡　"簡"的本義是竹簡。戰國至魏晋時代的書寫材料，竹片稱"簡"，木片稱"劄"或"牘"，統稱爲"簡"，若干簡編綴在一起叫"策"（册）。《韓非子・外儲説左下》："昭王讀法十餘～而睡卧矣。"因爲簡是古代常用的書寫材料，故而可泛指書籍、書信。柳宗元《答貢士元公瑾論仕進書》："辱致來～，受賜無量。"因爲簡是一種狹長的竹片，所以又引申出簡省、簡易、簡單之義。蘇軾《石鐘山記》："而嘆酈元之～。"由此義引申爲忽視、怠慢。《韓非子・五蠹》："服事者～其業。"進一步引申爲自大。《論語》："吾党之小子狂～。"

簡策可以查閲，故引申出檢閲、檢查。《左傳・昭公十八年》："乃～兵大蒐。"又有選拔的意思。本篇課文："是以先帝～拔以遺陛下。"

遺　"遺"的本義是遺失。《説文》："～，亡也。"《韓非子・難二》："齊桓公飲酒醉，~其冠。"引申爲遺失、遺漏的東西。《史記·商君列傳》："道不拾~。"

引申爲遺棄、拋棄。賈誼《治安策》："商君~禮義，棄仁恩。"又引申爲留下。《史記·項羽本紀》："此所謂養虎自~患也。"特指前人遺留下來的。本篇課文："深追先帝之~詔。"又："是以先帝簡拔以~陛下。"

又音 wèi，意爲給予、贈送。《左傳·隱公元年》："小人有母，皆嘗小人之食矣，未嘗君之羹，請以~之。"

躬 "躬"的本義是整個身體。《説文》："~，身也。"《尚書·牧誓》："其於爾~有戮。"

用作動詞，指稍微向前彎身以表尊敬。《管子·霸形》："桓公變~遷席，拱手而問曰：'敢問何謂其本？'"

用作代詞，指自身、自己。《詩經·衛風·氓》："静言思之，~自悼之。"

用作副詞，表示親身、親自。賈思勰《齊民要術·序》："~勸耕農。"本篇課文："臣本布衣，~耕於南陽。"

猥 "猥"的常用義是許多、衆多。《管子·八觀》："以人~計其野。"引申爲平庸、卑賤、不體面。《顔氏家訓·風操》："田里~人，方有此言耳。"又引申爲瑣碎、雜亂。《明史·刑法志》："家人米鹽~事，宫中或傳爲笑謔。"也指隨便地、苟且。楊惲《報孫會宗書》："然竊恨足下不深惟其終始，而~隨俗之毁譽也。"

也可用作謙辭或敬辭，表示自己的謙卑，也指對方屈尊就卑。本篇課文："先帝不以臣卑鄙，~自枉屈，三顧臣於草廬之中。"

顧 "顧"的本義是回頭看。《詩經·檜風·匪風》："~瞻周道，中心怛兮。"《世説新語·方正》："友人慚，下車引之。元方入門不~。"泛指看。《新五代史·秦王從榮傳》："君臣相~，泣下沾襟。"引申爲探訪、看望。本篇課文："三~臣於草廬之中。"引申爲關心、照顧。《詩經·魏風·碩鼠》："三歲貫汝，莫我肯~。"《史記·項羽本紀》："大行不~細謹，大禮不辭小讓。"

用作副詞，表示輕微的轉折，相當於不過。司馬遷《報任安書》："~自以爲身殘處穢。"又表示反而。彭端淑《爲學一首示子侄》："人之立志，~不如蜀鄙之僧哉？"

雅 "雅"的本義是鳥名，也就是烏鴉之"鴉"。後來此字常借來表示正確、合乎規範。《毛詩序》："~者，正也。"本篇課文："察納～言。”由此引申爲高尚、美好。王勃《滕王閣序》：“都督閻公之～望。”

也可用作副詞，意爲素常、向來。《後漢書・張衡傳》：“安帝～聞衡善術學。”

庶 “庶”的常用義是衆多。《爾雅》：“～，衆也。”《莊子・漁父》：“寒暑不時，以傷～物。”特指人多。班固《西都賦》：“既～且富。”引申爲百姓、平民。《左傳・昭公三十二年》：“三后之姓，於今爲～，王所知也。”古代表示宗族的旁支，指妾所生的兒子，與“嫡”相對。《左傳・文公十八年》：“天乎，仲爲不道，殺嫡立～。”

引申爲差不多。《左傳・襄公二十六年》：“晉其～乎！”意思是，晉國差不多能治理好了。

用作副詞，表示可能或期望。本篇課文：“～竭駑鈍，攘除奸凶。”

受 “受”的本義是接受、承受。《説文》：“～，相付也。”本篇課文：“～任於敗軍之際，奉命於危難之間。”也可指蒙受、遭受。賈誼《論積貯疏》：“一夫不耕，或～之饑；一女不織，或～之寒。”又表示授予、交給。王充《論衡・自然》：“～以王命，委以王事。”也表示傳授、教授。韓愈《師説》：“師者，所以傳道～業解惑也。”

陳 情 表

李 密

【作者介紹】李密（224—287），字令伯，一名虔，西晉犍爲武陽（今四川省眉山市彭山縣）人，文學家。由祖母劉氏撫養成人，後李密因對祖母孝敬甚篤而名揚鄉里。初仕蜀漢，爲尚書郎。蜀漢亡，晉武帝徵他爲太子洗馬，李密以祖母年老多病、無人供養爲理由力辭。祖母去世服喪期滿後，纔出任太子洗馬，後遷漢中太守。不久因懷怨被免官，老死於家中。

【説明】本文是李密上呈晉武帝请求允許辭官终養祖母的奏章。文中陳述了父死母嫁、祖母的撫育大恩、自己應持的報養之義、對朝廷知遇之恩的感謝，以及不能從命的内心苦衷。辭語懇切，委婉動人，是中國文學史上抒情散文的代表作之一，有“讀李密《陳情表》不流泪者不孝”的説法。晉武帝讀此表後也爲李密的孝心所感動，不僅同意其暫不赴任，還賞賜奴婢二人以作嘉獎，並指令所在郡縣發給其贍養祖母的費用。

臣密言：臣以險釁，夙遭閔凶[①]。生孩六月，慈父見背[②]；行年四歲，舅奪母志[③]。祖母劉，愍臣孤弱，躬親撫養[④]。臣少多疾病，九歲不行；零丁孤苦，至於成立[⑤]。既無伯叔，終鮮兄弟[⑥]。門衰祚薄，晚有兒息[⑦]。外無朞功强近之親，内無應門五尺之僮[⑧]。煢煢獨立，形影相吊[⑨]。而劉夙嬰疾病，常在牀蓐[⑩]。臣侍湯藥，未曾廢離[⑪]。

【注釋】

① 險釁：指所走的道路坎坷，罪孽深重。險，路不平。釁，罪過。 夙：早，這裏指幼年。 閔：憂患，後寫作“憫”。 凶：不幸之事。

② 生孩六月：出生六個月剛剛會笑的時候。孩，小兒笑的聲音。 見背：抛棄我。是死的委婉表達。见，这裏相當於“我”。背，背棄。

③ 奪母志：强行改變了母親守節的願望。指母親改嫁。

④ 愍（mǐn）：憐憫。 孤：失去父母。 弱：年幼，弱小。

⑤ 不行：不會走路。 成立：成人自立。

⑥ 鮮（xiǎn）：少。這裏指没有。

⑦ 門衰：門庭衰落。 祚（zuò）：福。 息：子女。

⑧ 朞：服喪一年。 功：包括大功和小功，分别服喪九個月和五個月。古代服喪時間是根據親屬關係的遠近來規定的。 强（qiǎng）近：勉强接近。

⑨ 煢煢（qióngqióng）：孤單的樣子。 吊：慰問。

⑩ 嬰：纏繞。

⑪ 廢離：停止（服侍），離開。

逮奉聖朝，沐浴清化[①]。前太守臣逵，察臣孝廉[②]；後刺史臣榮，舉臣秀才[③]。臣以供養無主，辭不赴命。詔書特下，拜臣郎中；尋蒙國恩，除臣洗馬[④]。猥以微賤，當侍東宫，非臣隕首所能上報[⑤]。臣具以表聞，辭不就職[⑥]。詔書切峻，責臣逋慢[⑦]；郡縣逼迫，催臣上道；州司臨門，急於星火。臣欲奉詔奔馳，則劉病日篤[⑧]；欲苟順私情，則告訴不許[⑨]。臣之進退，實爲狼狽[⑩]。

【注釋】

① 逮：等到。 圣朝：指晉朝，敬辭。 沐浴清化：浸潤在清明的教化當中。沐浴，比喻沉浸。

② 察：考察並推舉。 太守：官名。 逵：太守之名。 孝廉：指善待父母、品行高尚的人。

③ 刺史，官名。 榮：刺史之名。 舉：推舉，薦舉。

④ 無主：没有主持的人，即無人管。 尋：不久。 除：拜官授職。 洗（xiǎn）馬：即太子洗馬，太子的侍從官。

⑤ 猥：卑賤地。自謙之辭。 東宫：太子居住在東宫，用以借代太子。隕首：掉頭，即殺身。

⑥ 表聞：寫奏章上呈皇帝知道。聞，聞知，瞭解。

⑦ 切峻：急切嚴厲。 逋（bū）：逃避。 慢：怠慢。

⑧ 日篤：日漸沉重。

⑨ 告訴：報告，訴説。 許：許可，答應。

⑩ 狼狽：形容進退兩難的樣子。

伏惟聖朝以孝治天下[①]，凡在故老，猶蒙矜育，况臣孤苦，特爲尤甚[②]。且臣少仕僞朝，歷職郎署[③]，本圖宦達，不矜名節[④]。今臣亡國賤俘，至微至陋，過蒙拔擢，寵命優渥[⑤]，豈敢盤桓，有所希冀[⑥]。但以劉日薄西山，氣息奄奄，人命危淺，朝不慮夕[⑦]。臣無祖母，無以至今日；祖母無臣，無以終餘年。母孫二人更相爲命，是以區區不能廢遠[⑧]。臣密今年四十有四，祖母劉今年九十有六。是臣盡節於陛下之日長，報養劉之日短也。烏鳥私情，願乞終養[⑨]。臣之辛苦，非獨蜀之人士及二州牧伯所見明知[⑩]，皇天后土，實所共鑒[⑪]。願陛下矜愍愚誠，聽臣微志[⑫]。庶劉僥倖保卒餘年，臣生當隕首，死當結草[⑬]。臣不勝犬馬怖懼之情，謹拜表以聞。

【注釋】

① 伏惟：伏在地上想。敬辭。

② 故老：舊臣。 矜：憐憫。 育：養育。

③ 僞朝：指蜀漢。 朗屬：指尚書台。李密仕蜀漢時，在尚書台任職。

④ 宦達：做官顯達。

⑤ 寵命：恩命，指被皇帝詔封太子洗馬。 優渥：優厚。

⑥ 盤桓：逗留不前。指故意不肯應詔做官。

⑦ 薄：迫近。 奄奄（yǎnyǎn）：氣息微弱欲斷的樣子。 危淺：危急而且不久，指活不長了。

⑧ 更相爲命：輪流替換着維持生命，即相依爲命。　區區：片刻。　廢遠：指廢除奉養之事而遠離祖母。

⑨ 烏鳥：烏鴉。據説烏鴉能反哺其親，所以常用以比喻孝道。

⑩ 辛苦：辛酸苦楚。　牧伯：即指刺史。　所見明知：被（他們）見到知曉。

⑪ 皇天后土：指天地神靈。　鑒：看見。

⑫ 愚誠：自己的誠意。愚，謙辭。

⑬ 結草：春秋時晉卿魏犨生病之時，告訴兒子魏顆一定要將自己生前的一個寵妾嫁出去，可臨死又反悔要讓這寵妾殉葬。魏犨死後，魏顆認爲父親臨死之時神智不清話不足從，所以仍然把這名寵妾嫁了出去。後來，魏顆征戰，據説看見有一位老人用草結成繩子，把魏顆的對手絆倒，于是魏顆纔得以取勝。夜裏做夢，夢見一老人自稱是那寵妾的父親，是來報答不殺其女之恩的。所以，後代就以"結草"表示死後報恩。

知識拓展：

古代官員選拔制度

古代官員的選拔制度大致可分爲世襲、舉薦、徵召、科舉四種。先秦時期的世襲制和隋朝之後的科舉制一般談得較多，下面只簡單介紹舉薦制和徵召制。

舉薦制也叫薦舉制或察舉制，源於春秋戰國時期的舉賢薦能。戰國時期，舉薦制開始流行，近臣和地方長官都可以向君主薦舉賢能之士。到漢代，已經有了孝廉、秀才、賢良文學等主要科目，刺史以上的官吏都有薦才的權責。品行、能力、在鄉里的口碑是考核被推薦人的基礎，推薦不力的官員要受到處罰。那些有孝行、才能和文才的人被推薦到官府之後，要經過考核纔能被徵召任命。

跟舉薦制不同，徵召制是由帝王、諸侯或高級官員直接招聘人才的一種制度。徵召制始見於戰國時期，"春秋四君子"就是以廣泛徵召而出名的。當然，被徵召來的門人、食客、士人等，除了備以自用，也可推薦給皇上。劉備三顧茅廬就是徵召的一個典型例子。

另外，古代官員的任免升降也有一套相應的詞語。"擢"指提升官職，"除"是拜官授職，"拜"是用一定的禮儀授予某種官職或名位，"乞骸骨"是年老了請求辭職退休，"謫"是降職貶官或調往邊遠地區，"黜"、"罷"、"免"、"奪"都是免去官職。另外，"去"是解除職務，包括辭職、調離和免職等情況；"遷"是調動官職，包括指升遷的“遷升”、“遷授”、“遷叙”；指降級的有“遷削”、“遷謫”、“左遷”；指平級轉調的有“轉遷”、“遷官”、“遷調”；離職後調復原職叫“遷復”。

【常用詞詞義分析】

夙 “夙”的本義是早晨。《漢書·武帝紀》：“~興以求，夜寐以思。”用作形容詞，表示早。《詩經·衛風·碩人》：“大夫~退，無使君勞。”引申爲早年。本篇課文：“臣以險釁，~遭閔凶。”用作副詞，表示過去、平素。《後漢書·劉虞傳》：“虞雖爲上公，天性節約……遠近豪俊，~僭奢者，莫不改而歸心焉。”

背 “背”的本義是脊背。《説文》：“~，脊也。”《鹽鐵論·利議》：“議論無所依，如膝癢搔~。”泛指事物的背面或反面。魏學洢《核舟記》：“其船~稍夷。”

用作動詞，表示背部對着或後部靠着。柳宗元《童區寄傳》：“以縛~刃。”也指轉過身。《荀子·解蔽》：“~而走，比至其家，失氣而死。”引申爲反叛、背棄、違背。《史記·項羽本紀》：“言沛公不敢~項王也。”又引申爲離開。本篇課文：“生孩六月，慈父見~。”又表示背誦。《三國志·魏書·王粲傳》：“因使~而誦之，不失一字。”

又音 bēi，作動詞用，表示背負、負擔、承受。李商隱《李長吉小傳》：“~破錦囊，遇有所得，即書投囊中。”

尋 “尋”的本義是我國古代的一種長度單位，八尺爲一尋。《史記·張儀列傳》：“蹄閒三~。”因爲八尺是一個不太長的距離，所以後來虚化爲時間副詞，表示隨即、不久。陶淵明《桃花源記》：“未果，~病終。”《古詩爲焦仲卿妻作》：“~遣丞請還。”本篇課文：“~蒙國恩，除臣洗馬。”

“尋找”的意義大約形成於中古。陶淵明《桃花源記》：“~向所志。”《世説新語·自新》：“乃入吴~二陸。”引申爲探究、推求。蘇軾《王維吴道子畫》：“一一皆可~其源。”

故 “故”的常用義是事、事情。《國語·周語下》：“敢問天道乎，抑人~也？”特指意外或不幸的事變。宗臣《報劉一丈書》：“鄉園多~，不能不動客子之愁。”引申爲舊的，與“新”相對。《論語·爲政》“温~而知新，可以爲師矣。”《吕氏春秋·察今》：“以~

法爲其國與此同。”本篇課文：“凡在～老，猶蒙矜育。”又指舊識、舊交。《史記·項羽本紀》：“君安與項伯有～？”又引申爲緣故、原因。《左傳·莊公十年》：“既克，公問其～。”

用作副詞，表示故意、存心。《史記·陳涉世家》：“廣～數言欲亡。”

用作連詞，表示所以。《戰國策·燕策》：“時恐急，劍堅，～不可立拔。”又假借爲“固”，表示仍然、還是。《古詩爲焦仲卿妻作》：“三日斷五匹，大人～嫌遲。”

蒙 “蒙”的本義爲遮蔽、覆蓋。《詩經·唐風·葛生》：“葛生～楚。”引申爲欺騙、隱瞞。《左傳·僖公二十四年》：“上下相～。”又引申爲蒙受。本篇課文：“尋～國恩，除臣洗馬。”又引申爲承繼、繼承。賈誼《過秦論》：“孝公既没，惠文、武、昭襄，～故業，因遺策。”

用作形容詞，表示迷茫、愚昧、無知。《戰國策·韓策》：“民非～愚也。”用作敬辭，表示承、承蒙。王安石《答司馬諫議書》：“昨日～教。”

鑒 “鑒”的本義是我國古代用來盛水的大盆。《説文》：“～，大盆也。”由於大盆盛水可以照出人影，故引申出臨水看影之義。《莊子·德充符》：“人莫～於流水，而～於止水。”也指鏡子。《廣雅》：“～謂之鏡。”《新唐書·魏徵傳》：“以銅爲～，可以正衣冠。”引申指可以作爲警戒或引爲教訓的事。《詩經·大雅·蕩》：“殷～不遠，在夏後之世。”

用作動詞，表示借鑒。杜牧《阿房宮賦》：“哀之而不～之。”也表示明察、審查。李朝威《柳毅傳》：“不能～聽。”本篇課文：“皇天后土，實所共～。”

答韋中立論師道書

柳宗元

【説明】本文是柳宗元被貶永州期間給韋中立的一封回信。韋中立，潭州刺史韋彪之孫，曾寫信要求拜柳宗元爲師，並不辭道遠，從長安到永州去拜訪求教，于是柳宗元写了這封答復信。

信中談了兩個問題，一個是表明當師道衰頽，自己不願做名義上的老師；另一個是明確提出“文以明道”的主張。

本文也是柳宗元文學理論的代表作，在我國文學理論發展史上占有重要地位。

二十一日宗元白①。

辱書云欲相師。僕道不篤，業甚淺近，環顧其中，未見可師者②。雖常好言論，爲文章，甚不自是也③。不意吾子自京師來蠻夷間，乃幸見取④。僕自卜固無取；假令有取⑤，亦不敢爲人師。爲衆人師且不敢，況敢爲吾子師乎⑥？

【注釋】

① 白：稟告，陳述。古時書信開頭習慣用語。

② 篤：厚。 其中：自身（的道與業）。

③ 自是：認爲自己正確。

④ 吾子：對對方的尊稱。 京師：指首都長安。 蠻夷：古代對南方少數民族的蔑稱。當時柳宗元被貶的永州（今湖南永州），被認爲是蠻夷之地。 見取：被（你）取法，被（你）重視。

⑤ 卜：估計，猜測。

⑥ 衆人：普通人。 且：副詞，尚且。

孟子稱“人之患在好爲人師”。由魏晉氏以下，人益不事師。今之世不聞有師。有，輒譁笑之，以爲狂人。獨韓愈奮不顧流俗，犯笑侮①，收召後學，作《師説》，因抗顏而爲師②。世果群怪聚罵，指目牽引，而增與爲言辭③。愈以是得狂名，居長安，炊不暇熟，又挈挈而東④。如是者數矣。屈子賦曰：“邑犬群吠，吠所怪也⑤。”僕往聞庸蜀之南，恒雨少日，日出則犬吠，余以爲過言⑥。前六七年，僕來南。二年冬，幸大雪踰嶺，被南越中數州⑦。數州之犬，皆蒼黄吠噬狂走者累日⑧，至無雪乃已，然後始信前所聞者。今韓愈既自以爲蜀之日，而吾子又欲使吾爲越之雪，不以病乎⑨？非獨見病，亦以病吾子⑩。然雪與日豈有過哉？顧吠者犬耳。度今天下不吠者幾人？而誰敢衒怪於群目，以召鬧取怒乎⑪？

【注釋】

① 奮：振作。　犯：觸犯。　笑侮：譏笑。

② 抗顔：毫不客氣的樣子。抗，對等。顔，臉色，表情。

③ 群怪：群起責怪。　指目牽引：指手畫脚，遞眼色，互相拉拉扯扯。表示引起了别人的異樣關注。　增與爲言辭：指增添一些言辭來譭謗韓愈。

④ 挈（qiè）挈：孤獨的樣子。

⑤ 見《楚辭·九章·懷沙》："邑犬之群吠兮，吠所怪也。"

⑥ 往：從前。　庸蜀：泛指四川。　過言：超出實際的言論。

⑦ 踰：越過。　嶺：指五嶺。　被：覆蓋。　南越：泛指廣東、廣西一帶。

⑧ 蒼黄：同"倉皇"，驚慌失措的樣子。　吠噬：亂叫亂咬。　狂走：發狂一樣地奔走。　累日：連着幾天。

⑨ 以：通"亦"。　病：有毛病，不妥當。

⑩ 見病：病我，指對我不利。見，偏指副詞，這裏相當於"我"。　病吾子：使您不利。病，形容詞使動用法，使……不利。

⑪ 衒：通"炫"，炫耀自己。　召鬧取怒：招來嘲弄和侮辱。

僕自謫過以來，益少志慮①。居南中九年，增脚氣病，漸不喜鬧。豈可使呶呶者早暮咈吾耳、騷吾心②？則固僵仆煩憒，愈不可過矣③！平居望外遭齒舌不少，獨欠爲人師耳④！

【注釋】

① 謫過：指因過錯而被貶官。

② 呶（náo）呶：喧鬧不休。　咈（fú）：違逆。

③ 僵仆：伏處不出。　煩憒（kuì）：内心煩亂。　不可過：過不下去。

④ 平居：平常。　望外：意外。　齒舌：這裏指别人所説的閒話。

抑又聞之，古者重冠禮，將以責成人之道，是聖人所尤用心者也①。數百年來，人不復行。近有孫昌胤者，獨發憤行之。既成禮，明日造朝②，至外廷，薦笏言於卿士曰："某子冠畢③。"應之者咸憮然④。京兆尹鄭叔則，怫然曳笏却立⑤，曰："何預我邪⑥？"廷中皆大笑。天下不以非鄭尹而快孫子⑦，何哉？獨爲所不爲也。今之命師者大類此⑧。

【注釋】

① 抑：表示輕微轉折，另外。 責：要求。

② 造：到……去。

③ 薦笏（hù）：把笏（臣子朝見皇帝時所拿的板子）插在衣帶中。 某子：我的兒子。某，自稱，相當於“我”。

④ 憮（wǔ）然：驚愕的樣子。

⑤ 怫然：不高興的樣子。 曳笏：提着笏板。 却：後退。

⑥ 何預我：與我有什麽關係。預，參與。

⑦ 非：批評，認爲……不對。 快：可笑，認爲……可笑。

⑧ 類此：像這樣。

吾子行厚而辭深，凡所作，皆恢恢然有古人形貌①。雖僕敢爲師，亦何所增加也？假而以僕年先吾子，聞道著書之日不後②，誠欲往來言所聞，則僕固願悉陳中所得者③。吾子苟自擇之，取某事去某事則可矣。若定是非以教吾子，僕材不足，而又畏前所陳者，其爲不敢也决矣！吾子前所欲見吾文，既悉以陳之，非以耀明於子，聊欲以觀子氣色，誠好惡何如也④。今書來，言者皆大過⑤。吾子誠非佞譽誣諛之徒，直見愛甚故然耳⑥。

【注釋】

① 行厚：德行深厚。 辭深：文辭功底深厚。 恢恢然：寬廣的樣子，這裏指文章的氣魄宏偉。

② 假而：假如。 年：年齡。 先吾子：先于您。

③ 往來：這裏指兩個人的書信往來。 陳：陳述。 中：這裏指胸中、心中。

④ 耀明：炫耀，顯示。 氣色：臉上的表情、反應。

⑤ 大過：太過分。這裏指贊美得有些言過其實。

⑥ 佞譽：巧言贊美。佞，能説會道。 誣諛：假意奉承。 直：衹不過。 故然耳：所以這樣罷了。

始吾幼且少，爲文章，以辭爲工①。及長，乃知文者以明道，是固不苟爲炳炳烺烺，務采色，誇聲音，而以爲能也②。凡吾所陳，皆自謂近道，而不知道之果近乎遠乎③？吾子好道而可吾文④，或者其於道不遠矣。故吾每爲文章，未嘗敢以輕心掉之，懼其剽而不留也⑤；未嘗敢以怠心易之，懼其弛而不嚴也⑥；未嘗敢以昏氣出之，懼其昧没而雜也⑦；未嘗敢以矜氣作之，懼其偃蹇而驕也⑧。抑之欲其奥，揚之欲其明⑨；疏之欲其通，廉之欲其節⑩；激而發之欲其清，固而存之欲其重⑪。此吾所以羽翼夫道也⑫。本之《書》以求其質，本之《詩》以求其恒⑬，本之《禮》以求其宜⑭，本之《春秋》以求其斷⑮，本之《易》以求其動⑯。此吾所以取道之原也。參之穀梁氏以厲其氣⑰；參之孟荀以暢其支⑱；參之莊老以肆其端⑲；參之《國語》以博其趣⑳；參之《離騷》以致其幽㉑；參之太史以著其潔㉒。此吾所以旁推交通㉓，而以爲之文也。

【注釋】

① 辭：文辭。　工：精巧。

② 炳炳：明亮。　烺（lǎng）烺：義同“炳炳”。炳炳烺烺指形式上的好看。　采色：華麗的辭藻。采，後來寫作“彩”。　聲音：聲調韻律。

③ 道：指正道。　近：接近。

④ 可：欣賞，認可。

⑤ 輕心：輕率之心。　掉：大搖大擺，這裏指放縱、隨便。　剽：輕而容易動摇。　留：留住，這裏是穩重的意思。

⑥ 怠心：懈怠之心。　易：簡單輕率。　弛：鬆弛，不嚴謹。

⑦ 昏氣：指不清醒的頭腦。　出：使動用法，使……産出。　昧没：不明朗的樣子。

⑧ 矜氣：驕氣。　偃蹇：驕傲的樣子。

⑨ 抑：抑制。　奥：深奥，含蓄。　揚：發揚，發揮。　明：明快。

⑩ 廉：約束，收斂，這裏是删除冗雜的意思。　節：簡潔。

⑪ 激而發之：激起奔放的感情。激，激起。發，這裏是放開的意思。　清：清新。　固而存之：保存應有的内容。固，凝聚。　重：厚重。

⑫ 羽翼：輔助。

⑬ 本：意動用法，把……作爲根本。　質：樸實。　恒：永恆的情理。

⑭《禮》：指《周禮》、《儀禮》、《禮記》。　宜：合宜，合理。

⑮ 斷：判斷，指判斷是非。

⑯ 動：發展，變化。

⑰ 參：參考。　穀梁氏：指《穀梁傳》。　厲：磨礪。　氣：文氣。

⑱ 孟荀：指《孟子》和《荀子》。　暢：使……通暢。　支：指文章的條

理、脉絡。

⑲ 莊老：指《莊子》和《老子》。 肆：放縱，擴大。 端：頭，邊際，這裏指文章思路。

⑳ 博：使……博大。 趣：情趣。

㉑ 幽：幽深，隱微。

㉒ 太史：指《史記》。 著：使……顯現。 潔：簡潔。

㉓ 交通：相互溝通。

凡若此者，果是邪？非邪？有取乎？抑其無取乎①？吾子幸觀焉，擇焉，有餘以告焉②。苟亟來以廣是道③，子不有得焉，則我得矣，又何以師云爾哉？取其實而去其名，無招越蜀吠怪，而爲外廷所笑，則幸矣。宗元白。

【注釋】

① 抑：表示選擇，還是。

② 餘：餘暇，空閒時間。

③ 亟（qì）來：常來。亟，屢次，多次。 廣：形容詞使動用法，使……廣。

【常用詞詞義分析】

好 “好”的本義是容貌美。《説文》：“～，美也。”《戰國策·趙策》：“鬼侯有子而～。”引申爲美好、良好。賈思勰《齊民要術·收種》：“選～穗絶色者。”杜甫《春夜喜雨》詩：“～雨知時節。”又引申爲友好。諸葛亮《草廬對》：“外結～孫權。”作爲動詞，表示完成。《詩經·小雅·車攻》：“田車既～。”

又音 hào，表示喜好、喜愛。本篇課文：“雖常～言論，爲文章。”又：“吾子～道而可吾文。”柳宗元《三戒》：“黔無驢，有～事者船載以入。”

既 “既”的本義是盡、完、終了。孫樵《書褒城驛壁》：“語未～，有老甿笑於旁。”引申爲副詞，表示已經。《論語·季氏》：“～來之，則安之。”王安石《游褒禪山記》：“～其出。”還表示不久，常“～而”連用。《後漢書·華佗傳》：“～而縫合。”

跟“且”、“又”、“也”、“還”等詞配合，表示同時存在兩種情況。本篇課文：“今韓愈～自以爲蜀之日，而吾子又欲使吾爲越之雪，不以病乎？”

造 “造”的本義是到、往某地去。《説文》：“～，就也。”陶淵明《五柳先生傳》：“～飲輒盡。”引申爲拜訪、到尊貴者所處的地方去。本篇課文：“明日～朝。”《世説新語・言語》：“庾公～周伯仁。”又引申爲製作、製造。《晉書・吾彦傳》：“王將伐吴，～船於蜀。”

用作名詞，表示達到的成就。《詩經・大雅・思齊》：“肆成人有德，小子有～。”引申爲（學業等）達到一定的境界、造詣。《孟子・離婁下》：“君子深～有道。”

果 “果”的本義是果子、果實。《説文》：“～，木實也。”引申爲實現，成爲事實，凡事與預期相合的稱果，不合的稱不果。陶淵明《桃花源記》：“聞之，欣然規往。未～，尋病終。”又引申爲吃飽，《莊子・逍遥游》：“三餐而反，腹犹～然。”引申爲堅决、果敢。《論語・子路》：“言必信，行必～。”《荀子・大略》：“察辨而操辟，勇～而亡禮，君子之所憎惡也。”

引申爲副詞，表示果然、果真。《史記・魏公子列傳》：“如姬～盗兵符與公子。”本篇課文：“凡若此者，～是邪？非邪？”

廉 “廉”的本義是廳堂的側邊。《九章算術》：“邊謂之～，角謂之隅。”《儀禮・鄉飲酒禮》：“設席於堂～東上。”引申爲棱角，也指事物有棱角、露出棱角。《吕氏春秋・孟秋紀》：“其器～以深。”

用作形容詞，表示正直、廉潔，有節制。《後漢書・列女傳》：“～者不受嗟來之食。”本篇課文：“～之欲其節。”又引申爲考察、查訪。《漢書・高帝紀》：“且～問，有不如吾詔者，以重論之。”也表示價格低廉、便宜，是唐以後産生的新義。王禹偁《黄岡竹樓記》：“其價～而工省也。”

亟 “亟”的常用義是快速、迅速，含有急迫之意，音 jí。《廣雅》：“～，急也。”《戰國策・宋策》：“欲霸之～成。”

用作副詞，表示屢次、多次，音 qì。《左傳・隱公元年》：“愛共叔段，欲立之，～請於武公。”本篇課文：“苟～來以廣是道。”

朋　黨　論

歐陽修

【作者介紹】歐陽修（1007—1072），字永叔，號醉翁，晚年自號六一居士，謚號文忠，世稱歐陽文忠公，盧陵（今江西吉安縣）人，北宋卓越的文學家。歐陽修幼年喪父，家境貧寒，苦讀而中進士，後歷任樞密副使、參知政事等朝廷要職。歐陽修在政治和文學方面都主張革新，既是范仲淹慶曆新政的支持者，也是北宋詩文革新運動的領導者。歐陽修獎掖後進，蘇軾兄弟及曾鞏、王安石皆出其門下。有《歐陽文忠公文集》一百五十三卷。

【説明】慶曆三年（1043），宋仁宗罷免了夏竦、吕夷簡等顯貴豪族的官職，任用杜衍、富弼、范仲淹等人醖釀改革，得到了當時任諫官的歐陽修等人的大力支持，但遭到守舊勢力的强烈反對。夏竦、吕夷簡等人廣造輿論，攻擊范仲淹、歐陽修等人是朋黨。爲了批判這種言論並替自己辯護，作爲諫官的歐陽修在慶曆四年（1044）写了《朋黨論》這篇著名的奏章，給夏竦等人以堅決回擊。該文不僅在革新派與保守派的鬥争中頗有戰鬥意義，也因爲踐行了歐陽修“事信、意新、理通、語工”的創作理念，通篇使用對比，成爲古文運動中最著名的文章之一。

臣聞朋黨之説，自古有之，惟幸人君辨其君子小人而已①。大凡君子與君子，以同道爲朋，小人與小人，以同利爲朋；此自然之理也。然臣謂小人無朋，惟君子則有之。其故何哉？小人所好者，禄利也；所貪者，財貨也。當其同利之時，暫相黨引以爲朋者，僞也②。及其見利而争先，或利盡而交疎③，則反相賊害，雖其兄弟親戚，不能相保④。故臣謂小人無朋，其暫爲朋者，僞也。君子則不然，所守者道義，所行者忠信，所惜者名節。以之修身，則同道而相益；以之事國，則同心而共濟，始終如一，此君子之朋也⑤。故爲人君者，但當退小人之僞朋，用君子之真朋，則天下治矣⑥。

【注釋】

① 朋黨：由於某種共同信念或利益關係而聚集在一起的人。

② 相：互相。　黨：名詞用作動詞，結黨。　引：拉住，這裏指團結。

③ 交疎：交情疏遠。　疎：同“疏”。

④ 賊害：殘害，傷害。　雖：即便，即使。　保：保護。

⑤ 事：侍奉，爲……服務。

⑥ 但：衹。　治：這裏指社會秩序穩定，天下太平。

堯之時，小人共工、驩兜等四人爲一朋①，君子八元、八愷十六人爲一朋②。舜佐堯，退四凶小人之朋，而進元、愷君子之朋，堯之天下大治③。及舜自爲天子，而皋、夔、稷、契等二十二人並列於朝④，更相稱美⑤，更相推讓，凡二十二人爲一朋，而舜皆用之，天下亦大治。《書》曰⑥："紂有臣億萬，惟億萬心；周有臣三千，惟一心。"紂之時，億萬人各異心，可謂不爲朋矣，然紂以亡國；周武王之臣，三千人爲一大朋，而周用以興⑦。後漢獻帝時，盡取天下名士囚禁之，目爲黨人⑧。及黄巾賊起，漢室大亂，後方悔悟，盡解黨人而釋之⑨，然已無救矣。唐之晚年，漸起朋黨之論，及昭宗時，盡殺朝之名士，或投之黄河，曰："此輩清流，可投濁流⑩！"而唐遂亡矣。

【注釋】

① 共（gōng）工、驩（huān）兜等四人：指古代傳説中的共工、驩兜、鯀、三苗，後人稱之爲"四凶"。

② 八元、八愷十六人：指古代傳説中高辛氏的八個有德才的臣子和高陽氏的八個有德才的臣子。元、愷，都是善良賢明的意思。

③ 退：辭退。　進：推薦。

④ 皋（gāo）、夔、稷、契（xiè）：相傳都是舜的舊臣。皋掌管刑法，夔掌管音樂，稷掌管农業，契掌管教育。

⑤ 更（gēng）相：互相。

⑥ 書：指《尚書》。

⑦ 用以興：因此而興。

⑧ 漢献帝：東漢最後一個皇帝劉協。盡取天下名士禁之，應是漢桓帝、靈帝時的宦官所爲。　目爲：視爲，看做。

⑨ 黄巾賊：指東漢末年張角領導的黄巾起義。賊，是對黄巾起義的蔑稱。　解：解除囚禁。　釋：赦免。

⑩ 或：這裏指權臣朱温。唐哀帝天佑二年，朱温殺大臣裴樞等七人，並將他們的屍體投入黄河。　清流：比喻品行高潔的人。　濁流：比喻品行卑劣的人。因黄河水濁，故有此比。

夫前世之主，能使人人異心不爲朋，莫如紂；能禁絶善人爲朋，莫如漢獻帝；能誅戮清流之朋，莫如唐昭宗之世；然皆亂亡其國。更相稱美，推讓而不自疑，莫如舜之二十二臣，舜亦不疑而皆用之。然而後世不誚舜爲二十二人朋黨所欺①，而稱舜爲聰明之聖者，以能辨君子與小人也。周武之世，舉其國之臣三千人共爲一朋，自古爲朋之多且大莫如周，然周用此以興者，善人雖多而不厭也。

嗟呼！夫興亡治亂之迹，爲人君者可以鑒矣②。

【注釋】

① 誚：譏誚，諷刺。

② 迹：事迹。 鑒：借鑒。

【常用詞詞義分析】

朋 “朋”的本義是古代貨幣單位，相傳五貝爲一串，兩串爲一朋。《詩經·小雅·菁菁者莪》：“既見君子，錫我百～。”錫，賜給。

古漢語常用義是同學、朋友。《周易·下經》：“君子以～友講習。”孔穎達疏：“同門爲～，同志爲友。”本篇課文：“然臣謂小人無～，惟君子則有之。”

用作動詞，表示勾結、結黨。《楚辭·離騷》：“世並舉而好～兮。”引申爲比較、匹敵。《詩經·唐風·椒柳》：“碩大無～。”又引申爲齊，一同。《山海經·北山經》：“有鳥焉，群居而～飛。”

黨 “黨”本指古代的一種居民組織，五百家爲一黨。《論語·雍也》：“以與爾鄰里鄉～乎？”《漢書·食貨志》：“五族爲～。”族，一百家。

引申爲集團、同夥的人（一般用於貶義）。本篇課文：“盡取天下名士囚禁之，目爲～人。”《左傳·僖公十年》：“皆里丕之～也。”里，里克。丕，丕鄭。屈原《離騷》：“惟～人之偷樂兮，路幽昧以險隘。”又指親族、姻戚。《禮記·坊記》：“睦於父母之～，可謂孝矣。”引申爲袒護、偏袒。《尚書·洪範》：“無偏無～，王道蕩蕩。”《左傳·襄公三年》：“舉其偏，不爲～。”

“黨”有假借義。假借爲“倘”，音 tǎng，偶然。《荀子·天論》：“怪星之～見。”又假借爲“讜”，指正直的。《荀子·非相》：

"博而～正。"

保 "保"的本義是背子於背。《說文》："～，養也。"《尚書·康誥》："若～赤子。"唐兰《殷墟文字記》："負子於背謂之～，引申之，則負之者爲～；更引申之，則有～養之義。"

又有守住、保護、保全之義。《史記·秦始皇本紀》："阻其山以～魏之河内。"本篇課文："雖其兄弟親戚，不能相～。"由此引申爲保證、擔保。《管子·小匡》："故卒伍之人，人與人相～。"

引申爲僕役。《史記·欒布列傳》："（布）窮困，賃傭于齊，爲酒人～。"

假借爲"緥"，指嬰兒的被子、包裹衣。《後漢書·桓榮傳》："昔成王幼小，越在襁～。"

釋 "釋"的本義是放下、解下。《穀梁傳·昭公二十九年》："昭公出奔，民如～重負。"歐陽修《歸田録》："有賣油翁～擔而立。"引申爲釋放、赦免。《史記·屈原賈生列傳》："懷王竟聽鄭袖，復～去張儀。"本篇課文："尽解党人而～之。"也指捨棄、拋棄。《吕氏春秋·察今》："故～先王之法，而法其所以爲法。"又引申爲消失、消融。《國語·晉語》："雖欲愛君，惑不～也。"《老子》十五章："涣兮若冰之將～。"又引申爲解釋。《後漢書·蔡邕傳》："通經～義。"

暫 主要作副詞用，表示倉猝、突然之義。《史記·李將軍列傳》："廣～騰而上胡兒馬。"白居易《琵琶行》詩："如聽仙樂耳～明。"又表示時間短暫。《說文》："～，不久也。"本篇課文："故臣謂小人無朋，其～爲朋者，僞也。"也表示剛剛、纔。何遜《七夕》詩："逢觀～巧笑，還泪已啼妝。"

用 "用"的本義是使用、任用。諸葛亮《出師表》："試～於昔日。"引申爲任用。本篇課文："莫如舜之二十二臣，舜亦不疑而皆～之。"又引申爲功用、用處。韓愈《原毁》："彼雖善事，其～不足稱也。"

引申爲需要。李白《與韓荆州書》詩："生不～封萬户侯，但願一識韓荆州。"也指用度、開銷。《荀子·天論》："强本而節～。"

虚化爲介詞，表示憑、靠。《樂府詩集·陌上桑》："何～識夫婿。"也表示因爲、由於。《史記·李將軍列傳》："～善騎射，殺首虜多，爲漢中郎。"

事 "事"的基本義是事情。《韓非子·五蠹》："世異則～異。"

引申爲做、從事。方苞《獄中雜記》:“居數月，漠然無所～。”由此引申出侍奉，爲……服務。《左傳·昭公二十五年》:“寡人不佞，不能～父兄。”本篇課文:“以之～國，則同心而共濟。”

還可表示職守、官職、職業。《韓非子·五蠹》:“無功而受～，無爵而顯榮。”《漢書·樊噲傳》:“以屠狗爲～。”也指事業。《資治通鑒》卷六十五:“若～之不濟，此乃天也。”

用作量詞，件。白居易《張常侍池涼夜閑讌》詩:“管弦兩三～。”

相 “相”的本義是仔細看、察看。《韓非子·説林下》:“伯樂教其所憎者～千里之馬，教其所愛者～駑馬。”特指辨别人的形體容色以判斷命運。《荀子·非相》:“故～形不如論心，論心不如擇術。”引申爲容貌。《荀子·非相》:“長短、大小、善惡形～，非吉凶也。”

“相”的另一常用義爲幫助、扶助。《左傳·昭公四年》:“晉楚唯天所～。”特指扶助盲人或扶助盲人的人。《論語·季氏》:“危而不持，顛而不扶，則將焉用彼～矣!”引申爲輔佐君主掌管國事的最高長官。《史記·陳涉世家》:“王侯將～甯有種乎?”

扶助義虚化爲副詞，表示互相。《老子》八十章:“民至老死不～往來。”本篇課文:“當其同利之時，暫～黨引以爲朋者，僞也。”引申爲共同。《韓非子·内儲説下》:“魯孟孫、叔孫、季孫～勠力劫昭公。”

此外，可用以表示自稱、對稱或他稱。《古詩爲焦仲卿妻作》:“便可白公姥，及時～遣歸。”又:“吾已失恩義，會不～從許。”《聊齋志異·狼三則》:“狼不敢前，眈眈～向。”

*上書諫吴王

枚　乘

【作者介紹】枚乘（?—前140），字叔，淮陰人。西漢辭賦家。

枚乘曾做過吴王劉濞、梁王劉武的文學侍從。在吴楚七國之亂前，曾以《上書諫吴王》諫阻吴王起兵；七國叛亂中，又以《上書重諫吴王》勸諫吴王罷兵。吴王均不聽。七國之亂平定後，枚乘因此名顯於世。景帝時，拜爲弘農都尉，因非其所好，托病辭官。武帝即位後，以“安車蒲輪”徵之，因年老，枚乘死於赴任的途中。

《漢書·藝文志》著録有“枚乘賦九篇”，今僅存《七發》、《柳賦》、《菟園賦》三篇。後兩篇疑爲僞托之作。

【説明】這是枚乘給吴王的第一次上書。

臣聞“得全者昌，失全者亡”。舜無立錐之地，以有天下；禹無十户之聚，以王諸侯；湯武之土不過百里，上不絶三光之明，下不傷百姓之心者，有王術也。故父子之道，天性也。忠臣不避重誅以直諫，則事無遺策，功流萬世。臣乘願披腹心而効愚忠，惟大王少加意念惻怛之心於臣乘言。

夫以一縷之任，係千鈞之重，上懸之無極之高，下垂之不測之淵，雖甚愚之人，猶知哀其將絶也。馬方駭，鼓而驚之；係方絶，又重鎮之。係絶於天，不可復結；墜入深淵，難以復出。其出不出，閒不容髮。能聽忠臣之言，百舉必脱。必若所欲爲，危於累卵，難於上天。變所欲爲，易於反掌，安於泰山。今欲極天命之上壽，弊無窮之極樂，究萬乘之勢，不出反掌之易。居泰山之安，而欲乘累卵之危，走上天之難，此愚臣之所大惑也。

人性有畏其景而惡其迹者，却背而走，迹逾多，景逾疾。不知就陰而止，景滅迹絶。欲人勿聞，莫若勿言。欲人勿知，莫若勿爲。欲湯之滄，一人炊之，百人揚之，無益也，不如絶薪止火而已。不絶之於彼，而救之於此，譬由抱薪而救火也。養由基，楚之善射者也。去楊葉百步，百發百中。楊葉之大，加百中焉，可謂善射矣。然其所止，百步之内耳，比於臣乘，未知操弓持矢也。福生有基，禍生有胎，納其基，絶其胎，禍何自來？

泰山之霤穿石，單極之綆斷幹。水非石之鑽，索非木之鋸，漸靡使之然也。夫銖銖而稱之，至石必差；寸寸而度之，至丈必過；石稱丈量，徑而寡失。夫十圍之木，始生如蘖，足可搔而絶，手可擢而拔，據其未生，先其未形也。磨礱底厲，不見其損，有時而盡；種樹畜養，不見其益，有時而大；積德累行，不知其善，有時而用；棄義背理，不知其惡，有時而亡。臣願大王熟計而身行之，此百世不易之道也。

*原　毀

韓　愈

【説明】《原毀》是韓愈的“五原”（《原性》、《原道》、《原毀》、《原人》、《原鬼》）之一。“原”就是推究、探求，“毁”就是誹謗、詆毁，“原毁”就是探求誹謗滋生的根源。“安史之亂”後，唐朝執政者及世族大地主結黨營私，下層階層很難登上政治舞臺，而且即使得官也“動而得謗”。針對這種現狀，韓愈寫下此文，希望統治者抑制誹謗的滋生。全篇行文嚴肅而懇切，句式整齊中有變化，語言生動而形象，入木三分地刻畫了當時的士風。

古之君子，其責己也重以周，其待人也輕以約，重以周，故不怠；輕以約，故人樂爲善。聞古之人有舜者，其爲人也，仁義人也。求其所以爲舜者，責於己曰：“彼，人也；予，人也。彼能是，而我乃不能是?”早夜以思，去其不如舜者，就其如舜者。聞古之人有周公者，其爲人也，多才與藝人也。求其所以爲周公者，責於己曰：“彼，人也；予，人也。彼能是，而我乃不能是?”早夜以思，去其不如周公者，就其如周公者。舜，大聖人也，後世無及焉；周公，大聖人也，後世無及焉。是人也，乃曰：“不如舜，不如周公，吾之病也!”是不亦責於身者重以周乎?其於人也，曰：“彼人也，能有是，是足爲良人矣；能善是，是足爲藝人矣。”取其一，不責其二；即其新，不究其舊；恐恐然惟懼其人之不得爲善之利。一善，易修也，一藝，易能也；其於人也，乃曰：“能有是，是亦足矣。”曰：“能善是，是亦足矣。”不亦待於人者輕以約乎?

今之君子則不然，其責人也詳，其待己也廉。詳，如人難於爲善；廉，故自取也少。己未有善，曰：“我善是，是亦足矣!”己未有能，曰：“我能是，是亦足矣!”外以欺於人，内以欺於心，未少有得而止矣，不亦待其身者已廉乎?其於人也，曰：“彼雖能是，其人不足稱也!彼雖善是，其用不足稱也!”舉其一，不計其十；究其舊，不圖其新；恐恐然惟懼其人之有聞也。是不亦責於人者已詳乎？夫是之謂不以衆人待其身，而以聖人望於人，吾未見其尊己也。

雖然，爲是者，有本有原，怠與忌之謂也。怠者不能修，而忌者畏人修，吾嘗試之矣。嘗試語於衆曰："某良士！某良士！"其應者，必其人之與也；不然，則其所疏遠，不與同其利者也；不然，則其畏也。不若是，强者必怒於言，懦者必怒於色矣。又嘗語於衆曰："某非良士！某非良士！"其不應者，必其人之與也。不然，則其所疏遠，不與同其利者也。不然，則其畏也。不若是，强者必説於言，懦者必説於色矣。是故事修而謗興，德高而毁來。嗚呼！士之處此世而望名譽之光、道德之行，難已！

將有作於上者，得吾説而存之，其國家可幾而理歟！

*賈　誼　論

蘇　軾

【作者介紹】蘇軾（1037—1101），字子瞻，號東坡居士，眉州眉山（今四川眉山縣）人。是蘇洵的次子。嘉祐二年（1057）與弟蘇轍同中進士。曾在鳳翔、杭州、密州、徐州、湖州等地任職。元豐三年（1080）因受誣陷被貶黄州任團練副使，曾於城東之東坡開荒種田，故自號東坡居士，人稱蘇東坡。後曾任翰林學士、侍讀學士、禮部尚書等職，晚年被貶到惠州、儋州等地。遇大赦北還時，途中病死在常州。

蘇軾與父蘇洵、弟蘇轍同爲北宋著名文學家，並稱"三蘇"。他學識淵博，多才多藝，在書法、繪畫、詩詞、散文各方面都有很高的造詣。他的散文結構嚴謹、明白曉暢、汪洋恣肆。他的詩大都抒寫仕途坎坷的感慨，也有反映民生疾苦、揭露現實黑暗之作，詩風豪邁清新。他的詞題材廣泛，氣勢磅礴，一改詞的婉約之風，與南宋辛棄疾並稱"蘇辛"，共爲豪放派詞人的代表。

【説明】本篇論述賈誼的人生境遇，主要論點是人應該善用己才。蘇軾認爲賈誼不善於運用自己的才能，不能等待，不能容忍，因而造成政治上的不得志。

非才之難，所以自用者實難。惜乎！賈生王者之佐，而不能自用其才也。

夫君子之所取者遠，則必有所待；所就者大，則必有所忍。古之賢人，皆負可致之才，而卒不能行其萬一者，未必皆其時君之罪，或者其自取也。

愚觀賈生之論，如其所言，雖三代何以遠過？得君如漢文，猶且以不用死。然則是天下無堯舜，終不可有所爲耶？仲尼聖人，歷試於天下，苟非大無道之國，皆欲勉强扶持，庶幾一日得行其道。將之荆，先之以冉有，申之以子夏。君子之欲得其君，如此其勤也。孟子去齊，三宿而後出晝，猶曰："王其庶幾召我。"君子之不忍棄其君，如此其厚也。公孫丑問曰："夫子何爲不豫？"孟子曰："方今天下，捨我其誰哉？而吾何爲不豫？"君子之愛其身，如此其至也。夫如此而不用，然後知天下果不足與有爲，而可以無憾矣。若賈生者，非漢文之不能用生，生之不能用漢文也。

夫絳侯親握天子璽而授之文帝，灌嬰連兵數十萬，以决劉吕之雌雄，又皆高帝之舊將，此其君臣相得之分，豈特父子骨肉手足哉？賈生，洛陽之少年，欲使其一朝之間盡棄其舊而謀其新，亦已難矣。爲賈生者，上得其君，下得其大臣，如絳灌之屬，優游浸漬而深交之，使天下不疑，大臣不忌，然後舉天下而唯吾之所欲爲，不過十年，可以得志。安有立談之間，而遽爲人痛哭哉！觀其過湘爲賦以吊屈原，縈紆鬱悶，趯然有遠舉之志。其後以自傷哭泣，至於夭絶，是亦不善處窮者也。夫謀之一不見用，則安知終不復用也。不知默默以待其變，而自殘至此。嗚呼！賈生志大而量小，才有餘而識不足也。

古之人，有高世之才，必有遺俗之累。是故非聰明睿智不惑之主，則不能全其用。古今稱苻堅得王猛於草茅之中，一朝盡斥去其舊臣而與之謀。彼其匹夫略有天下之半，其以此哉！愚深悲生之志，故備論之。亦使人君得如賈生之臣，則知其有狷介之操，一不見用，則憂傷病沮，不能復振。而爲賈生者，亦謹其所發哉！

古代漢語知識

1. 古代漢語的助詞與助詞結構

古代漢語的助詞有“者”、“所”、“之”、“其”，助詞是古代漢語中高度抽象化、語法化的一個詞類，它的語法功能是：與謂詞性成分一起組合成助詞結構，表示謂詞性成分的指稱化。

語言表達基本上是由兩個部分組成的，一個是指稱，一個是陳述。從語法的層面來説，謂詞性成分對應典型的陳述，名詞性成分對應典型的指稱，但是，陳述與指稱是可以相互轉化的。陳述轉化爲指稱有兩種情況，一種是轉指，一種是自指。所謂轉指，是指謂詞性成分由陳述轉而指稱動作行爲的施事者、受事者或與動作行爲相關的其他指稱性成分，或者説謂詞性成分轉指化以後就“提取”了原謂詞性成分的施事、受事或其他相關的指稱性成分。所謂自指，是指謂詞性成分没有轉指動作行爲的施事者、受事者等，衹是自身一般地事物化或事件化了，不再是一個陳述。轉指化和自指化統稱爲指稱化。

古代漢語的助詞是謂詞性成分指稱化的標記，謂詞性成分的指稱化不一定都需要標記纔能完成，但是助詞作爲形式標記能够幫助我們識别指稱化，從而使我們更準確地理解文意。例如動詞“食”加上助詞“所”，成爲“所食”，就轉指動作行爲的受事者了，即“食物”。所謂轉指總是和“提取”聯繫在一起的，助詞結構作爲一個整體提取了與原謂詞性成分核心動詞相關的一個指稱性成分（如施事或受事）即是轉指。又如形容詞“仁”，在“仁者，人也”組合中没有轉指化，只是一般地事物化了，“仁者”即指“仁這種品德”，這就是自指。所謂自指，是指助詞結構作爲一個整體没有提取與原謂詞性成分核心謂詞相關的指稱性成分，也就是説並没有轉而指稱施事或受事等，而衹是謂詞性成分自身一般地事物化了。

轉指的助詞結構的語法性質相當於一個名詞，自指的助詞結構仍是謂詞性的。名詞化同指稱化密切相關，但二者並不等同。在古代漢語的語法系統裏，必須清楚地區别指稱化和名詞化，衹有轉指化的謂詞性成分纔真正名詞化了。

古代漢語的助詞“者”、“所”、“之”、“其”，分别與謂詞性成分組成“者”字結構（動詞/形容詞/數詞+者）、“所”字結構（所+動詞/形容詞）、“之”字結構（主語+之+謂語）和“其”字結構

（其+動詞/形容詞）。助詞“者”既可以用於轉指結構，也可以用於自指結構；“所”衹能用於轉指結構；“之”和“其”衹能用於自指結構。我國第一部系統的漢語語法著作《馬氏文通》稱“者”、“所”、“之”、“其”爲“讀之記”，即“讀”的形式標記，《馬氏文通》的“讀”實際上就是指稱化的謂詞性句法結構，助詞也就是謂詞性結構指稱化的形式標記。

值得注意的是，古代漢語裏同一個字形表達若干不同的詞是很常見的現象，在虛詞裏這種現象尤其多見。助詞“者”和複指代詞“者”不具有同一性，它們是兩個不同的詞，複指代詞“者”的語法分布是“名詞+者”，助詞“者”的語法分布是“動詞/形容詞/數詞+者”。助詞“之”和連詞“之”也不具有同一性，它們也是兩個不同的詞，連詞“之”的語法分布是“定語+之+中心語”，助詞“之”的語法分布是“主語+之+謂語”。助詞“其”和代詞“其”也是兩個不同的詞，代詞“其”的語法分布基本上是“其+名詞”，助詞“其”的語法分布基本上是“其+動詞/形容詞”。助詞“其”相當於“名詞+助詞‘之’”（詳見後文），因而“其+動詞/形容詞”就相當於“主語+之+謂語”結構，因爲這種用法的“其”含有助詞“之”，所以“其”本身也成了謂詞性結構指稱化的標記，因此我們把這一用法的“其”也歸入助詞。

古代漢語的助詞結構與現代漢語的助詞結構形式上有很大差別，内部的系統性也很不相同。助詞結構在古代漢語裏的出現頻率極高，語義表達複雜，語法功能豐富，是古代漢語的基本句法結構。

一、“者”字結構

動詞、形容詞、數詞加“者”構成“者”字結構。例如：

① 飢者易爲食，渴者易爲飲。（《孟子·公孫丑上》）

② 吾聞用夏變夷者，未聞變於夷者也。（《孟子·滕文公上》）

③ 從山上望牛者，若羊……遠蔽其大也。（《荀子·解蔽》）

④ 長逝者魂魄私恨無窮。（司馬遷《報任安書》）

⑤ 知我者，謂我心憂；不知我者，謂我何求。（《詩經·王風·黍離》）

⑥ 冒頓立斬不射善馬者。（《史記·匈奴列傳》）

⑦ 王之不王，不爲也，非不能也。曰：“不爲者與不能者之

形何以異?”(《孟子·梁惠王上》)

⑧ 是故智者之慮，必雜於利害。(《孫子兵法·九變》)

⑨ 大者王，小者侯。(《漢書·高帝紀》)

⑩ 金重於羽者，豈謂一鉤金與一輿羽之謂哉。(《孟子·告子下》)

⑪ 原濁者流不清，行不信者名必耗。(《墨子·修身》)

⑫ 此五者，邦之蠹也。(《韓非子·五蠹》)

⑬ 四者無一遂，苟合取容。(司馬遷《報任安書》)

例①是動詞加“者”，例②、③、④、⑤、⑥、⑦是各種動詞性成分加“者”，例⑧、⑨是形容詞加“者”，例⑩、⑪是主謂結構加“者”，例⑫、⑬是數詞加“者”。“者”字結構的語法功能很豐富，可以作主語，如例①、④、⑤、⑨、⑩、⑪、⑬；可以作賓語，如例②、⑥；可以作狀語，如例③，有人把此例看做偏正複句的條件分句，我們分析爲狀語；可以作定語，如例⑦、⑧；可以作名詞性偏正結構的中心語，如例⑫。

從陳述轉化爲指稱的角度分析上述用例，可以看出助詞“者”可以用於轉指結構，表示轉指的“者”字結構一般都是表達動作行爲的施事者或謂詞性成分陳述的主體（物件），我們可以説“者”字結構提取了原謂詞性成分的施事者或主體，如“飢者”、“渴者”、“長逝者”、“知我者”、“大者”、“小者”、“五者”、“四者”。例⑪“原濁者”、“行不信者”情況比較特殊，原謂詞性結構已有主語“原(源)”和“行”，但是原謂詞性結構其實是個主謂謂語結構，即“水原濁”、“人行不信”，“者”字結構轉指大主語，即“水（河流)”和“人”。表示轉指的“者”字結構都轉變爲名詞性成分了。有時“者”字結構不表達施事，但仍是轉指結構。例如：

⑭ 攻而必取者，攻其所不守也。(《孫子兵法·虛實》)

⑮ 井蛙不可語於海者，拘於虛也。(《莊子·秋水》)

例⑭、⑮，“者”字結構都不表達施事，而是表達“……的原因”，即“攻而必取的原因”、“井蛙不可語於海的原因”。表達原因的“者”字結構，它雖然没有提取原謂詞性成分的施事或主體，但提取了與核心謂詞相關的另一個指稱性成分，即原因或憑藉，因而它也是轉指化的結構，其語法性質也是名詞性的。轉指性的“者”字結構有時也可以表達受事，但這是有條件的，當“者”字結構裏的動詞是刑法動詞時，“者”字結構表達受事。例如：

⑯ 凡殺人者踣諸市，墨者使守門，劓者使守關，宮者使守内，刖者使守囿。(《漢書·刑法志》)

後代，不僅刑法動詞，一般動詞後加“者”也可以表達受事了，如柳宗元《答韋中立論師道書》：“今書來，言者皆大過。”“言者”不指説話人，而指説的話。“者”字結構的這一變化，反映了語言的演變。

助詞“者”也可以用於自指結構，自指的“者”字結構都是表達某種情况、事件或背景的，如例②“吾聞用夏變夷者”、“未聞變於夷者”，意思是“我知道華夏改變夷狄（這事），不知道被夷狄改變（這事）”。例③“從山上望牛者”，“者”字結構表達背景情况，是一種假設條件，作狀語，意思是“（如果）從山上看山下的牛，(牛就像羊一般大)”。例⑩“金重於羽者”也是表達一種情况。自指性的“者”字結構没有提取任何成分，衹是表達原謂詞性成分自身的事物化。自指化的“者”字結構同原謂詞性成分的語義基本相同，它没有變爲名詞性成分，仍然是謂詞性的，這同漢語的基本特點(即漢語的詞類同句法成分不是一一對應的，謂詞性成分可以充任各種句法成分）是一致的。在自指的“者”字結構裏，助詞“者”衹是一個指稱化的標記，有時即使去掉這個標記整個結構的性質並不改變，仍是指稱化的謂詞性結構，如例②“吾聞用夏變夷者”，去掉“者”字，“用夏變夷”仍是自指化的謂詞性結構。如果把帶標記的自指結構認定爲名詞性成分，把不帶標記的自指結構認定爲謂詞性成分，就會自相矛盾。

二、“所”字結構

助詞“所”附於謂詞性成分之前，構成“所”字結構。“所”字結構有三種類型，都表示轉指，因而都是名詞性結構。

（一）“所+動詞”

這類“所”字結構裏的動詞一般都是不帶賓語的單個動詞，並且都是及物動詞。例如：

① 雖古竹帛所載，丹青所畫，何以過子卿。(《漢書·蘇武傳》)

② 獲秦王所乘雲母車。(《資治通鑒》卷一百〇四)

例①“所載”、“所畫”都是轉指化的結構，這類“所”字結構作爲一個整體，提取了動作行爲的受事（賓語），與表示轉指（提取施事主語）的“者”字結構正好形成互補。它的語義可以用一個名詞性偏正結構來表達，即“載的東西”、“畫的東西”，這個偏正結構的中心語是動詞的賓語，定語就是動詞本身。“所+動詞”組合表達的受事是抽象的，“所載”、“所畫”的究竟是何物，“所”字結構本身無法表達清楚。要清楚、具體地表達受事之物，就要在“所”字結構後添加中心語，讓“所”字結構充任同位性定語，如例②“所乘雲母車”。另外，“所”字結構前也可以帶名詞性定語，如上例“竹帛所載”、“丹青所畫”，這類定語一般都是限定性的或領屬性的。

（二）“所+介詞+動詞+(賓語)”

這類“所”字結構裏的動詞可以是不及物的，也可以是及物的，甚至可以帶有賓語。例如：

① 是亂之所由作也。(《荀子·正論》)

② 是吾劍之所從墜。(《呂氏春秋·察今》)

③ 彼兵者，所以禁暴除害也。(《荀子·議兵》)

④ 此嬰之所以不敢受也。(《晏子春秋·內篇雜下》)

例①“作”是不及物動詞，“所”字結構提取了介詞“由”的賓語，意思是“（亂子）發生的原因”。例②“墜”也是不及物動詞，結構同例①，意思是“（劍）掉下去的地方”。例③動詞“禁”、“除”都是及物性的，並且都帶有賓語，因此“所”字結構不可能再提取動詞的賓語，而是提取介詞“以”的賓語，意思是“禁暴除害的工具”。例④核心動詞“受”也是及物性的，賓語隱含而沒有出現，“所”字結構仍是提取介詞“以”的賓語，意思是“不敢接受的原因”。

（三）“所+動詞+（賓語）”

這類“所”字結構裏的動詞可以是不及物的，也可以是及物的，甚至可以帶有賓語，這一點類似於第二類“所”字結構。但是，這類“所”字結構裏不出現介詞，這一點又同第一類“所”字結構相似。例如：

① 空隊（隧）、要塞，人之所往來者。(《墨子·號令》)

② 夙興夜寐，無忝爾所生。(《詩經·小雅·小宛》)

③ 諾，恣君之所使之。(《戰國策·趙策》)

④ 能不龜手一也，或以封，或不免於洴澼絖，則所用之異也。(《莊子·逍遙游》)

⑤ 所殺大臣，多呂后力。(《史記·呂太后本紀》)

⑥ 假令僕伏法受誅，若九牛亡一毛，與螻蟻何以異。……何也？素所自樹立使然也。（司馬遷《報任安書》）

例①動詞“往來”是不及物性的，“所”字結構不可能提取“往來”的賓語，而是提取了與動詞相關的另一個名詞性成分，即動作行爲的憑藉，“所往來”的意思是指“（藉以）往來的處所”。我們可以認爲在“所”後省略了介詞“以”，“所”字結構提取了介詞“以”的賓語。例②“生”是及物動詞，儘管賓語没有出現，但“所”字結構不是提取動詞的賓語，而是提取“憑藉”，可以認爲“所生”等於“所由生（子）”，“所”字結構提取介詞“由”的賓語，意思指父母，而不是指子女。例③動詞“使（用）”是及物性的，賓語已經出現了，“所”字結構不可能再提取“使”的賓語，“所使之”意思是“使用他的方式”，提取的是動作行爲賴以進行的方式。例④同例③，“所用之”的意思是“使用它的方法”。例⑤同例③，“所殺大臣”意思是“殺大臣的計謀”，“所”字結構提取的是動作行爲賴以進行的憑藉。例⑥“所自樹立”意思是“自己立身的處所”，動詞“樹立”是及物性的，儘管賓語没有出現，但“所”字結構並没有提取“樹立”的受事成分，而是提取了處所成分。

三、“之”字結構

助詞“之”插在主謂結構之中，構成“主語+之+謂語”組合，這就是“之”字結構，也稱爲“主之謂”結構。“之”字結構是指稱化的主謂結構，它不可能提取與謂語核心動詞相關的指稱性成分，衹是表示原主謂結構自身事物化、事件化，因而“之”字結構都是自指的，它的語法性質是謂詞性的。“之”字結構的語法功能很豐富，經常作主語和賓語。例如：

① 予之不遇魯侯，天也。（《孟子·梁惠王上》）

② 人之愛其子也，亦如余乎？（《左傳·昭公十三年》）

③ 湯武之王也，不修古而興；殷夏之滅也，不易禮而亡。（《商君書·更法》）

④ 不患人之不己知，患不知人也。（《論語·學而》）

⑤ 是以知仁義之不足以治天下也。（《商君書·畫策》）

⑥ 孤之有孔明，猶魚之有水也。（《三國志·蜀書·諸葛亮傳》）

⑦ 天以一人之不敏，使上帝鬼神傷民之命。（《論衡·感

虛》）

例①、②、③“之”字結構作主語，例④、⑤、⑥“之”字結構作動詞的賓語，例⑦作介詞的賓語。上述“之”字結構儘管位於主賓語的位置，但仍是謂詞性成分，與一般謂詞性成分作主賓語屬於同類現象，差別僅在於“之”字結構帶有自指化的形式標記，一般謂詞性成分作主賓語没有帶上指稱化標記。位於主賓語位置上的主謂結構即使没有指稱化的標記，也都指稱化了，是句法位置决定了這一點。例如：

⑧ 民之望之，若大旱之望雨也。（《孟子·滕文公下》）

⑨ 民望之，若大旱之望雲霓也。（《孟子·梁惠王下》）

例⑧、⑨，“民之望之”和“民望之”都是主謂結構作主語，都自指化了，所不同的是前者帶有指稱化的形式標記“之”，後者没有標記。

作狀語也是“之”字結構的主要語法功能之一。例如：

⑩ 晉公子重耳之及於難也，晉人伐諸蒲城。（《左傳·僖公十三年》）

⑪ 媪之送燕后也，持其踵而爲之泣。（《戰國策·趙策》）

⑫ 桑之未落，其葉沃若。（《詩經·衛風·氓》）

⑬ 皮之不存，毛將安傅？（《左傳·僖公十四年》）

⑭ 爾之許我，我以其璧與圭歸。（《史記·魯周公世家》）

⑮ 桓公之中鉤，佯死以誤管仲。（《史記·齊太公世家》）

⑯ 諸侯之見項王遷逐義帝置江南，亦皆歸逐其主。（《史記·淮陰侯列傳》）

⑰ 涇流之大，兩涘渚崖之間不見牛馬。（《莊子·秋水》）

⑱ 驪姬之愛，亂者五世。（《史記·太史公自序》）

例⑩、⑪、⑫“之”字結構作時間狀語。例⑬、⑭“之”字結構作假設條件狀語，有人把此類用例認作複句的條件分句，理由是前後兩項主語不同，我們分析爲狀語。例⑮、⑯“之”字結構表示真實條件，作背景狀語。例⑰、⑱“之”字結構作原因狀語，此類用例也有人認作分句，我們分析爲狀語。例⑱“驪姬之愛”，是由受事成分作主語的主謂結構插入助詞“之”構成的“之”字結構，意思是“驪姬被寵愛”。

“之”字結構還可以作定語、謂語，甚至可以獨立成句，但是這樣的用例不多見。例如：

⑲ 始臣之解牛之時，所見無非牛者。(《莊子·養生主》)

⑳ 凡説之難，非吾知之有以説之之難也，又非吾辯之能明吾意之難也。(《韓非子·説難》)

㉑ 此，天之亡我，非戰之罪也。(《史記·項羽本紀》)

㉒ 鄰之厚，君之薄也。(《左傳·僖公十三年》)

㉓ 子曰："(宰)予之不仁也!"(《論語·陽貨》)

㉔ 孔子爲政必霸，霸則吾地近焉。我之爲先併矣。(《史記·孔子世家》)

㉕ 定公問於顔淵曰："東野畢之善馭乎?"(《荀子·哀公》)

例⑲、⑳"之"字結構作定語，例⑳"非吾知之有以説之之難"意思是"並非是我的智慧不足以説服别人之類的困難"，"又非吾辯之能明吾意之難"意思是"也並非是我的辯才不足以表達清楚我的意思之類的困難"。例㉑、㉒"之"字結構作謂語。例㉓、㉔、㉕"之"字結構獨立成句。"之"字結構獨立成句，一般都是帶有感嘆或疑問語氣的句子。通觀"之"字結構的語法分布，同該結構是謂詞性的語法性質是吻合的。

"之"字結構有一種比較特殊的格式，即"主語+之+於/與+名詞"。例如：

㉖ 寡人之於國也，盡心焉耳矣。(《孟子·梁惠王上》)

㉗ 民之於仁也，甚於水火。(《論語·衛靈公》)

㉘ 虎之與人異類，而媚養己者，順也。(《莊子·人間世》)

㉙ 夫吴之與越，接土鄰境，道易人通，仇讎敵戰之國也。(《吕氏春秋·長攻》)

例㉖至㉙"之"字結構也是自指化的主謂結構，都是作主語的。"之"字結構"寡人之於國"的來源，是主謂結構"寡人於國盡心焉"加上助詞"之"。助詞"之"把原主謂結構的主語"寡人"和作狀語的介賓結構"於國"組合在一起，成爲"之"字結構，使原狀語成爲"之"字結構的小謂語（在這種情況下，介賓結構相當於動賓結構），使原謂語成爲整個句子的大謂語，這樣就使得原狀語和原謂語都得到了强調。其他三例"之"字結構的情況同例㉖。

四、"其"字結構

助詞"其"加上動詞（或形容詞）性成分，構成"其"字結構。例如：

① 秦人，其生民也陿厄，其使民也酷烈。(《荀子·議兵》)

② 古之君子，其責己也重以周，其待人也輕以約。(韓愈《原毁》)

③ 平者，水停之盛也。其可以爲法也，内保之而外不蕩也。(《莊子·德充符》)

④ 操蛇之神聞之，懼其不已也，告之於帝。(《列子·湯問》)

⑤ 親之欲其貴也，愛之欲其富也。(《孟子·萬章上》)

⑥ 帝視而問，知其戚夫人，乃大哭。(《漢書·高祖吕皇后傳》)

⑦ 及其未既濟也，請擊之。(《左傳·僖公二十二年》)

一般情况下助詞“其”等於“名詞+之”，如《左傳·僖公三十二年》：“孟子，吾見師之出而不見其人也。”“其入”等於“師之入”。所以“其”字結構相當於“之”字結構，也是自指化的主謂結構，並且它的語法性質也是謂詞性的。“其”字結構的語法功能不如“之”字結構豐富，一般衹作主語和賓語。例①、②、③“其”字結構作主語。例④、⑤、⑥“其”字結構作動詞的賓語。例⑤“其”後是名詞性成分“戚夫人”，但這個名詞性成分在原結構中是作謂語的，原主謂結構的謂語是名詞性成分，即“此人乃戚夫人也”，轉化爲“其戚夫人”，這個位置上的“其”不能解釋爲“名詞+之”，但整個主謂結構還是自指化了，意思是“其人乃戚夫人這件事”。例⑦“其”字結構作介詞的賓語，句意是“趁敵人還没有完全渡過河，請現在就攻擊它”。

值得注意的是，古文中常出現“其+動詞/形容詞+者”的組合，例如：

⑧ 秦韓之地形，相錯如綉。秦之有韓也，譬如木之有蠹也……天下有變，其爲秦患者，孰大於韓乎？(《史記·范雎蔡澤列傳》)

⑨ 其當驗者，即驗問之。(《漢書·平帝紀》)

⑩ 其起兵而攻胡、粤者，非以衛邊地而救民死也，貪戾而欲廣大也。(《漢書·爰盎晁錯傳》)

⑪ 其誹謗詈詛者，又先斷舌。(《漢書·刑法志》)

⑫ 語之至者，臣不敢載之於書，其淺者又不足聽。(《史記·范雎蔡澤列傳》)

“其+動詞/形容詞+者”組合，都應該分析爲“其+（動詞/形容詞+者)”，也就是説“其”修飾“者”字結構，這一語法位置上的“其”是指示代詞，而不是助詞。如例⑧“其爲秦患者”，意思是“那些成爲秦國禍患的國家”，指示代詞“其”修飾轉指的“者”字結構。例⑩“其起兵而攻胡、粵者”，意思是“那個起兵攻胡、粵的主意”，指示代詞“其”修飾自指的“者”字結構。值得注意的是，“所+動詞+者”組合的分析不同於“其+動詞/形容詞+者”，前者應該分析爲“（所+動詞）+者”，其中的“者”不是助詞，而是複指代詞，整個組合是複指代詞“者”複指名詞性成分“所”字結構。

2. 古代漢語的語氣詞與詞頭、詞尾

本節介紹語氣詞和詞頭、詞尾。其中，語氣詞是漢語中表達句子語氣的最重要手段之一。作爲漢語特有的詞類，語氣詞既不像副詞那樣能獨立充當句子成分，也不能像介詞那樣能與其他詞類組成詞組充當句子成分，還不能像連詞那樣表示句子成分或分句間的聯繫，它衹能跟句子結合，表示直陳、疑問、反問、祈使、感嘆、測度等各種語氣。詞頭、詞尾則相當於詞的前綴或後綴，由於目前的研究還不太深入，能够完全確定的詞頭、詞尾都還數量有限，所以就與語氣詞合爲一節講述。

一、語氣詞

雖然每個語氣詞都有其最基本的用法，但除基本用法之外，同一個語氣詞往往還可以兼表其他不同種語氣，同時，同一種語氣也可以用不同的語氣詞表達，所以，語氣詞的用法呈現出較爲複雜的情況。跟用法相比，語氣詞所處的位置相對較爲固定，所以下面就按照所處位置對語氣詞進行分類介紹。

（一）句尾語氣詞

1. 也

“也”是先秦時期使用頻率最高的語氣詞，常用於判斷句句末，表示一種静態判斷。例如：

① 亞父者，范增也。（《史記·項羽本紀》）

② 夫將者，國之輔也。（《孫子兵法·謀攻》）

在複句中，“也”字常用於最後一個分句的末尾，有加强全句語氣的作用。例如：

③ 是使國無富利之實，而秦無彊大之名也。（李斯《諫逐客書》）

④ 古之治天下，至孅至悉也。（賈誼《論積貯疏》）

⑤ 雖殺臣，不能絶也。（《墨子·公輸》）

“也”有時可放在祈使句或疑問句的句尾。例如：

⑥ 欲呼張良與俱去，曰：“毋從俱死也！”（《史記·項羽本紀》）

⑦ 孟嘗君怪之，曰：“此誰也？”（《戰國策·馮諼客孟嘗君》）

⑧ 吾王庶幾無疾病與？何以能鼓樂也？（《孟子·梁惠王下》）

⑨ 不識臣之力也，君之力也？（《韓非子·難二》）

例⑥是祈使句，“也”的功用主要仍在加强語氣。例⑦是一般疑問句，例⑧則帶有反詰意味，這兩句中的疑問語氣主要依靠疑問代詞“誰”、“何”表達，“也”衹是一種輔助説明。例⑨是一個選擇問句，疑問語氣主要由“不識”及其後接的並列結構“臣之力”、“君之力”來表達，“也”仍然衹起一種輔助性説明作用。

2. 矣

“矣”也是先秦時期使用頻率最高的語氣詞之一。不過，跟“也”表静態判斷不同，“矣”常用於表動態判斷，含有時間、運動的概念，表示新情況已經出現或即將出現，可語譯爲現代的“了”。例如：

① 如是者數矣。（柳宗元《答韋中立論師道書》）

② 此迫矣！臣請入，與之同命。（《史記·項羽本紀》）

③ 向吾不爲斯役，則久已病矣。（柳宗元《捕蛇者説》）

例①、②中表達的是已然的情況，例③表達的是肯定意味很濃的將然推測。

同“也”一樣，“矣”也可用於疑問句句尾。例如：

④ 危而不持，顛而不扶，則將焉用彼相矣？（《論語·季氏》）

⑤ 年幾何矣？（《戰國策·趙策》）

3. 乎、與（歟）、邪（耶）

“乎”、“與”（歟）、“邪”（耶）都經常用於疑問句的句尾表示疑問語氣。其中，“乎”是使用頻率最高的疑問語氣詞，所表達的疑問語氣非常明確。有用於一般問的，例如：

① 子見夫子乎？（《論語·微子》）

② 孟嘗君問：“馮公有親乎？”對曰：“有老母。”（《戰國策·齊策》）

而大約戰國中期之後，又出現了用在選擇問或特指問句尾的用法。例如：

③ 滕，小國也，間於齊楚，事齊乎？事楚乎？（《孟子·梁惠王下》）

④ 陛下與誰取天下乎？（《史記·留侯世家》）

通常地，“乎”用在反問句尾，前面常有疑問代詞、否定副詞或語氣副詞與之呼應，從而使反問語氣得到進一步加强。例如：

⑤ 子曰：“何傷乎？亦各言其志也。”（《論語·先進》）

⑥ 今少卿乃教以推賢進士，無乃與僕私心刺謬乎？（司馬遷《報任安書》）

⑦ 士有偏短，庸可廢乎？（《三國志·魏書·武帝紀》）

另外，“與”和“邪”也是古漢語中使用較多的句末疑問語氣詞，不過疑問語氣没有“乎”那樣强烈、純粹。“與”和“邪”的上古音都是余母魚韵，《論語》、《孟子》、《穀梁傳》、《公羊傳》等用“與”而不用“邪”，《左傳》、《莊子》、《韓非子》則多用“邪”而不用“與”。所以二者實際上衹是方音的差異而已。另外，“與”和“歟”、“邪”和“耶”是兩對古今字。例如：

⑧ 曰：“是魯孔丘與？”（《論語·微子》）

⑨ 王之所大欲，可得聞與？（《孟子·梁惠王上》）

⑩ 天之蒼蒼，其正色邪？其遠而無所至極邪？（《莊子·逍遥游》）

⑪ 子何爲者邪？（《莊子·外物》）

⑫ 聞張唐相燕歟？（《史記·甘茂列傳》）

⑬ 獨不憐公子姊耶？（《史記·魏公子列傳》）

跟否定副詞、疑問代詞搭配使用時，“與”（歟）和“邪”（耶）往往可以表示反問語氣。例如：

⑭ 子非三閭大夫歟？（《史記·屈原賈生列傳》）

⑮ 身直爲閨閤之臣，寧得自引深藏於巖穴邪？（司馬遷《報任安書》）

⑯ 今雖死乎此，比吾鄉鄰之死則已後矣，又安敢毒耶？（柳

宗元《捕蛇者説》）

除了可用於表疑問語氣和反問語氣外，“乎”、“與”（歟）和“邪”（耶）也可表示測度語氣，通常與“殆”、“其”等連用。例如：

⑰ 吾聞聖人不相，殆先生乎？（《史記·范雎蔡澤列傳》）

⑱ 語之而不惰者，其回也與？（《論語·子罕》）

⑲ 歲亦無恙耶？民亦無恙耶？王亦無恙耶？（《戰國策·齊策》）

並且，更多情況下，這幾個語氣詞會跟“得無”、“得微”、“無乃”（毋乃）相配合，構成凝固句式，表示委婉的或希望得到證實的推測，譯作“該不會……吧”、“衹怕……吧”。例如：

⑳ 今民生長於齊不盜，入楚則盜，得無楚之水土使民善盜耶？（《晏子春秋·内篇雜下》）

㉑（觸龍）曰：“日飲食得無衰乎？”（《戰國策·趙策》）

㉒ 仲弓曰：“……居簡而行簡，無乃太簡乎？”（《論語·雍也》）

㉓ 孔子曰：“求，無乃爾是過與？”（《論語·季氏》）

4. 哉

“哉”一般用在感嘆句的句尾，表示比較强烈的感嘆，基本作用與現代的“啊”大致相當。例如：

① 小人之好議論，不樂成人之美如是哉！（韓愈《張中丞傳後叙》）

② 大哉！堯之爲君。（《孟子·滕文公上》）

有時在表感嘆的同時，還略帶有祈使的意味。例如：

③ 振振君子，歸哉歸哉！（《詩經·召南·殷其雷》）

④ 帝其念哉！（《書·益稷》）

有時也用在一般疑問句或反問句句尾，但此時的語氣詞“哉”並沒有表達疑問語氣或反問語氣，而是表達强調或是感嘆，疑問語氣仍由疑問詞充當。例如：

⑤ 上曰：“汲黯何如人哉？”（《史記·汲黯列傳》）

⑥ 此何鳥哉？（《莊子·山木》）

⑦ 相如雖駑，獨畏廉將軍哉？（《史記·廉頗藺相如列傳》）

⑧ 乃引“天亡我，非用兵之罪也”，豈不謬哉？（《史記·項羽本紀》）

⑨ 晋，吾宗也，豈害我哉？（《左傳·僖公五年》）

⑩ 豈人主之子孫則必不善哉？(《戰國策·趙策》)

例⑤的“哉”在於强調汲黯這個人（品行道德）怎麼樣，例⑥則强調這隻鳥到底是什麼鳥，兩例句中的疑問語氣均由疑問代詞“何”表達。例⑦雖然用了疑問句的形式，但説話者的態度非常明確，“哉”字的使用加强了這種態度。而在反問句例⑧、⑨、⑩中，均有語氣副詞“豈”與“哉”搭配使用，可以認爲，在這些本來就意在用疑問形式表達正面肯定的反問句中，全句的反問語氣主要由“豈”感染得來，“哉”的使用在於加强正面肯定的感嘆意味。

5. 已、耳、而已

上古“已”、“矣”並不同音（“已”是余母之韵，“矣”是匣母之韵)，用法也不相同，“已”用在句末衹用於表示一種“罷了”、“衹能如此”的限止語氣。例如：

① 吾生也有涯，而知也無涯。以有涯隨無涯，殆已！(《莊子·養生主》)

② 夫神農以前，吾不知已。(《史記·貨殖列傳》)

“耳”、“而已”跟“已”一樣，也都表示限止語氣。其中，“而已”表示限止語氣，跟今天的語氣相當。例如：

③ 今交九尺四寸以長，食粟而已。(《孟子·告子下》)

④ 撤屏視之，一人，一桌，一椅，一扇，一撫尺而已。(《虞初新志·秋聲詩自序》)

“耳”是“而已”的合音詞，動態意味進一步減弱。例如：

⑤ 從此道至吾軍，不過二十里耳。(《史記·項羽本紀》)

⑥ 且壯士不死即已，死即舉大名耳。(《史記·陳涉世家》)

另外，當所表示的語氣比較複雜時，人們常把幾種句尾語氣詞連在一起使用。句尾語氣詞的連用，有兩個連用的，也有三個連用的，連用之時，它們各自表達特定的語氣，共同組合成一種複雜的語氣，但全句的語氣重心一般都落在最後一個語氣詞上，如“寡人之於國也，盡心焉耳矣”（《孟子·梁惠王上》）中“焉”、“耳”、“矣”連用，“可謂好學也已矣”（《論語·子張》）中“也”、“已”、“矣”連用，但語氣重點都在最後一個“矣”上，全句的總體語氣特徵是對已然事實的直陳。

（二）句首和句中語氣詞

1. 夫

語氣詞“夫”由指示代詞“夫”發展而來，放在句首表示要發議論，起引出下文的作用，也稱爲“發語詞”或“提頓語氣詞”。例如：

① 夫人必自侮，然後人侮之。（《孟子·離婁上》）

② 夫物不産於秦，可寶者多；士不産於秦，而願忠者衆。（李斯《諫逐客書》）

“夫”還通常與“且”、“故”、“若”、“今”相結合，構成“且夫”、“故夫”，加强發議論的語氣；構成“若夫”、“今夫”，表示另起一端的議論。例如：

③ 且夫水之積也不厚，則其負大舟也無力。（《莊子·逍遥游》）

④ 故夫知效一官，行比一鄉，德合一君，而征一國者，其自視也，亦若此矣。（《莊子·逍遥游》）

⑤ 若夫霪雨霏霏，連月不開。（范仲淹《岳陽樓記》）

⑥ 今夫顓臾，固而近於費。（《論語·季氏》）

2. 惟（維、唯）

“惟”用作句首或句中語氣詞時，也可以寫作“維”或“唯”。

用在句首，一種作用是表示提示，常用於《詩經》、《尚書》或後代的仿古散文之作中。例如：

① 葛之覃兮，施於中谷，維葉莫莫。（《詩經·周南·葛覃》）

② 惟十有三祀，王訪於箕子。（《尚書·洪範》）

③ 唯是風馬牛不相及也。（《左傳·僖公四年》）

④ 維治平四年七月日。（歐陽修《祭石曼卿文》）

另一種作用是表示請求的祈使語氣，此時常寫作“唯”而不是“惟”與“維”。例如：

⑤ 闕秦以利晉，唯君圖之。（《左傳·僖公三十年》）

⑥ 故敢略陳其愚，唯君子察焉。（楊惲《報孫會宗書》）

另外，“惟”（維）還可用於句中引出全句的謂語。例如：

⑦ 厥土惟白壤。（《書經·禹貢》）

⑧ 周雖舊邦，其命維新。（《詩經·大雅·文王》）

3. 其

“其”用於句中或句首，通常有兩種用法。一是用以表示勸勉、期望、命令等意思。例如：

① 君其問諸水濱。（《左傳·僖公四年》）

② 與爾三矢，爾其無忘乃父之志！（歐陽修《五代史伶官傳》）

二是用以表測度、擬議，從而使語氣顯得更委婉。例如：

③ 天之蒼蒼，其正色邪？（《莊子·逍遥游》）

④ 孟子去齊，三宿而後出晝，猶曰："王其庶幾召我。"（蘇軾《賈誼論》）

⑤ 道不行，乘桴浮於海，從我者其由與？（《論語·公冶長》）

4. 也

"也"除了常用於句尾外，有時也用於句中，起一種停頓的作用。例如：

① 丘也聞有國有家者，不患寡而患不均，不患貧而患不安。（《論語·季氏》）

② 大隧之中，其樂也融融！（《左傳·隱公元年》）

句中的"也"還常與"者"結合，起提示謂語的作用。例如：

③ 竽也者，五聲之長者也，故竽先則鐘瑟皆隨。（《韓非子·解老》）

可以明顯地感覺到，句中的"也"字不管是爲了表停頓還是爲了表提示，都使得全句的語氣舒緩了許多，更能引起人們對於"也"字後面内容的關注。

此外，在《詩經》等上古作品中常見的"繄"、"伊"、"思"等句首、句中語氣詞，秦漢以後一般不再使用，這裏不再一一介紹。

二、詞頭、詞尾

詞頭、詞尾相當於現代漢語中所説的前綴與後綴，它們衹是詞的構成部分，本身没有詞彙意義，但一般都仍具有提示詞性的作用。作爲一種特別的虚詞，詞頭又有"發語詞"、"發聲詞"、"語首助詞"等不同種稱呼，詞尾則常被稱爲"後綴"。古代漢語中的詞頭在現代漢語中基本上已經絶迹，詞尾也衹有"然"字得到了一枝獨秀的發展。

（一）詞頭

常見的詞頭有"有"、"其"、"言"、"于"、"薄"等，放在名詞、動詞或形容詞之前，有凑足音節的作用。也正因如此，這些詞頭往往用於對音節數量有限定的詩歌當中。

有 可以作名詞詞頭或形容詞詞頭。用作名詞詞頭時，所接的名詞往往是朝代名、國名、部族名等專有名詞。例如：

① 有周不顯，帝命不時。(《詩經·大雅·文王》)

② 我不可不監於有夏，亦不可不監於有殷。(《尚書·召誥》)

③ 禹攻有扈。(《莊子·人間世》)

④ 鯀納有莘氏女，生禹。(《史記·夏本紀》)

後世也有一些這種仿古用法，如稱明朝爲“有明”、稱清代爲“有清一代”等。“有”也可用作其他名詞的詞頭。例如：

⑤ 友于兄弟，施於有政。(《論語·爲政》)

“有”還常用作形容詞詞頭。例如：

⑥ 有嚴有翼，共武之服。(《詩經·小雅·六月》)

⑦ 有洸有潰，既詒我肄。(《詩經·邶風·谷風》)

⑧ 不我以歸，憂心有忡。(《詩經·邶風·擊鼓》)

例⑥“有嚴”指威嚴的樣子，“有翼”指整齊的樣子；例⑦“有洸有潰”即洸洸潰潰，本義是指水的激蕩潰决，這裏形容人發怒的樣子；例⑧“有忡”指十分憂慮，“憂心有忡”就是後來的“憂心忡忡”。

“其”作形容詞詞頭。例如：

⑨ 北風其涼，雨雪其雱。(《詩經·邶風·北風》)

⑩ 擊鼓其鏜，踴躍用兵。(《詩經·邶風·擊鼓》)

用在及物動詞前面。例如：

⑪ 八月其獲，十月隕蘀。(《詩經·豳風·七月》)

言 “言”衹能用作動詞詞頭。例如：

⑫ 言告師氏，言告言歸。(《詩經·周南·葛覃》)

⑬ 翹翹錯薪，言刈其楚。(《詩經·周南·漢廣》)

成語“言歸於好”中的“言”原來也衹是一個詞頭，源自《左傳·僖公九年》：“既盟之後，言歸於好。”

于 也衹能用作動詞詞頭。如：

⑭ 黄鳥于飛，集於灌木，其鳴喈喈。(《詩經·周南·葛覃》)

⑮ 之子于歸，宜其室家。(《詩經·周南·桃夭》)

⑯ 君子于役，不知其期。(《詩經·王風·君子于役》)

薄 也衹作動詞詞頭，如：

⑰ 薄污我私，薄浣我衣。(《詩經·周南·葛覃》)

⑱ 不遠伊邇，薄送我畿。(《詩經・邶風・谷風》)

⑲ 薄伐玁狁，至於大原。(《詩經・小雅・六月》)

此外，還有“載”、“誕”也經常用作動詞詞頭，如《詩經・大雅・生民》中就有“載震載夙，載生載育”、“誕彌厥月，先生如達”等不少含有以“載”和“誕”作爲動詞詞頭的句子。不過，其用法比較複雜，也不一定都放在動詞前面，所以一般不把它們作爲專門的詞頭討論。

（二）詞尾

現代漢語中的常用詞尾有“子”、“兒”、“頭”、“者”等，它們的産生時間較遲，一般産生於近代以後。典型的古代漢語常見詞尾是“如”、“若”、“乎”、“爾”、“焉”、“然”等，它們通常用在形容詞之後，增加了詞語本身的描摹色彩，可译爲“……地”或“……的样子”。

如 是形容詞詞尾，例如：

① 海內晏如。(《漢書・諸侯王表》)

② 有美一人，婉如清揚。(《詩經・鄭風・野有蔓草》)

③ 惶惶如喪家之犬。(《史記・孔子世家》)

④ 孔子於鄉黨，恂恂如也，似不能言者。(《論語・鄉黨》)

例①至例④“晏如”、“婉如”、“惶惶如”、“恂恂如”可分别譯爲四海太平的樣子、美好的樣子、驚慌恐懼的樣子和恭順的樣子。成語“突如其來”中的“如”仍保留了詞尾的用法。

若 也是形容詞詞尾，例如：

⑤ 桑之未落，其葉沃若。(《詩經・衛風・氓》)

⑥ 出涕沱若。(《周易・上經》)

例⑤“沃若”是潤澤的樣子，例⑥“沱若”是滂沱的樣子。

乎 也祇作形容詞詞尾，例如：

⑦ 煥乎其有文章。(《論語・泰伯》)

⑧ 恢恢乎其於游刃必有餘地矣。(《莊子・養生主》)

例⑦和例⑧“煥乎”、“恢恢乎”可分别譯爲光明的樣子、寬綽的樣子。

爾 上古常用詞尾中，祇有“爾”既可用作形容詞詞尾，又可用作副詞詞尾。如：

⑨ 子路率爾而對曰。(《論語・先進》)

⑩ 俶爾遠逝，往來翕忽。(柳宗元《小石潭記》)

例⑨“率爾”是急忙地的意思；例⑩“俶爾”是忽然的意思。

成語“莞爾而笑”中的“爾”保留了這一詞尾的用法。

焉 也是一個形容詞詞尾。

⑪ 我心憂傷，惄焉如擣。(《詩經・小雅・小弁》)

⑫ 於亂石間擇其一二扣之，硿硿焉。(蘇軾《石鐘山記》)

例⑪“惄焉”可譯爲憂思傷痛的樣子。例⑫“硿硿焉”是對撞擊聲的描摹。

然 虛化爲虛詞後，多數情況下是作指示代詞使用，表示這樣、那樣，當處於形容詞之後時，指示性減弱，具備了詞尾的性質。古代漢語中的詞尾衹有“然”保留到了今天。

⑬ 填然鼓之。(《孟子・梁惠王上》)

⑭ 雜然相許。(《列子・湯問》)

⑮ 蔣氏大戚，汪然出涕曰。(柳宗元《捕蛇者説》)

⑯ 冥搜未已，一癩頭蟆猝然躍去。(《聊齋志異・促織》)

思考與練習

一、指出下面句中加點的“之”、“者”、“所”、“其”屬於哪類詞，並説明它的語法意義或語法功能

1. 諫而不入，則莫之繼也。(《左傳・宣公二年》)

2. 愛共叔段，欲立之。(《左傳・隱公元年》)

3. 之二蟲又何知？(《莊子・逍遥游》)

4. 道之不行，已知之矣。(《論語・微子》)

5. 馬之千里者，一食或盡一石。(韓愈《馬説》)

6. 彼節者有間，而刀刃者無厚。(《莊子・養生主》)

7. 口，人所以言食也。(《説文解字》)

8. 夜則以兵圍所寓舍。(文天祥《指南録・後序》)

9. 以亂易整，不武。吾其還也。(《左傳・僖公三十年》)

10. 古者天子地方千里，中之而爲都，輸將繇使，其遠者不在五百里而至。(賈誼《新書》)

二、指出下文中的語氣助詞，並説明其各自的作用

晏子將使楚。楚王聞之，謂左右曰：“晏嬰，齊之習辭者也。今方來，吾欲辱之，何以也？”

左右對曰：“爲其來也，臣請縛一人，過王而行。王曰：‘何爲

者也?’對曰:‘齊人也。’王曰:‘何坐?’曰:‘坐盜。’”晏子至,楚王賜晏子酒。酒酣,吏二縛一人詣王,王曰:“縛者曷爲者也?”對曰:“齊人也,坐盜。”

王視晏子曰:“齊人固善盜乎?”

晏子避席對曰:“嬰聞之,橘生淮南則爲橘,生於淮北則爲枳。葉徒相似,其實味不同。所以然者何?水土異也。今民生長於齊不盜,入楚則盜,得無楚之水土使民善盜耶?”

王笑曰:“聖人非所與熙也,寡人反取病焉。”(《晏子春秋·内篇雜下》)

三、給下面兩段文字加上標點

書蒲永昇畫後(蘇軾)

古今畫水多作平遠細皺其善者不過能爲波頭起伏使人至以手捫之謂有窪隆以爲至妙矣然其品格特與印版水紙争工拙於毫釐間耳

近歲成都人蒲永昇嗜酒放浪性與畫會始作活水得二孫[①]本意自黄居宷兄弟[②]李懷衮之流皆不及也王公富人或以勢力使之永昇輒嘻笑捨去遇其欲畫不擇貴賤頃刻而成嘗與余臨壽寧院水作二十四幅每夏日掛之高堂素壁即陰風襲人毛髮爲立永昇今老矣畫亦難得而世之識真者亦少如往時董羽近日常州戚氏畫水世或傳寶之如董戚之流可謂死水未可與永昇同年而語也

元豐三年十二月十八日夜黄州臨皋亭西齋戲書

注:① 二孫,指唐代的孫立和宋代的孫知微,都是擅長畫水者。

② 黄居宷兄弟,世人所認爲的善於作畫者。下文的李懷衮、董羽、戚氏與此相類。

四、将下面文字譯为現代漢語

語增(王充)

傳語曰:“聖人憂世深,思事勤,愁擾精神,感動形體。故稱堯若腊,舜若腒,桀、紂之君垂腴尺餘。”夫言聖人憂世念人,身體羸惡,不能身體肥澤可也;言堯、舜若腊與腒,桀、紂垂腴尺餘,增之也。齊桓公云:“寡人未得仲父極難,既得仲父甚易。”桓公不及堯、舜,仲父不及禹、契,桓公猶易,堯、舜反難乎?以桓公得管仲易,知堯、舜得禹、契不難。夫易則少憂,少憂則不愁,不愁則身體不臞。舜承堯太平,堯、舜襲德,功假荒服,堯尚有憂,舜安能無事?故經曰“上帝引逸”,謂虞舜也。舜承安繼治,任賢使能,恭己無爲而天下治。故孔子曰:“巍巍乎!舜、禹之有天下而不與焉。”夫不與尚謂之臞若腒，如德劣承衰，若孔子栖栖周流應聘，身不得容，道不得行，可骨立跛附，僵仆道路乎？紂爲長夜之飲，糟丘酒池，沉湎於酒，不捨晝夜，是必以病。病則不甘飲食，不甘飲食則肥腴不得至尺。經曰："惟湛樂是從，時亦罔有克壽。"魏公子無忌爲長夜之飲，困毒而死。紂雖未死，宜羸臞矣。然桀、紂同行，則宜同病，言其腴垂過尺餘，非徒增之，又失其實矣。（王充《論衡》）

8

第八單元

文選：詩詞

五言律詩

渡荊門送别

李　白

【作者介紹】李白（701—762），字太白，號青蓮居士。祖籍隴西成紀（今甘肅天水附近），先祖於隋末流徙到安西都户府碎葉城（今哈薩克斯坦巴爾喀什湖南面的托克馬克），李白就出生在那裏，幼時隨父遷居綿州昌隆縣（今四川江油）青蓮鄉。李白年輕時曾在長江流域和山東等地漫游，天寶元年（742），奉召至長安供奉翰林，其文章風采在京城名動一時。因受權貴排擠，三年後棄官而去，又一次在各地游歷。“安史之亂”的第二年（756），他參加了永王李璘的幕府。不久，永王與唐肅宗李亨發生了争奪帝位的戰争，李璘兵敗，李白受牽累，被流放到夜郎（今貴州境内），途中遇赦。晚年漂泊在東南地區一帶，依附安徽當塗縣令李陽冰，不久病死在那裏。

李白是我國古代偉大的浪漫主義詩人，素有“詩仙”之稱。他的詩歌表現了他一生的心路歷程：對功名事業的向往、對理想政治的追求、對黑暗現實的强烈不滿、對王侯權貴的蔑視和反抗，抒發出他胸中鬱結的痛苦和憤懣，因而具有打動人心的力量。李白大半生過着流浪生活，游歷了許多名山大川，寫下了大量贊美大好河山的優美詩篇，表達出他對祖國山河的無比熱愛以及渴望個性解放的博大情懷。李白經歷坎坷，思想複雜，既是一個天才的詩人，又兼有游俠、隱士、道人、策士的氣質，這些在他的詩歌中都有體現。

李白的詩歌情感豪邁奔放，想象奇特瑰麗，語言清新優美，意境飄逸若仙，在中國古代詩歌發展史上，達到了浪漫主義藝術的最高境界，對後世的詩歌創作産生了極爲深遠的影響。傳世有《李太白全集》（清代王琦注）。今人瞿蜕園、朱金城有《李白集校注》。

【説明】《渡荊門送别》是李白 25 歲出蜀漫游時寫給送别的友人的作品，詩中表現了青年李白對前途滿怀憧憬的豪邁氣概。

渡遠荊門外①，來從楚國游②。山隨平野盡③，江入大荒流④。月下飛天鏡⑤，雲生結海樓⑥。仍憐故鄉水⑦，萬里送行舟。

【注釋】

① 渡：經過。 荆門：山名，在今湖北枝城市西北長江南岸，與北岸虎牙山對峙，地勢險要。

② 從：跟隨，這裏指湊近、靠近。 楚國：這裏指今湖南、湖北一帶，這些地區古代屬楚國。

③ 平野：平原。 盡：到了盡頭。

④ 大荒：廣闊無邊的原野。這句詩的意思是：長江從多山的蜀地流入了荆門以东的平原地区。

⑤ 下：這裏是動詞，下來。這句詩的意思是：明月映入江水中，如同飛下的天鏡一般。

⑥ 海樓：海市蜃樓。 結：聯結。

⑦ 憐：愛。

【常用詞詞義分析】

渡 "渡"的本義是过河。《漢書·高帝紀》："三月，漢王自臨晉~河，魏王豹降，將兵從。"這個意義古本作"度"，後詞義擴大，泛指由此移到彼、通過。《史記·高祖本紀》："淮陰已受命東，未~平原。"本篇課文："~遠荆門外。"也引申爲渡口、擺渡的地方。韋應物《滁州西澗》詩："春潮帶雨晚來急，野~無人舟自横。"

從 "從"的本義是跟隨。《論語·微子》："子路~而後。"本篇課文："來~楚國游"。又有使動用法，表示使……隨從。《鴻門宴》："沛公旦日~百餘騎來見項王。"這個用法舊讀zòng。由跟隨義引申爲追趕。《孫子·軍争》："佯北勿~。"這裏"北"是敗逃的意思。

由跟隨義又引申爲依順、聽從。《禮記·郊特牲》："婦人，~人者也。"《左傳·隱公元年》："公~之。"由此義引申爲任憑。杜甫《屏迹》诗："失學~兒懶，長貧任婦愁。"這裏"從"、"任"同義。

由跟隨義還引申爲參與。白居易《與元九書》："家貧多故，二十七方~鄉試。"

"從"作介詞，表示從某一處所出發，相當於"自"、"由"。《左傳·宣公二年》："~臺上彈人。"還用於介紹動作行爲的對象，相對於"向"。《漢書·魯恭傳》："亭長~人借牛，而不肯還之，牛主訟於恭。”也用來介紹動作行爲形成的原因，相當於“因爲”。白居易《長恨歌》詩：“春宵苦短日高起，～此君王不早朝。”

“從”還表示次於最親的，指堂房親屬。《國語・魯語》：“公父文伯之母，季康子之～祖叔母也。”

由次於最親的又引申爲次要的、副的，與“正”相對。《唐六典》卷二：“司封郎中員外郎掌邦之封爵，凡有九等。一曰王，正一品，食邑一萬户；二曰郡王，～一品，食邑五千户。”

又音 zòng，意爲南北方向。《詩經・齊風・南山》：“衡～其畝。”衡，東西方向。畝，田壟。又意爲放縱、縱容。晁錯《賢良文學對策》：“其行罰也，非以忿怒妄誅而～暴心也。”這兩個意義後來都寫作“縱”。

又音 zōng，意爲蹤迹。《漢書・張湯傳》：“變事～迹安何起?”後來寫作“蹤”。

下 “下”的本義指位置下面，底部，與“上”相對。《莊子・逍遥游》：“故九萬里則風斯在～矣。”由此引申爲次序、等級在下的。《吕氏春秋・貴生》：“全生爲上，虧生次之，死次之，迫生爲～。”

由位置在下引申爲低，與“高”相對。《管子・乘馬》：“高毋近旱，而水用足，～毋近水，而溝防省。”進而引申爲在下位的人、百姓。《孟子・滕文公上》：“上有好者，～必有甚焉者矣。”

“下”作動詞，表示從高到低、下來。本篇課文：“月～飛天鏡，雲生結海樓。”由此又引申出卸下、取下之義。《樂府詩集・陌上桑》詩：“～擔捋髭須。”由高到低義還引申爲降低身份、謙恭待人。《論衡・道虚》：“傾一國之尊，～道術之士。”意思是放下一國之君的尊嚴，恭敬地對待道術之士。

由從高到低又引申爲“到……去”，一般指從西到東、從北到南、從上游到下游。杜甫《聞官軍收河南河北》詩：“即從巴峽穿巫峽，便～襄陽向洛陽。”

又引申爲命令下達、發派。《史記・孝文本紀》：“天子～其事與丞相議。”

由“到……去”之義引申爲奪得、攻取。《戰國策・秦策》：“秦攻邯鄲，十七月不～。”

由低引申爲低於、少於。韓愈《師説》：“其～聖人也亦遠矣。”

由高到低，意味着降下來、落下來。《莊子・逍遥游》：“不過數忉而～。”

“下”作量詞，表示動作的次數。林嗣環《口技》：“但聞屏障中撫尺一～，滿座寂然，無敢嘩者。”

結 “結”指打結，用繩、線、皮條等綰成疙瘩。《周易·繫辭下》：“上古～繩而治，後世聖人易之以書契。”引申指用繩等打成的疙瘩。《左傳·昭公十一年》：“朝有著定，會有表，衣有檜，帶有結。”此義喻指疾病、問題等的關鍵所在。《史記·扁鵲倉公列傳》：“以此視病，盡見五藏癥～，特以診脉爲名耳。”《管子·樞言》：“誠信者，天下之～也。”也喻指心中鬱悶。司馬遷《報任安書》：“意有所鬱～。”

由打結引申爲編織。《漢書·董仲舒傳》：“古人有言曰：‘臨淵慕魚，不如退而～網。’”由編織又引申爲聯結。本篇課文：“月下飛天鏡，雲生～海樓。”又比喻聯結的紐帶。《國語·晉語》：“夫禮，國之紀也；親，民之～也。”

由打結又引申爲締結、結交。《左傳·隱公七年》：“齊侯使夷仲來聘，～艾之盟也。”司馬遷《報任安書》：“自～明主。”

由打結又引申爲構造、搭建。陶淵明《飲酒》詩：“～廬在人境，而無車馬喧。”還引申出捆紮、束縛之義。韓愈《争臣論》：“庶岩穴之士聞而慕之，束帶～髮，愿進於闕下。”

由打結還引申爲繫上。《詩經·豳風·東山》：“親～其縭，九十其儀。”縭，指佩戴的圍巾。

“結”又假借爲“髻”，意爲挽髮而結之於頂，髮髻。《漢書·李陵傳》：“兩人皆胡服椎～。”“椎～”，圓錐形的髮髻。

旅夜書懷

杜　甫

【作者介紹】杜甫（712—770），字子美，生於河南鞏縣（今河南省鞏義市）。他 35 歲以前讀書並在各地游歷。後到長安，困居 10 年，纔獲得右衛率府胄曹參軍的小職。因曾居長安城南少陵，故自稱“少陵野老”，世稱“杜少陵”。“安史之亂”的第二年（756），他被任爲左拾遺，不久因觸怒唐肅宗而被貶。乾元二年（759），他攜家人西行，定居於成都，依附於劍南節度使嚴武，一度任檢校工部員外郎，故後人又稱其“杜工部”。晚年舉家東遷，沿長江而下，漂泊在鄂、湘一帶，最後死在耒陽（今湖南耒陽市）江面的一條船上。

杜甫是中國古代詩歌發展史上偉大的現實主義詩人。他生活在唐朝由盛轉衰的歷史時期，他的詩具有豐富的社會內容、强烈的時代色彩和鮮明的政治傾向。他熱愛祖國，同情人民，相對較低的社會地位和長期漂泊不定的生活使他嫉惡如仇，對朝廷的腐敗、社會生活中的黑暗現象都給予揭露和批評。他的詩歌表現了當時的社會矛盾和人民疾苦，真實深刻地反映了“安史之亂”前後的政治時事和廣闊的社會生活，成爲時代的一面鏡子，因而被譽爲“詩史”。

杜甫以古體詩、律詩見長，詩風以“沉鬱頓挫”爲主。他的詩語言和篇章結構富於變化，講求煉字煉句，藝術表現手法多樣，尤其是他的五言和七言長篇古詩，亦詩亦史，代表了我國詩歌藝術的最高成就。

【説明】764 年，杜甫攜家人回到成都，給嚴武做節度參謀。第二年，嚴武忽然去世，他在成都失去依靠，不得不乘舟東下，在岷江、長江一帶漂泊。這首詩大約是杜甫乘舟行經渝州（今重慶市）、忠州（今重慶市忠縣）的途中寫下的。作者在詩中把自己比作一隻孤獨漂泊的沙鷗，深刻地表現了其内心漂泊無依的感傷。

細草微風岸，危檣獨夜舟①。星垂平野闊，月涌大江流②。名豈文章著③，官應老病休④。飄飄何所似⑤？天地一沙鷗。

【注釋】

① 危檣：高高的桅杆。

② 月涌：江中的月影隨着江水一起涌動。

③ 文章著：因文章而顯著。

④ 老病休：因年老多病而罷休。休，這裏指不再做官。

⑤ 飄飄：隨處漂泊。

【常用詞詞義分析】

危 “危”的本義是高。《莊子·盗跖》：“使子路去其～冠，解其長劍。”本篇課文：“～檣獨夜舟。”引申爲不穩、不安定。《論語·季氏》：“～而不持，顛而不扶，則將焉用彼相矣？”

由高易出危險而引申爲危險、危急。《孟子·梁惠王上》：“上下交徵利，而國～矣。”又表示使危險，使受到危害。《孟子·梁惠王上》：“抑王興甲兵，～士臣，構怨於諸侯。”由危險引申爲傷害、損害。《韓非子·問田》：“今先生立法術，設度數，臣竊以爲～於身而殆於軀。”

“危”還有端正的意思。《莊子·繕性》：“～然處其所而反其性。”郭象注：“～然，獨正之貌。”

“危”作名詞，意爲屋脊，取屋脊端正之特徵。《史記·魏世家》：“座因上屋騎危。”座，人名。騎危，騎屋脊上。

“危”作副詞，意爲幾乎、差點兒。《漢書·宣元六王傳》：“我～得之。”顔師古注：“孟康曰：‘～，殆也。’我殆得爲天子也。”這裏“殆”是幾乎的意思。

“危”、“殆”在古代都含有“危險”、“幾乎”之義，但“危”可以用作形容詞、及物動詞、不及物動詞，而“殆”只能用作不及物動詞和副詞。

檣 “檣”本指船的桅杆。范仲淹《岳陽樓記》：“商旅不行，～傾楫摧。”本篇課文：“細草微風岸，危～獨夜舟。”也借指船。《宋書·謝靈運傳》：“靈～千艘，雷輜萬乘。”

涌 “涌”的本義是水往上冒。《論衡·狀留》：“泉暴出者曰～。”司馬相如《上林賦》：“醴泉～於清室，通川過於中庭。”引申爲波濤翻騰。杜甫《秋興》詩：“江間波浪兼天～，塞上風雲接地陰。”本篇課文：“星垂平野闊，月～大江流。”又喻指雲、霧、煙、氣等升騰、冒出。李朝威《柳毅傳》：“雲煙沸～。”也泛指其他事物突然冒出、升起。王嘉《拾遺記》：“金鳴于山，銀～于地。”

“涌”也寫作“湧”。

名 “名”指名稱、名字。《説文》：“～，自命也。”《莊子·逍遥游》：“北冥有魚，其～爲鯤。”本篇課文：“～豈文章著，官應老病休。”又用作動詞，表示起名字、命名。王安石《游褒禪山記》：“以故其後～之曰‘褒禪’。”由命名又引申爲稱説、説出。《虞初新志·秋聲詩自序》：“人有百口，口有百舌，不能～其一處也。”

由名字引申爲名義、名分。《後漢書·劉玄傳》：“唯～與器，聖人所重。”

又引申爲名譽、名聲。《史記·滑稽列傳》：“西門豹爲鄴令，～聞天下。”由此義引申爲有名的、著名。劉禹錫《陋室銘》：“山不在高，有仙則～。”

“名”又假借爲“明”，意爲明白。《老子》四十七章：“是以聖人不行而知，不見而～。”

“名”、“字”、“號”都是在姓氏之外的不同稱呼。“名”是嬰兒出生後由父親命名的，“字”是成年以後由尊长代取的。《禮記·曲禮》：“男子二十冠而字……女子十五笄而字。”“號”也叫別稱，是成年後自取或别人命名的。《周禮·春官·大祝》：“號爲尊其名更美稱焉。”

著 “著”音 zhù，本義爲草長出地面，表示顯露、顯現。《三國志·蜀書·諸葛亮傳》：“信義～於四海。”本篇課文：“名豈文章～，官應老病休。”

還表示寫作、撰述。《史記·老子韓非列傳》：“于是老子乃～書上下篇。”由此義引申爲登記。《戰國策·楚策》：“召門吏爲汗先生～客籍，五日一見。”

又音 zhuó，意爲附着，加於……之上。《漢書·食貨志》：“今驅民而歸之農，皆～於本。”由此義還可引申指定居於一地，不是游牧的。《史記·西南夷列傳》：“其俗或土～，或移徙，在蜀之西。”此義音 zhù。

“著”還有穿戴的意思，音 zhuó。《吕氏春秋·士節》：“～衣冠，令其友操劍奉笥而從。”又引申爲身上穿的衣服。陶潛《桃花源記》：“男女衣～悉如外人。”

“著”還表示用心，音 zhuó。宋玉《九辯》：“惟～意而得之。”又表示下手開始做。《晉書·杜預傳》：“兵威已振，譬如破竹，數節之後，皆迎刃而解，無復～手處也。”這幾個意義後來都寫作“着”。

休 “休”本義爲休息。《晏子春秋·内篇諫下》：“景公獵，～，坐地而食。”引申爲休假。《後漢書·蔡邕傳》：“臣屬吏張宛長～百日。”又引申爲退職、不再做官。本篇課文：“名豈文章著，官應老病～。”

由休息引申爲停止、中止。《史記·貨殖列傳》：“若水之趨下，日夜無～時。”由此義引申爲完了、結束。李商隱《馬嵬》詩：“他生未卜此生～。”

又特指丈夫離棄妻子。《敦煌曲子詞·菩薩蠻》詞：“枕前發盡千般愿，要～且待青山爛。”

“休”還有美善、喜慶之義。《左傳·宣公三年》：“德之～明，雖小，重也。”這裏“休”的意思是美好。《戰國策·魏策》：“～祲降於天。”這裏“休”意爲吉慶，“祲”意爲灾禍。

“休”作副詞，表示勸阻、禁止，相當於“别”、“不要”。辛棄疾《摸魚兒》詞：“～去倚危欄，斜陽正在，煙柳斷腸處。”

七言律詩

登柳州城樓寄漳汀封連四州①

柳宗元

【説明】815年，柳宗元因“永貞革新”失敗而被貶十年之後，又改貶到柳州爲刺史。這首七律就是柳宗元初到柳州時所寫，詩中充滿了備受打擊的憤懣之情。

城上高樓接大荒②，海天愁思正茫茫③。驚風亂颭芙蓉水④，密雨斜侵薜荔牆⑤。嶺樹重遮千里目⑥，江流曲似九回腸⑦。共來百越文身地⑧，猶自音書滯一鄉⑨。

【注釋】

① 漳、汀、封、連四州：這裏指韓泰、韓曄、陳諫、劉禹錫四個人。他們和柳宗元一起參與了805年王叔文集團的“永貞革新運動”，失敗後一起被貶。直到十年後的815年，柳宗元纔和他們四個人一起奉詔回京。但當他們趕到長安時，又分别被貶到更荒遠的柳州（今廣西柳州市）、漳州（今福建漳州市）、汀州（今福建長汀縣）、封州（今廣東封開縣）和連州（今廣東連州市）爲刺史。

② 接：目接，即看到。

③ 海天愁思（sì）：形容愁思無限，並暗含對東南沿海三州刺史的懷念。

④ 驚風：狂風。　颭（zhǎn）：被風吹得顫動。　芙蓉：荷花。

⑤ 薜荔（bìlì）：一種蔓生植物，常爬牆或繞樹而生，也稱木蓮。

⑥ 重（chóng）遮：一層層地遮住。

⑦ 江：指柳江。　曲：柳江從柳州城外曲折地流過。

⑧ 百越：指今廣東、廣西、福建一帶，因在這裏居住着許多少數民族，他們統稱爲“越”，所以古代稱這一帶爲“百越”。　文身：在身上刺花紋，這是古代百越人的一種習俗。

⑨ 猶自：依然。　滯：阻滯。　一鄉：一方。

【常用詞詞義分析】

驚　“驚”的本義是馬受驚。《説文》：“～，馬駭也。”《戰國策・趙策》："襄子至橋而馬～。"後詞義擴大爲禽獸或人因意料不到的事而心中震動、受驚。王維《鳥鳴澗》詩："月出～山鳥。"《戰國策・燕策》："秦王～，自引而起。"

又引申爲涌動。范仲淹《岳陽樓記》："波瀾不～，上下天光，一碧萬頃。"

還引申爲飛快之義。本篇課文："～風亂颭芙蓉水，密雨斜侵薜荔牆。"

"驚"假借爲"警"，意爲警惕。《詩經・小雅・車攻》："徒御不～，大庖不盈。"

"驚"泛指突然的感受，是外界刺激使人内心動蕩。它不一定是恐懼，所以與"恐、畏、懼"的意思有差别。

牆 "牆"本指房屋或園場周圍用土壘起的障壁。《説文》："～，垣蔽也。"《論語・公冶長》："糞土之～不可圬也。"本篇課文："驚風亂颭芙蓉水，密雨斜侵薜荔～。"作動詞用，表示築牆。《韓非子・十過》："公宫之垣，皆以荻蒿楛楚～之。"又指古代出殯時柩車上覆蓋棺槨的裝飾性帷幔。《儀禮・既夕禮》："奠席於柩西。巾奠乃～。"

回 "回"的甲骨文字形像淵水回旋之形，本義爲回旋、旋轉。《荀子・致士》："水深而～，樹落則糞本。"岑參《白雪歌送武判官歸京》詩："山～路轉不見君。"由此義引申爲曲折。本篇課文："嶺樹重遮千里目，江流曲似九～腸。"由旋轉義還引申爲改變。蘇軾《東坡志林》："二人之不敢請，亦知始皇之鷙悍而不可～也。"又由旋轉義引申爲掉轉過來。白居易《賣炭翁》詩："～車叱牛牽向北。"

"回"與"直"相對，有奸邪之義。《吕氏春秋・知分》："嬰且可以～而求福乎？"

由回旋義又引申爲返回。李白《望天門山》詩："碧水東流至此～。"賀知章《回鄉偶書》詩："少小離家老大～。""回"字作量詞，表示動作的次數。杜甫《上白帝城》詩："江城含變態，一上一～新。"

夜泊水村

陸 游

【作者介紹】陸游（1125—1210），字務觀，號放翁。越州山陰（今浙江紹興市）人，少年時即受家庭中愛國思想的熏陶。1153 年，他到臨安應進士試，被秦檜所黜。直到秦檜死後三年（1158）纔出任福州寧德縣主簿。後被宋孝宗賜進士出身，歷任鎮江、夔州通判。中年入蜀，在王炎、范成大幕下作僚屬，在川陝一帶度過了九年軍旅生活，官至寶章閣待制。他曾多次因主張抗金而被罷官。最後20年退居家鄉山陰，但收復中原的信念始終不渝。

陸游是中國古代著名的愛國主義詩人。他的詩歌題材廣泛，内容豐富。前期詩作多表達希望恢復失土的愛國情懷，詩風宏麗、豪邁、奔放。後期詩作多寄情於田園山水，風格清麗、平淡自然。他的詩最鮮明的特色是始終洋溢着强烈的愛國主義精神。有《劍南詩稿》、《渭南文集》等傳世。今有錢仲聯《劍南詩稿校注》。

【説明】本詩於淳熙九年（1182）秋作于山陰。這一時期的詩人雖罷官閒居家中，但心中却未曾忘懷世事國情。詩中表達了詩人决死報國的愛國情懷和壯志難酬的憤懣之情。

腰間羽箭久凋零①，太息燕然未勒銘②。老子猶堪絶大漠③，諸君何至泣新亭④？一身報國有萬死，雙鬢向人無再青。記取江湖泊船處⑤，卧聞新雁落寒汀⑥。

【注釋】

① 凋零：草木零落。這裏形容羽箭因久置不用而破敗不堪。

② 太息：嘆息。　燕（yān）然：山名，今蒙古人民共和國境内的杭愛山。東漢永元元年，車騎將軍竇憲領兵出塞，追擊北匈奴單于至燕然山，在那裏刻石記功。這裏比喻抗御金人收復失地。　勒：刻。　銘：刻在器皿或石上的一種文體。

③ 老子：這裏相當於“老夫”，是作者自稱。　絶：横渡。

④ 泣新亭：新亭，在今南京城南。東晉初年，由北方遷居江南的士人空閒時常到城外長江邊的新亭飲酒賦詩。周顗（yǐ）嘆道：“風景不殊，正自有江河之異。”在座衆人都深有感懷，相視落泪。爲首的大名士王導立時變色，厲聲道：“當共戮力王室，克復神州，何至作楚囚相對？”（事見《世説新語·言語》）詩人借用這一典故説明不要像晉朝士大夫那樣空憂國事，應有所行動，自己雖已垂老，但還能出征疆場。

⑤ 記取：記住。

⑥ 新雁：新從北方飛來的大雁。　汀：水邊平地。

【常用詞詞義分析】

泊 “泊”的本義是停船。蘇軾《石鐘山記》：“士大夫終不肯以小舟夜～絶壁之下。”詞義擴大，泛指停留。陳子昂《古意》詩：“獨～靈臺側。”

“泊”還有淡泊、恬静之義。諸葛亮《誡子書》：“非淡～無以明志，非寧静無以致遠。”

“泊”假借爲“薄”，表示刻薄、淡薄。《論衡·率性》：“稟氣有厚～，故性有善惡也。”

另音 pō，指湖泊。《元史·河渠志》：“黄河退潮之時，舊水～污池多爲世家所據。”

泣 “泣”的本義是眼泪。《史記·項羽本紀》：“項羽～數行下。”司馬遷《報任安書》：“沫血飲～。”《史記·吕太后本紀》：“發喪，太后哭，～不下。”也指無聲流泪或低聲哭。《戰國策·趙策》：“持其踵爲之～。”本篇課文：“老子猶堪絶大漠，諸君何至～新亭？”

“泣”與“涕”在古代都指眼泪，“涕”還指鼻涕。“泣”指無聲有泪地哭，有聲有泪則爲“哭”，哭而有言則爲“號”。

勒 “勒”的本義是套在馬頭上帶嚼口的籠頭。《漢書·匈奴傳》：“鞍～一具。”引申爲勒馬，收緊韁繩以止住馬騾等或使馬轉身。《楚辭·九章·思美人》：“～騏驥而更駕兮，造父爲我操之。”後詞義擴大，泛指約束。《後漢書·馬廖傳》：“廖性寬緩，不能教～子孫。”由此義引申爲强制執行。《隋書·食貨志》：“于是僑居者各～還本屬。”

勒馬就是控制馬，因而可引申爲率領。《史記·魏公子列傳》：“～兵，下令軍中。”

“勒”還有鐫刻之義。本篇課文：“腰間羽箭久凋零，太息燕然未～銘。”

汀 “汀”本義是水面平滑，後引申爲水邊平地。《説文》：“～，平也。”段玉裁注：“謂水之平也。水平謂之～，因之洲渚之平謂之～。”徐鍇注：“水岸平處。”《楚辭·九歌·湘夫人》：“搴～洲兮杜若。”本篇課文：“卧聞新雁落寒～。”

五言絶句

雜詩三首

王　維

【作者介紹】王維（700—761），字摩詰，祖籍太原祁州（今山西祁縣），後隨其父遷居於蒲（今山西永濟）。開元九年（721）進士。初爲太樂丞，因伶人舞黄獅坐罪，貶濟州司倉參軍。張九齡爲相時，擢爲右拾遺，又轉監察御史，後官至給事中。“安史之亂”後，王維被迫接受僞職。“安史之亂”平定後，因此而論罪貶官。晚年隱居藍田輞川，吃齋念佛，寄情於山水。後官至尚書右丞，世稱“王右丞”。

王維是盛唐山川田園詩派的傑出代表。早期的邊塞詩沉雄慷慨，後期的山水田園詩清新明麗，静謐恬澹。有《王右丞集》，《全唐詩》存詩四卷。

【説明】這是王維模仿江南樂府民歌風格所作的一組抒寫男女別後相思之情的五言絶句。

一

家住孟津河，門對孟津口①。常有江南船，寄書家中否？

二

君自故鄉來，應知故鄉事。來日綺窗前②，寒梅著花未③？

三

已見寒梅發，復聞啼鳥聲。愁心視春草④，畏向玉階生⑤。

【注釋】

① 孟津：亦稱盟津，黄河上的一個渡口，在今河南孟津縣。

② 綺（qǐ）窗：把窗木雕刻成交錯透空的網狀紋格的窗子。　綺，織有花紋的絲織品。

③ 著花：開花。著（zhuó），附着。

④ 愁心：一本作“心心”。

⑤ 玉階：一本作“階前”。

【常用詞詞義分析】

津 “津”本指渡口。《論語·微子》：“孔子過之，使子路問～焉。”本篇課文：“家住孟～河，門對孟～口。”引申爲乘船過河。《水經注·河水》：“而世士罕有～遠者。”

“津”在中醫裏特指人體分泌的津液、口水。《素問·調經論》：“人有精氣～液。”陸佃《埤稚·釋草》：“今人望梅生～，食芥墮泪。”由此義引申出潤澤、滋潤義。《西京雜記》卷五：“雨不破塊，潤葉～莖而已。”

由潤澤義又引申爲以資財助人。王明清《揮麈録》：“聽其歌聲，許以必貴，倒囊～置入京，繼遂遭際。”

寄 “寄”的本義是寄居它處。《漢書·息夫躬傳》：“未有第宅，～居丘亭。”引申爲依賴、依附。白居易《有木》詩：“托根附樹身，開花～樹梢。”還引申爲寄放、寄存。《南史·江淹傳》：“前以一匹錦相～，今可見還。”

又引申爲寄托、托付。《論語·泰伯》：“可以托六尺之孤，可以～百里之命。”這裏“托”、“寄”同義。《出師表》：“先帝知臣謹慎，故臨崩～臣以大事也。”

又特指傳送言語或書信。本篇課文：“常有江南船，～書家中否?”“～書”，托人帶信。

綺 “綺”指織成花紋的絲織品。《古詩十九首》十七：“客從遠方來，遺我一端～。”引申爲華麗、精美。本篇課文：“來日～窗前，寒梅著花未?”

窗 “窗”字本作“囱”，像天窗形，在屋上留個洞，可以透光，也可以出煙，後加“穴”字頭構成形聲字。《説文》：“囱，在牆曰牖，在屋曰囱。～，或從穴。”泛指窗子。《論衡·別通》：“鑿～啓牖，以助户明也。”本篇課文：“來日綺～前，寒梅著花未?”引申爲煙囱，音 cōng。崔涯《嘲李端端》詩：“黄昏不語不知行，鼻似煙～耳似鐺。”

寒 “寒”的本義是寒冷。《説文》：“～，凍也。”《論語·子罕》：“歲～，然後知松柏之後凋也。”引申爲使寒冷、冷却。《孟子·告子上》：“雖有天下易生之物也，一日暴之，十日～之，未有能生者也。”又引申爲寒冷的季節。《周易·繫辭下》：“～往則暑來，暑往則～來，～暑相推而歲成焉。”

由寒冷又引申爲凋零、枯萎之義。張可久《中吕·紅綉鞋·春晚》詞："花～鸚鵡病，春去杜鵑愁。"

由寒冷還引申出卑微、貧困義。《史記·范雎蔡澤列傳》："范叔一～如此哉！"又"寒心"二字連用，表示恐懼、戰慄。司馬遷《報任安書》："商鞅因景監見，趙良～心。"

西漢以前没有"冷"字，"冷"的意義都説成"寒"。

江　雪

柳宗元

【説明】這是柳宗元被貶到永州之後寫的詩，描寫江上雪景，抒發自己的孤傲之情。

千山鳥飛絶，萬徑人蹤滅①。孤舟蓑笠翁②，獨釣寒江雪③。

【注釋】

① 徑：小路。　滅：消失。

② 蓑（suō）：用草或棕做成的雨衣。　笠（lì）：用竹篾或棕皮編制的遮陽或擋雨的帽子。　翁：老人。

③ 獨：單獨。

【常用詞詞義分析】

徑　"徑"本指不能容車的步行小路。《説文》："～，步道也。"《史記·廉頗藺相如列傳》："懷其璧，從～道亡。"本篇課文："千山鳥飛絶，萬～人蹤滅。"引申爲走小路。《史記·高祖本紀》："高祖被酒，夜～澤中，另一人行前。"詞義擴大，泛指道路。《戰國策·東周策》："寡人將寄～於梁。"又引申爲經過。《史記·陳杞世家》："鄙語有之，牽牛～人之田，田主奪其牛。"

由道路引申爲直往義。《漢書·王莽傳》："李松遣偏將軍韓臣等～西至新豐。"由此又引申出直接之義。《聊齋志異·狼三則》："一狼～去。"又進而引申爲即、就。《史記·滑稽列傳》："髡恐懼俯伏地而飲，不過一斗，～醉矣。"

又引申爲直徑。《水經注·漸江水》："下有石井，口～七尺。"

"徑"還假借爲"陘"，音 xíng，意爲山坡。《孟子·盡心下》："山～之蹊，間介然用之而成路。"

“徑”、“蹊”都指不能通車的路，“徑”常常是直而近的小路，可以通牛馬，而“蹊”則比“徑”更小，只是人們經常踐踏而成，而“道、路、途”都指通車的路。

孤 “孤”本義爲幼年喪父。《説文》：“～，無父也。”《禮記·深衣》注：“三十以下無父稱～。”《後漢書·光武帝紀》：“光武年九歲而～，養於叔父良。”引申爲幼年喪父或父母雙亡的人。《國語·晉語》：“死吾君而殺其～，吾有死而已。”

引申爲孤單、孤獨。本篇課文：“～舟蓑笠翁，獨釣寒江雪。”《韓非子·奸劫弑臣》：“是以主～於上而臣成黨於下。”

“孤”也特用於古代王侯的自稱。《莊子·盜跖》：“凡人有此一德者，足以南面稱～矣。”

“孤”還有辜負的意思。李陵《答蘇武書》：“陵雖～恩，漢亦負德。”這裏“孤”、“負”同義。

獨 “獨”本義爲單獨、孤獨。《禮記·大學》：“故君子必慎其～也。”又特指老而無子的人。《戰國策·齊策》：“是其爲人，哀鰥寡，恤孤～，振困窮，補不足。”由單獨義引申爲獨特、與衆不同。《莊子·人間世》：“回聞卫君，其言壯，其行～。”

“獨”作副詞，表示獨自。本篇課文：“孤舟蓑笠翁，～釣寒江雪。”又表示唯獨、祇有。《史記·老子韓非列傳》：“子所言者，其人與骨皆已朽矣，～其言在耳。”沈括《夢溪筆談》：“謝靈運爲永嘉守，凡永嘉山水，游歷殆遍，～不言此山。”還表示反問語氣。《戰國策·楚策》：“王～不見夫蜻蛉乎？”又表示偏偏。司馬遷《報任安書》：“身非木石，～與法吏爲伍。”

“孤”、“獨”作名詞時，都指不幸的人。《孟子·梁惠王下》：“老而無子曰獨，幼而無父曰孤。”

翁 “翁”在古代的基本義是父親。《廣雅·釋親》：“～，父也。”《後漢書·華佗傳》：“自相謂曰：‘客車邊有物，必是逢我～也。’”引申爲夫之父或妻之父。“翁嫗”指父母，“翁姑”指岳父母，後泛指男性老人。《方言》卷六：“凡尊老……周晉秦隴謂之公，或謂之～。”杜甫《石壕吏》詩：“老～逾牆走。”本篇課文：“孤舟蓑笠～，獨釣寒江雪。”

七言絶句

黄鶴樓送孟浩然之廣陵①

李 白

【説明】730 年三月，李白與孟浩然在武昌的黄鶴樓相會。幾天後，孟浩然乘船東下揚州，李白親自送到江邊，寫下了這首詩。詩人將離别之情寄托於山水之間，令人回味無窮，堪稱送别佳作。

故人西辭黄鶴樓②，煙花三月下揚州③。孤帆遠影碧空盡④，唯見長江天際流⑤。

【注釋】

① 黄鶴樓：舊址在今湖北武漢市武昌蛇山的黄鵠磯上，背靠蛇山，俯臨長江，傳説三國時期的費禕在此乘黄鶴登仙而去，故稱黄鶴樓。 孟浩然：李白的朋友。 之：往，到達。 廣陵：今江蘇揚州市。

② 故人：老朋友，這裏指孟浩然。 辭：辭别。

③ 煙花：形容春天的柳絮繁花。 下：順流向下而行。

④ 盡：這裏是消失的意思。

⑤ 唯見：衹看見。 天際：天邊。

【常用詞詞義分析】

辭 “辭”的本義是訴訟，打官司。《説文》：“～，訟也。”《漢書·李廣蘇建傳》：“單於使衛律召武受～。”“受～”即接受訴訟。引申爲訟辭、口供。《尚書·吕刑》：“兩造具備，師聽五～。”這裏“兩造”訴訟的雙方，“師”指獄官。由訴訟引申爲申辯、解説。《左傳·僖公四年》：“子～，君必辯焉。”

詞義擴大，泛指言辭、説的話。司馬遷《報任安書》：“欲以廣主上之意，塞睚眥之～。”作動詞使用，表示告訴、説話。《禮記·檀弓》：“使人～於狐突曰：……”這裏“辭”是告訴的意思。狐突，人名。這個意義與“詞”相通，後來常寫作“詞”。

由言辭引申爲口實、借口。《論語·季氏》：“君子疾夫捨曰欲之而必爲之～。”由此義引申出推辭、不接受。《論語·雍也》：“與之粟九百，～。”《左傳·僖公三十年》：“～曰：‘臣之壯也，猶不如人；今老矣，無能爲也已。'”

又引申爲告别。《戰國策·趙策》：“遂～平原君而去。”本篇課文：“故人西～黄鶴樓，煙花三月下揚州。”

由言辭還引申爲言之成文的，文辭。宋濂《送東陽馬生序》：“撰長書以爲贄，～甚暢達。”這個意義與“詞”相通，後來常寫作“詞”。又指一種文體。《典論·論文》：“王粲長於～賦。”

“辭”、“詞”在古代是兩個不同的字，“詞”指另一種文體，衹有在“言辭、文辭”的意義上相通。

際 “際”本義是兩牆相接處。《説文》：“～，壁會也。”段玉裁注：“兩牆相合之縫也。”詞義擴大，泛指合縫、交接的地方，邊際處。《後漢書·張衡傳》：“覆蓋周密無～。”本篇課文：“孤帆遠影碧空盡，唯見長江天～流。”

引申爲兩者先後交接的時候。《論語·泰伯》：“唐虞之～，於斯爲盛。”詞義擴大，泛指具體時間，相當於“……的時候”。諸葛亮《出師表》：“受任於敗軍之～，奉命於危難之間。”

從兩牆相接引申出彼此之間。《韓非子·難一》：“君臣之～，非父子之親也，計數之所出也。”

表示人或事物的交際、會合。《莊子·則陽》：“田獵畢弋，不應諸侯之～。”《周易·上經》：“剛柔～也。”

由邊際義引申爲達到、接近。《淮南子·原道訓》：“高不可～，深不可測。”《漢書·嚴助傳》：“～天接地。”

影 “影”本指因擋住光綫而投射出的暗影。《荀子·强國》：“譬之猶響之應聲，～之象形也。”李白《月下獨酌》詩：“舉杯邀明月，對～成三人。”

引申爲倒影。王勃《滕王閣詩》：“閒雲潭～日悠悠，物换星移幾度秋？”

又引申爲模糊的形象。本篇課文：“孤帆遠～碧空盡，唯見長江天際流。”

還指鏡中反映出來的形象。陸機《演連珠》：“鏡無畜～，故觸形則照。”由此義引申出畫像。玄奘《大唐西域記》：“三有佛～，焕若真容，相好具足，儼然如在。”由畫像又引申爲臨摹。莫友芝《元遺山集》：“其於原本漫縮處皆摩其狀，故知爲～鈔也。”

“影”字本寫作“景”。

泊　秦　淮[①]

杜　牧

【作者介紹】杜牧（803—852），字牧之，號樊川居士，京兆萬年（今陝西西安）人。唐文宗大和二年（828）進士，授宏文館校書郎。曾任監察御史、膳部、比部、司勳員外郎和黄州、池州、睦州刺史等職，最終官至中書舍人。

杜牧是晚唐傑出詩人，尤以七言絶句著稱。其詩風清麗俊逸，擅長文賦，其中《阿房宫賦》爲後世傳誦。有《樊川文集》20卷傳世。最通行的注本是清人馮集梧《樊川詩集注》。

【説明】作者在詩中借古諷今，抨擊了那些沉迷於酒色、不理朝政的統治者，表達了詩人對國家命運的憂慮和關懷。

烟籠寒水月籠沙[②]，夜泊秦淮近酒家。商女不知亡國恨[③]，隔江猶唱後庭花[④]。

【注釋】

① 秦淮：秦淮河。源出江蘇溧水縣東北，流經南京地區，入長江。當時秦淮河兩岸酒樓妓館林立，一片繁華景象。

② 烟：這裏指江面上的水氣。　籠：籠罩。

③ 商女：指歌女，在酒樓或船舫中以賣唱爲生的女子。　亡國恨：南京是南朝陳的國都，陳後主沉溺於酒色，終致亡國。恨，遺憾。

④ 後庭花：即樂曲《玉樹後庭花》，南朝亡國之君陳後主所作，被視爲亡國之音。

知識拓展：

押韵、平仄和對仗

中國古代的近體詩講究押韻、平仄和對仗。

押韵是詩詞格律的基本要素之一。押韻就是在詩詞中把韻母和聲調相同的同韻字放在同一位置上，一般是句尾，這些位於句尾押韻的字稱爲韻脚。這樣，相同的聲音在相同的位置重複出現，構成了詩詞的音樂美。

平仄是詩詞格律的一個術語。詩人們把古代漢語平、上、去、入四種聲調分爲平仄兩大類，平就是平聲，語音没有高低變化；

仄就是上去入三聲，仄是不平的意思，即語音有高低升降變化。這兩類聲調交錯搭配使用，可使聲音多樣化，而不至於單調。近體詩有一套固定的平仄格式，即“平仄譜”，總的原則是：在本句中平仄是交替的，在對句中平仄是對立的。

對仗就是詩詞中的對偶，是把同類的概念放在對句的相對位置上，一般規則是實對實、虛對虛。用現代漢語的術語來説，就是用名詞對名詞、動詞對動詞、形容詞對形容詞、副詞對副詞等。但格律詩中的對仗還有自己的規則：出句字和對句字的平仄是相對立的；出句的字和對句的字不能重複。

【常用詞詞義分析】

籠 “籠”本指盛土的器具。《説文》：“～，舉土器也。”《漢書·王莽傳》：“荷～負鍤。”鍤，一種鐵製農具。詞義擴大，泛指用竹片編成的盛物的圓形器具。《新五代史·王鎔傳》：“匿昭誨於茶～中。”昭誨，人名。又指飼養鳥、蟲、家禽等的籠子。辛棄疾《清平樂·村居》詞：“中兒正織雞～。”

作動詞使用，表示裝進籠子。柳宗元《鈷鉧潭西小丘記》：“丘之小不能一畝，可以～而有之。”由此引申爲籠罩。本篇課文：“煙～寒水月籠沙，夜泊秦淮近酒家。”由籠罩義又引申爲獨攬之義。《鹽鐵論·輕重》：“～天下鹽鐵諸利，以排富商大賈。”

近 “近”本指時間或空間的距離短，與“遠”相對。《列子·湯問》：“我以日始出時去人～，而日中時遠也。”《韓非子·説林上》：“遠水不救～火也。”

由距離小引申爲接近、親近。《史記·項羽本紀》：“吾入關，秋毫不敢有所～。”本篇課文：“煙籠寒水月籠沙，夜泊秦淮～酒家。”《資治通鑒》卷二百三十三：“應者～萬人。”《戰國策·趙策》：“襄子必～幸子。”由親近引申爲受寵義。《戰國策·齊策》：“齊王夫人死，有七孺子皆～。”

距離短，就比較淺，因而引申爲淺近，指容易理解、容易明白的。《孟子·盡心下》：“言～而指遠者，善言也。”這裏“近”指淺顯，“遠”指深刻。

又引申爲相近、近似。《漢書·藝文志》：“或取《春秋》，采雜説，咸非其本義。與不得已，魯最爲～之。”

由時間短引申有近來、最近義。《史記·十二諸侯年表序》："下觀～勢，亦著八篇，爲《虞氏春秋》。""～勢"即最近的形勢。

亡 "亡"的本義是逃跑。《左傳·宣公二年》："問其名居，不告而退，遂自～也。"特指出奔、流亡，逃到外國去。《左傳·宣公二年》："～不越竟，反不討賊，非子而誰？"《國語·晉語》："晉公子生十七年而～。"

引申爲出門在外。《論語·陽貨》："孔子時其～也，而往拜之。"

又引申爲失去。《戰國策·楚策》："～羊而補牢，未爲遲也。"《戰國策·齊策》："爲蛇足者，終～其酒。"

國君逃往國外，常常意味着國家滅亡了。故引申爲滅亡，與"存"相對。《戰國策·魏策》："且秦滅韓～魏。"杜牧《泊秦淮》："商女不知～國恨，隔江猶唱後庭花。"

由滅亡又引申出死亡義，與"存"相對。《論語·雍也》："～之！命矣夫！""～之"意爲"爲之死"。袁枚《祭妹文》："或人間長者先～。"

"亡"假借爲"忘"，音 wàng，意爲忘記。《列子·仲尼》："知而～情，能而不爲，真知真能也。"又假借爲"無"，音 wú，表示否定。《論語·颜淵》："人皆有兄弟，我獨～。"

詞

雨 霖 鈴①

柳 永

【作者介紹】柳永，（約 987—約 1053），字耆卿，崇安（今福建武夷山）人。原名三變，字景莊，後改名永。他一生仕途坎坷，窮困潦倒，以致行爲放蕩不羈。他晚年纔考取進士，曾任屯田員外郎，世稱"柳屯田"。他以"白衣卿相"自許，用畢生精力填詞，自稱"奉旨填詞柳三變"。

柳永是北宋時代大量創作慢詞的第一人。他通曉音律，熟悉詞調，善於吸收民間語言，其詞作明白曉暢、情感真摯、情景交融，對詞的發展起到了一定的作用。今存有《樂章集》。

【説明】這首詞是他離開都城汴京（今河南開封）時寫的，用寥落的秋景襯托出惜別之情。上闋寫分別時的難捨難分，下闋寫想象中分別以後的情景。

寒蟬凄切②，對長亭晚③，驟雨初歇④。都門帳飲無緒⑤，方留戀處，蘭舟催發⑥。執手相看淚眼，竟無語凝噎⑦。念去去、千里煙波⑧，暮靄沈沈楚天闊⑨。

多情自古傷離別，更那堪、冷落清秋節⑩。今宵酒醒何處？楊柳岸、曉風殘月。此去經年⑪，應是良辰好景虛設。便縱有、千種風情，更與何人説⑫？

【注釋】

① 雨霖鈴：詞牌名，爲唐教坊曲。相傳唐玄宗爲避“安史之亂”入蜀，遇連日陰雨，爲悼念楊貴妃，便借在棧道中聽到的鈴聲，創作了此曲，後被柳永用爲詞調。又作“雨淋鈴”。

② 寒蟬：蟬的一種，又名寒蜩（tiáo）。

③ 長亭：古時人們在郊外送別餞行的地方。　晚：傍晚時分。

④ 驟雨：急雨。

⑤ 都門：京都的城門。　帳飲：在京都郊外搭起帳篷設宴餞行。　無緒：没有情緒，心情不好。

⑥ 方留戀處：一本作“留戀處”。　蘭舟：據説魯班曾用木蘭樹刻爲舟，後用作船的美稱。

⑦ 凝噎：傷心得氣塞住嗓子，哭不出來，也説不出話來。一本作“凝咽”。

⑧ 去去：表示行程之遠，意爲往前走了一程又一程。　煙波：水霧迷茫的樣子。

⑨ 暮靄：傍晚的雲氣。　楚天：古時長江下游一帶屬於楚國，這裏泛指南方的天空。　沈沈：深厚的樣子。

⑩ 清秋節：蕭瑟冷落的秋季。

⑪ 經年：經過一年，這裏指年復一年地下去了。

⑫ 風情：這裏指男女情意。

【常用詞詞義分析】

驟　“驟”的本義爲馬奔跑。《説文》：“～，馬疾步也。”《詩經·小雅·四牡》：“載～駸駸。”駸駸（qīnqīn），馬快跑的樣子。詞義擴大，泛指迅疾、快猛。《周禮·夏官·大司馬》：“車～徒趨。”本篇課文：“～雨初歇。”

由迅疾義又引申出突然之義。羅貫中《三國演義》第九十五回：

“倘魏兵～至，四面圍定，將何策保之?”

“驟”作副詞，表示屢次、多次。《左傳·宣公二年》：“宣子～諫，公患之。”

緒 “緒”本指絲綫的頭。《說文》：“～，絲端也。”《易林·兑之坎》：“絲多～亂，端不可得。”詞義擴大，泛指頭緒、開端。《淮南子·精神訓》：“反復終始，不知其端～。”由絲的開端喻指連綿不斷的情緒、思緒。本篇課文：“都門帳飲無～，方留戀處，蘭舟催發。”

絲綫的頭引出了後面的綫，由此引申爲世系義。班固《東都賦》：“系唐統，接漢～，茂育群生，恢復疆宇。”由此義引申爲前輩留下的未竟事業或發而未盡的言論。司馬遷《報任安書》：“僕賴先人～業。”《莊子·漁父》：“曩者先王有～言而去。”“～言”，没有說完的話。

由未竟的言行又引申爲殘餘的、遺留的。《莊子·山木》：“食不敢先嘗，必取其～。”

經 “經”本指織布的縱綫，與“緯”（横綫）相對。《玉篇》：“～，～緯以成繒帛也。”常喻指重要的。《文心雕龍·情采》：“故情者文之～，辭者理之緯；～正而後緯成，理定而後辭暢。”由縱綫引申爲南北縱貫的道路。《大戴禮記·易本命》：“凡地東西爲緯，南北爲～。”《周禮·考工記·匠人》：“國中九～九緯。”

“經”在中醫學中指人體氣血循環通路的主幹。《素問·陰陽別論》：“人有四～十二從，何謂?”

因織布時經綫静而緯綫動，故“經”可引申爲常道，指常行的義理、準則、規律等。《左傳·昭公十五年》：“王之大～也。”孔穎達疏：“～者，綱紀之言也。”

由常理、準則義引申指經典、各種學術思想流派對本派權威性著作的尊稱。《漢書·藝文志》：“詔光禄大夫劉向校～傳諸子詩賦。”《白虎通·五經》：“五～何謂? 謂易、尚書、詩、禮、春秋也。”又特指中國古代圖書四大類别之一。《新唐書·藝文志》：“列～、史、子、集四庫。”

“經”作動詞，表示經歷、經過。《世說新語·自新》：“～三日三夜，鄉里皆謂已死，更相慶。”本篇課文：“此去～年，應是良辰好景虚設。”

也表示度量、劃分。《周禮·天官·塚宰》：“辨正方位，體國～

野，設官分職。”《鹽鐵論·相刺》：“古者～井田。”

又引申爲治理、管理、料理。《典論·論文》：“蓋文章～國之大業。”

還表示懸起來，懸掛，特指自縊、上吊。《史記·田單列傳》：“遂～其頸於樹枝，自奮絶脰而死。”

縱 “縱”在古代的基本義是發、放。《三國志·魏書·武帝紀》：“時太祖兵少，設伏，～奇兵擊，大破之。”引申爲聽任、放縱、不拘束。《左傳·昭公十年》：“我實～欲，而不能自克也。”

“縱”還表示竪的、直的、南北方向的，與“横”相對。《楚辭·七諫·沈江》：“不開寤而難道兮，不别横之與～。”盧照鄰《長安古意》詩：“玉輦～横過主第。”這個意義也作“從”。

“縱”作連詞，表示即使、縱然。《史記·項羽本紀》：“～江東父兄憐而王我，我何面目見之？”本篇課文：“便～有千種風情，更與何人説？”

水調歌頭①

(明月幾時有)

蘇　軾

【説明】這首詞是熙寧九年（1076）作者在密州（今山東諸城）時所作。這時，他與胞弟蘇轍已分别七年未能團聚，中秋之夜，寫下了這千古名篇。詞中表現出作者出世思想與熱愛生活的矛盾心理，但總的基調是樂觀向上的。

丙辰中秋②，歡飲達旦。大醉，作此篇，兼懷子由③。

明月幾時有？把酒問青天④。不知天上宫闕，今夕是何年⑤？我欲乘風歸去⑥，又恐瓊樓玉宇⑦，高處不勝寒。起舞弄清影，何似在人間？　轉朱閣，低綺户，照無眠⑧。不應有恨，何事長向别時圓⑨？人有悲歡離合，月有陰晴圓缺，此事古難全。但願人長久，千里共嬋娟⑩。

【注釋】

① 水調歌頭：詞牌名，大曲《水調歌》的首段，故名“歌頭”。又名“元會曲”、“臺城游”等，相傳是隋煬帝開鑿運河時所作。

② 丙辰：熙寧九年（1076）。

③ 子由：蘇軾弟弟蘇轍的字。當時蘇轍也被貶在齊州（今山東濟南），兄弟二人已七年没有見面。

④ 把：拿着。

⑤ 宫闕：古代帝王所居。宫，房子，後指帝王住的房子。闕，宫門外兩邊的樓臺，中間空缺爲道路。

⑥ 乘風歸去：駕着風，回到天上去。據《列子·黄帝》記載，列子從老商氏學道，最後達到了忘物忘我的最高境界："心凝神釋，骨肉都融，不覺形之所倚，足之所履，隨風東西，猶木葉乾殼。竟不知風乘我邪，我乘風乎？"作者用這個典故暗喻自己有想忘掉一切而出世的想法。

⑦ 瓊樓玉宇：美玉砌成的樓宇。指上文中的"天上宫闕"。

⑧ 朱閣：朱紅色的樓閣。　綺户：刻有鏤空紋飾的門。　無眠：没有睡意的人，這裏指詩人自己。

⑨ 何事：爲什麽。

⑩ 嬋（chán）娟：美好的樣子，這裏代指月亮。

【常用詞詞義分析】

懷　"懷"的本義是胸前、懷裏。《論語·陽貨》："子生三年，然後免於父母之～。"歸有光《項脊軒志》："汝姊在吾～，呱呱而泣。"

引申爲在胸前抱着。《楚辭·九章·懷沙》："～瑾握瑜兮，窮不知所示。"鄭玄注："在衣爲～，在手爲握。"又特指懷胎。《論衡·奇怪》："母之～子，猶土之育物也。"

由懷抱義引申出心裏存有、懷藏某種心情之義。《戰國策·魏策》："～怒未發，休祲降於天。"這裏"休"是吉兆，"祲"是不祥之氣。司馬遷《報任安書》："僕～欲陳之，而未有路。"由此義又引申爲心意、心情、情緒。陶淵明《飲酒》詩（其九）："問子爲誰歟？田父有好～。"

由抱着又引申爲包容、容受。《尚書·堯典》："湯湯洪水方割，蕩蕩～山襄陵，浩浩滔天。"毛傳："～，包也。"《淮南子·覽冥訓》："又况乎宫天地，～萬物而友造化。

又引申爲想念、懷念。《詩經·召南·野有死麕》："有女～春，吉士誘之。"本篇課文："大醉，作此篇，兼～子由。"

又引申爲人心歸向、歸附。《尚書·臯陶謨》："安民則惠，黎民～之。"也表示使……來歸附。賈誼《論積貯疏》："～敵附遠，何招而不至？”

闕 “闕”本指城門兩邊的高臺和建築物。又名“觀”（guàn）。《説文》：“～，門觀也。”徐鍇曰：“以其～然爲道，謂之～。以其上可遠觀，謂之觀。”《詩經·鄭風·子衿》：“挑兮達兮，在城～兮。”王勃《送杜少府之任蜀川》詩：“城～輔三秦，風煙望五津。”後特指王宮門前或陵墓前兩邊的高臺，通常左右各一，中間爲通道。鄒陽《獄中上梁王書》：“安有盡忠信而趨～下者哉？”

由王宮門前高臺引申指宮殿。本篇課文：“不知天上宮～，今夕是何年？”

“闕”有假借義。假借爲“缺”，音 quē，意爲豁口、空缺。《水經注·江水》：“自三峽七百里中，兩岸連山，略無～處。”引申爲缺點。《詩經·大雅·烝民》：“袞職有～，維仲山甫補之。”又表示使……虧損。《左傳·僖公三十年》：“若不～秦，將焉取之？”又假借爲“掘”，音 jué，意爲刨、挖。《左傳·隱公元年》：“若～地及泉，隧而相見，其誰曰不然？”

閣 “閣”本指古代頂在敞開的門上以防止門自合的長木橛。《爾雅》：“所以止扉謂之～。”郝懿行疏：“此～以長木爲之，各施於門扇兩旁，以止其走扇。”

由長木義引申爲架空的棧道，即用木板架築在山岩絶險處的道路。《三國志·蜀書·魏延傳》：“率所領徑先南歸，所過燒絶～道。”

又指一種架空的小樓房，通常四周設隔扇或欄杆回廊，供遠眺、游憩、藏書和供佛之用。杜牧《阿房宮賦》：“五步一樓，十步一～。”本篇課文：“轉朱～，低綺户，照無眠。”又特指收藏書籍的房子。《漢書·揚雄傳》：“時雄校書天禄～上。”

又引申爲小門。《上山采蘼蕪》詩：“新人從門入，故人從～去。”也特指未婚女子所居的房屋。《木蘭詩》：“開我東～門，坐我西～床。”

還指擱置食物等的櫥櫃。《禮記·内則》：“大夫七十而有～。”由此義引申出擱置之義。《新唐書·劉知幾傳》：“～筆相視。”

“閣”還指官署，西漢時稱官府辦公處所爲“閣”。陸機《答張士然》詩：“潔身躋秘～。”“秘～”，指秘書省。

念奴嬌

(赤壁懷古)①

蘇　軾

【説明】元豐五年（1082）七月，蘇軾謫居黄州，游黄州城外赤壁時寫下了这首詞。上片咏赤壁，下片懷周瑜，最後以自身感慨作結。作者在詞中借對古代英雄的遥想，抒發自己爲國家建功立業的渴望。

大江東去，浪淘盡，千古風流人物②。故壘西邊，人道是、三國周郎赤壁③。亂石穿空，驚濤拍岸，捲起千堆雪④。江山如畫，一時多少豪傑！　　遥想公瑾當年，小喬初嫁了，雄姿英發⑤。羽扇綸巾，談笑間、檣櫓灰飛烟滅⑥。故國神游，多情應笑我，早生華髮⑦。人生如夢，一尊還酹江月⑧。

【注釋】

① 念奴嬌：詞牌名，又名《百字令》。　赤壁：地名，三國時周瑜攻破曹操軍隊的地方，在今湖北嘉魚縣東北。蘇軾所游爲黄州城外赤壁，一名赤鼻磯。

② 大江：長江。　風流人物：傑出的英雄人物。

③ 故壘：過去遺留下來的營壘。　人道是：作者所游的赤鼻磯，不是周瑜破曹軍的舊址，所以説“人道是”。　周郎：周瑜，字公瑾，廬江郡舒縣（今安徽廬江）人。因 24 歲時成爲東吴中郎將，人稱周郎。208 年，蜀、吴聯軍在周瑜的指揮下，於赤壁以火攻擊敗曹操的軍隊，此戰奠定了三國三分天下的基礎。

④ 穿空：一本作“崩雲”。　拍岸：一本作“裂岸”。　千堆雪：比喻很高的浪花。

⑤ 小喬：喬玄次女，嫁給周瑜，其姐大喬嫁給孫權，故稱大喬、小喬，均爲當時的美女。　英發：英俊勃發。

⑥ 羽扇：羽毛做的扇子。　綸（guān）巾：一種青絲帶的頭巾。這是古代儒將的裝束，用來形容周瑜從容儒雅的風度。　檣櫓：指代曹軍的戰船，也代指曹軍，是雙關語。一本作“狂虜”，一本作“强虜”。檣，掛帆的桅杆。櫓，一種摇船的槳。

⑦ 故國：這裏指舊地。　神游：這裏指前文的想象把自己帶回古戰場去了。　華（huá）髮：花白的頭髮。

⑧ 尊：酒杯。　還（huán）：仍舊，還是。　酹（lèi）：把酒澆在地上表示祭奠。

知識拓展：

詞牌和詞譜

詞最初稱爲曲子詞，是配音樂的。必須先創制或選用一個樂譜，然後按照它對聲韻的要求去配詞，纔可歌唱。所以寫詞又叫做填詞。寫詞時所依據的樂譜就是詞調，每個詞調都有名稱，稱爲詞牌。

後來那些與詞相配的樂譜逐漸失散了，後人不能再按樂譜填詞，而只得按照前人詞篇中的句式、平仄和韻律來填寫，詞就脱離音樂成爲詩的别體。

後人把每一個詞調的句式、平仄和韻律等分别概括整理，形成種種不同的固定格式，這就是今天我們看到的“詞牌”。詞的格式和律詩不同，律詩只有四種格式，而詞總共有兩千多種格式。每種格式都有特定的要求，包括字數、韻數以及平仄格式，這就是今天所謂的詞調。詞的這些格式統稱爲詞譜。

【常用詞詞義分析】

淘　“淘”的本義是衝刷。本篇課文：“大江東去，浪～盡，千古風流人物。”引申爲用水衝去雜質。劉禹錫《浪淘沙》詩：“千～萬漉雖辛苦，吹盡黄沙始到金。”

假借爲“掏”，意爲挖掘使疏通。《東京夢華録》：“每遇春時，官差大夫監～在城渠，别開坑盛～出者泥，謂之泥盆。”

拍　“拍”的本義是拍擊。《古詩爲焦仲卿妻作》詩：“舉手～馬鞍，嗟嘆使心傷。”由此義引申爲擊打。本篇課文：“亂石穿空，驚濤～岸，捲起千堆雪。”

又指樂曲的段落。蔡琰《胡笳十八拍》詩：“笳一會兮琴一～，心憤怨兮無人知。”由此義引申爲樂曲的節拍、節奏。白居易《霓裳羽衣歌·和微之》詩：“中序擘騞初入～，秋竹竿裂春冰拆。”

又爲古兵器名，用繩子繫在方木上，木上布滿鐵釘，用拋車甩出擊敵。《南史·章詔達傳》：“昭達乘平虜大艦，中流而進，先鋒發～，中賊艦。”

時　“時”本指春、夏、秋、冬四季。《釋名》：“四～，四方各一～。～，期也。”歐陽修《醉翁亭記》：“四～之景不同，而樂亦無窮也。”

引申爲時辰。古代一晝夜分十二時辰，每一時辰兩個小時。《韻會》：“～，～辰也。十二時也。”黄庭堅《思親汝州作》詩：“一日思親十二～。”詞義擴大，泛指時間。《徐霞客游記·游黄山記》：“～已過午，奴輩適至。”又引申爲時候。《莊子·養生主》：“始臣之解牛之～，所見無非全牛者。”

由時候引申出時代、時世之義。《吕氏春秋·察今》：“世易～移，變法宜矣。”由此義引申爲時尚、時俗。朱慶餘《近試上張水部》詩：“妝罷低聲問夫婿，畫眉深淺入～無？”

由時候又引申出時機、機會義。《論語·陽貨》：“好從事而亟失～。”

由季節義引申出按一定的時候。《莊子·秋水》：“秋水～至。”

又引申爲那時、當時。《後漢書·張衡傳》：“～天下承平日久，自王侯以下莫不逾侈。”

又引申爲時常、經常。歸有光《項脊軒志》：“庭階寂寂，小鳥～來啄食，人至不去。”也引申爲有的時候。《徐霞客游記·游黄山記》：“下盼諸峰，～出爲碧嶠，～没爲銀海。”

“時”有假借義。假借爲“是”，近指代詞，相當於“這”、“此”。《詩經·周頌·噫嘻》：“率～農夫，播厥百穀。”又假借爲“伺”，意爲伺機、等待。《論語·陽貨》：“孔子～其亡也，而往拜之。”又假借爲“莳”，意爲栽種。《尚書·舜典》：“汝后稷播～百谷。”

初 “初”的本義是起始、開端。《説文》：“～，始也。”《周易·下經》：“～吉終亂。”

從開端義引申爲從前、當初。《左傳·隱公元年》：“～，鄭武公娶於申。”又引申爲本原、本來。楊萬里《憩懷古堂》詩：“此堂～無情，此池詎何知。”

可以加在數詞前面，表示次序。白居易《暮江吟》詩：“可憐九月～三夜，露似珍珠月似弓。”“～三夜”，第三天夜裏。

“初”作副詞，相當於“纔”、“剛剛”。《史記·秦始皇本紀》：“天下～定，又復立國，是樹兵也。”本篇課文：“遥想公瑾當年，小喬～嫁了，雄姿英發。”

姿 “姿”本指人的姿態、風度。《後漢書·皇后紀上·和熹鄧皇后》：“后長七尺二寸，～顔姝麗，絶異於衆。”本篇課文：“遥想公瑾當年，小喬初嫁了，雄～英發。”引申爲天資、資質。《論衡·

本性》："初稟天然之～，受純壹之質。"

尊 "尊"本指古代盛酒的器皿。《莊子·馬蹄》："故純樸不殘，孰爲犧～？"這個意義後來寫作"樽"或"罇"。

先秦時期酒器的大小、多寡代表了地位的高低，故引申爲地位高，與"卑"相對。《周易·繫辭上》："天～地卑，乾坤定矣。"用作動詞時，表示使……地位高。《戰國策·趙策》："今媼～長安君之位，而封之以膏腴之地。"

又引申爲尊重、尊崇。《論語·子張》："君子～賢而容衆。"《論語·堯曰》："～五美，屏四惡，斯可以從政矣。"

又表示對人的敬稱。1. 稱長輩。《晉書·簡文帝紀》："帝謂之曰：'致意～公。'" 2. 稱官長。《三國志·蜀書·秦宓傳》："宜一來與州～相見。" 3. 稱皇帝。杜甫《北征》詩："至～尚蒙塵，幾日休練卒？"

"尊"作量詞，表示酒器的單位，相當於"杯"。本篇課文："人生如夢，一～還酹江月。"

酹 "酹"是古代的一種祭神儀式，將酒倒在地上，表示祭奠。《後漢書·張奐傳》："招主簿於諸羌前，以酒～地，曰：'使馬如羊，不以入廄；使金如粟，不以入懷。'"本篇課文："人生如夢，一尊還～江月。"

知識拓展：

中國古代詩歌

中國古代詩歌，指用文言文和傳統格律創作的文体，包括中國古代各種韻文，如詩、辭、賦、詞、曲等。

先秦時期，以《詩經》和《離騷》爲代表的詩歌集是中國古代詩歌創作的源頭。兩漢魏晉南北朝的辭賦、樂府詩和建安文學的文人創作爲後來格律更嚴謹的近體詩奠定了基礎。唐代是中國古代詩歌的鼎盛時期，出現了四句的絶句和八句的律詩，産生了李白、杜甫、白居易等偉大的詩人。到宋代，格式依從一些固定的詞牌、以便於配曲演唱的詞成爲詩歌的主流，出現了以蘇軾爲代表的豪放派和以柳永爲代表的婉約派等一批詞人。元代詩歌與戲曲結合，形成了散曲、小令。從明清開始，中國古代詩歌的黄金時期逐漸過去，文學創作的主流逐漸轉移到筆記、小説等其他形式上。

古代漢語知識

1. 古書的注解

古書的注釋是對古書中的字、詞、句、段、篇以及名物制度、文化背景等方面進行解說，爲我們解決在閱讀中遇到的文字障礙和疑難問題提供材料綫索，因此，注釋對於閱讀古書有着重要意義。

由於社會的變遷和語言文字的發展，比如古今詞義的變化，文言文特殊的語法現象和當時的社會生活、典章制度、禮儀習俗等，都不同程度地阻礙了後人對古書的理解。因此，從西漢開始，就有人開始對古書的字、詞、句進行訓釋，對古書中所涉及的諸如政治、經濟、軍事、禮制、名物、習俗等方面的情況進行解說，這就是最早的古注。例如《左傳·隱公元年》："都城過百雉，國之害也。"杜預注："方丈曰堵，三堵曰雉，一雉之牆，長三丈高一丈，侯伯之城，方五里，徑三百雉，故其大都不得過百雉。"通過讀古書的注釋，我們既可以通曉文意，又可以多方面瞭解古代社會生活。

古書的注釋有今注和古注之分。清人及清人之前的、用文言文做的注釋，屬於古注，今人用現代漢語給古書做的注釋，屬於今注。古注是今注的源頭，是今人注釋古書的重要依據。今注大都注意吸取古注的成果，因此，閱讀文言文，不僅要讀原文，還要重視讀古注，而且大多數古書没有今注，我們在閱讀時必須藉助古注。

古注不僅幫助我們讀懂古書，而且還包含了豐富的內容，古人是用他們所處的時代的語言去解釋前代的語言的，今天我们可以從注釋與被注釋之間瞭解語言的發展變化。有些古注所引用的古代資料今天已經失傳，我們可以從古注中窺見原書的大致情況，瞭解古代文化，因此，古書的注釋也就成爲古代漢語的學習內容。

一、古注的産生和發展

由於時代的變遷、語言的發展，後代人對古書中的語言讀不懂了，於是就有人來進行解釋，這就産生了注解。早在先秦時期注釋就已經萌芽，或依形釋義，例如《韓非子·五蠹》："古者倉頡之作書也，自環者謂之厶，背厶謂之公。"或直接注釋，例如《左傳·莊公三年》："凡師一宿爲舍，再宿爲信，過信爲次。"衹是一般都是在正文中隨文説解。例如《孟子·梁惠王下》："老而無妻曰鰥，老而無夫曰寡，老而無子曰獨，幼而無父曰孤。”

我國古代大規模地、系統地爲古書作注釋，是從西漢時期開始的。西漢時期大力提倡學習儒家經典，而先秦典籍文字艱深，其古音古義又不易爲人通曉，急需進行注釋。漢代經學家的注釋重視文字訓詁和考證名物制度，所注多有依據，行文簡約質樸，出現了一大批著名學者和有影響的古注。如毛亨的《毛詩詁訓傳》，鄭玄的《毛詩箋》、《周禮注》、《儀禮注》、《禮記注》，孔安國的僞《尚書傳》，何休的《春秋公羊傳注》等。還有趙岐的《孟子章句》，王逸的《楚辭章句》，高誘的《戰國策注》、《吕氏春秋注》等。

魏晉南北朝時期注釋之風日盛，注釋範圍更加廣泛，除儒家經典外，史、子、集部的古書均有注釋。流傳至今的注本，較著名的有王弼、韓康伯的《易注》，杜預的《春秋經傳集解》，何晏的《論語集解》，裴駰的《史記集解》，皇侃的《論語義疏》，裴松之的《三國志注》，張湛的《列子注》，劉孝標的《世説新語注》，酈道元的《水經注》等。魏晉南北朝玄學、佛學盛行，在玄學、佛學的影響下，一些注釋者不僅注重語言方面的注釋，還注重解釋書中所闡發的哲學思想，例如王弼的《老子注》、郭象的《莊子注》等。還有一些學者注書時開始采用一種既解經文、又釋注文的新體式，“義疏”由此形成。

由於年代久遠，後代人對漢代學者的注釋已經讀不懂了，於是，魏晉南北朝時已經出現的“義疏體”注釋大盛，儒家主要經典都有義疏，其中孔穎達的《五經正義》最爲著名。孔穎達的義疏不僅有關於詞義的注釋，而且有對文法的説解，全面總結了魏晉南北朝以來學者的研究成果，對於我們閱讀和理解先秦兩漢經典著作及其注釋有很大的幫助。

宋代學者注釋古書時不迷信舊注，大膽疑古，糾正了漢唐以來注釋中的不少錯誤。這一時期古書注釋的一大特色是，輕文字訓詁，重義理説明，常常借注釋來闡發自己的政治、哲學主張。例如邢昺爲《論語》、《孝經》和《爾雅》三書所作的“疏”，洪興祖的《楚辭補注》，朱熹的《四書集注》等，都很有影響。

清代是古書注釋的鼎盛時期。清代學者充分吸收前人文字學、音韻學、訓詁學的研究成果，用比較科學的方法，對我國經、史、子、集各部的經典古籍作了全面準確的注釋和整理，解決了前人注釋中留下的許多疑難問題，在古書注釋的内容和方法上都取得了突出的成就，出現了一大批著名的古注，例如孫詒讓《周禮正義》、《墨子閒詁》，陳奐《詩毛氏傳疏》，王先謙《莊子集解》、《荀子集解》、《漢書疏證》、《漢書補注》、《釋名疏證補》，邵晉涵《爾雅正義》，戴震《方言疏證》，王念孫《廣雅疏證》，段玉裁《説文解字注》，阮元《十三經校勘記》等，是我們閱讀古書的重要參考資料。

二、古注的類型和體例

（一）古注的類型

1. 傳注類

屬於這一類的注釋，名稱繁多，最常見的有詁、訓、傳、注、箋等名稱。

詁、訓、傳 “詁”、“訓”意義相近，用於解釋字詞、名物。一般稱作“詁”。古人對詁、訓之别作過辨析，唐孔穎達在《毛詩正義》中説：“詁者，古也，古今異言，通之使人知也。訓者，道也，道物之貌以告人也。”意思是，“詁”是用當時的語言解釋古代語言，側重於解釋單詞的意義；“訓”是對古代詞語作形象性的描繪與説明，側重於解釋疊音詞和連綿詞。在注書過程中，古人對訓、詁往往不作嚴格區分，常常連用作“訓詁”或“詁訓”。“傳”最早用於對經書的注解。秦漢之際，人們把儒家的《易》、《書》、《詩》、《禮》、《樂》、《春秋》等著作稱爲“經”，把解釋經的文字叫“傳”，多爲對經文思想内容的解説。例如“毛傳”就是毛亨對《詩經》的注釋。

注 大約從東漢開始，對古書的注解一般不稱“傳”而稱“注”，是指使文意如水之流注，暢通明曉。另外，“注”還可以是古書注解的通稱，如《十三經注疏》的“注”，就包括“毛傳”和“鄭箋”。

箋 東漢時鄭玄有《毛詩箋》。唐孔穎達《毛詩正義》中説：“鄭以毛學審備，遵暢厥旨，所以表明毛意，記識其事，故特稱爲箋。餘經無所遵奉，故謂之注。”這就是説，鄭玄所以稱“箋”不稱“注”，是在毛亨《毛詩詁訓傳》的基礎上作的補充和訂正。所以，“箋”是對“注”的闡發或補正，是對某一注本的再注釋。

2. 章句類

“章句”是分析古書章節句讀的意思。劉師培在《國語發微》中説：“章句之體，乃分析經文之章句者也。”作爲一種注釋，章句不像傳注類注釋那樣以解釋詞義爲主，而着重於逐句逐章串講、分析大意。章句於每章之末還有章旨，總括該章主旨。自漢以後，章句日漸亡佚。今僅存東漢趙岐的《孟子章句》、王逸的《楚辭章句》。

3. 義疏類

疏 “疏”是疏通、疏解之義，是唐代產生的一種新的注解方法。由於時代和語言的變遷，隋唐以後，人們不僅讀不懂古書，而且對漢代以來的古注也難以讀懂了，於是隋唐時期的學者在注釋古書時，不僅要解釋正文，而且還要給古人的注解作注解，這就是“疏”，因此“注疏”通常都是先注後疏。例如《周禮注疏》是漢鄭玄作注，唐賈公彥疏；《爾雅注疏》是晉郭璞作注，宋邢昺疏。

正義 “疏”也可以叫“正義”，意思是解釋經傳而得到對意義的正確認識。如孔穎達《五經正義》，是孔穎達等人奉皇帝之命分別對五經的前代注釋作的疏，這成爲了科舉考試的標準材料，所以稱“正義”。可以説，“正義”是官修的注疏，“疏”是民間的私家注疏。

4. 集解類

凡經典文獻，往往有很多人爲之作注，後人彙集歷代衆人之説，再加上自己的解釋，這種形式的古注叫做“集解”，又稱“集注”、“集釋”。這是一種集大成的工作，它彙集衆家之説，省去了人們的翻檢之勞。如三國魏何晏的《論語集解》、宋朱熹的《楚辭集注》、清郭慶藩的《莊子集釋》等。

5. 音義類

“音義”指的是爲古書的字詞注音釋義。例如唐陸德明的《經典釋文》由《周易音義》、《尚書音義》、《毛詩音義》、《周禮音義》等十四部典籍的注釋組成，以注音爲主，有時兼有簡單釋義，是音義類注釋的代表作。

6. 補注類

“補注”又稱“補”、“補疏”、“補釋”、“補義”、“補正”等，是對前人注釋作補充、訂正的一種注釋。往往能爲理解原文提供一些新材料，提出一些新見解，如宋洪興祖《楚辭補注》、清王先謙《漢書補注》、焦循《論語補疏》等。

（二）古注的體例

古書的注釋，最初是和原文分開的，並未合成一書，將注文附在古籍原文之後，大約是西漢以後的事。但早期僅將二者合爲一書，前一部分是古籍原文，後一部分是注文，實際上仍是分而不合。後漸漸發展成兩者攙和在一起，傳注一律放在相應的各句之後，甚至附在句中本字之下。至於義疏，起初也是與正文、注文分開的，宋代開始合刻在一起。經、注合刻後，常見的格式是：正文單行大字在前，注文雙行小字隨後；如果有義疏，則又在注後，仍用雙行，以一個大“疏”字相隔，有的書有幾家注釋，爲便於閱讀，也可一併拆散，均附於正文各句之下（見圖 8-1）。

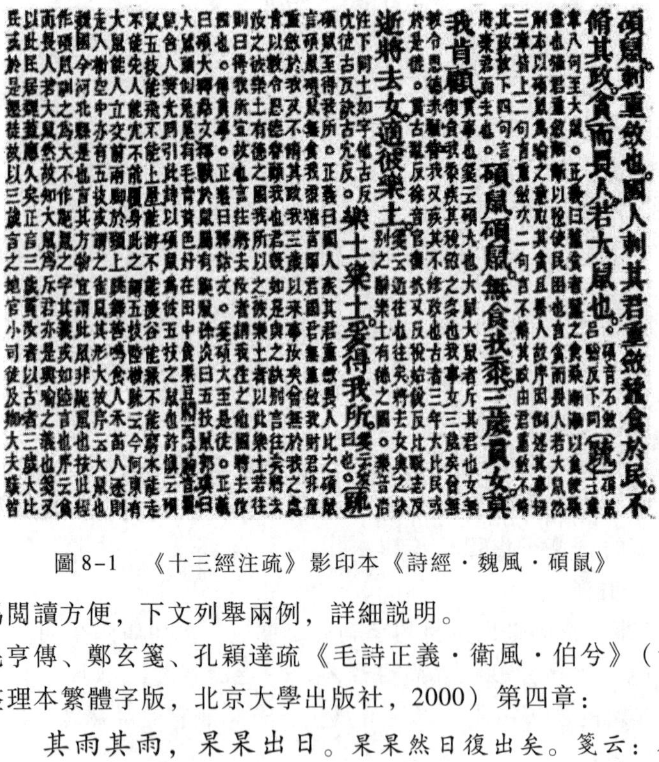

圖 8-1　《十三經注疏》影印本《詩經・魏風・碩鼠》

爲閱讀方便，下文列舉兩例，詳細説明。

毛亨傳、鄭玄箋、孔穎達疏《毛詩正義・衛風・伯兮》（十三經注疏整理本繁體字版，北京大學出版社，2000）第四章：

其雨其雨，杲杲出日。杲杲然日復出矣。箋云：人言其雨其雨，而杲杲然日復出，猶我言伯且來，伯且來，則復不來。○杲，右老反。出如字，沈推類反。復，扶又反，下同。願言思伯，甘心首疾！甘，厭也。箋云：願，念也。我念思伯，心不能已。如人心嗜欲所貪，口味不能絶也。我憂思以生首疾。○厭，於豔反，下同。嗜，市志反。憂思，息嗣反。［疏］“願言思伯，甘心首疾”。○毛於二子乘舟傳曰：“願，每也。”則此“願”亦爲“每”。言我每有所言，則思念於伯，思之厭足於心，由此故生首疾。○傳“甘，厭”。○正義曰：謂思之不已，乃厭足於心，用是生首疾也。凡人飲食口甘，遂至於厭足，故云"甘，厭也"。　○箋"如人"至"不能絶"。　○正義曰：箋以甘心者，思之不能已，如口味之甘，故左傳云"請受而甘心焉"。始欲取以甘心，則甘心未得爲厭，故云"我念思伯，心不能已"。如人心嗜欲，甘口不能絶。"甘與子同夢"，義亦然。

正文大字後的小字爲注釋。"箋云"前是毛亨的傳："杲杲然日復出矣"；"箋云"後至圓圈部分，是鄭玄的箋："人言其雨"至"則復不來"；圓圈後是拆散後附於此處的唐代陸德明《經典釋文》中的《毛詩音義》："杲，右老反。出如字，沈推類反。復，扶右反，下同。"如果無"毛傳"，正文後直接是"箋云"；倘若鄭玄於該句無注，則無"箋云"字樣。"［疏］"字以下是孔穎達等人的正義。正義一般先釋正文，後釋注文，並提示所釋範圍，用圓圈將提示與解釋隔開。本段中，［疏］字後第一個圓圈前是對所解釋的正文範圍的提示，第一個圓圈至第二個圓圈間是對所提示範圍内正文的解釋，第三個圓圈後是對注文的解釋。如果解釋"毛傳"，則在提示範圍的文字前冠以"傳"字；若解釋"鄭箋"，則冠以"箋"字，解釋的文字之前，均有"正義曰"三個字。

何晏注、邢昺疏《論語注疏·泰伯》（十三經注疏整理本繁體字版，北京大學出版社，2000）節選：

子曰："民可使由之，不可使知之。"由，用也。可使用而不可使知者，百姓能日用而不能知。　［疏］"子曰：民可使由之，不可使知之"。　○正義曰：此章言聖人之道深遠，人不易知也。由，用也。"民可使用之，而不可使知之"者，以百姓能日用而不能知故也。

子曰："好勇疾貧，亂也。包曰："好勇之人而患疾己貧賤者，必將爲亂。"人而不仁，疾之已甚，亂也。"包曰："疾惡太甚，亦使其爲亂。"　［疏］"子曰：好勇疾貧，亂也。人而不仁，疾之已甚，亂也。"　○正義曰：此章説小人之行也。言好勇之人患疾己貧者，必將爲逆亂也。人若本性不仁，則當以禮孫接，不可深疾之。若疾惡太甚，亦使爲亂也。

子曰："如有周公之才之美，使驕且吝，其餘不足觀也已矣。"孔曰："周公者，周公旦。"　［疏］"子曰：如有周公之才之美，使驕且吝，其餘不足觀也已"。　○正義曰：

此章戒人驕吝也。周公，周公旦也，大聖之人也，才美兼備。設人有周公之才美，使爲驕矜，且鄙吝，其餘雖有善行，不足觀也。言爲鄙吝所揜①棄也。 〇注“周公者，周公旦”。 〇正義曰：以春秋之世别有周公，此孔子極言其才美而云周公，恐與彼相嫌，故注者明之。

文中“包曰”的“包”指包鹹，“孔曰”的“孔”指孔安國，没有標明“某曰”或“一曰”的，是何晏自己的注釋，如“由，用也。可使用而不可使知者，百姓能日用而不能知”。這是古書集解類注釋，須先讀它的序，瞭解集解者彙集了哪些注釋者的解釋，知道“某曰”是指的哪個人，也有的集解者在第一次出現某人的注釋時寫全名，以後就衹用他的姓了，這要細讀注釋才能瞭解。

以上兩例，大體可展示古注常見的體例。

三、古注的内容和常用術語

（一）古注的内容

古書注解的内容非常豐富，涉及古代語言、歷史、社會、文化等各個方面。大致有以下内容：

1. 解釋詞義

古書中有一些不好懂的詞語，如古語詞、方言詞，或者是在具體語言環境中的臨時意義等，就需要注解，因此，解釋詞義是注解中最基本的工作。例如：

①《詩經·周南·關雎》：“窈窕淑女，君子好逑。”毛傳：“窈窕，幽閒也。淑，善。逑，匹也。”

②《論語·子罕》：“夫子循循然善誘人。”何晏注：“循循，次序貌。”

③《孟子·梁惠王上》：“保民而王。”朱熹集注：“保，愛護也。”

④《詩經·大雅·公劉》：“於時言言，於時語語。”毛傳：“直言曰言，論難曰語。”孔疏：“直言曰言，謂一人自言，答難曰語，謂二人相對。對文故别耳，散則言語通也。

⑤《墨子·魯問》：“公輸子自魯南游楚，焉始爲舟戰之

① “揜”應爲“掩”。

器。”孫詒讓注：“焉猶於是也。”

⑥《詩經·鄘風·柏舟》：“母也天只，不諒人只。”毛傳：“天謂父也。”

例①至例③是直接解釋詞語，例④的注釋辨析了“言”和“語”這兩個同義詞的細微差別，例⑤是對虛詞“焉”的注釋，例⑥是解釋詞語在特定語言環境中的具體意義。

2. 疏通文意

古書的注釋除了對詞語進行解説外，也對句子進行訓釋。這一傳統從《毛傳》時就存在了。例如：

①《孟子·盡心上》：“强恕而行，求仁莫近焉。”趙岐《孟子章句》：“當自勉强以忠恕之道，求仁之術此最爲近也。”

②《詩經·邶風·柏舟》：“我心匪石，不可轉也。我心匪席，不可捲也。”鄭箋：“言己心志堅平，過於石席。”

③《詩經·周南·樛木》：“南有樛木，葛藟纍之。”朱熹注：“后妃能逮下而無嫉妒之心，故衆妾樂其德而稱願之曰……”

④《詩經·召南·何彼襛矣》：“何彼襛矣，唐棣之華。”毛傳：興也。襛，猶戎也。唐棣，木多也。鄭箋：“何乎彼戎戎者乃移之華。興者，喻王姬顏色之美盛。”

例①是不拘於正文詞義和語法結構的意譯，目的在於疏通文意；例②點明深層含義；例③不直解句義，而解説出現這種情況的原因；例④是説明全句的比喻義。有的學者特别是宋代學者，在串講文意的過程中寄寓或發揮自己的思想觀點，對這一類的古注，我們在參閲時須細心體察。

3. 分析篇章

古書的注解在解詞釋句之外，有的還解説章旨，分析篇章結構。尤其是東漢出現的章句體注釋，在串講文意中往往夾有對篇章結構的分析，並且每章之後有“章旨”來點明此章的主要内容。例如：

《孟子·梁惠王上》：孟子見梁惠王。王曰：“叟不遠千里而來，亦將有以利吾國乎？”孟子對曰：“王何必曰利？亦有仁義而已矣。”朱熹注：“仁者，心之德，愛之理；義者，心之制，事之宜也。此二句乃一章之大指，下文乃詳言之。”

4. 補證史實

由於社會的發展，後人讀史書時，最容易在人名、地名、歷史事實等方面提出問題或發生誤解，因此補證史實是史書注解的一個重要内容。例如：

①《左傳·僖公四年》："昭王南征而不復，寡人是問。"杜預注："昭王，成王之孫。南巡守，涉漢，船壞而溺。周人諱而不赴，諸侯不知其故，故問之。"孔穎達疏："舊説皆言漢濱之人，以膠膠船，故得水而壞，昭王溺焉。不知書出何書。"

②《詩經·邶風·二子乘舟》："二子乘舟，汎汎其景。"毛傳："二子，伋、壽也。宣公爲伋取於齊女而美，公奪之，生壽及朔。朔與其母愬伋於公，公令伋之齊，使賊先待於隘而殺之。壽知之，以告伋，使去之。伋曰：'君命也，不可以逃。'壽竊其節而先往，賊殺之。伋至，曰：'君命殺我，壽有何罪？'賊又殺之。國人傷其涉危遂往，如乘舟而無所薄，汎汎然迅疾而不礙也。"

例①解釋了昭王的死因，例②《毛傳》講述了二子的身份及發生的史實。

5. 指明典故出處

古人寫文章常常引經據典，尤其是魏晉南北朝時期，用典成風。注解這些作品時，有必要注明典故出處。其中李善的《文選注》最具代表性。例如：

①《左傳·昭公十三年》："諺曰：'臣一主二'，吾豈無大國？"杜預注："言一臣必有二主，道不合得去事他國。"

② 賈誼《吊屈原賦》："莫邪爲鈍兮，鉛刀爲銛。"李善注："《吴越春秋》曰：干將者與歐冶同師，俱作劍。闔閭得而寶之，以故使干將造劍二枚，一曰干將，二曰莫邪。莫邪，干將妻名也。"

例①中杜預對典故的解釋不但説明了"臣一主二"的意義，而且説明了引用者的意思；例②中李善詳細説明了原文"莫邪"的典故。

6. 説明名物制度

古代文獻中有許多關於社會制度、民間習俗、器物工具等的記載，隨着時間的演變，後人對它們感到生疏以至於很難弄懂。因此解釋名物制度也就成了古書注釋的内容之一。例如：

①《左傳·隱公元年》："公聞其期，曰：'可矣。'命子封帥車二百乘以伐京。"杜預注："古者兵車一乘甲士三人，步卒七十二人。"

②《左傳・成公二年》："韓厥夢子輿謂己曰：'旦辟左右。'故中御而從齊侯。"杜預注："居中代御者，自非元帥，御者皆在中，將在左。"孔穎達疏："韓厥爲司馬，亦是軍之諸將也。以夢之故，乃居中爲御，明其本不當中，先非御者。若御不在中，又不須云代御，以此知自非元帥，其餘軍之諸將，皆御者在中，將在左。"

例①注文把古代的兵車制度交代得很清楚。例②解釋了古代戰車上人員的位置安排。瞭解古書中所涉及的歷史事實和有關名物制度，實際上是對讀懂古書更高層次的要求。

7. 分析語法

古代漢語雖然缺乏完整的語法體系，但在古注中，對實詞的用法、句式的解釋乃至修辭現象的分析還是很多的。例如：

①《禮記・表記》："是故不自大其事。"孔穎達疏："大謂誇大。"

②《吕氏春秋・長攻》："有功於此，而無其失，雖王可也。"高誘注："此三君有功名，假令無其缺失，雖爲王可也。"

③《詩經・周南・汝墳》："既見君子，不我遐棄。"孔穎達疏："不我遐棄者，猶云不遐棄我。古之人語多倒。《詩》之此類衆矣。"

例①説明"大"用爲動詞；例②以"爲王"對譯"王"，説明原文"王"用作動詞；例③闡述了否定句中代詞賓語前置的問題。

（二）古注的常用術語

古書的注釋還形成了一套專門的注解術語。這些術語各有自己的一定用法，若缺乏瞭解，會妨礙我們對古注的理解。下面列舉一些比較常用的術語。

1. 曰、爲、謂之

這三個術語的意義和作用相同，相當於現代漢語的"叫"、"叫做"。使用這幾個術語時，被釋的詞總是放在"曰"、"爲"、"謂之"的後面。它們用於一般的釋義，例如：

①《詩經・周南・卷耳》："陟彼高岡，我馬玄黄。"毛傳："山脊曰岡。"

②《左傳・成公三年》："二國治戎，臣不才，不勝其任，以爲俘馘，執事不以釁鼓。"杜預注："以血塗鼓爲釁鼓。"

③《吕氏春秋・至忠》："王曰：'何其暴而不敬也！'命吏

誅之。”高誘注：“下陵其上謂之暴。”

這三個術語也用來分辨同義詞和近義詞之間的細微差别。例如：

④《國語·越語》：“田野開闢，府倉實。”韋昭注：“貨財曰府，米粟曰倉。”

⑤《國語·周語》：“其察色也，不過墨丈尋常之間。”韋昭注：“五尺爲墨，倍墨爲丈；八尺爲尋，倍尋爲常。”

⑥《爾雅·釋器》：“金謂之鏤，木謂之刻，骨謂之切，象謂之磋，玉謂之琢，石謂之磨。”

2. 謂

“謂”和“謂之”不同，使用“謂之”時，被釋的詞總放在“謂之”的後面；使用“謂”時，被釋詞都放在“謂”的前面。“謂”這個術語，往往在以具體釋抽象、以一般釋特殊的情况下使用，相當於現代漢語“指的是”。例如：

①《左傳·隱公元年》：“子封曰：‘可矣，厚將得衆。’”杜預注：“厚謂土地廣大。”

②《左傳·成公二年》：“大國朝夕釋憾於敝邑之地。”杜預注：“大國謂齊。”

③《孟子·滕文公上》：“后稷教民稼穡，樹藝五穀。”趙岐注：“五穀謂稻、黍、稷、麥、菽也。”

3. 言

“言”有闡發的意思，往往緊接古書原文，直接串講古書句意。例如：

①《左傳·隱公元年》：“公曰：‘無庸，將自及。’”杜預注：“言無用除之，禍將自及。”

②《左傳·成公二年》：“欲勇者，賈余餘勇。”杜預注：“賈，買也。言己勇有餘，欲賣之。”

③《左傳·僖公三十二年》：“爾墓之木拱矣。”杜預注：“合手曰拱。言其過老悖，不可用。”

4. 猶

古注中用“猶”這個術語時，一般是被解釋的詞放在“猶”前，解釋的詞語放在“猶”後。“猶”的用法很多，例如：

①《詩經·魏風·伐檀》：“坎坎伐檀兮，置之河之側兮。”毛傳：“側，猶崖也。”

②《周禮·天官》序：“體國經野。”鄭玄注：“體猶分也。”

③《荀子·勸學》："使目非是無欲見也，使耳非是無欲聞也，使口非是無欲言也，使心非是無欲慮也。"楊倞注："是猶此也。"

④《禮記·檀弓》："吾離群而索居，亦已久矣。"鄭玄注："索猶散也。"

⑤《孟子·梁惠王上》："不可，直不百步耳。"朱熹注："直猶但也。"

例①"側"、"崖"義近，是用同義詞訓釋。例②"體"的本義是"肢體"，成語"四體不勤"、"五體投地"等用的就是本義，因就整個的人來説，"體"就有了"分"的意思，"分"是"體"的引申義。例③以今語釋古語。例④以本字釋借字。"索猶散也"是説"索"是"散"的借字，"散"纔是本字，"索居"即"散居"，指離開自己的同門學友獨居。例⑤用常用字釋非常用字。

5. 貌、之貌

古注中這兩個術語主要用於注釋形容詞，一般放在形容詞或動詞之後，説明事物的性質或狀態，相當於"……的樣子"。例如：

①《詩經·大雅·瞻卬》："藐藐昊天。"毛傳："藐藐，大貌。"

②《楚辭·離騷》："紛總總其離合兮，斑陸離其上下。"朱熹注："紛，盛多貌；總總，聚貌；斑，亂貌。"

6. 之言、之爲言

古注中使用這兩個術語時，釋詞和被釋詞之間有時是同音的關係，有時是雙聲疊韻的關係，表示釋詞和被釋詞因音相通而有意義的聯繫。被釋詞要放在"之言"、"之爲言"的前面。例如：

①《詩經·大雅·泮水》："思樂泮水。"鄭玄箋："泮之言半也。半水者，蓋東西門以南通水，北無也。"

②《荀子·修身》："以不善先人者謂之諂，以不善和人者謂之諛。"楊倞注："諂之言陷也，謂以佞言陷之。"

例①"泮"、"半"音近。例②"諂"、"陷"疊韵。

用"之言"注釋的詞，釋詞和被釋詞之間，有時兩者衹是通其音，不通其義，是本字和通假字的關係。例如：

③《詩經·鄘風·載馳》："載馳載驅。"鄭玄箋："載之言則也。"

④《詩經·小雅·十月之交》："抑此皇父！豈曰不時……"

鄭玄箋："抑之言噫。'噫是皇父'，疾而呼之。"

7. 讀若、讀如

古注中"讀若"、"讀如"這兩個術語主要用於注音，被釋詞放在術語之前，釋詞放在術語之後。例如：

①《説文》："衝，涌摇也。從水中。讀如動。"

②《周禮·天官·大宰》："以利得民。"鄭玄注："利，讀若'上思利民'之'利'，謂以政教利之。"

8. 讀爲、讀曰

古注中這兩個術語主要用來明通假，即表明被釋詞與解釋詞之間是通假關係。被釋詞放在術語之前，釋詞放在術語之後。例如：

①《詩經·衛風·氓》："淇則有岸，隰則有泮。"鄭箋："泮讀曰畔。畔，涯也。"

②《尚書·舜典》："帝曰：'棄，黎民阻飢。汝后稷，播時百穀。'"鄭玄注："時讀曰蒔。"

例①"泮"是假借字，"畔"是本字，爲"畔岸"之義。例②"時"是假借字，"蒔"是本字，爲"種植"之義。

9. 如字

這是古注中標明多音字讀音的術語。一個字若有兩個以上的不同讀音，其中表示常用義的讀音叫"本音"，其餘的讀音都算是變讀。"如字"表示這個字在當前語言環境中應讀它的本音。例如：

《論語·爲政》："七十而從心所欲，不逾矩。"朱熹注："從，如字。從，隨也。"

例中"從"字應讀作"隨從"之"從"，而不能變讀。

四、古注的局限

有的古注距今已有兩千多年，其中必然帶有封建社會的烙印，有不少注釋歪曲了原文的思想内容。例如《詩經》中大多是各地民歌，不少是關於戀愛婚姻的詩篇，但《詩經》的注釋者大都將其曲解爲歌頌王公貴族和宣揚封建禮教的詩。

古注對於詞義的解釋大多是可取的，但誤解之處也往往有之，我們同樣要正確取捨。如《詩經·豳風·七月》"女心傷悲，殆及公子同歸"中的"殆"字，本來是唯恐、衹怕的意思，它表現的是"女心傷悲"的疑懼之情，毛亨在注釋中却把它解釋爲"始"，曲解了詞義。又如《詩經·豳風·七月》中"春日載陽"的"載"

字，鄭玄認爲是“則”，其實它是“纔”的借字，是“始”的意思。像這種不正確的解釋我們就不能取用。

古代的注解家，有的取捨無方，往往把異家別說牽附在一起；有的又固執保守，泥於師法，明明解釋錯了，也不敢承認和改正。對於這兩種傾向，我們都要注意分辨，予以揚棄。

古人對語言文字缺少科學的理解，詞義的訓釋常有牽强附會之處。此外，還有一些注解家喜歡旁徵博引，考證繁瑣，或侈談義理，流於空疏，這些我們都應當注意，不要陷入到裏面。

學習古代漢語，參閱古書的注解是十分必要的。但是，對古注的内容我們應當采取分析的態度，要善於汲取其精華，不能一概相信，全盤接收。

2. 古書的標點

古書標點，是指根據古書的内容，用標點符號把原文的停頓、結構和語氣等準確清楚地標志出來。不會標點古書，就無法閱讀古代典籍。在已經標點的古書中，或多或少地存在一些錯誤，不能正確地標點古書，就不能正確地理解文章内容。正確標點古文，綜合體現了一個人文言文的閱讀能力，這種能力需要經過專門的學習和訓練。

一、古書標點的産生和發展

古書是没有標點符號的，作者寫作時既不分段，也不斷句，前人讀書時要自己根據文意和語氣，在應該停頓的地方，用簡單的符號斷開，這就是句讀（dòu）。一句話讀完，常在字的旁邊加○或乚，這種地方叫做“句”；一句話没完，但需要停頓一下，就在字的下面加丶，這種地方叫做“讀”。

古人非常重視斷句。《禮記·學記》中説：“比年入學，中年考校，一年視離經辨志，三年視敬業樂群……”“離經”就是指學生學習如何斷句。《説文》：“丶，有所絶止而識之也。”“乚（jué），鉤識也。”説明古人讀書時所用的句讀標志在漢代已經出現了。真正刻書加句讀，始於宋代。宋代岳珂《九經三傳沿革例》中説：“監、蜀諸本皆無句讀，惟建本始倣館閣校書式，從旁加圈點，開卷瞭然，於學者爲便，然亦但句讀經文而已；惟蜀中字本、興國本並點注文，益爲周盡。”但加句讀的古書畢竟還是少數。直到清末，大多數古書是不斷句的。“五四”以後，纔出現了用現在通行的標點符號標點的古書。

現代意義上的古書標點，與古人的句讀不完全相同。古人的句讀，衹是標明各個句子的起訖點和句中停頓罷了，而我們今天給古書標點，不但要斷句，標明句子的起訖點，還要用標點符號標志句子的語氣、句子之間的關係。也就是説，我們今天對古書的標點不能僅滿足於斷句，更要在理解文章内容的基礎上正確使用標點符號。

二、古書標點的基本要求

1. 文意必須通暢

標點古書，必須真正讀懂原文；讀時不求甚解，不從上下文仔細體會古人的用意，拿起筆來就斷句，往往會文理不通。例如：

① 子厚前時少年，勇於爲人，不自貴重顧藉，謂功業可立就。(韓愈《柳子厚墓志銘》)

有人誤標點爲：

子厚前時少年。勇於爲人。不自貴重。顧藉謂功業可立就。

這裏標點者没有弄清第一、二句話之間的關係，標錯了符號；不懂“顧藉”是“顧惜”的意思，所以將它斷入後句，結果全句的意思就講不通了。

② 今往僕少小所著辭賦一通相與。夫街談巷説，必有可采……（曹植《與楊德祖書》）

有人誤標點爲：

今往僕少小，所著辭賦一通。相與夫街談巷説，必有可采。

這裏的錯誤在於，不懂“往”是“送往”的意思，“相與”的“與”是“給予”的意思，“少小”指少年時代。第一句意思是説，“現在送我少年時代所著的辭賦一篇給你”。“今往僕少小”的斷句顯然文理不通了。

2. 内容必須符合情理

符合情理，就是斷出來的句子要與客觀事物的情理相符，和上下文的内容相符。例如：

① 綦毋張喪車，從韓厥曰：“請寓乘。”從左右，皆肘之，使立於後。(《左傳 · 成公二年》)

有人誤標點爲：

綦毋張喪車，從韓厥曰：“請寓乘，從左右。”皆肘之，使立於後。

這裏是説綦毋張站在左邊和右邊，韓厥都用手肘制止他，讓他站在後面。如果把“從左右”看成是綦毋張説的話，那麽“皆肘之”就無所指了，上下文的意思就説不通了。杜預注和孔穎達疏都是把“從左右”和“皆肘之”連起來解釋的。

② 諸壘相次土崩，悉棄其器甲，争投水，死者十餘萬，斬首亦如之。(《資治通鑒》卷一百四十六)

有人誤標點爲：

諸壘相次土崩，悉棄其器甲，争投水死者十餘萬，斬首亦如之。

士兵争着投水，是爲了求生，却不幸淹死。按照這樣的標點，意思就變成了士兵争着去投水而死，這顯然是不合情理的。

3. 語句必須符合文言語法

語法是組詞造句的規則，標點古書，也要符合古代的語法規律。否則，就會造成對文章内容的誤解。

① 問今是何世，乃不知有漢，無論魏晉。此人一一爲具言所聞，皆歎惋。(陶淵明《桃花源記》)

有人誤標點爲：

問今是何世，乃不知有漢，無論魏晉。此人一一爲具言，所聞皆歎惋。

“所聞”中，“所”指代“聞”的對象，即漁人聞知的漢和魏晉間的情况。它不可能指代“聞”這一行爲的主動者——聽漁人説話的村中人。如果指村中人，就衹能説“聞者”。這裏的斷句者不懂古代漢語中“者”、“所”的用法的不同，誤將“所聞”斷入下句。

② 項籍少時，學書不成，去。學劍，又不成。(《史記·項羽本紀》)

有人誤標點爲：

項籍少時，學書不成，去學劍，又不成。

這裏看似既通文理，又合情理，但仍然有誤。句中“去”的意思是“離開”而不是“前往”。

另外，標點古書時還需要具備一定的古代文化常識，如天文地理、職官、科舉、宗法、稱謂、避諱等。如果缺乏這方面的知識，也會造成對文意理解的錯誤，從而導致錯誤的標點。

三、古書標點的方法

要給古書加上正確的標點符號，首先要反復閲讀全文，把握文章的内容和内在的邏輯關係，熟悉它的詞語和句式，全面深入地理解文章。這是標點古書的基礎。其次，要利用以下方法技巧，來正確標點古書。

1. 利用常位於句首句尾的虚詞斷句

有些虚詞常置於句首，如句首語氣詞“夫”、“蓋”、“唯”，介詞“苟”、“即”、“使”、“若”等，一般要在它們的前面斷句。有些虚詞常用於句尾，如語氣詞“也”、“矣”、“焉”、“耳”、“哉”、“乎”、“耶”、“而已”等，一般要在它們的後面斷句。例如：

子曰：“學而時習之，不亦説乎？有朋自遠方來，不亦樂乎？人不知而不愠，不亦君子乎？”（《論語·學而》）

例中“乎”爲句尾語氣詞，當在其後斷句。

2. 利用聲律韵脚斷句

古代韵文有和諧的韵脚，而且句數、字數往往固定，我們可根據其中的規律加標點。例如；

其聲嗚嗚然，如怨如慕，如泣如訴；餘音嫋嫋，不絶如縷，舞幽壑之潜蛟，泣孤舟之嫠婦。（蘇軾《前赤壁賦》）

例中“慕、訴、縷、婦”爲韵脚，其後當斷句。

3. 利用排比和對偶句式斷句

排比和對偶句的各分句結構相似、句式整齊，抓住其特點，容易確定斷句的位置。例如：

離婁之明，公輸子之巧，不以規矩，不能成方圓；師曠之聰，不以六律，不能正五音；堯舜之道，不以仁政，不能平治天下。（《孟子·離婁上》）

這是排比句，也是鼎對句，在結構相似處斷句就可以了。

4. 根據語法規則斷句

一般説來，一個句子不能没有謂語，找到謂語動詞後，一般前面的名詞、代詞是主語，主語前可能有定語，謂語前可能有副詞充當狀語，其後有名詞、代詞作賓語，有副詞、數量詞、動賓短語作補語，賓語前也可能有定語等，這樣就離析出不同語法關係的詞組，將其分割開來，就可以斷句了。例如：

故天將降大任於是人也，必先苦其心志，勞其筋骨，餓其體膚，空乏其身，行拂亂其所爲，所以動心忍性，曾益其所不能。人恒過，然後能改。困於心，衡於慮，而後作；徵於色，發於聲，而後喻。（《孟子·告子下》）

這段文字的標點就是抓住其中的動詞，分析它們的連帶成分標出來的。

另外，古代漢語中有許多固定格式，如判斷句中的“……者……也”，被動句中的“爲……所……”和“見……於……”，疑問句中的“如……何”和“若……何”，反問句中的“不亦……乎”，“得無……乎”，“何……之有”，“何以……爲”等，都可以作爲斷句的標志。

思考與練習

一、解釋下列名詞術語

注　箋　正義　音義體

二、選擇題

1. 下列古注屬於章句體著作的是（　　）

A.《淮南子注》　B.《孟子集注》

C.《楚辭章句》　D.《廣雅疏證》

2.《十三經注疏》本中的《周易正義》的作者是（　　）

A. 何晏　B. 孔穎達

C. 鄭玄　D. 杜預

3. 何晏的《論語集解》屬於下列哪種古注類型（　　）

A. 傳注體　B. 章句體

C. 義疏體　D. 集解體

4. 陸德明的《經典釋文》屬於下列哪種古注類型（　　）

A. 傳注體　B. 義疏體

C. 集解體　D. 音義體

三、問答題

1. 在古書注釋上，“集解”與“傳”、“疏”有什麼不同？

2. 舉例説明“謂”與“謂之”在用法上的區别。

3. “如字”這個注釋術語的作用是什麼？

四、標點下列短文，並譯成現代漢語

1. 楚子伐鄭子駟將及楚平子孔子蟜曰與大國盟口血未乾而背之可乎子駟子展曰吾盟固云唯强是從今楚師至晉不我救則楚强矣盟誓之言豈敢背之且要盟無質神弗臨也所臨唯信信者言之瑞也善之主也是故

臨之明神不蠲要盟背之可也乃及楚平（《左傳・襄公九年》）

2. 二十四年秦師將襲鄭過周北門左右皆免冑而下拜超乘者三百乘王孫滿觀之言於王曰秦師必有謫王曰何故對曰師輕而驕輕則寡謀驕則無禮無禮則脱寡謀自陷入險而脱能無敗乎秦師無謫是道廢也是行也秦師還晉人敗諸崤獲其三帥丙術視（《國語・周語》）

屈原疾王聽之不聰也讒諂之蔽明也邪曲之害公也方正之不容也故憂愁幽思而作《離騷》離騷者猶離憂也夫天者人之始也父母者人之本也人窮則反本故勞苦倦極未嘗不呼天也疾痛慘怛未嘗不呼父母也屈平正道直行竭忠盡智以事其君讒人閒之可謂窮矣信而見疑忠而被謗能無怨乎屈平之作離騷蓋自怨生也（《史記・屈原賈生列傳》）

鄭重聲明